PETER FELDBAUER
MICHAEL MITTERAUER
WOLFGANG SCHWENTKER (Hg.)

DIE VORMODERNE STADT
ASIEN UND EUROPA IM VERGLEICH

QUERSCHNITTE
BAND 10

EINFÜHRUNGSTEXTE ZUR SOZIAL-, WIRTSCHAFTS- UND KULTURGESCHICHTE

Herausgegeben von

Ingrid BAUER, Salzburg
Birgit BOLOGNESE-LEUCHTENMÜLLER, Wien
Markus CERMAN, Wien
Friedrich EDELMAYER, Wien
Franz X. EDER, Wien
Peter EIGNER, Wien
Peter FELDBAUER, Wien (geschäftsführend)
Johanna GEHMACHER, Wien
Margarete GRANDNER, Wien
Sylvia HAHN, Salzburg
Gernot HEISS, Wien
Renate PIEPER, Graz
Reinhold REITH, Salzburg
Andrea SCHNÖLLER, Wien (Lektorat)
Eduard STAUDINGER, Graz
Margit SZŐLLŐSI-JANZE, Salzburg
Heidemarie UHL, Graz
Marija WAKOUNIG, Wien

für den Verein für Geschichte und Sozialkunde (VGS)
c/o Institut für Wirtschafts- und Sozialgeschichte der
Universität Wien, Dr. Karl Lueger-Ring 1, A–1010 Wien

PETER FELDBAUER
MICHAEL MITTERAUER
WOLFGANG SCHWENTKER (Hg.)

Die vormoderne Stadt

Asien und Europa im Vergleich

2002
VERLAG FÜR GESCHICHTE UND POLITIK WIEN
OLDENBOURG WISSENSCHAFTSVERLAG MÜNCHEN

Ein Titeldatensatz für diese Publikation ist bei der Deutschen Bibliothek erhältlich.

Gedruckt mit Unterstützung des Bundesministeriums für Bildung, Wissenschaft und Kultur, des Kulturamtes der Stadt Wien, Abteilung Wissenschaft- und Forschungsförderung sowie des Österreichischen Städtebundes.

StaDt♥Wien

© 2002. Verein für Geschichte und Sozialkunde
Verlag für Geschichte und Politik Wien

Das Werk einschließlich aller Abbildungen ist urheberrechtlich geschützt. Jede Verwertung außerhalb der Grenzen des Urheberrechtsgesetzes ist ohne Zustimmung des Verlages unzulässig und strafbar. Das gilt insbesondere für Vervielfältigungen, Übersetzungen, Mikroverfilmungen und die Einspeicherung und Bearbeitung in elektronischen Systemen.

Layout/Satz: Marianne Oppel
Umschlaggestaltung: Jarmila Böhm
unter Verwendung eines Bildausschnittes aus: Eugen Wirth (2000): Die orientalische Stadt im islamischen Vorderasien und Nordafrika. Städtische Bausubstanz und räumliche Ordnung, Wirtschaftsleben und soziale Organisation. Band II.
Mainz: Philipp von Zabern: Tafel 101.
Druck: Druckerei Berger, 3580 Horn, Wiener Straße 80

ISBN 3-7028-0393-9 Verlag für Geschichte und Politik Wien
ISBN 3-486-56669-5 Oldenbourg Wissenschaftsverlag München

INHALT

Vorwort 7

JOCHEN MARTIN
Die griechische und römische Stadt der Antike 10
Von der selbständigen Polis zur Bürgergemeinde
Die Stadt als Bürgergemeinde, insbesondere im Römischen Reich
Die Stadt als Lebensform
Die Metamorphose der antiken Stadt

TILMAN FRASCH
Anuradhapura – Angkor – Pagan
Versuch eines strukturgeschichtlichen Vergleichs 32
Hauptstadt, Metropole, sakrales Zentrum
Vormoderne Städte als Orte des modernen Nationalismus

MICHAEL MITTERAUER
Städte als Zentren im mittelalterlichen Europa 60

PETER FELDBAUER
Die islamische Stadt im ‚Mittelalter' 79
Arabisch-islamische versus abendländische Stadt
Brüche und Kontinuitäten zur antiken Stadt
Städtewachstum und bauliche Gestalt
Die islamische Stadt – Ein Sonderfall?

MONICA JUNEJA
Vorkoloniale Städte Nordindiens
Historische Entwicklung, Gesellschaft und Kultur,
10.–18. Jahrhundert 107
Phasen der Urbanisierung
Die städtische Gesellschaft
Leben und Kultur – Die Stadt Delhi

HANS ULRICH VOGEL
Die Stadt im vormodernen China
Probleme der Forschung 133
Die Anfänge
Die urbane Revolution von ca. 800 bis 1300
Städte im spätkaiserlichen China
Hankou und Foshan
Chengdu
Städte der Jiangnan-Region
Beziehungen zwischen Land und Stadt

MARKUS RÜTTERMANN
Städte im vormodernen Japan
Ein Überblick über ihre Geschichte und Erforschung *153*
Japanische Forschungsgeschichte
Siedlungsstrukturen
Sozialstruktur
Wirtschaft
Geistigkeit: Bildung, Ethik, Unterhaltung
Politik

ANDREAS KAPPELER
Stadtluft macht nicht frei!
Die russische Stadt in der Vormoderne *194*
Die Entwicklung des russischen Städtewesens bis ins 17. Jahrhundert
Die Stadtbevölkerung im Moskauer Reich
Die verwestlichenden Reformen des 18. Jahrhunderts

HERBERT KNITTLER
Der Aufstieg der europäischen Metropolen
in der frühen Neuzeit *213*

JOSEF EHMER – REINHOLD REITH
Die mitteleuropäische Stadt als
frühneuzeitlicher Arbeitsmarkt *232*
Arbeitsmarkt und Arbeitsmigration in der historischen Forschung
Formen der Mobilität im Spätmittelalter und in der frühen Neuzeit
Zur Mobilität der „Bürger"
Bürger zweiter Klasse
Dienstboten
Gesellen und Lehrlinge
Die räumliche Dimension des Arbeitsmarktes
Teilarbeitsmärkte in der gewerblichen Produktion
Zur Fluktuation gewerblicher Arbeitsplätze

WOLFGANG SCHWENTKER
Die „vormoderne" Stadt in Europa und Asien
Überlegungen zu einem strukturgeschichtlichen Vergleich *259*
Theorien und methodische Zugangsweisen
Entstehung und Entwicklung der Städte
Strukturen und Funktionen der Stadt

Autorenverzeichnis *288*

VORWORT

Der vorgelegte Band ist aus den Vorbereitungsarbeiten zu einer Ringvorlesung zum gleichen Thema an der Universität Wien entstanden. Gerade in der Lehre muß sich die Geschichtswissenschaft zunehmend der Herausforderung universalgeschichtlicher Überblicke stellen. Vielfach fehlt dazu eine zeitlich und räumlich weit ausholende Basisliteratur aus der Sicht eines einzelnen kompetenten Autors. Ein Sammelband einer Autorengruppe, die Kompetenz für unterschiedliche historische Epochen und Kulturräume einbringt, kann da vorläufig Ersatz bieten.

Universalgeschichte für vormoderne Zeiten läßt sich nur ausnahmsweise als Interaktionsgeschichte schreiben. Auch wenn Handel und Verkehr überregionale und sogar interkontinentale Verbindungen herstellen, so bleiben lokale Ordnungen des Zusammenlebens davon weitgehend unberührt. Die „vormoderne Stadt" ist ein solches Thema. Ohne den Begriff „vormodern" hier in zeitlicher Abgrenzung festlegen zu wollen, geht es dabei doch gerade um jene Epochen, in denen städtisches Leben noch nicht durch weltweite Interaktionszusammenhänge miteinander verbunden ist. Eine Universalgeschichte der Stadt läßt sich für diese „vormoderne Zeit" nur in vergleichender Weise versuchen. Denn um Städte in ihren jeweiligen herrschaftlichen, ökonomischen, wirtschaftlichen und kulturellen Funktionen, die sie für ihr näheres und weiteres Umland ausüben, untereinander zu vergleichen – dazu müssen ihre Bewohner weder direkte noch vermittelte Sozialbeziehungen zueinander gehabt haben. Der hier gewählte Ansatz ist dementsprechend ein universalgeschichtlich-vergleichender. Das bedeutet nicht, daß jede Autorin und jeder Autor explizit weltweit vergleichen. Dominant sind Vergleiche innerhalb eines bestimmten Kulturraums bzw. zwischen Kulturräumen. Auch die Titelwahl „Asien und Europa im Vergleich" ist so zu verstehen, daß innerhalb Asiens, innerhalb Europas, darüber hinausgehend aber auch zwischen einzelnen europäischen und asiatischen Kulturen verglichen wird. „Asien und Europa" gibt den Gesamtrahmen der behandelten Kulturräume wieder.

Wer universalgeschichtlich vergleichende Stadtgeschichte zu betreiben versucht, kommt nicht umhin, sich darüber Rechenschaft abzulegen, was eigentlich unter einer „Stadt" zu verstehen ist. Dies gilt insbesondere für einen Band, in dem es um die Geschichte der Städte vor der Zeit der Industrialisierung geht. In der Geschichtswissenschaft wird immer wieder über die ausweglose Vieldeutigkeit des Begriffes geklagt. Von der historischen Verwendung des Begriffes „Stadt" bzw. seiner anderssprachigen Homonyme her, gibt es keine befriedigende Lösung. Aber auch der typologische Raster, mit dem Max Weber 1921 in seiner klassischen Untersuchung „Die Stadt" das Forschungsfeld universalgeschichtlich vergleichend, aber eben doch aus einer eurozentristischen Perspektive vermessen hat, überzeugt heute nicht mehr ganz. Vielmehr treten in vergleichenden Untersuchungen zur Stadtgeschichte Konzepte in den Vordergrund, die die sozialgeographische Theorie der „zentralen Orte" oder Netzwerk-Theorien für die Geschichtswissenschaft adaptiert haben. Im vorgelegten Band kommen verschiedene solcher theoretischen Ansätze zur Sprache und werden von Fachleuten für einzelne Epochen und Kulturräume empirisch überprüft.

In einer systematisch-strukturgeschichtlichen Darstellung, die eine chronologisch-genetische zur Voraussetzung hat, geht es um verschiedene Typen asiatischer und europäischer Städte und deren jeweilige Funktionen. Nicht selten haben Städte als Wiege einer ganzen Kultur fungiert und das Profil einer ganzen Epoche geprägt. Bedeutung konnte Städten auch als sakralen Zentren oder als Ausgangspunkten religiöser Bewegungen zukommen. Andere Städte wiederum haben von binnen- und weltwirtschaftlichen Entwicklungen profitiert. Einige Städte hingegen sind als Zentren der Provinzialverwaltung zu Wachstum und Blüte gelangt. Marktzentren stehen als nachrangige Wirtschaftsmittelpunkte zwischen Stadt und Land. Viele Festungsstädte hatten zunächst nur militärische Aufgaben, entwickelten sich aber auch zu herrschaftlichen, wirtschaftlichen und kulturellen Zentren. Die einzelnen Beiträge dieses Bandes gehen diesen unterschiedlichen Stadtfunktionen nach – jeweils für sich genommen oder in ihrer wechselseitigen Verflechtung dargestellt.

In einem solchen universalgeschichtlich vergleichenden Überblick ist auch ein kritischer Blick auf die berühmte Debatte über den Sonderweg Westeuropas aus stadthistorischer Perspektive unausweichlich. Mit zunehmendem Abstand zu eurozentristischen Sichtweisen tritt aber das Bild zahlreicher Sonderwege, die nebeneinander stehen, in den Vordergrund. Von einem den Westen idealisierenden Verlaufsmodell „richtiger Städte" wird man wohl Abschied nehmen und dafür die kulturelle Eigenständigkeit bei durchaus vorhandenen Gemeinsamkeiten betonen müssen. Diese Frage steht im abschließenden Bei-

Vorwort

trag im Mittelpunkt, der auf dem Hintergrund der zehn vorangegangenen Einzelstudien verfaßt wurde und in dem es um die Frage der Vergleichbarkeit bzw. auch Unvergleichbarkeit europäischer und asiatischer Stadtgeschichte in vormoderner Zeit geht.

Dieser Band ist Herbert Knittler gewidmet. Herbert Knittler hat durch drei Jahrzehnte das Fach Wirtschafts- und Sozialgeschichte als Lehrer und Forscher an der Universität Wien vertreten. Sein besonderes Engagement hat dabei der Stadtgeschichte gegolten. Seine Kollegen, seine Schüler wissen, was sie ihm zu danken haben. Herbert Knittler hat am 7. Mai seinen 60. Geburtstag gefeiert. Die Form des Danke-Sagens muß der Persönlichkeit entsprechen, der es zu danken gilt. So ist dieser Band keine Festschrift. Wir haben einfach Herbert Knittler bei der gemeinsamen Arbeit „in die Mitte" genommen. Und dieser Platz mitten unter uns wird ihm bleiben.

Peter Feldbauer
Michael Mitterauer
Wolfgang Schwentker

DIE GRIECHISCHE UND RÖMISCHE STADT DER ANTIKE

JOCHEN MARTIN

VON DER SELBSTÄNDIGEN POLIS ZUR BÜRGERGEMEINDE

Es ist ein Spezifikum der antiken Stadt, daß sie 1. immer eine städtische Siedlung mit ihrem Umland umfaßt, insofern also immer auch Zentralort ist, und daß 2. alle freien Bewohner sowohl des städtischen Mittelpunktes als auch des Umlandes vollberechtigte Bürger der Stadt sind. Das gilt in jedem Fall für die besitzenden Bauern, vielfach auch für die städtischen Handwerker und freien Lohnarbeiter. Auch Frauen besitzen das Bürgerrecht, freilich nicht im Sinne politischer Teilnahme.

Entstanden ist diese Form der autarken Stadt (Polis) aus verschiedenen Ansätzen heraus. In Griechenland drohen bis ins 7. und 6. vorchristliche Jahrhundert hinein Blutrache und Machtkämpfe zwischen Adeligen – die oft zu Tyrannisherrschaften führen – die Städte zu zerreißen. Die Spannungen werden dadurch verschärft, daß Bauern vielfach Schulden bei Reichen machen müssen und so in Schuldabhängigkeit oder in Schuldknechtschaft geraten. Erste Antworten darauf sind Gesetzgebungen; die umfassendste uns bekannte ist die Solons für Athen (um 600 v. Chr.). Solon entschuldet die Bauern und schafft die Schuldknechtschaft ab. Die Repräsentationsmöglichkeiten der Adeligen werden eingeschränkt. Die gesamte freie Bevölkerung Athens und Attikas erhält das Bürgerrecht – erst jetzt kann man von einem solchen sprechen – und wird in eine politische Organisation einbezogen, die auf Institutionen wie Volksversammlung, Volksgericht, Rat und Magistratur beruht. Die Teilnahmerechte sind nach dem Besitz abgestuft, aber alle Bürger haben am politischen Leben Anteil. Insofern wird, wie Christian Meier das ausgedrückt hat, die Bürgerschaft dem Adel gegenübergestellt, um ihn gleichsam in die Stadt als politische Gemeinschaft hineinzuzwingen. Träger dieser Bewegung sind Adelige und Reiche, die nicht genügend Macht haben, um selber einmal eine Tyrannis erlangen zu können. Ca. 100 Jahre nach Solon wird die Organisation ganz Attikas durch Kleisthenes noch einmal rationalisiert, indem die Siedlungen Attikas, die Demen, zu lokalen Unterzentren gemacht werden, die für die Führung der Bürgerlisten und für die Besetzung des Rates Athens wichtig sind und Selbstverwaltungsfunktionen haben.

Ebenfalls seit dem 7./6. Jahrhundert bildet sich überall in Griechenland die Hoplitenphalanx aus, d. h. eine Kampfesweise, bei der sich selber mit einer schweren Rüstung equipierende Bauern den entscheidenden Teil des Heereskontingents einer Stadt stellen. Ihnen kann die politische Berechtigung nicht verweigert werden. Die Ausrüstung erfordert ein gewisses Maß an Besitz, und dieser sowie der Beitrag zur Kriegführung bilden vielfach Kriterien, um politische Rechte abzustufen. In Athen geht die Entwicklung noch weiter: Die Stadt wird im 5. Jahrhundert zur größten Flottenmacht Griechenlands. Den Ruderdienst auf den Schiffen leisten Theten, d.h. die Bevölkerungsschicht, die vom Besitz her nicht in der Lage ist, Hoplitendienst zu leisten. Da aber die Flotte seit den Perserkriegen in der ersten Hälfte des 5. Jahrhunderts die Macht der Stadt garantiert, fallen in Athen die abgestuften Rechte der politischen Teilnahme, und es kommt zu einer regelrechten Demokratie, die – vielfach unter dem Druck Athens – auch in anderen Städten Griechenlands eingeführt wird. Zusammenfassend kann man sagen, daß im 6. und 5. Jahrhundert die Stadt in Griechenland zu einer „anstaltsmäßigen Gebietskörperschaft" (Weber 1976:782) wird.

Ich brauche die Entwicklung für Rom hier nicht nachzuzeichnen. Auch hier entsteht mit der Ausbildung des Hoplitenheeres und den Auseinandersetzungen zwischen Patriziern und Plebejern nach dem Sturz des Königtums (um 500) eine Organisation, die auf dem Bürgerrecht aller freien Römer beruht, das Umland mit einbezieht (Tribus-Gliederung) und durch ein „Anstaltsrecht" gekennzeichnet ist. Im Unterschied zu Griechenland ist aber in Rom jeder Bürger in soziale Verbände (*familia*, Klientel) eingegliedert; die Spitzen dieser Verbände, die adeligen Hausväter, bestimmen über den Senat und die Magistraturen die Politik.

Die griechischen Poleis des 6. bis 4. Jahrhunderts und die westlichen Städte vor dem Beginn der römischen Eroberung sind politisch selbständige Einheiten. Sie verwalten sich selber, betreiben eine eigene Außenpolitik, führen selbständig Kriege. Mit der Ausbildung der hellenistischen Großreiche seit dem Ende des 4. Jahrhunderts und der Ausbildung des römischen Weltreichs verlieren die meisten Städte ihre außenpolitische Selbständigkeit. Aus den autonomen Poleis werden Bürgergemeinden, die aber vielfach die politischen Formen der Selbstverwaltung und die Traditionen städtischen Zusammenlebens fortsetzen. Ich gehe im folgenden von der Stadt als Bürgergemeinde aus, weil dieser Typ in der Antike für den bei weitem längsten Zeitraum vorherrschte.

Freilich muß man sich bewußt bleiben, daß ohne die Entstehung politisch und militärisch selbständiger Poleis die Stadt als Bürgergemeinde nicht verständlich wäre. Denn die Stadt als Gebietskörperschaft mit dem Bürgerrecht auch der das Umland bewohnenden Bauern hätte sich ohne die militärische Organisation der selbständigen Polis und ohne die Auseinandersetzungen zwischen Adel und Bauern nicht ausbilden können. Insofern liegt auch das Hauptinteresse der neuzeitlichen politischen Theorie auf diesem Typ politischer Organisation. Unter dem Gesichtspunkt einer Geschichte der Stadt und unter Berücksichtigung der Tatsache, daß auch in der weiteren europäischen Tradition die in ein größeres Herrschaftsgebilde eingeordnete Stadt den Normalfall darstellte, soll sie hier im Vordergrund stehen.

DIE STADT ALS BÜRGERGEMEINDE, INSBESONDERE IM RÖMISCHEN REICH

Das äußere Erscheinungsbild der Städte

Es gab gewachsene Städte mit unregelmäßigem Aufbau und solche, die gleichsam auf dem Reißbrett entworfen waren. Der zweite Typ erlangte schon mit der griechischen Kolonisation im 8./7. Jahrhundert Bedeutung und wurde im 5. Jahrhundert durch Hippodamos von Milet perfektioniert. Jede Neuanlage einer Stadt folgte seitdem diesem Muster, „... jede Erweiterung und Modernisierung einer unregelmäßig gewachsenen Stadt ... übernahm Elemente dieses Systems" (Weiß 1994:205). So kam es, daß die meisten Städte der römischen Kaiserzeit einen einheitlichen Grundtypus aufwiesen: Die Straßen waren in einem rechtwinkligen Gittermuster angelegt, das in seinen Hauptrichtungen sowohl von landschaftlichen Gegebenheiten als auch von physikalischen Bedingungen wie z.B. der Hauptrichtung der Winde abhängig war. Vielfach gab es ein zentrales Achsenkreuz (*cardo* und *decumanus*), in dessen Schnittpunkt der zentrale Platz (*forum*, *agora*) mit Tempeln, Verwaltungsbauten und Basiliken lag. Bei ummauerten Städten mündeten die Straßen dieses Achsenkreuzes in Stadttoren.

Die griechische und römische Stadt der Antike 13

Zentrale Plätze mit Portiken (Säulengängen) und Verwaltungsgebäuden (u.a. dem Versammlungsort für den städtischen Rat, der *curia*), Tempel, die an verschiedenen Stellen des Stadtgebietes liegen konnten, sowie Basiliken, die als Markt- und Gerichtshallen dienten, gab es nahezu in jeder Stadt. Dazu konnten Hafenanlagen und Getreidespeicher kommen, ferner Aquädukte, die zu Brunnenhäusern (Nymphäen) führten. Weiters waren die aus Griechenland stammenden halbkreisförmigen Theater charakteristisch, die für szenische und musikalische Aufführungen, aber auch für Volksversammlungen genutzt wurden. Römischen Ursprungs und im Osten seltener vertreten sind dagegen die ovalen Amphitheater, in denen Tierhetzen und Gladiatorenkämpfe stattfanden. Ebenfalls aus dem Westen stammen oft riesige Badeanlagen, Thermen, die nicht nur dem Baden, sondern auch der Kommunikation (z.B. Dichterlesungen) dienten. In den griechischen Städten nahm diese Funktion das Gymnasion wahr; es war ebenso prächtig ausgestaltet wie die Thermen im Westen. Ferner gehörte zur griechischen Stadt ein Stadion. Anlagen für Wagenrennen (Circus, Hippodrom) waren auf größere Städte beschränkt.

Die Wohnquartiere lagen in den Rechtecken zwischen den Straßen, den sogenannten *insulae*. Vielfach wurden die Untergeschosse der Straßenfronten von Geschäften eingenommen, zwischen denen sich die Zugänge zu den meist zweigeschossigen Wohnbereichen befanden. Die innere Ausgestaltung der Häuser (z.B. mit Fresken, Mosaiken, Innenhöfen) hing vom sozialen und ökonomischen Status der Bewohner ab – neben einfachen (Miets-)Häusern finden sich regelrechte Paläste und Gärten des Adels. Tote waren aus der Stadt verbannt. Die Nekropolen oder Einzelgräber lagen meist an den Ausfallstraßen vor der Stadt (vgl. auch Weiß 1994:205-212).

Eine Ausstattung der beschriebenen Art wurde von den Kaisern zugrundegelegt, wenn es darum ging, eine Siedlung zum Zentralort einer Gebietskörperschaft (*civitas*) zu erheben. Dazu kamen Anforderungen hinsichtlich der Bevölkerungsgröße. Günstig konnte sich auch die verkehrsgeographische Lage am Schnittpunkt von Reichsstraßen auswirken (Kolb 1993).

Nicht alle städtischen Zentren haben diese Anforderungen erfüllt. Es gab Regionen des Reiches wie etwa Pannonien, Dalmatien oder Phrygien, in denen sich bisher keine herausragenden Zentralorte von *civitates* nachweisen lassen. Eine Minimalausstattung wird auch hingenommen, wenn das Reich in eroberten Gebieten wie Britannien den Aufbau von Zentralorten überhaupt erst initiiert. Generell aber läßt sich sagen, daß das Vorhandensein der genannten Bauten eine größere Bevölkerungszahl sowie eine günstige verkehrsgeographische Lage die Zentren von *civitates* kennzeichnen (Kolb 1993).

Die römische Provinzialverwaltung und die Stadt als politischer Zentralort

In den Provinzen des römischen Reiches gab es ein abgestuftes Zentralortsystem. An erster Stelle standen die Sitze der Statthalter (*capita provinciarum*, Metropolen), an zweiter die Hauptorte von Gerichtsdistrikten (*conventus*), d.h. die Städte, in denen die Statthalter Recht sprachen, an dritter schließlich die Mittelpunkte (*oppidum, urbs, astu*) der *civitates*, der Gebietskörperschaften der Provinzen. Jeder freie Reichsbewohner war Bürger einer *civitas*, die römischen Bürger hatten ein doppeltes Bürgerrecht.

Die Administration des römischen Reiches beruhte auf dem Zusammenspiel römischer Behörden, also der Statthalter, kaiserlicher Prokuratoren sowie der Militärverwaltung, und der Selbstverwaltung der autonomen Städte. Wie in den griechischen selbständigen Städten der spätarchaischen und der klassischen Zeit (6.-4. Jahrhundert v. Chr.), waren in den Bürgergemeinden des Hellenismus und des Römischen Reiches alle allgemeinen politischen Funktionen und Institutionen im Zentralort einer *civitas* angesiedelt, also für Attika z.B. in Athen. Die näheren Modalitäten waren durch „Stadtrechte" geregelt. An Institutionen hatte jede Stadt Jahres-Magistrate, einen städtischen Rat (*curia*), eine Volksversammlung und Priesterschaften. Rat und Magistrate verwalteten das Umland mit. Sie waren zuständig für die Rechtsprechung in einer *civitas*, den Steuereinzug für das Reich, die Verwaltung des städtischen Vermögens, die Verpachtung der Immobilien, die Durchführung von Festen und Bauten, schließlich für Dienstleistungen, die vom Reich eingefordert wurden. Die Statthalter waren die Gerichtsherren einer Provinz. Sie regulierten die Modalitäten der Rechtsprechung, und es waren ihnen alle Fälle vorbehalten, die römische Bürger und die Aufrechterhaltung von Ruhe und Ordnung betrafen. Ferner waren sie Appellationsinstanz für die städtische Gerichtsbarkeit. Sie hatten in Streitigkeiten zwischen Städten (z.B. um Grenzen) zu entscheiden. Reichsaufgaben waren auch der Census (Registrierung der Bevölkerung und Festlegung von Steuern), der Einzug von Zöllen, die Anlage von Straßen und Truppenlagern, die Aufsicht über kaiserliche Domänen und Bergwerksbezirke. Vielfach wirkten städtische und römische Behörden zusammen, so z.B. bei Bauten, und insgesamt läßt sich eine Zurückhaltung der Reichsadministration konstatieren, so daß die Autonomie der *civitates* nicht nur auf dem Papier stand (vgl. die Beiträge von W. Eck und H. Wolff in Eck 1999:1-15, 47-60). Die Gebietskörperschaften nahmen zwar auch Funktionen für das Reich wahr, waren aber nicht bloße Ausführungsorgane der römischen Verwaltung.

Auf dem Umland autonomer Zentren gab es viele ländliche Siedlungen (*vici*, Demen), die in der Regel kleiner waren als die Städte (ca. 200–1000 Einwohner), in nicht wenigen Fällen aber eigene Magistrate und Volksversammlungen hatten und sich auch hinsichtlich der Bauten (manchmal sogar Mauern) und anderer Lebensäußerungen Städten angleichen konnten. Auf der einen Seite trugen sie zu den städtischen Märkten bei, stellten Tiere für die Opfer bei Festen bereit und konnten sich auch sonst am städtischen Leben beteiligen. Auf der anderen Seite feierten sie eigene Feste und suchten über Mittelsmänner (Patrone), die beim Statthalter intervenierten, ihre eigene Position zu verbessern, z.B. eigene Märkte oder Schutz gegenüber plündernden Soldaten zu erlangen. Im Gegensatz zu den Städten konnten sie sich nicht direkt an den Statthalter wenden, sondern waren auf Patrone, z.B. einen großen Grundbesitzer, angewiesen. Das Hauptziel größerer Siedlungen war es natürlich, vom Kaiser den Status des Zentralorts einer *civitas* zu erhalten.

In wenig zugänglichen Regionen des Reiches konnte es auch vorkommen, daß kein Zentralort vorhanden war, so daß Gruppen von ländlichen Siedlungen oder Stämmen (*ethne*) die direkten Ansprechpartner der römischen Verwaltung waren. Der zentralörtlichen Administration entzogen waren auch die oft riesigen kaiserlichen Ländereien, die unter der Verwaltung kaiserlicher Prokuratoren standen. Für Bauern oder Siedlungen auf kaiserlichem Grundbesitz war der Kaiser bzw. dessen Beauftragter der Ansprechpartner, auch für die Abgaben. Um zusammenzufassen: Die römische Administration stützt sich zwar in der Regel auf ein System von Zentralorten, die aber nicht immer für ihr ganzes Umland zuständig sind bzw. eine Region flächendeckend organisieren. Faktisch können auch ländliche Siedlungen, die auf privatem Grundbesitz liegen, sich über Patrone an die Statthalter wenden (vgl. die Beiträge von St. Mitchell und anderen in Eck 1999).

Die Stadt als wirtschaftlicher Zentralort

Die Gründung neuer Städte folgte im Römischen Reich politischen oder militärischen Gesichtspunkten. Am Beginn der Kaiserzeit wurden auch viele Kolonien geschaffen, um Veteranen mit Land zu versorgen. Dennoch kann gar kein Zweifel sein, daß die politisch-militärische Organisation des Reiches sich auch positiv auf das Wirtschaftsleben der Städte auswirkte. Das beginnt bei der Sicherung des Friedens, die einen wirtschaftlichen Austausch förderte; es geht weiter mit dem Bau von Straßen, die zwar militärischen Zwecken dienten, aber auch für den Handel günstige Verkehrsmöglichkeiten boten. Militärlager bildeten einen Absatzort für die umliegenden Regionen. Neben den Militärlagern entstanden in der Regel stadtähnliche Siedlungen, *canabae*, in denen die Soldaten einkaufen konnten.

Die Hauptstädte der Provinzen wie auch die Gerichtsorte profitierten von den vielen Besuchern, die dort Geschäfte zu erledigen hatten. Insbesondere aber erforderte die Versorgung des Heeres, der Hauptstadt Rom und anderer großer Städte des Reiches hohe Transportkapazitäten. So finden wir in den bedeutenden Hafenstädten am Mittelmeer, aber auch in den Flußhäfen wie z.B. Lyon und Arles große Gemeinschaften (*collegia, corpora*) von Schiffern, die die Ansprechpartner für die Reichsverwaltung und die Städte bei Transportfragen sind. Einige wenige Städte wie z.B. Palmyra oder Alexandrien lebten vom Fernhandel mit Luxusgütern.

Schließlich war jede Stadt auch Marktort. Märkte fanden zum einen in regelmäßigen Abständen statt und wurden von herumreisenden Händlern besucht. Zum anderen war auch mit jedem Fest ein Festmarkt verbunden, auf dem neben allgemeinen Waren vor allem auch mit dem Kult zusammenhängende angeboten wurden, so etwa Kultbilder und Statuetten der verehrten Gottheiten.

Obwohl das Handwerk einen wichtigen Beitrag zum städtischen Leben leistete und selbst manche Grundbesitzer in den Transport von Waren investierten, sind die weitaus meisten antiken Städte nicht Produzentenstädte geworden. Entsprechend den Anforderungen der reichen städtischen Eliten, insbesondere auch ihrer Bautätigkeit, differenzierte sich das Handwerk zwar stark aus, entwickelte sich aber nur in Ausnahmefällen zur Manufaktur (z.B. bei ständigen Lieferungen an das Heer). Die Produktion geschah überwiegend in kleinen Werkstätten, die direkt an den Verbraucher verkauften. Sie bedienten die Bedürfnisse der städtischen Honoratioren und sonstigen Stadtbürger sowie die der Bauern des Umlandes insoweit, als diese Arbeitsgerät oder Kleidung nicht selber herstellen konnten. Eine Tendenz zur Autarkie bzw. Subsistenzwirtschaft ist für die Landwirtschaft während der ganzen Antike charakteristisch. Die Bauern verkauften ihre Überschußprodukte auf dem städtischen Markt; deshalb waren Höfe in der Nähe einer Stadt besonders begehrt. Städte hatten auch

Die griechische und römische Stadt der Antike 17

die Pflicht, Nahrungsmittel für ihre Bürger zu einem annehmbaren Preis bereitzuhalten. Deshalb wurde Getreide aufgekauft und in Speichern gelagert. Weitere Überschußprodukte wurden durch Steuern und Pachtzahlungen abgezogen. Ein großräumiger Handel mit Nahrungsmitteln konnte nur dort entstehen, wo große Konzentrationen von Land vorhanden waren und die Nähe des Meeres oder von schiffbaren Flüssen billige Transportmöglichkeiten bot, die dann die Produzenten selber nutzten. Der Landtransport von gewöhnlichen Nahrungsmitteln war zu teuer, um über größere Strecken rentabel zu sein; er geschah nur dort, wo für Heereslieferungen unentgeltliche Transportleistungen (*munera*) in Anspruch genommen werden konnten.

In aller Regel lebte also die Stadt vom Land, weil der Reichtum der Honoratioren auf dem Grundbesitz im städtischen Umland beruhte. Das Umgekehrte gilt nur in geringem Maße, denn der gewöhnliche Bauer oder Pächter hatte nicht viel zu verkaufen. Andere Chancen für ländliche Gebiete konnte es nur dann geben, wenn wichtige Rohstoffe vorhanden waren. Wegen der Transportschwierigkeiten folgte die Ausnutzung solcher Rohstoffe, z.B. der Tonerde, dem Vorkommen. Sie wurde von den Gutsbesitzern selber betrieben oder initiiert. Dabei wurden riesige Brennöfen von einzelnen Töpfern genutzt, so daß es auch hier nicht zu großen Manufakturen kam.

Von antiken Autoren wird nur die Landwirtschaft als Quelle für Gelderwerb uneingeschränkt positiv bewertet. Sie galt als eines freien Menschen würdig, weil sie ihn nicht, wie den Lohnarbeiter oder Handwerker, in Abhängigkeit von anderen brachte und kein, wie der Handel, unehrliches Geschäft war. Die positive Wertung der Landwirtschaft, die sich zu geradezu idyllischen Schilderungen des Landlebens steigern konnte, hinderte aber nicht daran, daß die Städter auf das Landvolk herabblickten: Die *urbanitas* als gesittete Lebensführung wurde der *rusticitas*, der bäurischen Plumpheit, gegenübergestellt. Darin manifestiert sich, daß trotz der Abhängigkeit der Städte vom Land Kultur im Bewußtsein der antiken Menschen mit städtischem Leben verbunden war.

DIE STADT ALS LEBENSFORM

Kulte, Feste, Mythen

Jede politische Vergemeinschaftung in der Antike ist mit dem Kult verbunden. Der Kult ist nicht die Basis des politischen Lebens in dem Sinne, daß die Götter vorschreiben, was getan oder nicht getan werden soll. Die politische Kommunikation in den Städten bleibt wesentlich eine säkulare. Aber da die Götter mächtiger sind als die Menschen, muß man sie – durch Gebete und Opfer – um ihre Unterstützung bitten, nicht nur in politischen und militärischen Angelegenheiten, sondern vor allem auch in den Belangen, welche die Natur, also das Wachstum, die Fruchtbarkeit von Tieren und Menschen, die Unbilden des Wetters etc. betreffen. Jede Stadt verehrt deshalb verschiedene Gottheiten, im Osten gibt es darüber hinaus vielfach eine spezifische Schutzgottheit für die Stadt. Das umliegende Land hat in der Regel eigene Gottheiten, die sich nicht nur auf Probleme der Landwirtschaft beziehen müssen. In Kleinasien etwa oder in Afrika werden Gottheiten verehrt, die von ihren Anhängern Buße und Reinigung, ja sogar ein öffentliches Bekenntnis von Verfehlungen fordern (sogenannte Beichtinschriften).

Zu den Götterfesten im engeren Sinn traten im Osten häufig Agone (Wettkämpfe), die mit Genehmigung des Kaisers von einzelnen Städten regelmäßig veranstaltet wurden. Wir sind darüber für Kleinasien besonders gut informiert (Wörrle 1988; Stephan 2001). Auch sie waren mit einem Opfer verbunden, an das sich ein allgemeines Opfermahl anschloß. Eingeleitet wurden die Feste meistens mit einer Prozession, an deren Spitze z.B. der Organisator des Festes mit seinen Helfern marschierte; dann folgten die städtischen Funktionäre, die Vertreter der zu einer Stadt gehörenden Landgemeinden (Demen), schließlich die auswärtigen Festgesandtschaften. Der Zug stellte so ein Abbild der städtischen Gesellschaft und ihrer Verbindungen nach außen dar. Ebenso waren beim Opfermahl, von dem kein Festteilnehmer ausgeschlossen war, die Speisenden nach dem sozialen Status differenziert. Die Stadt konnte sich also beim Festzug und beim Opfermahl einerseits als große Gemeinschaft erfahren, andererseits wurde die soziale Ordnung nicht nur dargestellt, sondern auch bekräftigt (Stephan 2001:83-97). Man kann die Bedeutung all dieser Feste gerade auch für die Integration der Städte gar nicht überschätzen. Nach Aelius Aristides „wird ständig irgendwo gefeiert". Das demokratische Athen der klassischen Zeit, dessen Integration besonders prekär war, soll doppelt so viele Feste veranstaltet haben wie die übrigen Griechenstädte.

Ebenfalls schon auf die klassische Zeit geht zurück, daß die östlichen Städte sich eine mythische Vergangenheit schufen. Eine religiöse Verehrung genoß z.B. überall ein mythischer Stadtgründer, sei es eine Gottheit oder ein Heros. So hatte auch das Heroon einen wichtigen Platz in der Stadt. Neben der Gründung der Stadt wurden auch wichtige Ereignisse aus der Stadtgeschichte mythifiziert, z.B. Koalitionen mit anderen Städten in ferner Vergangenheit; sie konnten dann zur Bekräftigung praktischer Politik in der Gegenwart herangezogen werden.

Feste und Mythen „lebten" im Stadtbild durch Tempel, Opferaltäre, Statuen und Inschriften. Sie fanden außerdem ihren Ausdruck auf Bronzemünzen, welche um 200 n. Chr. von ca. 350 Städten im Osten herausgegeben wurden. Auf der Vorderseite befand sich in der Regel das Bild des regierenden Kaisers oder eines Mitgliedes des Kaiserhauses, auf der Rückseite erschienen z.B. Stadtgottheiten, Tempel, Gründerheroen oder Motive aus dem Bereich der Feste und Agone, Darstellungen des *adventus* (Ankunft) eines Kaisers und der „Eintracht" (Harl 1987).

Patriotismus, Identität, Rivalität

Man darf wohl generell davon ausgehen, daß die Stadt für die Menschen der Antike einen überschaubaren Handlungsrahmen bot, in dem sie über weite Strecken ihr Schicksal selber bestimmen oder zumindest darauf Einfluß nehmen konnten. Das gilt nicht nur für den politischen Bereich. Auch für Feste der Familie und Verwandtschaft war die Stadt ein Umfeld der „Öffentlichkeit", z.B. bei Hochzeiten (es gab keine Standesämter oder Bücher, in denen Geburten oder Hochzeiten registriert wurden) oder Todesfälle, die bei Wohlhabenden nicht selten mit Stiftungen oder Speisungen verbunden wurden. Auch Geburtstage konnten solche Anlässe darstellen. Über den Verwandtschaftskreis hinaus bestanden zumindest im Osten Organisationen für die Integration von Jugendlichen. Handwerker und Händler konnten sich – teilweise war kaiserliche Genehmigung erforderlich – zu Kollegien zusammenschließen, die der Pflege des Gemeinschaftslebens, dem Kult, der Sicherung eines angemessenen Begräbnisses dienten, aber auch Verhandlungspartner etwa für staatliche Transportaufträge sein oder in städtische Wahlen eingreifen konnten. Die Stadt bot weiter Bildungseinrichtungen, in begrenztem Umfang auch medizinische Hilfe.

Es ist deshalb verständlich, daß für die Menschen der Antike nicht so sehr Rom das Vaterland als ihre Stadt die „Vaterstadt" (*patris*) war. Zwar gab es, vor allem für die Städte des Ostens, ein gemeinsames Erbe griechischer Kultur, die unabhängig von der Zugehörigkeit zum Römischen Reich eine Art Kommunikationsrahmen bildete. Aber konkret wurde diese Kultur in ihren städtischen Äußerungen, nicht zuletzt in den städtischen Bauten, so daß die Städte die entscheidenden Bezugspunkte für das Selbstverständnis und die Identität wurden.

Eine spezifisch griechische Erscheinung ist es, daß in Regionen des Ostens regelrechte Städtenetzwerke entstanden, innerhalb derer die Städte sowohl kooperierten als auch Rivalitäten austrugen. Die Kooperation wird z.B. greifbar, wenn anläßlich der Einrichtung oder der Feier eines Festes auswärtige Festgesandtschaften eine Stadt besuchen und dies entweder auf Monumenten oder Münzen für die Nachwelt dokumentiert wird. Die Rivalität zeigt sich bei einer solchen Gelegenheit darin, daß heftig darüber gestritten wird, welche Festgesandtschaft im entsprechenden Teil des Festzuges die erste, zweite usf. Stelle einnehmen soll. Es gab also einen heftigen Wettstreit unter den Städten um Rang, Ehre, Ansehen, und diese Konkurrenz stärkte noch den Patriotismus gegenüber der Vaterstadt.

Auch die kaiserliche Macht wurde in diese Rivalität einbezogen. Price sieht eine wichtige Komponente des Kaiserkults im Osten darin, daß mit dem Kult die kaiserliche Macht in das Weltbild der Griechen eingeordnet wurde (Price 1984:75-77; vgl. zu den hellenistischen Herrschern 25-31). Für die Städterivalität wurde das insofern bedeutsam, als Neokorien (d.h. der Besitz eines Tempels für den provinzialen Kaiserkult) und damit auch ein höherer Status nur vom Kaiser verliehen werden konnten (Stephan 2001:103f).

Euergesie und Austauschbeziehungen

Über ihre konkreten Funktionen hinaus ist die antike Stadt Ort eines Gabentauschs zwischen den städtischen Führungsschichten und den Stadtbevölkerungen. Das gilt nicht für die Anfänge des griechischen Städtewesens, und auch in der griechischen Demokratie wurden Leistungen der Reichen als Quasisteuern eingefordert. Es gilt aber für die Stadt Rom in der Republik und der Kaiserzeit sowie für die Bürgergemeinden der hellenistischen Reiche und des Römischen Reiches.

In der Welt der Antike war Ehre ein zentraler Wert. Sie bestand nicht primär im Selbstbewußtsein eines Individuums, sondern mußte zugesprochen werden. Ehre erlangte man auch nicht durch den Gewinn eines großen Vermögens; entscheidend war vielmehr, wie man dieses Vermögen verwendete. Die Amtsträger und Honoratioren in den Städten mußten z.B. ein Eintrittsgeld bezahlen, wenn sie Mitglieder des städtischen Rates wurden oder ein Amt erlangten. Sie mußten zumindest einen Teil der Kosten ihrer Amtsführung aus ihrem Vermögen bestreiten. Es wurde erwartet, daß sie die Kosten für Bauten – z.B. Tempel oder Aquädukte – allein oder zusammen mit anderen übernahmen; daß sie für die Bewirtung bei Festen aufkamen; daß sie Theateraufführungen, gymnastische Wettkämpfe u.ä. veranstalteten; daß sie Gesandtschaften in andere Städte oder an den Kaiserhof finanzierten; daß sie Stiftungen anläßlich von Familienfesten oder für den Fall ihres Ablebens machten bzw. Geldspenden verteilten. Analoge Leistungen erbrachten auch die Adeligen des republikanischen Rom, später die Kaiser gegenüber dem stadtrömischen Volk; diese gestalteten Rom auch zur Marmorstadt aus. Umgekehrt ehrten die städtischen Bevölkerungen ihre Wohltäter: durch Wahlen in Ämter durch Akklamationen bei Veranstaltungen, durch Ehreninschriften und -statuen, durch das Gedächtnis anläßlich von Jahrestagen. Dieser Austausch hatte natürlich auch eine ökonomische Seite, aber die war nicht das Wichtigste: das wird z.B. daran deutlich, daß bei Geldspenden die Standesgenossen der Honoratioren mit größeren Summen bedacht wurden als die übrigen Stadtbürger oder daß römische Senatoren sich gegenseitig in Testamenten hohe Legate aussetzten. Es fand also auch ein Gabentausch innerhalb der Führungsschichten statt. Dabei ging es um die gegenseitige Anerkennung von Status und Ehre, und das gilt auch primär für den Austausch zwischen Führungsschichten und Volk. Evelyne Patlagean hat gezeigt, daß die Armut in antiken Städten immer eingebettet war in den Bürgerstatus. Der Bürger als solcher hatte Anspruch auf bestimmte Leistungen. Patlagean spricht deshalb von „sozialer Armut", die sie der nackten, „ökonomischen Armut" seit der Spätantike gegenüberstellt (Patlagean 1977). Durch die verschiedenen Spenden und Stiftungen der Reichen wurden also auch die Armen als Bürger anerkannt und geehrt. Deshalb konnte man auch am Selbstverständnis östlicher Städte als Demokratien trotz des Honoratiorenregimes festhalten.

Eine zweite Austauschebene betraf das Verhältnis der Städte zum Reich. Dieses Verhältnis ist eine der Grundbedingungen, vielleicht d i e Grundbedingung für den Zusammenhalt des Reiches in der römischen Kaiserzeit. Nachdem Augustus die Bürgerkriege beendet hatte, die auf dem Rücken der Provinzialen ausgetragen worden waren, bestanden günstige Voraussetzungen für positive Beziehungen. Da Macht ein relationaler Begriff ist (Price 1984:241-243), konnte sich die Machtausübung der Kaiser nur im Rahmen eines Beziehungsgeflechts vollziehen, in dem beide Seiten die Gebenden und Nehmenden waren, wobei sich symbolische Ebenen und solche der praktischen Politik vermischten.

Der Kaiserkult ging von den Städten des Ostens aus, die auch den hellenistischen Herrschern göttliche Ehren entgegengebracht hatten.

Die Städte beantragten, einen Tempel des Augustus und der Dea Roma bauen und einen entsprechenden Kult einrichten zu dürfen. Der Kaiser mußte dies genehmigen. Der Kaiserkult war Ausdruck der Zuschreibung eines göttlichen Charismas an den Herrscher, die aufgrund der Leistungen des Herrschers erfolgte. Er schuf eine wichtige Verbindung zwischen Kaiser und Städten, band freilich bei weitem nicht alle religiösen Loyalitäten der Stadtbewohner, für die er auch nicht der wichtigste Kult zu sein brauchte.

Beim Herrschaftsantritt und nach wichtigen Siegen war es Usus, daß Städte Goldkronen für den Kaiser spendeten, die von Gesandtschaften überbracht wurden.

Umgekehrt erwartete man vom Kaiser *beneficia*, Wohltaten, die nicht selten bei akuten Notlagen (z.B. anläßlich von Erdbeben) erwiesen wurden. Eine besondere Gelegenheit, sowohl den Kaiser zu ehren, als auch kaiserliche Wohltaten zu gewähren, war der Besuch des Kaisers in einer Stadt. Er wurde dann in einem feierlichen und ritualisierten *adventus* eingeholt und konnte auf Anliegen der Städte reagieren. Kaiserliche *beneficia* bestanden nur zu einem geringen Teil in materiellen Leistungen; viel häufiger ging es, vor allem bei den Städten des Ostens, um Fragen von Rang und Status: Der Status einer Stadt konnte aufgewertet werden z.B. durch die Erhebung zur *colonia* (= durch Rom gegründete Stadt); Städten konnten kaiserliche Titel (z.B. Hadriane) verliehen werden, die sie dann im Stadtnamen führten; die Errichtung neuer Agone konnte bestätigt werden; begehrt war schließlich auch das Recht, auf dem eigenen Territorium Provinziallandtage durchzuführen und einen provinzialen Kaisertempel zu haben. Seit dem Ende des 1. Jahrhunderts konnte eine solche Stadt den Titel *Neokoros* (Tempelwart) führen, während sich die Provinzhauptstädte des Titels *Metropolis* bedienen konnten. In allen diesen Fällen war der Kaiser der gebende, der besondere Loyalität und Einsatz für das Reich belohnen konnte. Um all diese und andere Fragen (wie z.B. Rechtsauskünfte) gab es einen regen diplomatischen Verkehr mit dem Kaiser; dieser vollzog sich zum einen über Korrespondenz, zum anderen über städtische (oder provinziale) Gesandtschaften.

Eine letzte wichtige Beziehungsebene zwischen Kaiser und Reich einerseits, den Städten andererseits betraf die städtischen Führungsschichten und die Reichsaristokratie, die sich aus Senatoren und Rittern zusammensetzte. Der Austausch des Personals, der hier stattfand, war eine der wichtigsten Grundlagen für den Bestand des Römischen Reiches. Die städtischen Honoratiorenschichten, soweit sie römische Bürger waren oder – je nach Stadtrecht – durch die Bekleidung von

Ämtern und den Eintritt in den städtischen Rat solche wurden, bildeten das wichtigste Reservoir für die Ergänzung des römischen Ritter- und Senatorenstandes. Der Aufstieg vollzog sich über Patronage, aber da die Voraussetzungen dafür Ämter und Ratsstellen in der Stadt waren, wirkten die Stadtbevölkerungen bei der Rekrutierung der Reichsaristokratie mit, oder anders ausgedrückt: die Zuschreibung von Ehre in der Stadt konnte zum Sprungbrett für eine Reichskarriere werden. Diese Chance bildete natürlich auch einen Ansporn für Leistungen in der Stadt. Wenn städtische Honoratioren Karriere machten, dann bedeutete das wiederum für die Städte einen großen Vorteil: denn solche Aufsteiger konnten zu Stadtpatronen werden, die sich nicht nur als Mäzene für die Stadt betätigten, sondern auch – wegen ihrer Kaisernähe – Anliegen einer Stadt bei der Zentrale oder beim Provinzstatthalter unterstützen konnten. Gelang eine Karriere nicht, kehrte ein Ritter in die Heimatstadt zurück, übernahm dort oder in der Provinz wichtige Funktionen (z.B. als für den Kaiserkult zuständiger Provinzialpriester) und bildete so einen Brückenkopf römischer Herrschaft im Reich.

Wir haben es im Römischen Reich also mit einem spezifischen Herrschaftstyp zu tun, der in dieser Form wahrscheinlich einmalig ist. Es handelt sich um eine über Städte vermittelte Herrschaft, welche die Stadtkultur der Antike zur Voraussetzung hatte. Das Geheimnis des Gelingens dieser Herrschaft liegt darin, daß die Städte nicht einfach mediatisiert waren, sondern ihr Eigenleben respektiert und geschützt wurde.

DIE METAMORPHOSE DER ANTIKEN STADT

Dieses Kapitel soll dazu dienen, der Besonderheit der antiken Stadt von deren Untergang im Westen her noch einmal Konturen zu verleihen. Ferner geht es darum, Kontraste oder Verbindungen zur mittelalterlichen Entwicklung deutlich zu machen.

Einbruchstellen für Veränderungen

Bisher bin ich davon ausgegangen, daß die antike Bürgergemeinde einen zumindest von vielen Bürgern akzeptierten Rahmen für das Handeln und das Selbstverständnis dieser Bürger bot. Der durch ein Austauschsystem vermittelte Bezug auf Ehre und Ruhm, Macht und Größe bildete dabei den Kern für die kollektive Identität der in einer Stadt lebenden Menschen.

Nun gab es schon in der römischen Kaiserzeit eine ständig größer werdende Gruppe, die dieses Selbstverständnis nicht teilte: nämlich die Christen, die sich selber als Fremde in dieser Welt wahrnahmen (vgl. Stephan 2001:211ff) und auch von einem antiken Schriftsteller, Tacitus, durch einen Haß auf das Menschengeschlecht, *odium generis humani*, gekennzeichnet wurden. Die Christen konnten an vielen Lebensvollzügen in der antiken Stadt nicht teilnehmen, weil geselliges Leben, Feste, Politik immer mit Kult und Opfer verbunden waren. Umso erstaunlicher ist nun, daß vor allem im Osten und besonders auch im städtereichen Kleinasien das Christentum sich bis zum Beginn des 4. Jahrhunderts, also noch vor der staatlichen Anerkennung, so ausbreitete, daß es etwa 50 Prozent der Bevölkerung ausmachte. Hier scheint nun ein Widerspruch vorzuliegen: Wenn die These stimmt, daß viele Bürger der Stadt als Lebensform positiv gegenüberstanden, dann muß erklärt werden, warum viele Bürger Christen wurden, obwohl sie sich damit von den meisten städtischen Lebensvollzügen ausschlossen.

Schon seit dem 2. Jahrhundert lassen sich wichtige Umbrüche erkennen. Mitglieder der Führungsschichten des Reiches, die durch das Kaisertum immer stärker mediatisiert werden, nehmen vielfach die Möglichkeit wahr, der Politik ganz zu entsagen. Östliche Jenseits- und Mysterienreligionen, vor allem der Mithras-Kult, breiten sich aus – sie sind in der Regel nicht in die offizielle städtische Kultausübung eingebunden. Viele Menschen wählen sich göttliche Begleiter, Dämonen, die sie unterstützen sollen, und generell haben Magie und Zauber eine Hochblüte. Eric Dodds hat solche Phänomene unter dem Titel „Heiden und Christen in einem Zeitalter der Angst" abgehandelt (Dodds 1985); mit Charles Foucault kann man formulieren, daß die „Sorge um sich" in den Vordergrund tritt. Anders ausgedrückt: Der kollektiven Identität in den Städten tritt die Sorge um eine personale Identität gegenüber, für welche die persönliche Lebensführung und die Sehnsucht nach einem guten Jenseits zentral werden. Es ist diese Situation, in der die christlichen Angebote gute Chancen erhalten, zumal die Stadtbewohner auch das Leben der christlichen Gemeinden, insbesondere in Krisensituationen, unmittelbar erfahren konnten.

Und solche Krisensituationen traten für die Städte des Westens seit dem 2. Jahrhundert, besonders im 3. Jahrhundert häufig auf. Durch Germaneneinfälle und Bürgerkriege wurden viele Städte in Gallien, in den nordalpinen Gebieten und in den Donauprovinzen zerstört. Wurden sie wieder aufgebaut, dann in der Regel auf wesentlich verkleinertem Areal und mit einer Mauer. Das spätantike Augst umfaßte z.B. nur eine Fläche von 100 mal 200 Metern. Im 5. und 6. Jahrhundert nahmen viele Städte den Charakter von regelrechten Militärlagern (*castra*) an. In vielen Fällen blieben für das städtische Leben wichtige Bauten wie Theater und Amphitheater, Circusanlagen und Thermen außerhalb der Mauern. Das muß nicht heißen, daß sie nicht mehr benutzt wurden, aber auch sie waren ja oft von Zerstörungen betroffen. Selbst Tempel wurden häufig nicht wieder aufgebaut oder repariert. Schließlich haben die Germanenstürme auch den Reichtum der städtischen Honoratiorenschichten und ihre Bereitschaft zu Euergesien gemindert. Ich lasse hier die Entwicklung im Osten des Reiches außer acht, wo ein Prozeß der Ummauerung der Städte oder der Anlage von Schutzkastellen außerhalb der Städte erst später einsetzte.

Innere und äußere Bedingungen wirkten also zusammen, um die frühkaiserzeitliche Stadt zu verändern.

Die Stadt in der spätantiken politischen Organisation

Im Zuge der Reformen, die um die Wende vom 3. zum 4. Jahrhundert von Diocletian und Constantin initiiert und über das ganze 4. Jahrhundert fortgeführt wurden, veränderte sich der Status der Städte grundlegend; sie wurden zu Annexen der Reichsverwaltung herabgedrückt, was sich auf verschiedenen Ebenen zeigte.

Schon in der hohen Kaiserzeit sind für begrenzte Zeit in verschiedenen Städten kaiserliche Beauftragte (*curatores*) eingesetzt worden, welche das Finanzgebaren der Städte kontrollieren und in Ordnung bringen sollten. Im 3. Jahrhundert breitete sich diese Institution weiter aus, und in der Spätantike begegnet sie in praktisch allen Städten. Sie nahm den Charakter eines städtischen Amtes an; die *curatores* erhielten aber ihre Bestallungsurkunden vom Kaiser.

Städtisches Land und Tempelland wurden mehrfach konfisziert, von Julian zurückgegeben, aber es ist nicht sicher, ob diese Anordnung durchgeführt wurde. Nach einem Dekret des Valens von 370/371 sollten die Städte ein Drittel der Einkünfte aus ihrem konfiszierten Land für ihre Aufgaben erhalten. Insgesamt sind unsere Kenntnisse in diesem Bereich mangelhaft. Sicher ist, daß auch nach Valens Städte noch eigenes Land hatten bzw. solches – z.B. durch Erbschaften – erwerben konnten.

Die städtischen Dekurionen und Magistrate wurden schon seit dem 3. Jahrhundert wachsenden Zwangsleistungen (*munera*) für das Reich unterworfen. Die Privilegien, die Dekurionen im Strafprozeß genossen hatten, wurden in der Spätantike nicht mehr durchgehend beachtet. Die städtischen Magistrate gehörten, wie im Prinzipat, nicht zum kaiserlichen Verwaltungsstab, genossen auch nicht dessen Privilegien, aber im Gegensatz zum Prinzipat wurde ihnen nun der Aufstieg in die Reichsaristokratie verwehrt. Die Mitgliedschaft im Rat wurde zu einem Zwang, der sich vom Vater auf den Sohn vererbte. Eine besondere Last für die Dekurionen war der Einzug der staatlichen Steuern; auch jetzt bestand noch die Möglichkeit, sich dabei zu bereichern. Andererseits hafteten die Dekurionen mit ihrem Vermögen für Fehler oder Unterlassungen beim Steuereinzug, und das war in jedem Fall eine gefährliche Situation. So ist verständlich, daß Dekurionen immer wieder versuchten, ihrem Status zu entfliehen. Selbst die Stellung eines Pächters auf kaiserlichen Gütern konnte als vorteilhafter als die eines Ratsmitgliedes angesehen werden.

Ausdruck der unsicheren Lage war, daß 368 das Amt des *defensor plebis* (Verteidiger des Volkes) in den Städten eingerichtet wurde. Die *defensores* sollten zunächst die städtische plebs schützen, aber schon 392 sind auch die Dekurionen ihrem Schutz (nun als *defensores civitatis*) anvertraut. Das ehemals angesehenste Gremium der Stadt brauchte also einen „staatlichen Schutzvogt" (F. Vittinghoff in: Studien 1958:35) gegen die staatliche Administration. Infolge der Zwangsmitgliedschaft im städtischen Rat brachte der Dekurionen-Status auch keine Ehre mehr ein. Viele Felder der Euergesie, auf denen die Dekurionen und Magistrate hatten Ruhm erringen können, entfielen im Laufe der Spätantike: so die Bekleidung von Priestertümern, die Ausrichtung von religiösen Festen, von Gladiatorenspielen, Tierhetzen u.a., ebenso die Errichtung von Bauten, die fast ganz auf die kaiserliche Administration überging. Konsequenterweise verschwindet dann dieser Honoratioren-Stand ohne *honor* (Ehre) im 5. Jahrhundert in vielen Städten. Er wurde abgelöst durch Notabeln, die in Zusammenarbeit mit dem Bischof das städtische Leben bestimmten, ohne die Stadtbürger einzubeziehen oder mit ihnen über Euergesien in einen Austausch zu treten.

Wurde das Verhältnis der Städte zum Reich schon durch die dargestellten Verhältnisse verändert, so nahmen auch die direkten Beziehungen zum Kaiser einen anderen Charakter an. Einen Kaiserkult im antiken Sinn konnte es im christlichen Imperium nicht mehr geben. Den Kaisern wurde zwar als Vermittlern des Willens Gottes auf Erden Verehrung entgegengebracht, und die östlichen Kaiser konnten dieses Selbstverständnis auch stärken, indem sie viele religiöse Räume besetzten – von religiösen Auseinandersetzungen bis zum Bau von

Kirchen und Hospitälern, zu Reliquientranslationen etc. Den westlichen Kaisern gelang das nicht; sie erhielten Konkurrenz durch die Bischöfe und das sich ausbildende Papsttum, die beide in der Tradition lateinisch-römischer Amts- und Autoritätsvorstellungen die religiösen Loyalitäten der westlichen Reichsbewohner auf sich konzentrieren konnten.

Eine wichtige Konsequenz all dieser Vorgänge und der Ausbildung neuer ethnischer Identitäten auf dem Boden des Reiches war, daß die „aktive Loyalität" gegenüber dem Reich schwand. Die Bereitschaft, das Reich zu verteidigen, ließ nach und führte dazu, daß das Reich mit Germanen gegen Germanen verteidigt werden mußte. Zugleich kam es vielfach zu einer friedlichen Koexistenz mit Germanen, die auf dem Boden des Reiches siedelten (Liebeschuetz 2001:346-368, 403).

Stadt und Umland

Noch in der Kaiserzeit war es der Regelfall, daß Stadt und Umland eine politische Einheit bildeten, auch wenn der unter prokuratorischer Verwaltung stehende kaiserliche Landbesitz diese Einheit teilweise durchbrach. In der Spätantike nahm dieser Landbesitz – u.a. durch die Konfiskation von städtischem und Tempelland – enorm zu. Ferner wurden die kirchlichen Gemeinden und Klöster infolge von Schenkungen und – seit 321 möglichen – Erbschaften oft zu großen Grundbesitzern. Und schließlich sind hier die westlichen Senatoren zu nennen, die durch Kauf, die Ewigpacht von kaiserlichen Gütern sowie durch die Patroziniumsbewegung einen riesigen Grundbesitz anhäuften: Nach Salvian von Marseille begaben sich in Gallien Bauern unter den Schutz von großen Grundbesitzern, die sie gegen die staatlichen Steuereinnehmer schützten. Die Bauern mußten ihnen als Gegenleistung für den Fall ihres Todes ihr Land übertragen.

Soweit die senatorischen Grundbesitzer das Recht zum Steuereinzug (Autopragie) hatten, wurde auch ihr Grundbesitz der städtischen Verwaltung entzogen. Angesichts der Stellung der Bischöfe in der spätantiken Stadt galt das zumindest auch faktisch für den kirchlichen Besitz. An den Boden gebundene Pächter (Kolonen) mußten das Einverständnis des Gutsbesitzers für Heiraten einholen und durften keine Privatklagen gegen ihre Patrone austragen. Ferner sind private Gefängnisse auf Gütern bezeugt, ebenso Frondienste (*operae*) von Kleinpächtern gegenüber Großpächtern auf kaiserlichen Gütern. Außer durch die Landsässigkeit von mächtigen Senatoren wurde die Stadt-Umland-Beziehung auch durchbrochen durch die vielen Ansiedlungen germanischer Stämme seit dem Ende des 4. Jahrhunderts. Die Zentralortfunktion der Städte wird also – teils faktisch, teils rechtlich – unterhöhlt. Damit entstehen zwar noch nicht die polyzentrischen Herrschaftsgebilde des Mittelalters, wohl aber Vorformen. Das gilt auch für die Spannung zwischen Adelsburg und Stadt: Viele Gutsbesitzer befestigen nämlich ihre Wohnsitze auf dem Land und beschäftigen Privatsoldaten (Buccellarier), um sich gegen die staatliche Administration und gegen sonstige Angriffe zu schützen.

Schließlich wird die Zentralortfunktion der Stadt auch im Hinblick auf das Handwerk und den Handel eingeschränkt: Weil im Westen viele Senatoren landsässig und den städtischen Handwerkerkollegien immer mehr Zwangsleistungen auferlegt werden, fliehen viele Handwerker zu den Wohnsitzen der Adeligen und arbeiten dort nicht nur für den Eigenbedarf des Gutes, sondern auch für den Verkauf, z.B. an Pächter. Auf großen Latifundien werden in der Regel auch Märkte eingerichtet. Daneben ihnen gibt es Stapelplätze großer landwirtschaftlicher Produzenten, wie auch der zu einem Herrn gehörige Händler (*negotiator* oder *mercator*) zu einem wichtigen Typ des Händlers in der Spätantike wird. Natürlich gab es auch weiterhin Handwerker und Händler in den Städten, aber ein großer Teil der Produktion und des Handels lief an ihnen vorbei.

Auch von den wirtschaftlichen Bedingungen her ist also in der Spätantike die antike Stadt als Einheit von Stadt und Umland nur noch ein Schatten. Allein in der geistlichen Herrschaft der Bischöfe hat sie sich erhalten.

Die Bischofsstadt

Der Bischof konnte seit der 2. Hälfte des 4. Jahrhunderts eine herausragende Stellung in der spätantiken Stadt erringen. Damit ist nicht die Stadtherrschaft des Bischofs gemeint, die sich im Osten gar nicht, im Westen vor allem im gallischen Raum entwickelte. Überall aber wurde der Bischof zu einem Gravitationszentrum städtischen Lebens, im Westen vielfach angesichts des Zusammenbruchs der politischen Institutionen zur einzigen handlungsfähigen Instanz.

Die Voraussetzungen dafür liegen schon in der vorkonstantinischen Zeit, insofern die christlichen Gemeinden alle Lebensbereiche umfassende Gemeinschaften bildeten, was ohne Vorbild in der paganen Religion war. Dem Bischof wuchsen dadurch Aufgaben zu, die nicht eigentlich zu seinem geistlichen Amt gehörten, wie z.B. eine Schiedsgerichtsbarkeit zwischen Gemeindemitgliedern, die Sorge um Gefangene (vor allem während der Verfolgungen), die Anerkennung von Ehen etc. In der Spätantike wurden solche Aufgaben den Bischöfen direkt übertragen: schon von Constantin die *episcopalis audientia* (bischöfliche Gerichtsbarkeit), was bedeutet, daß sich streitende Parteien vom staatlichen Gericht an ein Bischofsgericht wenden konnten; die staatlichen Instanzen übernahmen dann den Spruch des Bischofs. Ferner konnten Sklaven von dem Bischof freigelassen werden. Später wurde ihnen die Gefangenenfürsorge übertragen. Unter Justinian wurde die *episcopalis audientia* der staatlichen Gerichtsbarkeit gleichgestellt, die Bischöfe erhielten sogar Kontrollfunktionen gegenüber der Gerichtsbarkeit der Statthalter. Ferner wirkten Bischöfe bei der Wahl städtischer Magistrate mit. Bei der Eheschließung übernahmen der Bischof oder Kleriker Zeugnisfunktionen.

Dennoch wurden die Bischöfe nie ins staatliche Rangklassensystem eingegliedert; ihre Macht blieb geistlich begründet. In der Spätantike wurde diese Begründung noch verstärkt: Die Macht der Heiligen wurde zu einem wichtigen Moment im Selbstverständnis der Bischöfe. Diese stellten sich, wie Damasus oder Ambrosius (der erstmals den Begriff *patronus* für die Heiligen verwendet), unter den Patronat von Heiligen, wurden zu deren sichtbaren Repräsentanten. Diese Heiligen wurden auch Patrone der ganzen Stadt, und in bestimmten Regionen des Reiches, besonders in Gallien und Norditalien, wurden Bischöfe selber als Heilige verehrt und zu Stadtpatronen.

Man kann vielleicht formulieren: Die christliche Gemeinde legte sich gleichsam über die zivile Gemeinde. Das wird auch an der städtischen Topographie sichtbar, in der Bischofskirche, Baptisterium und Wohnhaus des Bischofs zwar vielfach an den Rändern der antiken Agglomeration gebaut wurden, dort aber zu Zentren neuer Siedlungen werden konnten. Das gilt noch mehr für die Memorialkirchen von Märtyrern: sie waren – entsprechend den antiken Begräbnissitten – oft außerhalb der Stadt bei den Gräbern der Märtyrer angesiedelt, und um sie herum entstanden – wie z.B. in Rom, Köln, Bonn – neue städtische Siedlungen, mit Pilgerherbergen, Hospizen etc.

Zugleich wurde die alte Ordnung der Zeit abgelöst, nicht nur durch den christlichen Sonntag und die Hochfeste, sondern vor allem auch durch die Heiligenfeste, insbesondere das des Stadtpatrons. Sie wurden mit Vigilfeiern und Märkten verbunden, traten so also an die Stelle der alten Götterfeste.

Alles dies wurde von den Bischöfen gelenkt, und es verwundert deshalb nicht, daß sie auch als solche erscheinen, die sich um die Versorgung einer Stadt oder deren Verteidigung kümmern. Setzten sich also in der Herrschaft von Bischof und Klerus traditionelle Muster antiken städtischen Lebens fort, indem an die Stelle von Bädern, Gymnasien, Tempeln nun Kirchen und kirchliche Gebäude traten (Whittow 1990)? Meines Erachtens muß man im Gegenteil den Bruch so radikal wie möglich formulieren: Die Begründung von Macht beruhte nicht mehr auf der Zuschreibung von Ehre; es gab kein Austauschverhältnis zwischen Bischöfen und Stadtbürgern mehr, selbst wenn die Bischöfe bei ihrer Wahl von den Stadtbewohnern akzeptiert werden mußten; die Euergesie der Führungsschichten wich der bischöflichen *caritas*, die nun tatsächlich auf die ökonomisch Armen zielte. Und schließlich: Die Stadt war auch in Ansätzen nicht mehr die sich selber verwaltende Bürgergemeinde der hellenistischen Reiche und der Kaiserzeit. Die Christianisierung war mit einer Entpolitisierung verbunden. Hatte der Begriff des *civis* (Bürger) schon dadurch an Bedeutung verloren, daß 212/213 alle freien Reichsbewohner römische Bürger wurden, so war er infolge der beschriebenen Veränderungen auf die spätantiken Stadtbewohner nicht mehr anwendbar; der Bürger mußte im Mittelalter neu entstehen, auch wenn er dann wieder durch den Rekurs auf das römische Recht abgestützt werden konnte. Unter kulturellen wie politischen Gesichtspunkten ging die antike Stadt im 5./6. Jahrhundert unter (vgl. Liebeschuetz 2001: zusammenfassend 400-416); aber wie der Bürgerbegriff wurde auch ihre Tradition wieder aufgenommen, z.B. in den italienischen Städten der Renaissance und im politischen Denken der Neuzeit. Und das Verhältnis zwischen Bürgergemeinde und Reich kann zwar kaum Muster sein für das vereinigte Europa; es kann aber Anregungen geben, über das Verhältnis von Zentral- zu Regionalfunktionen nachzudenken.

LITERATUR

Christie, Neil, Hg. (1996): Towns in Transition. Urban Evolution in Late Antiquity and the Early Middle Ages. Aldershot: Scholar Press

Claude, Dietrich (1969): Die byzantinische Stadt im 6. Jahrhundert, Byz. Archiv 13, München: Beck

Dodds, Eric Robertson (1985): Heiden und Christen in einem Zeitalter der Angst: Aspekte religiöser Erfahrung von Mark Aurel bis Konstantin. Frankfurt a. M.: Suhrkamp

Eck, Werner, Hg. (1999): Lokale Autonomie und römische Ordnungsmacht in den kaiserzeitlichen Provinzen vom 1. bis 3. Jahrhundert, Schriften des Historischen Kollegs, Kolloquien Bd. 42. München: R. Oldenbourg

Eck, Werner/Galsterer, Hartmut (1991): Die Stadt in Oberitalien und in den nordwestlichen Provinzen des Römischen Reiches. Mainz: von Zabern

Haensch, Rudolf (1997): Capita provinciarum. Statthaltersitze und Provinzialverwaltung in der römischen Kaiserzeit. Mainz: von Zabern

Harl, Kenneth W. (1987): Civic Coins and Civic Politics in the Roman East, A.D. 180–275. Berkeley u.a.: University of California Press

Jones, Arnold H.M. (1940): The Greek City from Alexander to Justinian. Oxford: Clarendon Press

Kolb, Frank (1984): Die Stadt im Altertum. München: Beck

Kolb, Frank (1993): Bemerkungen zur urbanen Ausstattung von Städten im Westen und im Osten des Römischen Reiches anhand von Tacitus, Agricola 21 und der Konstantinischen Inschrift von Orkistos. In: Klio 75: 321-341

Liebeschuetz, John H. W. G. (2001): Decline and Fall of the Roman City. Oxford: University Press

Millar, Fergus (1977): The Emperor in the Roman World (31 BC – AD 337). London: Duckworth

Patlagean, Evelyne (1977): Pauvreté économique et pauvreté sociale à Byzance, 4ᵒ– 7ᵉ siècle. Den Haag/Paris: Mouton

Perkins, Helen M. (1997): Roman Urbanism: Beyond the Consumer City. London: Routledge

Price, Simon R. F. (1984): Rituals and Power. Cambridge: Cambridge Univ. Press

Stephan, Eckhard (2001): Honoratioren? Griechen? Polisbürger? Kollektive Identitäten innerhalb der Oberschicht des kaiserzeitlichen Kleinasien. Diss. masch. Freiburg

Studien (1958) zu den Anfängen des europäischen Städtewesens, Vorträge und Forschungen Bd. 4. Lindau/Konstanz: Thorbecke

Vittinghoff, Friedrich, Hg. (1982): Stadt und Herrschaft. Römische Kaiserzeit und Hohes Mittelalter, HZ Beih. 7. München: Oldenbourg

Ward-Perkins, Bryan (1984): From Classical Antiquity to the Middle Ages: Urban Building in Northern and Central Italy AD 350–800. Oxford: Oxford University Press

Weber, Max (1976, 5. Aufl.): Wirtschaft und Gesellschaft. Tübingen: J.C.B. Mohr

Weiß, Peter (1994): Die Stadt im Imperium Romanum. In: Das Alte Rom, Hg. Jochen Martin. Gütersloh: Bertelsmann: 195-229

Whittow, Mark (1990): Ruling the Roman and Early Byzantine City. In: Past and Present 129: 3-29

Wörrle, Michael (1988): Stadt und Fest im kaiserzeitlichen Kleinasien. Studien zu einer agonistischen Stiftung aus Oinoanda, Vestigia Bd. 39. München: Beck

Wörrle, Michael/Zanker, Paul, Hg. (1995): Stadtbild und Bürgerbild im Hellenismus. München: Beck

ANURADHAPURA – ANGKOR – PAGAN
Versuch eines strukturgeschichtlichen Vergleichs

TILMAN FRASCH

EINLEITUNG

An Arbeiten zur süd- oder südostasiatischen Stadtgeschichte und gerade zu den vormodernen Metropolen herrscht sicherlich kein Mangel (Smith/Reynolds 1987; Wheatley 1983). Dabei fällt eine gewisse Zweiteilung auf: Auf der einen Seite sind da die Darstellungen der metropolitanen Phase, um deren bauliche Substanz, künstlerische Ausstattung und religiöse Symbolik sich gewöhnlich Archäologen, Kunsthistoriker und Religionswissenschaftler kümmern. Nicht selten enden solche Untersuchungen mit dem Niedergang der Metropole. Die Forschung zur kolonialen Stadtgeschichte hat auf der andern Seite nur wenig für die alten Zentren übrig und konzentriert sich statt dessen auf die Geschicke jener Siedlungen, die als Häfen, Amtsstädte oder Produktionsstandorte dem Einfluß der Kolonialherrschaft unmittelbar ausgesetzt waren und sich langsam zu modernen Großstädten wandelten (King 1976; Ross/Telkamp 1985; Ballhatchett/Harrison 1980). Nur wenige Autoren wagten sich an den Versuch, die beiden Fragestellungen nach traditionellen Stadtkonzepten, deren Persistenz und kolonialer Transformation zu verbinden (Pieper 1977; Spodek/Srinivasan 1993, in gewissem Sinn auch Heine-Geldern 1930). Während solchen Untersuchungen gemeinsam ist, daß sie sich mit sozioökonomischen Formationen befassen, geriet die Stadtgeschichte neuerdings auch in das Blickfeld von Wissenschaftlern, die sich mit Formen indigener Geschichtskulturen auseinandersetzen. Die Frage nach der Geschichtspolitik, also wie postkoloniale Staaten ihre Vergangenheit präsentieren und interpretieren, hat ihren klassischen Gegenstand der (National-)Geschichtsschreibung um „Erinnerungsorte" wie Museen, Denkmäler, Jahrestage und eben auch historische Städte erweitert. Auch zu dieser Form der Geschichtskultur gibt es inzwischen eine Reihe von Untersuchungen, die sich auf Asien beziehen.

Dieser Beitrag unternimmt den Versuch, drei asiatische Metropolen miteinander zu vergleichen. Um einen sinnvollen Vergleich zu gewährleisten, wurden Städte ausgewählt, die bestimmte gemeinsame Strukturmerkmale besitzen. Sie lagen im Landesinnern und beherrschten ein Großreich, das auf Landwirtschaft, vor allem dem Anbau von Naßreis, basierte. Naßreis, die ertragreichste Getreidesorte der Tropen, war das Fundament des Staates, gab der Gesellschaft wirtschaftliche Sicherheit und sorgte nicht zuletzt auch für die Überschüsse, auf deren Grundlage der Bau religiöser Monumente möglich wurde. Handel spielte hingegen eine untergeordnete Rolle. Auch waren alle drei Städte – freilich in unterschiedlichem Maße – indisiert, d.h. indischen Einflüssen im Bereich der Religion, Architektur etc. ausgesetzt. Gegründet wurden sie charakteristischerweise von Heerführer-Königen, deren Expansionsdrang ein umfangreiches Itinerar bzw. einen polyzentrischen Reichsaufbau bedingte. Unter einem der Nachfolger kam es dann mit der Seßhaftwerdung des Herrschers zum „urbanen Wendepunkt": Die Herrscher blieben in der Hauptstadt ansässig und bauten sie zur Residenzstadt mit allen Paraphernalien sakraler und säkularer Macht aus. Für eine unterschiedlich lange Blütephase blieben die Metropolen politische und sakrale Zentren, ehe sie dann, zumeist nach ihrer militärischen Eroberung, weitgehend aufgegeben wurden. Ab diesem Punkt verläuft die Entwicklung der drei Städte deutlicher getrennt. Schon an ihrer Wiederbelebung bzw. -entdeckung waren einheimische Herrscher und Kolonialbeamte in unterschiedlichem Maße beteiligt, die systematische Freilegung, Erforschung und Restauration war dann aber ein koloniales Projekt, Bestandteil der kolonialen Herrschaftstechnik. In einem weiteren, im Grunde bis heute andauernden und ebenfalls disparat verlaufenden Prozeß wurden sie von ihren modernen Staaten in Beschlag genommen und gewissermaßen als historische „Freilichtmuseen" präsentiert und zu Symbolen der Eigenstaatlichkeit stilisiert. Diese unterschiedliche Entwicklung spiegelt nicht nur die verschiedenen Erfahrungen der drei Staaten mit kolonialer Herrschaft wider, sondern erlaubt auch Rückschlüsse auf das historische Bewußtsein bzw. das kulturelle Gedächtnis ihrer jeweiligen Nationen.

Es versteht sich von selbst, daß eine solch umfassende Untersuchung entlang synchroner wie auch diachroner Schnittlinien mehr Raum erfordert, als im Rahmen eines Sammelbandes zur Verfügung steht. Vieles wird daher nur angedeutet werden können, schlimmstenfalls hier sogar aus- und für eine eingehendere Monographie aufgespart werden müssen. Dennoch hoffe ich, daß die Untersuchung noch einen verständlichen und illuminierenden Beitrag zum vorliegenden stadtgeschichtlichen Band zu leisten vermag, und daß die im Beitrag angesprochenen Fragen zur weiteren Beschäftigung mit der Stadtgeschichte in Asien anzuregen vermögen.

HAUPTSTADT, METROPOLE, SAKRALES ZENTRUM

Anuradhapura

Von den drei Beispielen dürfte Anuradhapura sicherlich die längste städtische Tradition besitzen. Ihren Namen verdankt die Stadt dem Minister Anuradha, der mit den Singhalesen unter Prinz Vijaya im 5. Jahrhundert v. Chr. nach Sri Lanka gekommen sein soll und an diesem Ort seinen Palast baute (Frasch 1996b:99-100). Es scheint aber klar, daß in Anuradhapura zu dieser Zeit bereits eine Siedlung bestand, da die Zivilisationsschicht innerhalb der Zitadelle des Ortes mit elf Metern deutlich unter die Schicht der ersten Befestigungsanlagen hinabreicht, die sich in ungefähr acht Metern Tiefe befindet. Die erste, vermutlich aus einem Erdwall und Palisaden bestehende Befestigung der Stadt wurde in den nachfolgenden Jahrhunderten mehrfach erweitert und mit einer Ziegelmauer verstärkt. Die singhalesischen Siedler hatten neben Anuradhapura eine Reihe weiterer solcher kleiner Herrschaftszentren errichtet, unter anderem in Vijithapura nahe dem heutigen Polonnaruwa und in Mahagama im Süden der Insel. Über kurz oder lang entbrannte unter den Herrschern dieser Zentren der Kampf um die Vorherrschaft über die gesamte Insel, der zugunsten der – nun Könige genannten – Herrscher Anuradhapuras endete. Der politische Aufstieg der Stadt ging einher mit ihrem Ausbau zum religiösen Zentrum, was seit dem 3. Jahrhundert v. Chr., als der Kaisersohn und Mönch Mahinda die buddhistische Lehre eingeführt hatte, sich vor allem in Form verschiedener Kultbauten manifestierte. Als erstes gelangten ein Ableger des Bodhi-Baumes, unter dem Buddha die Erleuchtung erlangt hatte, und einige Reliquien von ihm auf die Insel bzw. in die Hauptstadt. Einen ersten Höhepunkt erreichte diese Entwicklung mit der Ankunft von Buddhas rechtem Schlüsselbeinknochen, den König Dutthagamani (c. 161–137 v. Chr.) im Mahathupa, dem größten bis dahin bekannten Stupa der Insel, einschloß. Zudem baute der König noch den Lohapasada, eine aus Holz erbaute elfstöckige Versammlungshalle mit Kupferdach. Diese Bauwerke befanden sich, so weit wir es erkennen können, im Bereich des ältesten

Klosters Anuradhapuras, dem im Süden der Zitadelle gelegenen Mahavihara.

Die Stadtanlage versinnbildlicht das symbiotische Verhältnis zwischen der weltlichen und der geistlichen Sphäre (Wickremeratne 1987). Herrscher und Bevölkerung sorgten für den Schutz und das materielle Wohl des Ordens, die im Mahavihara ansässigen Mönche lieferten die religiöse Legitimation des Königtums und hielten über das Erziehungswesen die moralische Ordnung der Gesellschaft aufrecht. Verklammert wurden beide Parteien zunächst durch die „sacred road", die von der Zitadelle zum Bodhi-Baum im Mahavihara führte. Nachdem sich eine Gruppe von Mönchen vom Mahavihara abgespalten hatte und in ein neues Kloster im Norden der Zitadelle (dem Abhayagiri-Vihara) umgezogen war, fand diese Konstellation schon im 1. Jh. v. Chr. ihr Ende. Zwischen den beiden Klöstern entbrannte ein Konkurrenzkampf, der sich nicht nur auf Fragen der Dogmatik oder Mönchsdisziplin erstreckte, sondern vor allem auch auf ihre materielle Ausstattung. Die beiden großen Klöster Anuradhapuras beherbergten jeweils mehrere hundert Mönche (nach dem Bericht eines chinesischen Pilgers aus dem frühen 5. Jh. A.D. sollen es sogar 3000 bzw. 5000 Personen gewesen sein), deren Unterhalt nicht mehr allein durch morgendlichen Bettelgang bestritten werden konnte, sondern mehr und mehr aus klösterlichem Grundbesitz, der durch Landschenkungen zustande kam, stammte.

Der Wohlstand der Hauptstadt und des Reiches entsprang einem ausgeklügelten System an Bewässerungsanlagen, die auf der Grundlage ganzjährig fließender Flüsse oder großer Staudämme über Kanäle Wasser in die Felder leiteten und so den Anbau von Naßreis ermöglichten. Im Gegensatz zu früheren Annahmen, die die Entstehung solcher Leistungen des Ingenieurwesens nur auf eine starke Zentralgewalt zurückführten (Wittfogel 1977), geht man inzwischen davon aus, daß Bewässerungsanlagen in dieser Größe – der längste der alten Kanäle Sri Lankas, der Vijaya-Kanal, ist mehr als 50 Kilometer lang und hat über weite Strecken ein regelmäßiges Gefälle von zwölf Zentimetern pro Kilometer – auch von lokalen oder regionalen Gemeinschaften bewältigt werden konnten (Leach 1959; Gunawardana 1971). Der Anbau von Naßreis ist zum einen stark saisonal ausgerichtet und zum anderen geschlechtsspezifisch organisiert. Das Pflügen der Felder beginnt mit dem Einsetzen des Monsuns (ab Anfang Juni) und obliegt den Männern. Die Aussaat und Verpflanzung der Setzlinge werden von Frauen erledigt, die auch für die Ernte des Reises (etwa ab Ende September) zuständig sind. Transport und Dreschen ist dann wieder

Männerarbeit, die sowohl zwischendurch wie auch im Anschluß an die Ernte im Februar über genügend freie Zeit verfügen, um Erdarbeiten auszuführen. Selbst wenn Könige in Einzelfällen tatsächlich den Bau großer Anlagen veranlaßten und finanzierten, dürfte sich ihre Rolle im wesentlichen auf das Einsammeln des fälligen Wasserzinses oder der Grundsteuer beschränkt haben. Als Empfänger von Landschenkungen waren die Klöster in dieses Wirtschaftssystem eingebunden; die Verwaltung des Besitzes bedeutete zum Teil die aktive Bewirtschaftung der Länder durch abhängige Fronarbeiter.

Um 300 n. Chr. geriet das Verhältnis von Religion und Herrschaft erneut in Bewegung. Zunächst versuchte König Mahasena, den Mahavihara aufzulösen und auf dessen Grund ein neues Kloster für eine weniger orthodoxe Richtung zu etablieren. Der Mahavihara überlebte, doch erhob sich nun in seiner unmittelbaren Nachbarschaft der Stupa des neu begründeten Jetavana-Vihara, der mit mehr als 100 Metern Höhe das größte Bauwerk seiner Zeit war. Kurz nach dem Tod Mahasenas kam die Zahnreliquie nach Anuradhapura. Im Gegensatz zu den vorherigen Körperreliquien wurde sie nicht in einem Stupa eingemauert, sondern verblieb in einem offenen Tempel innerhalb der Zitadelle. So konnte sie in einer alljährlichen Prozession in den Abhayagiri-Vihara verbracht und dort für eine gewisse Zeit aufbewahrt werden. Dieser Ritus war gewissermaßen das Spiegelbild zur althergebrachten Prozession zum Bodhi-Baum, die nach Süden zum Mahavihara führte. Außerdem war die rituelle Landkarte Anuradhapuras in Ost-West-Richtung orientiert. Im Osten verlief ein Weg nach Mihintale zur Eremitage des Mönches Mahinda, der den Buddhismus auf die Insel gebracht hatte. Die etwa 16 Kilometer weite Reise und das Besteigen des Berges, auf dem sich sein Kloster und sein Gedenkstupa befanden und heute noch befinden, war eine Pilgerfahrt mit all ihren physischen und spirituellen Komponenten. Im Westen der Hauptstadt, jenseits der Wohnquartiere und Handwerkersiedlungen, die direkt an die Mauer der Zitadelle anschlossen, entstand seit dem 5. Jahrhundert eine Reihe von „Waldklöstern", die vermutlich für Mönche erbaut wurden, die ungestört meditieren wollten. Der Schnittpunkt der beiden Achsen lag im Herzen der Zitadelle, war aber, so weit ersichtlich, nicht weiter als Zentrum markiert.

Bodhi-Baum und Reliquien, Klöster und Stupas machten Anuradhapura zu einem sakralen Zentrum nicht nur für die Buddhisten auf der Insel, sondern für die gesamte Welt des (Theravada-)Buddhismus. Zugleich war hier die politische und wirtschaftliche Macht der Insel konzentriert. Damit stand Anuradhapura an der Spitze einer Hierarchie von Siedlungen, deren mittlere Ebene die Provinzstädte bildeten, denen wiederum Kleinstädte bzw. Dörfer unterstanden (Ismail 1995, unter Verwendung von Christallers Theorie der zentralen Orte). Unter den Provinzstädten verdient Polonnaruwa besondere Aufmerksamkeit. Der Ort dürfte ebenfalls eine der frühen Gründungen der singhalesischen Siedler gewesen sein, kontrollierte nun aber als strategische Festung den Übergang über den Fluß Mahaweli und diente eventuell dem König als Fluchtburg (Paranavitana 1923). Es muß allerdings offen bleiben, ob Anuradhapura tatsächlich über die gesamten fast 1500 Jahre seiner Blüte die ganze Insel dominierte. Der Norden dürfte damals wie heute das Siedlungsgebiet der Tamilen gewesen sein, zumindest entstand hier nach 1250 das erste tamilische Königreich der Insel (Pathmanathan 1973). Auch die Südprovinz Rohana mit dem Zentrum Mahagama wird in den Chroniken gewöhnlich nur dann erwähnt, wenn sich das Reich von Anuradhapura in einer Krise befand und der König dorthin flüchtete bzw. von dort die Befreiung der Hauptstadt organisierte. Von echten Eroberungen Rohanas oder gar Provinzgouverneuren ist in den Chroniken (die ja in Anuradhapura verfaßt wurden) dagegen eher selten die Rede. Neueste Grabungsergebnisse zeigen, daß Rohana durch seine Anbindung an den antiken Seehandel über den Indischen Ozean zur Bay von Bengalen und weiter nach Südostasien und China das wirtschaftliche Potential zu einer weitgehenden Eigenstaatlichkeit besessen haben dürfte (Roth/ Kessler 1998).

Das Ende Anuradhapuras führten die südindischen Cholas herbei, die um 1000 n. Chr. in zwei Feldzügen fast die gesamte Insel eroberten, den König gefangennahmen und die Hauptstadt verwüsteten (Frasch 1996b). Wiederum formierte sich die Widerstandsbewegung der Singhalesen in Rohana, doch dauerte es fast 50 Jahre, ehe König Vijaya Bahu I. die Invasoren wieder von der Insel vertreiben konnte. Offenkundig war die alte Hauptstadt so gründlich zerstört, daß der König Polonnaruwa, das auch den Cholas als Verwaltungszentrum gedient hatte, zur neuen Residenzstadt erkor. Ganz auf Anuradhapura verzichten konnte der König jedoch noch nicht. Er ließ sich hier krönen und führte auch in gewissem Umfang Restaurationen durch.

Zur symbolischen Übertragung der Sakralität der alten Hauptstadt auf die neue bediente sich der König der Zahnreliquie. Vijaya Bahu entstammte jenem Adels-Clan, der die Reliquie vor den Cholas gerettet hatte, und nachdem er zum König aufgestiegen war, verschaffte er auch der Reliquie gesteigerte Geltung, indem er ihr einen neuen Tempel baute. Dem Versuch, in Polonnaruwa ein neues politisches und sakrales Zentrum für die Insel zu schaffen, war nur ein kurzer Erfolg beschieden. Die Stadt erlebte im 12. Jahrhundert unter Parakkama Bahu I., einem weiteren Nationalhelden Sri Lankas, ihre Blüte, aber im frühen 13. Jahrhundert kam es, nach erneuten Invasionen, zur endgültigen Aufgabe der alten Hauptstädte im Norden der Insel. Nahezu vollständig verlassen, fielen sie dem Dschungel anheim, während der singhalesische Staat in die Feuchtzone im Südwesten der Insel umzog. Kurunegala, Kotte, Sitawaka und schließlich Kandy hießen die neuen Zentren. Die Zahnreliquie, deren Kult immer mehr erweitert wurde (Herath 1994), stieg unterdessen zum Nationalheiligtum auf. In allen neuen Hauptstädten wurde zuerst ein Tempel für sie errichtet, der das politische und sakrale Zentrum der Insel markierte.

Angkor

Verglichen mit Anuradhapura hat Angkor eine eher kurze Geschichte: Erst um 800 n. Chr. dürfte die Stadt zur Hauptstadt Kambodschas erhoben worden sein. Allerdings war sie keine wirkliche Neugründung, denn archäologische Sondierungen und Grabungen im Bereich von Angkor Thom und Angkor Wat haben gezeigt, daß sie über Resten älterer Siedlungen erbaut wurde (Moore 1997). Bis zum 8. Jahrhundert befand sich das politische Gravitationszentrum am Unterlauf des Mekong, wo eine Reihe städtisch dominierter Kleinstaaten existierte (Wheatley 1983). In chinesischen Quellen wird dieses Gebiet als Reich von Fu-nan bezeichnet, wobei nicht sicher ist, ob es sich dabei um einen generischen Namen für alle Kleinstaaten der Region handelte, oder ob einer dieser Staaten, etwa das zwischen dem 2. und dem 6. Jahrhundert bestehende Vyadhapura (nahe Phnom Penh gelegen), bereits eine gewisse Vormachtstellung erlangt hatte. Die späteren kambodschanischen Chroniken deuten an, daß diese Region schon früh kulturelle Impulse von außen erhielt. Ausgrabungen in Oceo, einem am Rande des alten Mekong-Deltas gelegenen Emporium, haben ergeben, daß der Ort neben Indien auch mit dem Vorderen Orient, dem römischen Reich und China in Verbindung stand.

Der Aufstieg Angkors begann mit Jayavarman II., einem kriegerischen Eroberer, der seine Herrschaft von Fu-nan aus zunächst über die benachbarten Fürsten und dann immer weiter landeinwärts ausdehnte. Um 800 verlegte er auch seine Residenz in das Landesinnere an den Rand des Thonle Sap-Sees, der einen Nebenfluß des Mekong speist. Der See ist ein natürliches Reservoir, das während der Regenzeit stark anschwillt und daher ideale Bedingungen für den Naßreisanbau bietet. Seine Kontrolle war ein Faktor für den Aufstieg einer starken Zentralmacht; ein anderer die Sakralisierung der Herrschaft. Indische Brahmanen weihten Jayavarman im Jahre 802 n. Chr. zum Herrscher der Welt (wobei der König alle Treueide annullierte, die die Würdenträger und Fürsten seines Reiches auf andere Herren geleistet hatten), und mit ihrer Hilfe installierte Jayavarman eine einzigartige Apotheose des Königtums, den *devaraja*-Kult (Kulke 1977). Die Bestimmung Hariharalayas (bzw. der Region von Angkor) zum Herrschersitz durch Jayavarman II. bedeutete jedoch noch nicht den endgültigen urbanen Wendepunkt, denn nochmals verlegte Jayavarman VI. 921 n. Chr. den Regierungssitz in das 100 Kilometer weiter nordöstlich gelegene Koh Kher. Erst ab 944 n. Chr., als derselbe Herrscher wieder nach Angkor zurückkehrte, war der Ort bis in das 15. Jahrhundert politisches Zentrum und sakraler Mittelpunkt Kambodschas.

Daß innerhalb der Stadtfläche von Angkor kein festes „Allerheiligstes" als Mittelpunkt des Reiches, der Welt und des Universums festgelegt werden konnte, hängt mit verschiedenen Kulten zusammen, die ihrerseits die bauliche Entwicklung der Stadt prägten. Allerdings vermögen wir trotz vielfacher Anstrengungen bedeutender Wissenschaftler (Coedès, Kulke, Jacques, Woodward) im Grunde nur wenig über die Herrscherkulte Angkors und insbesondere den *devaraja*-Kult zu sagen, was wohl auch damit zusammenhängt, daß die am Kult beteiligten Brahmanen ihr Wissen für sich behielten. Die ältere Forschung ging noch davon aus, daß der *devaraja*-Kult in der Aufstellung eines *lingam* (dem Phallus-Symbol des Gottes Shiva) bestand. Schon Kulke (1977) hat aber auf die mobilen Elemente des Kultes hingewiesen (wofür ein zentnerschweres Steinobjekt schwerlich taugt), und neuerdings hat Woodward (2001) die Übereinstimmungen mit indischen Herrscherkulten vermerkt, in denen Feuer eine wichtige Rolle spielt.

Das *lingam* stand im Zentrum des Palastes im Gebäude mit dem höchsten, mehrstufigen Dach. Strikt symmetrisch entwickelte sich die Anlage weiter nach außen, hin zur Mauer und zum Wassergraben. Die Architektur ahmte den Aufbau der Welt mit dem Weltberg Meru in der Mitte, den nachgeordneten Kontinenten und schließlich den äußeren Ozeanen nach (Heine-Geldern 1932). So repräsentierte der Palast die kosmische Ordnung, deren Schöpfer und Hüter der im *lingam* stilisierte Gott-König war. Die Hauptstadt war der Mittelpunkt der Erde und der Punkt, wo sich Götterwelt und Menschenwelt berührten; der König war als Repräsentant der Götter verantwortlich für die Übertragung des göttlichen Heils.

Obwohl Brahmanen im Kult am Hof von Angkor eine entscheidende Rolle spielten, enthielt der *devaraja*-Kult auch indigen kambodschanische Elemente. Diese treten besonders deutlich in der Tradition hervor, verstorbenen Herrschern einen neuen Namen zu verleihen. Solche Nekronyme waren in der Regel zwar in elaboriertem Sanskrit komponiert, doch ist diese Art des Ahnenkultes (der im übrigen so weit ging, daß einzelne Götterstatuen mit den Gesichtszügen der Verstorbenen versehen wurden) in Indien unbekannt und dürfte daher mit ziemlicher Sicherheit einer kambodschanischen Tradition entstammen. Die Namensgebung sollte neben der Verehrung ausdrücken, daß der Verstorbene weiterhin als Person zugegen war und somit keinen Anlaß finden könnte, seinem Nachfolger zu zürnen und im Verbund mit den Mächten des Jenseits in Abläufe der diesseitigen Welt einzugreifen. Damit war aber auch die Notwendigkeit gegeben, nach einem Herrscherwechsel das *lingam* des Vorgängers durch ein neues zu ersetzen, für das dann auch ein neuer Standort gefunden werden mußte.

Schließlich darf die kultische Funktion des Wassers nicht verkannt werden. Der stete Umbau der Hauptstadt beinhaltete mitunter auch das Umleiten des Flusses oder die Anlage neuer Stauseen. Die beiden großen *barays*, die bis heute die Stadtanlage Angkors dominieren, galten lange Zeit als Teil eines Bewässerungssystems, das den Anbau von Naßreis im Bereich der Hauptstadt ermöglichte. Daher ist versucht worden, Angkor als eine orientalische Despotie im Sinne Wittfogels darzustellen (Groslier 1979; Dumarçay/Royère 2001:xvii-xxix). Allerdings ist dagegen der – gewichtige – Einwand erhoben worden, daß speziell die beiden *barays* aufgrund ihrer Lage kaum zur Bewässerung brauchbar gewesen sein konnten, weil nur ein kleiner Teil der agrarischen Nutzfläche im Bereich des natürlichen Gefälles lag (Acker 1998). Damit wäre das großartige Wassermanagement Angkors auf seine kultische Funktion reduziert – eine Bedeutung, die wir auch in anderen alten Herrscherstädten Südostasiens vorfinden (Stargardt 1991:105-112). Es geht hier vor allem um die Bezwingung der Naturgewalt und ihre Einbettung in eine von Menschenhand gestaltete Kulturlandschaft. In diesen Bereich der symbolischen Verwendung von Wasser gehören sicherlich auch jene Klein-Tempel Angkors, die inmitten eines Staubeckens errichtet wurden. Die südindischen Vorlagen dieser Anlagen sind unübersehbar und lassen auf Vorlagen aus der hinduistischen oder buddhistischen Mythologie schließen. Der um 1191 geweihte Neak Pean-Tempel ist ein gutes Beispiel dafür. Der Tempel steht in einem Becken, das den Anavatapa-See symbolisiert, dem die vier großen Flüsse der Welt (Ganges, Indus, Oxus und Tarim) entspringen (Dumarçay/Royère 2001:194).

Die „Stadt" oder Metropole Angkor ist bis hier vor allem in ihrer Funktion als sakrales Zentrum behandelt worden, deren Gebäude überwiegend (wenn nicht ausschließlich) der Herrschaftsmanifestation mit allen ihren religiösen Konnotationen vorbehalten waren. Ihre Bedeutung als Wirtschaftsstandort ist dagegen eher gering eingeschätzt worden. Man könnte fast den Eindruck gewinnen, die Stadt sei – von der königlichen Familie, dem Hofstaat und den Brahmanen einmal abgesehen – nicht bewohnt gewesen. Angesichts der monumentalen Bauwerke muß dieser Eindruck trügen, aber es ist tatsächlich unglaublich wenig, was wir über die Lebensverhältnisse der einfachen Bewohner Angkors sagen können. Da ihre Behausungen aus einfachen und billigen Materialien gefertigt waren, die spurlos verschwanden, sind ihre Quartiere meist nur indirekt feststellbar, wenn Relikte aus dem Alltagsleben (etwa Topfscherben oder Metallgegenstände) an Stellen gefunden werden, die auch anhand der Sozio-Topographie des Stadtplanes als Wohnsiedlungen in Frage kommen. In diesem Sinne hat Briggs den Aufbau von Yasodhapura, das um 900 von König Yasovarman angelegt worden war, beschrieben: Die Stadt war „probably largely an agglomeration of villages and markets, interspersed with rice fields (...) axial causeways 12-13 meters wide ran from the base of the mountain to the limits of the city (along) the four cardinal points (...) about 800 artificial water ponds ... in the city ... arranged according to a geometric pattern around the base of the central hill and along both sides of axial avenues, where remains of pottery and tiles indicate that houses of people, in light material, were located ..." (Briggs 1951:109). Ein chinesischer Gesandter, der die Stadt am Ende des 13. Jahrhunderts besuchte, berichtet, daß Höflinge und Diener über das gesamte Areal von Angkor verstreut lebten. Die Lage und das Aussehen ihrer Häuser richtete sich nach dem sozialen Status des Inhabers (Pelliot 1902:123-177).

Es erscheint als eine Zwangsläufigkeit, daß angesichts eines so gewaltigen Bauprogrammes, wie es gerade auch in der Regierungszeit von Jayavarman VII., dem letzten der großen Könige Angkors und Erbauer des Bayon (Haupttempel der Anlage von Angkor Thom), zur Ausführung kam, die Grenzen der Belastbarkeit des Reiches und seiner Bevölkerung erreicht waren. Um 1220 erlosch jegliche Bautätigkeit, und der Niedergang Angkors ist daher gemeinhin mit der ökonomischen Erschöpfung erklärt worden (Coedès 1963:105-6). Hinzu kam der Aufstieg der Thai-Staaten im Gebiet des heutigen Thailand, die mehrfach bis in das Stammland Angkors vorstießen. Nach einer Serie weiterer Überfälle durch die Thais wurde die Stadt 1456 endgültig aufgegeben.

Pagan

Die Anfänge Pagans liegen im Dunkel. Nach einer birmanischen Tradition soll die Stadt in der Mitte des 8. Jahrhunderts n. Chr. durch Zusammenlegung mehrerer Dörfer gegründet worden sein; eventuell bezieht sich diese Angabe auf den Zeitpunkt, zu dem die Stadt erstmals mit einer Mauer versehen wurde. Grabungsfunde deuten an, daß es sich ursprünglich um eine Siedlung der Pyu handelte. Die Pyu waren ein proto-birmanisches Volk, das vermutlich seit der Zeitenwende in der semi-ariden Zentralebene Birmas siedelte. Auch hier war die Kultivation von Naßreis nur mithilfe verschiedener Bewässerungstechniken möglich, die die Pyu – so weit wir sehen können – ohne Hilfe von außen entwickelten. Staudämme und Kanäle waren auch Teil der Befestigungsanlagen ihrer vergleichsweise großen Städte (Beikthano, Sri Ksetra, Maingmaw), die somit neben dem Wohnen auch der Agrarproduktion dienten. Daneben scheint Wasser, ähnlich wie in Angkor, eine symbolisch-rituelle Funktion besessen zu haben (Stargardt 1991).

Das Pyu-Reich zerfiel im 8. und 9. Jahrhundert unter verschiedenartigem Druck. Die an den Küsten Niederbirmas siedelnden Mon erweiterten ihren Herrschaftsbereich landeinwärts, im Norden überfielen Truppen der Nanchao Siedlungen der Pyu, und von Westen her wanderten die ethnischen Birmanen ein. Die großen Pyu-Städte wurden aufgegeben, doch lebte ihre Kultur in einigen kleineren Siedlungen fort, darunter eben auch in Pagan. Für Pagan als Kapitale dürfte die strategische Lage der Stadt gesprochen haben. Über den Irawadi, die Hauptverkehrsader Birmas, war die Stadt nicht nur an die wichtigsten Reisanbaugebiete, Kyaukse im Osten und Minbu im Süden, angebunden, sondern auch an die Route nach China und, über die Häfen Niederbirmas, an transozeanische Handelsnetze. Der Aufstieg Pagans verbindet sich mit einem Heerführer-König namens Anawrahta (oder Aniruddha), dem es vor allem gelang, die Mon-Staaten in Niederbirma zu unterwerfen. Der Import der Mon-Kultur brachte einen zweiten Entwicklungsschub für Pagan, der sich etwa in der Schrift und Sprache, der Architektur und nicht zuletzt wohl auch der Religion äußerte. Eine spätere Quelle beschreibt, wie der König einen Mönch der Theravada-Richtung aus Niederbirma zu seinem Ratgeber ernannte und zugleich die übrigen, als häretisch gebrandmarkten Mönchsgruppen in und um Pagan verbot. Damit nicht genug, fallen in die Regierungszeit Anawrahtas auch die ersten Kontakte nach Sri Lanka, die für die weitere Geschichte des Theravada-Buddhismus eine wichtige Rolle spielen sollten.

Mit Anawrahta begann die architektonische Ausgestaltung Pagans im großen Stil. Zunächst konzentrierte sich die Bebauung im Bereich rings um die Stadtmauer sowie entlang des Flusses. Der Shwezigon-Stupa im Norden und der Lokananda-Stupa im Süden markierten gewissermaßen die Außengrenzen der Hauptstadt. Mit dem zweiten großen König, Kyanzittha (1084–ca. 1112), kamen dann als neue Bauwerke die Tempel hinzu, die im Innern begehbar waren. Diese Tempel waren zwar Teil der imperialen Machtdemonstration, markierten jedoch im Unterschied zu Angkor kein neues Zentrum (das im Palastbereich innerhalb der Stadtmauer verblieb). Daher bauten Könige manchmal mehrere solcher „Reichstempel". Dies gilt vor allem für die beiden Könige Alaungsithu (1112–ca. 1168) und Narapatisithu (1174–1211). In die Regierungszeit des zweiten Herrschers fällt der urbane Wendepunkt, da er die Stadt nicht mehr verlassen zu haben scheint. Ein zweiter Trend betrifft die Bebauung der Stadt: Bauplätze entlang des Flusses und rund um die Mauer werden zugunsten weiter landeinwärts gelegener Stellen aufgegeben. Die Ebene Pagans war schon vorher besiedelt gewesen; dabei handelte es sich zumeist jedoch um kleinere Siedlungen etwa der Handwerker sowie um einzelne größere Gutshöfe oder Landhäuser der Herrscherfamilie und des Adels. Verstreut dazwischen lagen vereinzelte Tempel und Klöster, die wohl der Waldkloster-Bewegung, einer mehr asketischen und wohl auch kontemplativen Richtung, zugeordnet werden können. Zu Beginn des 13. Jahrhunderts wurden namentlich die (heutigen) Dörfer Minnanthu und Phwasaw – hier baute Narapatisithu 1196–98 mit dem Dhammarajika-Stupa das älteste fünfeckige Bauwerk der Erde – zu regelrechten Neubaugebieten mit einer ungeheuer schnellen und konzentrierten Konstruktion religiöser Monumente.

Es wurde vorgeschlagen, daß die Auswahl der Bauplätze gerade für königliche Tempel und Stupas einem „Masterplan" gefolgt sei, der sozusagen eine religiöse Landkarte in den Sand zeichnete (U Kan Hla 1977). Sicherlich war die Auswahl einzelner Bauplätze nicht dem Zufall überlassen, sondern folgte astrologischen oder magischen Vorgaben, doch scheint die Behauptung einer Gesamtplanung vor allem deshalb nicht zu stimmen, weil sie einen der wichtigsten Tempel Pagans, den Mahabodhi-Tempel, völlig außer acht läßt. Dieser um 1220 erbaute Tempel ist eine fast perfekte Replik des Mahabodhi-Tempels in Bodhgaya (Indien), dem Ort der Erleuchtung Buddhas. Die Kunde von der Eroberung Nordindiens durch islamische Heere zu Beginn des 13. Jahrhunderts dürfte aufgrund der seit langem bestehenden Kontakte rasch nach Pagan gedrungen sein, und in dieser Situation scheint sich der König entschlossen zu haben, den Tempel, der den Ursprung der buddhistischen Lehre markierte, durch eine Kopie in Pagan vor der Zerstörung zu bewahren. Zugleich könnte der König noch einen zweiten Gedanken damit verbunden haben, denn praktisch gleichzeitig ging ja auch der singhalesische Staat, der bis zu diesem Zeitpunkt die Welt des Theravada-Buddhismus dominiert hatte, unter den Invasionen aus Südindien zugrunde. Die Führungsrolle fiel an Pagan, und man könnte den Tempel daher auch als Ausdruck für diese neu erworbene Vormachtstellung interpretieren (Frasch 2000).

Die Klosteranlagen Pagans unterschieden sich deutlich von jenen in Anuradhapura, in denen mehrere Hundert (wenn nicht sogar tausende) Mönche zusammenlebten. Von Klosterkomplexen dieser Größe können in Pagan dagegen nur vier ausgemacht werden. Stattdessen überwogen Kleinanlagen, die innerhalb ihrer Mauer nur eine Klosterzelle, einen Tempel und manchmal einen Stupa aufwiesen. In solch einer Anlage lebte ein einzelner Mönch, der bestenfalls (dies legen Stiftungsinschriften mit Angaben zum Klosterinventar nahe) noch einen oder zwei Schüler bei sich hatte. Die Inschriften deuten in einigen Fällen an, daß das Kloster auch für diesen Mönch erbaut worden war. Nach dessen Tod wurde die Anlage wieder aufgegeben, ihre materielle Ausstattung fiel an die Stifterfamilie zurück. Nur die genannten vier größeren Klosterkomplexe bestanden ausweislich der Stiftungen, die sie empfingen, noch im 14. Jahrhundert, als Pagan seine Vormachtstellung weitgehend verloren hatte, fort (Frasch 1996a:316-321). Von Klostergrundherrschaften, die durch ihre Anhäufung von Landbesitz und Arbeitskräften eine Strukturkrise des Reiches bewirkt und letztlich sogar dessen Niedergang mitverursacht haben sollen (Aung-Thwin 1985), kann mit Blick auf die Überzahl der Kleinklöster jedoch kaum gesprochen werden.

Im Lauf der Jahrhunderte hat der Irawadi immer mehr von der Ebene Pagans weggespült, so daß die ursprüngliche Anlage der ummauerten Stadt (oder Zitadelle) nicht mehr genau rekonstruiert werden kann. Die Zitadelle hatte die Form eines Rechtecks und besaß Mauer und Graben. Vermutlich war sie wie ein Schachbrett angelegt, das aus neun Feldern bestand. Jedes Feld (oder Stadtviertel) wurde von zwei Straßen in Nord-Süd- bzw. Ost-West-Richtung durchkreuzt, die durch zwölf Stadttore nach draußen führten. Erhalten ist aber nur das große Osttor, an dem die von Osten kommende Überlandstraße endete. Der Verlauf der anderen Hauptstraße, die die Stadt in Nord-Süd-Richtung durchschnitt, kann nur vermutet werden. Nach Norden hinaus könnte sie zur Bootsanlegestelle der Stadt geführt haben, nach Süden entlang des Flusses zu den Satellitenstädten Sale und Magwe. Es ist sehr wahrscheinlich, daß sich der Stadtplan Pagans an den Vorgaben indischer Lehrbücher orientierte. Darauf deuten die wahrscheinliche Zahl von zwölf Stadttoren wie auch die Einteilung in neun Quartiere, die einem in der birmanischen Astrologie oft verwendeten magischen Quadrat aus neun Feldern entspricht. Von den neun Feldern symbolisieren die äußeren acht die Planeten einschließlich Sonne und Mond, die acht Wochentage (der Mittwoch wird in Vor- und Nachmittag unterteilt), Tiere und bedeutende Gestalten des Buddhismus. Das zentrale, besonders erhabene Feld war dem Buddha vorbehalten – nicht zufällig stand in seiner Nordostecke der Mahabodhi-Tempel. Im zentralen Feld dürfte sich auch der Palast befunden haben. Das neunfeldrige Quadrat ist ein Abbild des Kosmos, es symbolisiert Macht, Vollendung und Unendlichkeit und vermag wirkungsvoll den Führungsanspruch und die Vermittlerrolle zwischen Himmel und Erde auszudrücken (Frasch 1996a:52-57).

Selbst wenn sich die kosmomagische Funktion der Hauptstadt in der Zitadelle konzentrierte, war auch die Ebene rings um die Zitadelle ein besonderer Raum. An allen vier Kardinalpunkten findet sich nämlich ein Schrein mit einer Reliquie Buddhas. Auf diese Weise wurde aus dem abstrakten „Buddhafeld", das religiöse Verdienste zu generieren vermag, eine umgrenzte, markierte und sichtbare Fläche. Dies machte religiöse Stiftungen in Pagan besonders attraktiv. Die Inschriften zeigen zwar, daß überwiegend die königliche Familie und der Hofstaat für den Bau und die Ausstattung der Monumente verantwortlich waren, doch gibt es auch eine ganze Reihe von Inschriften, die eindeutig Außenstehenden zuzuordnen sind. Dabei könnte es sich sowohl um fromme Pilger wie auch um Dorfschulzen und andere Amtmänner gehandelt haben, die ohnehin zur jährlichen Tributablieferung in Pagan erscheinen mußten und ihre Anwesenheit in der Hauptstadt dazu nutzten, durch Generosität ihr eigenes religiöses Verdienst zu mehren.

Für den Niedergang Pagans kann ein Ursachenbündel namhaft gemacht werden, das sowohl langfristige Entwicklungen wie auch einzelne Ereignisse einschließt. Es ist schon bemerkt worden, daß reiche und langlebige Klöster in Pagan eher eine Ausnahme darstellten, Klostergrundherrschaften daher auch schwerlich für den Niedergang verantwortlich gemacht werden können. Dennoch kann nicht in Abrede gestellt werden, daß sich am Ende der imperialen Phase um 1300 eine gewisse ökonomische Erschöpfung bemerkbar machte. Aber auch die einfache Annahme, Pagan sei von den Mongolen militärisch in die Knie gezwungen worden, bedarf einer genauen Prüfung. Die Einnahme

Pagans durch mongolische Truppen ist eher unwahrscheinlich, doch hatte deren Expansion im 12. Jahrhundert eine zweifache Wirkung. Zum einen scheint ihr Vordringen in China und die dadurch hervorgerufene Verlagerung der Sung-Dynastie nach Süden bewirkt zu haben, daß die im Bergland von Yunnan ansässigen Shan- und Thai-Völker in die Flußtäler des Brahmaputra, des Irawadi und des Menam abgedrängt wurden. In Birma war ihre Assimilation gleichbedeutend mit der Annahme des Buddhismus; nicht zuletzt gründeten drei Söhne eines Shan-Fürsten die bekanntesten Nachfolgedynastien Pagans. Auch eine andere Folge des Mongolensturms wog schwer für Pagan. Anstatt sich den im Norden vordringenden Truppen der Mongolen im Kampf zu stellen, verließ der letzte König Pagans fluchtartig seine Hauptstadt und bezog ein neues, weiter im Süden und noch dazu auf der Westseite des Irawadi gelegenes Quartier. Im Volksmund brachte ihm dies den Beinamen *Tayokpye* („Mongolenflüchtling") ein. Unabhängig davon, ob die Hauptstadt Pagan nun tatsächlich von den Mongolen eingenommen wurde oder nicht, war dieser Verstoß gegen die Pflichten eines Herrschers so schwerwiegend, daß nicht nur die Institution des Königtums insgesamt in Mitleidenschaft gezogen und ihres Heils beraubt wurde (der König selbst fiel wenig später einem Anschlag zum Opfer), sondern auch die Hauptstadt ihren Status als politisches (und in geringerem Maße auch sakrales) Zentrum einbüßte. Nach einer Phase mit mehreren kleineren Zentren unter lokalen Herrschern kam es 1364 mit der Gründung von Ava wieder zur Bestimmung eines neuen politischen Zentrums, das dann, mit wenigen Unterbrechungen, bis zum Ende der Monarchie im 19. Jahrhundert die Hauptstädte Birmas beherbergte.

VORMODERNE STÄDTE ALS ORTE DES MODERNEN NATIONALISMUS

Anuradhapura

Mit der Verlagerung des politischen Zentrums des singhalesischen Staates in den Südwesten der Insel ging die weitgehende Aufgabe der alten Königsstädte Anuradhapura und Polonnaruwa einher. Sie befanden sich in jenem Waldgürtel, der das tamilische Königreich im Norden von den Staaten der Singhalesen trennte. Derart im schwer zugänglichen Niemandsland gelegen, fielen sie allmählich dem Dschungel anheim. Dennoch scheinen sie nie vollständig aufgegeben worden zu sein, denn sowohl portugiesische Quellen als auch der englische Abenteurer Robert Knox, der 1679 nach Anuradhapura gelangte, berichten, daß der Ort bewohnt war und von Pilgern besucht wurde. Eine erste Wiederentdeckung fand zur Mitte des 18. Jahrhunderts als Teil eines großangelegten „Buddhismus-Projektes" der Könige von Kandy statt. 1739 war hier der letzte singhalesische König kinderlos verstorben, und als Nachfolger hatte man einen Verwandten der aus dem südindischen Madurai stammenden Königin auf den Thron gerufen. Nach anfänglichem Eingehen auf die neue Umgebung stellten die Könige der sogenannten Nayyakar-Dynastie dann aber ihren hinduistischen Glauben mehr und mehr zur Schau, vor allem der dritte Dynast Kirtti Sri Rajasimha. Zugleich versuchte er aber auch, sich durch Landschenkungen an Klöster als guter buddhistischer Herrscher zu präsentieren. Zur großen Krise kam es in den Jahren 1764 und 1765. Zunächst versuchten die Niederländer, ihre auf die Küstenstreifen beschränkte Herrschaft über das Hochland auszudehnen. Ihr Angriff war kaum zurückgeschlagen, da rebellierte der Hofadel von Kandy gegen den König, dem die Rettung seiner Herrschaft nur mit Mühe gelang. In der Folge intensivierte Kirtti Sri seine Anstrengungen noch. Unter anderem ließ er die alten Chroniken der Insel fortschreiben, erweiterte den Kult um die Zahnreliquie in Kandy, wodurch das Fest seine heutige Gestalt erhielt, und unternahm Pilgerfahrten zu den buddhistischen Heiligtümern der Insel, darunter Anuradhapura. Seit dem ausgehenden 18. Jahrhundert lebten wieder Mönche am Ort und kümmerten sich um den Erhalt einzelner Bauwerke. Eine andere Art von Wiederentdeckung erlebte der Ort dann durch die Briten (Nissan 1989; Frasch 1996b). 1873 wurde er zur Amtsstadt der neugeschaffenen North-Central-Province erhoben; damit einher gingen Straßenbau und die Restauration der alten Bewässerungsanlagen ringsum. Schließlich erhielt auch der Archaeological Survey seinen Sitz in Anuradhapura, der unter der Leitung von H.C.P. Bell ein umfangreiches Programm zur Freilegung und Restauration der Monumente begann.

Paradoxerweise ließen sich jedoch die Mittel und Techniken, die der Kolonialstaat zur Erforschung und Wiederherstellung des alten Anuradhapura bereitstellte, wieder gegen den verwenden, der sie eingeführt hatte. Seit der Mitte des 19. Jahrhunderts waren eine Vielzahl verschiedener Gruppen und Organisationen entstanden, die als Reaktion auf die Arbeit christlicher Missionare die Verteidigung und Erneuerung des Buddhismus zum Ziel hatten. Ursprünglich im Südwesten beheimatet, weiteten sie ihr Aktionsfeld seit den 1880er Jahren auch auf den Norden der Insel aus, wo sich Anuradhapura mit seinen Ruinen und dem Bodhi-Baum (den man unter Berufung auf englische Autoren zum ältesten historischen Baum der Welt stilisierte) geradezu aufdrängte. Hier schien der historische Ort, das *sacred center* einer singhalesisch-buddhistischen Nation zu liegen und wurde in dieser Form reklamiert. Die Agitation traf zum einen eben den Archäologen Bell, dessen Arbeit man als Schändung und Entweihung heiliger Stätten anprangerte. Zum andern ging es um die – letztlich viel entscheidendere – Frage, welcher Teil Anuradhapuras als „heilig" anzusehen sei. Eine erste Antwort darauf gaben buddhistische Lobbyisten 1894 in einem Memorandum, das sich gegen den Bau einer neuen Kirche in der Nähe des Bodhi-Baumes richete. In der Behauptung, die Kirche verletze dessen Sakralsphäre, drehten sie wiederum ein Argument der Kolonialregierung um, die es wenige Jahre zuvor einer buddhistischen Prozession untersagt hatte, in der Karwoche an einer Kirche vorüberzuziehen. Bemerkenswert an der Argumentation des Memorandums ist zudem, daß man nicht mehr nur den Bereich rings um einzelne Monumente, sondern den gesamten Raum innerhalb der *inner circular road*, die seit 1870 Touristen bzw. Pilgerziele wie den Bodhi-Baum und verschiedene Monumente im Süden der Zitadelle miteinander verband, als sakrale Sphäre reklamierte.

1903 kam es zu einem erneuten Zwischenfall. Während der jährlichen Pilgerfahrt zum Bodhi-Baum (diese war erst wenige Jahre zuvor als festes Ereignis im Festkalender der Insel verankert worden) hatte sich eine große Menschenmenge mit Trommeln und Pfeifen, Fahnen und Opfergaben um den Baum versammelt, um die Nacht hindurch zu feiern. In dieser Situation verlor ein Kolonialbeamter die Nerven, ritt mit seinem Pferd über eine Frau und verletzte sie. Eine aufgebrachte Menge stürmte daraufhin einige jener nahegelegenen Gebäude, die die unerwünschten Begleiterscheinungen der Kolonialherrschaft repräsentierten: eine Missionsstation, eine Metzgerei und den Schnapsladen. Als Rädelsführer wurde Walisinghe Harischandra angeklagt. Er hatte sein Leben in den Dienst der Religion gestellt und koordinierte seit 1902 mit dem Anuradhapura Buddhist Defence Committee den Kampf der singhalesischen Buddhisten um ihr *sacred center*. Ihm diente der Fall nicht nur, um auf sein Anliegen aufmerksam zu machen (Harischandra 1908), sondern auch, um seine Vorstellung von der „heiligen Stadt" zu propagieren. Auf die in einer Chronik aus dem 5. Jahrhundert erwähnte Landschenkung eines Königs an den Mahavihara rekurrierend, stellte er lapidar fest, daß sich die gesamte koloniale Amtsstadt Anuradhapura eigentlich auf Klosterland befände. Sein Lösungsvorschlag lief auf die vollständige Trennung des sakralen Teils von der säkularen Amtsstadt hinaus, die weiter östlich, jenseits des Flusses, neu errichtet werden sollte.

Die Kolonialregierung bemühte sich nach Kräften, den Konflikt um Anuradhapura gering zu halten, ohne Zugeständnisse machen zu müssen, und so verschwand der Ort weitgehend aus den Schlagzeilen, auch wenn einzelne buddhistische Gruppen an ihrem Schicksal weiterhin Anteil nahmen. Die Frage, ob Anuradhapura als archäologisch besonders schutzwürdig ausgewiesen werden sollte (dies war die Bezeichnung des Kolonialstaates für das, was Buddhisten einfach *sacred centre* genannt hätten), wurde im Legislativrat erst wieder 1942 debattiert, vor dem Hintergrund der Kriegssituation, in der es den Engländern daran gelegen war, sich der Loyalität und Kooperationsbereitschaft der Ceylonesen zu versichern. Immerhin beherbergte die Insel das Alliierte Hauptquartier für den südostasiatischen Kriegsschauplatz. Die von Solomon Bandaranaike, dem zuständigen Minister of Local Administration, eingebrachte Vorlage griff Harischandras Gedanken einer Trennung der Stadt auf und deutete an, daß man zur Markierung der *sacred city* auch an die Umsiedlung ganzer Stadtquartiere denke. Als sich die betroffenen Grundbesitzer – bezeichnenderweise überwiegend Tamilen – mit einer Petition an den Gouverneur wandten, versuchte sie Bandaranaike dadurch zu beruhigen, daß er angemessene Entschädigungszahlungen in Aussicht stellte. Dennoch verkauften viele aus Furcht vor einer Enteignung ihren Grundbesitz.

1931 hatte die politische Struktur in Sri Lanka mit der Einführung des allgemeinen Wahlrechts eine entscheidende Veränderung erfahren. Bis zu diesem Zeitpunkt war Politik die Angelegenheit eines kleinen Zirkels von Honoratioren gewesen, die seit 1919 im Ceylon National Congress zusammenarbeiteten und ihre Repräsentanten für die – ohnehin mit nur geringen Kompetenzen ausgestattete – Legislative im Grunde nach dem Rotationsprinzip ernannten. Das allgemeine Wahlrecht sprengte diese elitäre Solidargemeinschaft und zwang ihre Mitglieder, sich eine Massenbasis zu suchen. Bandaranaike, der es wie kaum ein anderer verstand, seine Wählerschaft mit Symbolen anzusprechen, erkannte schnell das identitätsstiftende Potential, das in den historischen Stätten lag. 1936 diente ihm Anuradhapura als Versammlungsort für die Gründung seiner Organisation, der „Groß-Singhalesischen Vereinigung" (*Sinhala Mahasabha*), und auch seinen Wahlkampf von 1956, der ihm das Amt des Premierministers einbrachte, begann er mit einer Kundgebung in Anuradhapura. Seine erste Rede als neuer Staatschef hielt er dagegen vom achteckigen Turm des Tempels der Zahnreliquie aus. Beide, das historische Zentrum und das höchste Heiligtum der Buddhisten Sri Lankas, wurden nach dem Ausbruch des Bürgerkrieges auch von den Tamilen als Symbole des singhalesischen Nationalismus interpretiert und attackiert. Der Bodhi-Baum in Anuradhapura war gleich zu Beginn des Bürgerkrieges 1984 Ziel eines Bombenanschlages; ein Versuch, den Zahntempel in Kandy mit einem Lastwagen voller Sprengstoff in die Luft zu sprengen, wurde im Januar 1998 unternommen. Er scheiterte zwar, doch war der Krater so tief, daß die Regierung davon absehen mußte, die Feierlichkeiten zum 50. Unabhängigkeitstag am 4. Februar 1998 wie geplant auf dem Platz vor dem Tempel abzuhalten.

Die archäologische Erforschung Anuradhapuras wurde in den letzten beiden Dekaden verstärkt vorangetrieben, parallel dazu verlief das Programm zur Restauration der Monumente. Seit 1982 ist der Central Cultural Fund für die Verwaltung und Vermarktung der historischen Stätten (dazu gehören neben Anuradhapura noch Kandy, Dambulla, Polonnaruwa und Sigiri) zuständig. Touristen müssen für ein Ticket, das für alle Stätten gilt, etwa 40 Dollar bezahlen. Damit finanziert der CCF neben der Erhaltung der Monumente vor allem auch ihre vollständige Wiederherstellung. Dies ist aus kunstgeschichtlichem Blickwinkel immer ein fragwürdiges Unternehmen, da, abhängig vom Erhaltungszustand, eine Rekonstruktion des originalen Bauwerkes nicht immer möglich ist und „Restaurationen" sich immer der Gefahr aussetzen, daß moderne, idealisierende Vorstellungen einfließen. Insgesamt kann sicher gesagt werden, daß die Rekonstruktion Anuradhapuras durch den CCF darauf abzielt, den Ort zu einem historischen Freilichtmuseum auszugestalten, um einerseits den Touristen ein kulturelles Highlight zu präsentieren, andrerseits aber auch der eigenen Bevölkerung einen Abglanz der „goldenen Vergangenheit" der Insel vorzuführen.

Angkor

Wie Anuradhapura mußte Angkor eine Eroberung und Plünderung erleben, die ihren Status als Zentrum nachhaltig erschütterte. 1431 fielen die Thais von ihrer Hauptstadt Sukhothai aus zum wiederholten Male in die Stadt ein und zerstörten sie teilweise (Briggs 1951:256f). Die Hauptstadt Kambodschas wurde daraufhin nach Phnom Penh (gegr. 1434) verlegt, das vor dem Zugriff der Thais besser geschützt zu sein schien. So weit wir es zu erkennen vermögen, waren die folgenden 100 Jahre eine echte „Dschungelphase" Angkors. Um 1550 wurde die Stadt dann von einem kambodschanischen Herrscher wiederentdeckt (Groslier 1957:68-80), der sie erneut zu einem Bezugspunkt im religiösen Leben der Kambodschaner, allerdings nun unter veränderten Vorzeichen, machte. Mit Jayavarman VII. hatte der Theravada-Buddhismus Einzug gehalten; und wie es das Beispiel Neak Pean zeigte, geschah dies auch in Form einer architektonischen Akkretion, also der Umwandlung einzelner Hindu-Tempel zu buddhistischen Heiligtümern. Vor allem Angkor Wat wurde zum Zentralheiligtum der Buddhisten Kambodschas, wie es Stiftungen aus dem 16. bis 18. Jahrhundert zeigen (Aymonier 1904:282-324). Zugleich wurde der Ort verklärt und seine Erschaffung in eine mythische Vorzeit entrückt. Um 1620 entstand die „Ode auf Angkor" (Pou 1975), die auf göttliche Mitwirkung beim Bau verwies. 100 Jahre später wiederholte der Minister Jayananda diesen Bericht in seiner Stiftungsinschrift (Aymonier 1904:322). Daneben diente der Ort auch den Thais, die seit dem 15. Jahrhundert wiederholt die westlichen Provinzen Kambodschas kontrollierten, als religiöses Zentrum. 1626 scheint sich ein Gouverneur in Angkor aufgehalten zu haben, und noch 1856 stiftete ein anderer Thailänder eine Buddhafigur für Angkor Wat (Aymonier 1904:298, 322).

Die moderne „Wiederentdeckung" Angkors war Nebenprodukt eines kolonialen Projektes, der Suche einer Handelsroute von Südostasien nach China. Seit der Mitte des 19. Jahrhunderts hatten sich die Franzosen am Mekong festgesetzt und trieben den Ausbau ihrer Herrschaft (direkt wie indirekt in Form von Protektoraten, so 1864 über Kambodscha) zielstrebig voran. Den ersten Hinweis auf Angkor enthielt das 1863 postum erschienene Werk „La Tour du Monde" des französischen Naturforschers Henri Mouhot, dessen Reise pikanterweise von der Royal Geographical Society London unterstützt worden war. Die französische Kolonialregierung rüstete erst 1866 ein großes Expeditionskorps aus, das den Lauf des Mekong erforschen und dabei einen Handelsweg nach China suchen sollte. Während die Expedition ihr wirtschaftliches Ziel nicht zu erreichen vermochte, war sie in archäologischer Hinsicht ein voller Erfolg, nachzulesen in François Garniers 1873 veröffentlichtem Buch „Voyage d'Exploration en Indochine", das eine umfassende und reich illustrierte Beschreibung Angkors enthält. Er vermittelte jenes bekannte, romantische Bild von einer Stadt im Dschungel, die nahezu vollständig überwuchert und zerfallen war.

Die Erforschung der Geschichte eines Landes drängte sich als Legitimationsquelle für Kolonialherrschaft geradezu auf, ließ sich doch auf diese Weise ein Bogen von den einheimischen Königen des Altertums zu den europäischen Gouverneuren und Vizekönigen spannen. Wie die Briten in Indien, Sri Lanka oder Birma gründeten daher auch die Franzosen ein Department für Archäologie, das nach einer Reihe weiterer Expeditionen die Bestandsaufnahme der Monumente in ganz Kambodscha, ihre Beschreibung sowie die Bearbeitung ihrer Inschriften in Angriff nahm. Nach dem Zweiten Weltkrieg, der Kambodscha bis auf ein kurzes japanisches Intermezzo im Frühjahr 1945 weitgehend verschonte, blieb das Land zunächst unter der Herrschaft der Franzosen, die auch noch nach der endgültigen Unabhängigkeit des Landes 1953 die Leitung des Archäologischen Dienstes weiterführten, bis sie sich 1970 durch den Bürgerkrieg zum Verlassen des Landes gezwungen sahen.

„Into the unfathomable depths our country is plunged, Angkor, tempel and palace, has become a hypogeum". Dieses Gedicht von 1935 ist ein Beleg für die Bedeutung, die die kambodschanische Nationalbewegung Angkor zuschrieb. Von allen drei hier betrachteten Städten scheint Angkor am stärksten zu einem politischen Symbol der einheimischen Nationalbewegung geworden zu sein. Bereits 1866 zettelten zwei Mönche von Angkor aus (das zu dieser Zeit wieder unter thailändischer Herrschaft stand) einen Aufstand gegen die französische Kolonialmacht an, der aber rasch niedergeschlagen wurde (Reddi 1970: 33). In den 1930er Jahren war es dann Son Ngoc Thanh, der Angkor zum Symbol der Unabhängigkeit und nationaler Größe erhob. Wie so viele Freiheitskämpfer hatte er eine westliche Ausbildung erhalten, in Paris studiert, und war danach in seinem Heimatland als Bibliothekar an der National Library in den Dienst der Kolonialmacht getreten. Dann begann er sich für die Ideen der Nationalbewegung zu interessieren und trug maßgeblich zu deren organisatorischer und ideologischer Gestaltung bei, wobei er geschickt an die kulturellen (Gründung des Buddhist Institute in Phnom Penh, 1930) und historischen Wurzeln Kambodschas appellierte. Wie nicht anders zu erwarten, spielte dabei Angkor eine große Rolle. Sie gab der 1936 begründeten kambodschanischsprachigen Tageszeitung *Nagaravatt* („Angkor Vat") den Namen, und die von Son geleitete nationale Jugendbewegung traf sich regelmäßig zu Zeltlagern oder Versammlungen in Angkor. Als Episode am Rande sei noch vermerkt, daß die militante Issarak-Bewegung 1946 ihren Versuch der gewaltsamen Vertreibung der Franzosen wiederum in Angkor begann.

Es vermag daher nicht zu verwundern, daß Angkor Wat nach der Unabhängigkeit (1953) auf der Staatsflagge abgebildet wurde. Unfreiwillig wurde das Bauwerk so zum Hohlspiegel der politischen Entwicklung Kambodschas, denn die erste Verfassung von 1956 zeigte das Bauwerk mit allen fünf Türmen. Vom Pol Pot-Regime 1974 auf drei Türme reduziert, kehrte man 1993 zur alten Abbildung mit fünf

Türmen zurück. Die Reduzierung auf drei Türme ist auch ein Sinnbild für die Zerstörungen, die Angkor im Bürgerkrieg erlitt. Einige Monumente weisen noch heute Einschußlöcher auf, die nicht zuletzt auch von Schießübungen gelangweilter Soldaten zeugen. Zudem war die Bürgerkriegssituation nachgerade eine Einladung an Plünderer, die ganze Tempel zerlegten, um (zumeist über Bangkok) den internationalen Kunsthandel mit altkambodschanischer Kunst zu versorgen. Paradoxerweise stellte ausgerechnet das Pol Pot-Regime Angkor Wat als Monument nationaler Größe unter seinen besonderen Schutz und gebot – mit den üblichen drakonischen Strafen – den Plünderungen Einhalt. Auf der anderen Seite beging das Regime, getrieben von der Vorstellung eines Bauernstaates, Massenmord an seiner eigenen Bevölkerung und dabei besonders an allen Gebildeten, so daß nach der Vertreibung der Roten Khmer durch die Vietnamesen (1983) fast kein Archäologe oder Kunsthandwerker für die Restauration und Konservation Angkors zur Verfügung stand. Auch das von den Franzosen aufgebaute archäologische Department war vollkommen zerschlagen und zerstört. An diesem Punkt bot der Archaeological Survey Indiens seine Dienste an und beteiligte sich zwischen 1983 und 1991 mit hohem Personal- und Sachaufwand an den Arbeiten (Narasimharaiah 1994). Inzwischen ist wieder eine neue Generation kambodschanischer Experten ausgebildet, um die Arbeiten fortzuführen.

Pagan

Im Unterschied zu Anuradhapura oder Angkor ist die Geschichte Pagans nach der imperialen Periode noch relativ wenig erforscht. Die Hinweise auf Bau- und Stiftungstätigkeit oder politische Ereignisse wie den chinesischen Überfall um 1650 sind gewöhnlich weit verstreut; einzig ein im Zusammenhang mit dem verheerenden Erdbeben vom Juni 1974 entstandener Aufsatz vermittelt einen gewissen Überblick über das, was in Pagan zwischen 1300 und 1900 geschah (U Than Tun 1976). Vieles in den folgenden Abschnitten beruht auf einer ersten, mehr oberflächlichen Materialsammlung und muß im Grunde erst noch richtig untersucht werden. Ein weiterer Unterschied liegt darin, daß Pagan nie richtig aufgegeben wurde. Der Niedergang des Ortes bezog sich, wie schon gezeigt, vor allem auf seine Funktion als politisches Zentrum, als Sitz des vom König vermittelten Heils. Mit der Gründung neuer Residenzstädte im 14. Jahrhundert sank Pagan auf das Niveau einer Amtsstadt, war als solche (daran lassen weder Chroniken noch Inschriften einen Zweifel) aber bewohnt und wurde auch als Lehen ausgegeben. Dadurch konnte sich Pagan als Zentrum der Religion und der Gelehrsamkeit halten, was anhand einer Vielzahl religiöser Traktate, die in Pagan entstanden waren, gezeigt werden kann. Zugleich gibt es eine Kontinuität hinsichtlich der königlichen Stiftungen, die über Jahrhunderte hinweg nicht abreißen und zeigen, daß der Ort eine Legitimationsquelle des birmanischen Königtums bildete.

Zunächst fällt die ungeheure Menge an Inschriften auf, die in Pagan nach 1300 verfaßt wurden. Ihr Inhalt läßt eine grobe Unterscheidung von drei Phasen zu. Die erste Zäsur ereignete sich um 1450, als die Stiftungen und Reparaturen für die wenigen noch aus der Pagan-Zeit stammenden Klöster endgültig endeten. Ein letzter Kulminationspunkt war sicherlich im Jahr 1442 die Stiftung einer Bibliothek mit verschiedenen Werken der Pali- und Sanskrit-Literatur, die in ihrer Gesamtheit eine der größten Bibliotheken Birmas überhaupt gewesen sein dürfte (Luce/U Tin Htway 1976). Die zweite Phase bestimmten (Geburts-)Horoskope, die in großer Zahl an die Wände verschiedener Tempel geschrieben wurden. Diese Tradition setzte im 14. Jahrhundert ein und erreichte ihren Höhepunkt im 17. Jahrhundert (Eade 1998). Dieses Jahrhundert scheint Pagan eine gewisse Wiederbelebung gebracht zu haben, die wohl im Zusammenhang mit dem Besuch von König Bayinnaung 1551 und der späteren Verlegung der Hauptstadt von Pegu in Niederbirma nach Ava durch König Thalun Min (1634) zu sehen ist. Die Horoskope deuten darauf hin, daß Pagan in dieser Zeit wieder besiedelt war und vielleicht als Verwaltungsstadt diente. Der chinesische Überfall auf Oberbirma (um 1650) setzte dieser Phase offenbar ein jähes Ende. In diese Zeit fiel noch ein anderes interessantes Phänomen, der Beginn der Erforschung des birmanischen Altertums unter königlicher Aufsicht. Im Jahr 1630 verfügte König Thalun Min, daß alle früheren Stiftungsinschriften überprüft und neu abgeschrieben werden sollten, wenn über ihren Inhalt Unklarheit bestehe. Der König konnte mit dieser Maßnahme zwei Fliegen mit einer Klappe schlagen, weil er sich einerseits als Hüter und Beschützer der Religion zeigte, indem er Tempel- und Klosterländer respektierte, andererseits aber auch eine Bodenreform durchführen und alle Ländereien in Besitz nehmen konnte, die nicht von anderer Seite beansprucht wurden. Es ist gut möglich, daß ein Teil der Inschriften Pagans, die uns heute nur noch als Kopien vorliegen, im Zuge dieses Surveys abgeschrieben wurde. Der bedeutendste König der ab 1752 regierenden Konbaung-Dynastie, Bodawpaya (1784–1819), ließ diesen Vorgang in den Jahren zwischen 1784 und 1792 wiederholen und alle Inschriften Oberbirmas in seine Hauptstadt Amarapura transportieren, wo die wichtigsten auf Marmortafeln kopiert wurden. Auch dieser König nutzte die Wiederholung der Schenkung, um sich in die Genealogie seiner Vorgänger einzureihen. Der mit dem Survey beauftragte Höfling verfaßte bei dieser Gelegenheit eine „neue Chronik", in der er traditionelle Überlieferungen anhand der Epigraphie überprüfte – eine bemerkenswert moderne Methode der Geschichtsschreibung.

Die dritte Phase deckt sich mit der von 1752 bis 1885 regierenden Konbaung-Dynastie. In dieser Zeit erhielt Pagan einen festen Platz als historisches Zentrum und bildete damit einen gewissen Fixpunkt gegenüber den Hauptstädten, die zwischen Ava, Amarapura und schließlich Mandalay hin und her verlegt wurden. Vor allem der Shwezigon-Stupa wurde als nationales Heiligtum verehrt. Der Besuch von König Bayinnaung 1556, bei welcher Gelegenheit er dem Tempel eine neue Glocke stiftete, war nur ein Einzelfall, für die Konbaung-Könige dagegen war die Stiftung für den Stupa im Verlauf eines Besuches offenbar die Regel. König Bodawpaya reiste 1793 sogar ein zweites Mal an, weil die Spitze des Stupas nach einem Erdbeben heruntergefallen war. Eine besondere Beziehung zum Ort besaß König Pagan Min (1846–52), der, wie sein Name nahelegt, den Ort als Kronprinz zum Lehen erhalten hatte. Er war der letzte in einer langen Reihe von Mitgliedern eines birmanischen Königshauses, die seit dem 15. Jahrhundert zu Gouverneuren des Ortes ernannt worden waren. Daneben zeigen sowohl der epigraphische wie auch der architektonisch-kunsthistorische Befund, daß im 18. Jahrhundert in Pagan auch von anderen Personen als den Herrschern eifrig neu gebaut bzw. renoviert wurde. Nicht zuletzt zeugen auch eine ganze Reihe von Palmblattmanuskripten, die im Pagan der Konbaung-Zeit verfaßt oder abgeschrieben wurden, davon, daß Pagan wieder ein Ort buddhistischer Gelehrsamkeit geworden war.

Pagan fiel erst 1885, als das birmanische Rest-Königreich endgültig annektiert und dem indischen Empire einverleibt wurde, in die Hände der Briten. Diese zeigten zunächst wenig Interesse an den Monumenten, wohl auch, weil sie die ersten Jahre nach der Annexion noch vollauf mit der Niederschlagung verschiedener Aufstände und Rebellionen beschäftigt waren. Als ersten Schritt ernannten sie 1893 einen Government Epigraphist, der sich um die Belange der Archäologie und Geschichte kümmern sollte. Es waren dann aber die beiden deutschen „Vandalen" Fritz Noetling und Th. Thomann, die der Gründung des Archeological Department den entscheidenden Impuls gaben. Beide nutzten ihren Besuch in Pagan, um glasierte Ziegel und Wandmalereien samt Unterputz abzutragen und nach Deutschland zu transportieren, wo sie heute im Hamburger Völkerkunde-Museum und dem Museum für Indische Kunst in Berlin zu sehen sind. Auf Betreiben des kunstsinnigen Vizekönigs Lord Curzon wurde 1905 ein Burma Circle des Archaeological Survey of India etabliert, dessen Aufgaben sich in den ersten Jahrzehnten weitgehend auf vereinzelte Ausgrabungen und konservatorische Arbeit beschränkten. Die meisten Monumente Pagans blieben sich selbst überlassen. Nach der Unabhängigkeit verhinderte dann schlicht Geldmangel die systematische Erforschung Pagans, sieht man einmal davon ab, daß der Doyen der Pagan-Forschung, G. H. Luce, von der Universität aus seine epigraphischen Studien fortsetzte. Dies zeigte sich deutlich nach dem eingangs bereits erwähnten Erdbeben von 1974, das große Schäden anrichtete, zu deren Reparatur die birmanische Regierung Hilfe aus dem Ausland dankend annahm. Verschiedene Staaten finanzierten die Rettung einzelner Monumente, und die UNDP startete ein Projekt zur Erfassung und Dokumentation aller Monumente (Pichard 1992–2001). Anstelle des Erdbebens, das die Birmaner offenbar nicht wachzurütteln vermochte, war es dann der State Peace and Development Council (wie sich die seit 1988 herrschende Militärjunta inzwischen nennt), der die Restauration Pagans zu einem nationalen Prestige-Projekt erhob und dabei auch vor Zwangsmaßnahmen nicht zurückschreckte. Im Mai 1990 wurden die innerhalb der Stadtmauer lebenden Einwohner Pagans nach Neu-Pagan umgesiedelt, weil sie angeblich der Ausgrabung des Palastes im Wege standen. 1993 ordnete General Than Shwe dann die vollständige Restaurierung der Stadt an, wobei sich die Arbeiten nicht nur auf die bestehenden Tempel, sondern auch auf völlig zerstörte erstreckten. Um die Arbeiten voranzutreiben, war neben dem Archaeology Department nun auch das Public Works Department zuständig. Zeitgleich erschienen in den Tageszeitungen große Anzeigen, in denen um Spenden für dieses nationale Projekt geworben wurde. Bis September 1995 waren über 13 Milliarden Kyat zusammengekommen, was selbst bei einem (Schwarzmarkt-)Kurs von 300 Kyat zum Dollar noch eine ansehnliche Summe ergibt. An 156 Tempeln war die Restauration abgeschlossen, und 135 von 892 erhaltenen Grundmauern waren ausgegraben worden (U Nyunt Han 1997:157). Ohne hier einer in Ruinen erblühenden „Romantik" das Wort reden zu wollen, wird man doch sagen müssen, daß hier weit an den Grundsätzen einer auf Originaltreue achtenden, die Konservation vor die Renovation stellenden Restauration vorbeigebaut wird. Das dabei entstehende Pagan gleicht mehr einer historischen Puppenstube – mit, nebenbei bemerkt, hohem Freizeitwert in Form eines Golfplatzes – als einer ehemaligen Reichshauptstadt. Aber nicht nur Touristen wird hier für

10 Dollar der Eintritt in eine heile Welt vorgegaukelt, auch der eigenen Bevölkerung, deren Freigebigkeit mit religiösem Verdienst vergolten wurde, wird die historische Größe der Nation mit Zuckerguß vorgesetzt. Dies läßt auch jeden Gedanken an die gegenwärtige politische Lage vergessen und damit ist die Restauration Pagans letztlich Teil der Gehirnwäsche, der die birmanische Bevölkerung in Form von Parolen und Losungen allerorten unterzogen wird.

LITERATUR

Allgemeine Werke zur vormodernen und
kolonialen Stadtgeschichte Asiens

Ballhatchet, Kenneth/Harrison John, Hg. (1980): The City in South Asia. Pre-Modern and Modern. London: Curzon
Heine-Geldern, Robert (1930): Weltbild und Bauform in Südostasien. In: Wiener Beiträge zur Kunst- und Kulturgeschichte Asiens 4: 28-78
King, Anthony D. (1976): Colonial Urban Development. Culture, Social Power and Environment. London: Routledge and Kegan Paul
Kulke, Hermann u.a., Hg. (1982): Städte in Südasien. Geschichte, Gesellschaft, Gestalt. Wiesbaden: Harrassowitz
Pieper, Jan (1977): Die anglo-indische Station oder die Kolonisierung des Götterberges. Bonn: Rudolf Habelt Verlag
Ross, Robert/Telkamp, Gerard J., Hg. (1985): Colonial Cities. Essays on Urbanism in a Colonial Context. Dordrecht: Martinus Nijhoff
Smith, Bardwell/Reynolds, Holly B., Hg. (1987): The City as a Scared Center. Leiden: Brill
Spodek, Howard/Srinivasan, Doris M., Hg. (1993): Urban Form and Meaning. The Shaping of Cities from prehistoric to precolonial Times. Washington: National Gallery of Art
Wheatley, Paul (1983): Nagara and Commandery. Origins of Southeast Asian Urban Traditions. Chicago: University Press
Wittfogel, Karl (1977): Die orientalische Despotie. Frankfurt a. M.: Ullstein

Anuradhapura

Allchin, F. R./Coningham, Robin A. E. (1995): The Rise of Cities in Sri Lanka. In: The Archaeology of Early Historic South Asia. The Emergence of Cities and States, Hg. F. R. Allchin/Bridget Allchin. Cambridge: University Press: 152-183
Frasch, Tilman (1996b): Anuradhapura. Sakrale Metropole und koloniale Amtsstadt. In: Periplus. Jahrbuch für Außereuropäische Geschichte 6: 99-113
Gunawardana, R. A. Leslie. H. (1971): Irrigation and Hydraulic Society in Medieval Ceylon. In: Past and Present 53: 3-27
Harischandra, Walisinghe (1908, 2. Aufl.): The Sacred City of Anuradhapura. Colombo: Mahabodhi Society (repr. Delhi: AES 1995)
Herath, Dharmaratna (1994): The Tooth Relic and the Crown. Colombo: Gunaratne
Ismail, Marina (1995): Early Settlements in Northern Sri Lanka. Delhi: Navrang

Jeganathan, Pradeep (1995): Authorizing History, Ordering Land: The Conquest of Anuradhapura. In: Unmaking the Nation. The Politics of Identity and History in Modern Sri Lanka, Hg. Pradeep Jeganathan/Qadri Ismail, Colombo: Social Scientists' Association: 106-135

Kessler, Oliver (1998): The Discovery of an Ancient Sea Port at the Silk Road of the Sea – Archaeological Relics of the Godavaya Harbour. In: Sri Lanka Past and Present, Hg. Manfred Domroes/Helmut Roth. Weikersheim: Margraf: 12-37

Leach, Edmund (1959): Hydraulic Society in Ceylon. In: Past and Present 17: 2-26

Nissan, Elizabeth (1989): History in the Making. Anuradhapura and the Sinhala Buddhist Nation. In: Social Analysis 25 (Identity, Consciousness and the Past: The South Asian Scene, Hg. H. L. Seneviratne): 65-89

Paranavitana, Senarat (1923): The Capital of Ceylon in the Ninth and Tenth Centuries. In: Ceylon Journal of Science 2: 1928-1933, sect. G, 141-147

Pathmanathan, S. (1973): The Tamil Kingdom of Ceylon. Bd. 1. Colombo: Apothecaries' Press

Roth, Helmut (1998): Excavations at the Port of Godavaya, Hambantota District, Sri Lanka. In: Sri Lanka Past and Present, Hg. Manfred Domroes/Helmut Roth. Weikersheim: Margraf: 1-12

Wickremeratne, Ananda (1987): Shifting Metaphors of Sacrality: The Mythic Dimension of Anuradhapura. In: The City as a Sacred Center, Hg. Bardwell L. Smith/Holly B. Reynolds. Leiden: Brill: 45-59

Angkor

Acker, Robert (1998): New Geographical Tests of the Hydraulic Thesis at Angkor. In: South East Asia Research 6/1: 5-48

Aymonier, Etienne (1904): Le Cambodge III. Le groupe d'Angkor et l'histoire. Paris: Ernest Leroux

Briggs, Lawrence P. (1951): The Ancient Khmer Empire. Philadelphia: The American Philosophical Society

Coedès, Georges (1963): Angkor, Singapur etc.: Oxford University Press

Dumarçay, Jacques/Royère, Pascal (2001): Cambodian Architecture, Eighth to Thirteenth Centuries. Leiden: Brill (HdO 3.12)

Groslier, Bernard (1957): Angkor et le Cambodge au XVIe siècle d'après les sources portugaises et espagnoles. Paris: Presses Universitaires de France (Musée Guimet, Bibliothèque d'étude 63)

Groslier, Bernard (1979): La cité hydraulique angkorienne: exploitation ou surexploitation du sol? In: Bulletin d'École Française d'Extrême-Orient (BEFEO) 66/1: 161-202

Kulke, Hermann (1977): Der devaraja-Kult. Legitimation und Herrscherapotheose im Angkor-Reich. In: Saeculum 25: 24-55

Mannika, Eleanor (1996): Angkor Wat. Time, Space and Kingship. Honolulu: Hawai'i University Press

Moore, Elizabeth/Freeman, Anthony (1997): Circular Sites a Angkor: A Radar Scattering Model. In: Journal of the Siam Society 85: 107-119

Narasimharaiah, B. (1994): Angkor Vat: India's Contribution in Conservation 1986–1993. New Delhi: Arch. Survey of India

Pelliot, Paul (1902): Mémoire sur les Coutumes du Cambodge de Tcheou Ta-kouan. In: BEFEO 2:123-177

Pou, Saveros (1975): Note sur la date du poème d'Angkor Vat. In: Journal Asiatique 263: 119-124
Reddi, V. M. (1970): A History of the Cambodian Independence Movement. Tirupati: Sri Venkateswara University Press
Woodward, Hiram W. (2001): Practice and Belief in Ancient Cambodia: Claude Jacques' *Angkor* and the *Devaraja* Question. In: Journal of Southeast Asian Studies 32/2: 249-261

Pagan

Aung-Thwin, Michael (1985): Pagan. The Origins of Modern Burma. Honolulu: University of Hawaii Press
Eade, J. Chris (1998): On the Temple Walls of Pagan: Early Burmese Horoscopes. In: Études birmanes, réunis par François Lagirade et Pierre Pichard. Paris: EFEO: 57-73
Frasch, Tilman (1996a): Pagan. Stadt und Staat. Stuttgart: Steiner
Frasch, Tilman (2000): A Note on the Mahabodhi Temples at Pagan. In: Southeast Asian Archaeology 1998, Hg. Wibke Lobo/Stephanie Reimann. Hull: Centre for Southeast Asian Studies: 41-50
U Kan Hla (1977): Pagan. Development and Town Planning. In: Journal of the Society of Architectural Historians 36/1: 15-29
Luce, Gordon Hannington (1969-70): Old Burma. Early Pagan, 3 Bde. New York/Ascona: Artibus Asiae
Luce, Gordon Hannington/U Tin Htway (1976): A Fifteenth Century Inscription and Library at Pagan. In: Malalasekera Commemoration Volume, Hg. O. H. de Alwis Wijesekera. Colombo: Kularatne and Co.: 203-256
U Nyunt Han (1997): The Cultural Sector Contributing to National Consolidation. In: Symposion on Socio-Economic Factors Contributing to National Consolidation. Rangun: Ministry of Defence, Office of Strategic Studies: 155-174
Pichard, Pierre (1992-2001): The Inventory of the Monuments at Pagan. 9 Bde. Paris/Gartmore: EFEO-UNDP-Kiscadale
Stargardt, Janice (1991): The Ancient Pyu of Burma. Bd. 1: Early Pyu Cities in a Man-made Landscape. Singapur/Cambridge: PACSEA
U Than Tun (1976): Pagan Restoration. In: Journal of the Burma Research Society 59: 49-96

STÄDTE ALS ZENTREN IM
MITTELALTERLICHEN EUROPA

MICHAEL MITTERAUER

Städte im Kontext zentralörtlicher Systeme zu behandeln, erspart Definitionsdebatten. Bei einer solchen Zugangsweise geht es nicht um Abgrenzungen zwischen urbanen und nichturbanen Siedlungen. Im Gegenteil – hierarchisch abgestufte Mittelpunktsiedlungen in ihren Beziehungen zueinander bzw. zum jeweiligen Umland sind der Gegenstand der Untersuchung: Gerade für die Geschichte des Städtewesens ist dieser Zugang hilfreich. Er entlastet davon, Stadtbegriffe der Gegenwart in Zeiten zurückzuprojizieren, für die sie nicht passen oder – ebenso unbefriedigend – von Stadtbezeichnungen der untersuchten Epoche auszugehen. Zugleich bietet das Konzept von Städten als zentralen Orten ein nützliches Instrumentarium der Analyse. Man kann in Systemen von Mittelpunktsiedlungen verschiedene Grade der Zentralität unterscheiden, man kann in diesen Siedlungen von spezifischen zentralen Einrichtungen ausgehen, man kann nach dem Einzugsbereich dieser Einrichtungen fragen, man kann zentrale Funktionen unterscheiden, denen sie dienen – etwa nach den Bereichen Herrschaft, Religion und Wirtschaft differenzierend –, man kann die Funktionsteilung zwischen solchen Zentren untersuchen – auf der gleichen Ebene oder auf verschiedenen Stufen eines hierarchisch gestuften Systems. Dabei wird die jeweilige Position von Städten in gesellschaftlichen Strukturen erkennbar und es lassen sich – in dynamischer Betrachtung – die entscheidenden Faktoren der Veränderung feststellen.

Solche gesellschaftlichen Kontexte von Städten waren im mittelalterlichen Europa äußerst vielfältig – zu Beginn des hier behandelten Untersuchungszeitraums, aber auch zu dessen Ende. Von „der europäischen Stadt des Mittelalters" zu sprechen, ist eine problematische Vereinfachung. Und auch das Konzept der im Mittelalter entstandenen „okzidentalen Stadt", wie es im Anschluß an Max Weber so stark nachwirkt, greift bloß einen Regionaltypus der mittelalterlichen Stadtentwicklung Europas auf, nämlich die autonome bzw. autokephale, d. h. ihre Herrschaftsträger selbst bestellende Stadtgemeinde, wie sie sich seit dem 11. Jahrhundert einerseits von der Toskana und Oberitalien, andererseits vom ehemaligen Kernraum des Karolingerreichs im Nordwesten des Kontinents verbreitet hat. In Hinblick auf zukunftsweisende Herrschafts-, Rechts- und Sozialformen kommt diesem Entwicklungsstrang sicher eminente Bedeutung zu. Nur ihn zu behandeln wäre aber auch insoferne eine Verkürzung, als seine Spezifik erst im Kontrast zur Entwicklung anderer europäischer Stadtkulturen des Mittelalters deutlich wird. Und an solchen unterschiedlichen Stadtkulturen ist das mittelalterliche Europa reich: die islamische im südlichen Mittelmeerraum und die byzantinische im Osten, die vielen nicht zur vollen Autonomie gelangenden Städte auf dem Boden des ehemaligen karolingischen Imperiums und seiner Nachfolgereiche sowie in England, die präurbanen und urbanen Burgstädte im Osten des Kontinents, die offenen Handelsemporien des Nordens, die Klosterstädte Irlands. So ist schon der innereuropäische Vergleich anregend, der die Grenzen des Kontinents überschreitende umso mehr. Das Konzept der Zentralorttheorie bietet eine abstrakte und formalisierte Grundlage, um so unterschiedliche Stadtkulturen miteinander vergleichbar zu machen.

Ein an Stadtfunktionen orientierter Zugang zur Stadtgeschichte muß für das mittelalterliche Europa sicher von Herrschaftsfunktionen ausgehen. Sie bestimmen primär die Lage und die innere Struktur von Mittelpunktsiedlungen. Unter den verschiedenen herrschaftlichen Funktionen von urbanen Siedlungen steht – jedenfalls im Frühmittelalter – die Schutzfunktion im Vordergrund. Das zeigt die von „bergen" abgeleitete ältere Stadtbezeichnung „burg", die in Begriffen wie „Bürger", „Burgrecht", „Burgfried" etc. aber auch in vielen individuellen Stadtnamen fortlebt. Ehemalige Römerstädte bzw. Legionslager werden im Frühmittelalter als Orte aufgefaßt, die Schutz gewähren können. Aus „Argentorate" wird „Straßburg", aus „Augusta Vindelicorum" „Augsburg" aus „Castra Regina" „Regensburg". Ortsnamen wie Würzburg, Merseburg, Magdeburg, Hamburg, (Klosterbzw. Kor-)Neuburg setzen diese Linie fort. Seit dem 10. Jahrhundert wird allerdings die Bezeichnung „burg" auch für die damals neu entstehende adelige Höhenburg gebraucht, die sie schließlich allein weiterführt. Für urbane Siedlungen setzt sich zunehmend „stadt" durch. Der terminologischen Gabelung entspricht eine inhaltliche. Aus der frühmittelalterlichen Burgstadt entwickeln sich zwei unterschiedliche Typen von Herrschaftszentren: die Adelsburg und die mit Mauern umwehrte Stadt. Der Dualismus von Herrenburg und Bürgerstadt stellt eine weltweit einmalige Konstellation dar. Er steht für eine spezifische Herrschaftsstruktur, die der Stadtentwicklung besondere Perspektiven eröffnete.

Der Dualismus von Burg und Stadt ist im mittelalterlichen Europa keineswegs generell verbreitet. Er findet sich zunächst nur in den Nachfolgereichen des karolingischen Imperiums, hier wiederum insbesondere in dessen Kerngebiet zwischen Rhein und Seine, aber schon früh weit darüber hinaus ausstrahlend. Er fehlt völlig im islamischen Raum, ebenso im Byzantinischen Reich. Hier entstehen zwar auch neben den Städten befestigte Siedlungen ohne urbanen Charakter – und das schon im Lauf des Frühmittelalters –, es handelt sich aber bei diesen „Kastellen" und „Burgen" nicht um adelige Herrenburgen, sondern um Wehrsiedlungen, die den kaiserlichen Amtsträgern unterstehen. Im byzantinischen Unteritalien sind solche nichtstädtischen Kastellsiedlungen sehr häufig. In der Bewegung des „incastellamento" finden sie in Italien im Hochmittelalter ihre Fortsetzung. Im Norden Italiens entstehen zwar neben den Städten Herrenburgen im mittel- und westeuropäischen Sinn, jedoch in geringerer Zahl und mit geringerer Dauerhaftigkeit als nördlich der Alpen. Dafür finden sich in den großen Städten Reichsitaliens im Mittelalter vielfach Geschlechtertürme innerhalb des ummauerten Stadtgebiets – Ausdruck einer in die Stadt integrierten Adelsherrschaft. Ostmitteleuropa wird vom Dualismus von Burg und Stadt erst spät erreicht. Bei den slawischen Stammesreichen des Ostens und Südostens fehlt er vollkommen. Bezeichnend erscheint, daß die slawischsprachige Bezeichnung „grod", „gorod", „grad", wie wir sie in Nowgorod oder Belgrad finden, für die Stadt erhalten bleibt. Hier hält sich eine Herrschaftsstruktur, in der die Burgstädte dominante Mittelpunkte für einen zugeordneten Burgbezirk bleiben und keine Konkurrenz durch einen neuen Typus von Herrschaftszentren erfahren.

Warum ist es im Frankenreich in spätkarolingischer Zeit und vor allem dann in den folgenden Jahrhunderten zur Entstehung von Herrenburgen neben den alten Burgstädten gekommen? Meist wird auf die Gefährdung durch Normannen, Sarazenen und Ungarn verwiesen, die das Schutzbedürfnis und damit die Errichtung neuer Befestigungsanlagen bewirkt haben. Die neue Bedrohungssituation erklärt die Anlage neuer Schutzplätze, nicht aber die Entstehung eines neuen Burgtypus. Im Byzantinischen Reich hatte man der Situation durch eine Intensivierung überkommener Schutzsiedlungen in verkleinertem Maßstab Rechnung getragen. Das entsprach den Gegebenheiten eines zentralistisch-bürokratisch gelenkten territorialen Flächenstaates, in dem es im Frühmittelalter noch nicht zu Tendenzen der Feudalisierung gekommen war. Die Herrschaftsstruktur des Frankenreichs hingegen war eine ganz andere. Die Herrschaft des Königs, der Reichskirche und der Reichsaristokratie beruhte auf grundherrschaftlichen Ordnungen. Zur selben Zeit, als der Bau von Herrenburgen beginnt, wandelt sich die adelige und die kirchliche Grundherrschaft zur Bannherrschaft. Zwischen den beiden zeitgleichen Entwicklungen besteht offenbar ein Zusammenhang. Zu den Hoheitsrechten von Herrschaften gehört nun auch der Burgbann, d. h. das Recht, innerhalb eines bestimmten Hoheitsbezirks zum Burgenbau aufzubieten. Der rechtliche Hintergrund der Entwicklung ist sehr komplex. Er hängt mit Immunitätsrechten, Laienabtei, Hochvogtei und anderen Verfassungsphänomenen insbesondere des Reichskirchensystems zusammen, die in ihrer Verbreitung auf das ehemalige karolingische Imperium beschränkt sind. Nur hier kommt es daher zu diesem charakteristischen Dualismus. Aus den Burgstädten ursprünglich zugeordneten Grafschaften und Burgbezirken werden kirchliche Immunitätsbereiche und an sie anschließend adelige Hoheitsdistrikte mit Burgen als Mittelpunkten ausgegliedert. Es kommt dadurch zu einer grundsätzlichen Transformation der Herrschaftsstruktur. Herrschaftszentren unterschiedlicher Art mit kleinteiligen Einzugsbereichen bilden sich aus. Der alte Burgstadtmittelpunkt wird in herrschaftlicher Hinsicht von seinem Umland isoliert. Während im ländlichen Umfeld adelige und geistliche Herrschaftsträger das Sagen haben, entwickelt sich im reduzierten Hoheitsbezirk der alten Zentren die Möglichkeit der Herrschaftsübernahme durch die Bürgergemeinde. Zunächst wird freilich durch den Dualismus von Burg und Stadt nur das räumliche Substrat geschaffen. Das Phänomen des Machtwechsels bedarf einer eigenen Erklärung.

Gemeinsames Element bleibt für Burg und Stadt das ganze Mittelalter hindurch die Mauer. Die Mauer gewährt Schutz, und Schutz bieten können bedeutet Herrschaft. Die technische Gestaltung von Burgwällen, Stadtmauern, Befestigungsanlagen, von Mittelpunktsiedlungen aller Art hat sich im Verlauf des Mittelalters grundlegend geändert. Schon in der Spätantike stehen einander mit Stein- bzw. Ziegelmauern umwehrte Civitates des römischen Imperiums und mit Wällen aus Holz-Erde-Konstruktionen gesicherte Mittelpunktsiedlungen nördlich des Limes als Wehranlagen sehr unterschiedlichen Typus gegenüber.

Und gerade im Spätmittelalter haben sowohl Bürgerstädte als auch Herrenburgen eine fortifikatorische Ausgestaltung bisher nie da gewesener Raffinesse erhalten. Bei allen diesen Unterschieden durchzieht das Befestigungswesen des Mittelalters aber eine grundsätzliche Linie: Wer über die Befestigungsanlagen verfügt, der übt Herrschaftsrechte aus. Und dies ist im mittelalterlichen Europa keineswegs nur der Fürst. Für die altorientalischen Reiche, für das Römische Imperium und in seiner Nachfolge das Byzantinische Reich, für die islamischen Reiche des Mittelalters, aber auch für die Herrschaftsgebiete Randeuropas von den Rurikiden bis nach England gilt zwar grundsätzlich das Prinzip: Der Fürst ist es, der die Herrschaftsmittelpunkte befestigt und der damit in ihnen und von ihnen aus im Umland Herrschaftsrechte ausübt. Im Zentralraum Europa konnte es gegenüber diesem sonst dominanten Muster zu wesentlichen Abweichungen kommen. Sicher sind auch in der Blütezeit des Karolingerreichs die Burgstadtmittelpunkte fest in der Hand des Königs bzw. der von ihm bestellten Herzöge, Markgrafen und Grafen. Aber schon vorher ist hier die Stadtherrschaft des Bischofs weit verbreitet und sie gewinnt durch den Ausbau der Befestigungsanlagen in der Spätzeit der Karolinger wieder an Bedeutung. Insgesamt geht der Burgbann in dieser Zeit teils auf Bischöfe und Äbte als geistliche Herrschaftsträger, teils auf deren adelige Schutzherren und andere weltliche Inhaber von Hoheitsträgern über. Geistliche und weltliche Burg- und Stadtherren sind in einer vergleichenden Betrachtungsweise mittelalterlicher Herrschaftssysteme eine einmalige Erscheinung. Zu ihnen treten dann im Hochmittelalter noch bürgerliche Gemeinden als Inhaber der Befestigungsanlagen ihrer Stadt wie insgesamt als Träger der Wehrhoheit – im interkulturellen Vergleich ein besonders ungewöhnliches Phänomen. Der Übergang des Mauerbaurechts in die Kompetenz der Kommune erscheint als eine entscheidende Weichenstellung auf dem Weg zur städtischen Selbstverwaltung. Er entwickelt sich in Italien und in den Kernräumen des ehemaligen karolingischen Imperiums. Er erreicht jedoch auch hier keineswegs überall die gleiche Intensität.

Ein ebenso wichtiger Indikator für das Verhältnis von Stadt und Herrschaft wie der Mauerbau ist die Konstellation von Palast und Stadt. Aus der lateinischen Bezeichnung „palatium" leitet sich das deutsche Wort „Pfalz" ab. Pfalzen gab es im karolingischen Imperium und seinen Nachfolgereichen in großer Zahl, ebenso in England. Jeder Königshof konnte im Prinzip auf Zeit als königlicher Amtssitz dienen. Diese Situation ist für die spezifische Form der Ausübung von

Regierungsgeschäften charakteristisch, die man mit dem Begriff „Reisekönigtum" kennzeichnet. Der König zieht von Pfalz zu Pfalz und seine wichtigsten Berater mit ihm. In merowingischer Zeit lagen die Pfalzen primär noch in den alten Römerstädten, in karolingischer Zeit kamen viele ländliche Pfalzen hinzu, die nie Stadtrang gewannen. Die Strukturen des Karolingerreiches und der aus ihm hervorgegangenen Herrschaftsgebilde waren polyzentrisch. Zwischen den vielen städtischen und nichtstädtischen Pfalzen gab es keine klare Hierarchie auf Dauer. Sicher setzten einige Karolingerkönige Akzente – insbesondere durch geistliche Einrichtungen des Königtums wie Pfalzkapelle, Reliquienschatz oder Königsgrablage: Karl d. Große in Aachen, seine Enkel Ludwig und Karl in Frankfurt und Regensburg bzw. Compiegne – zu einer Entwicklung ausgeprägter Residenzstädte kam es aber auf dieser Grundlage nicht. Zum Unterschied von Frankreich ist sie im Deutschen Reich während des Mittelalters überhaupt nicht gelungen. Die polyzentrische Struktur im Anschluß an karolingische Herrschaftsverhältnisse, der eine klare Rangigkeit der Mittelpunktsiedlungen fehlt, steht in deutlichem Kontrast zu gleichzeitigen Konstellationen von Stadt und Palast im Byzantinischen Reich, aber auch im islamisch beherrschten Europa. Das Oströmische Reich hat mit Konstantinopel eine eindeutig dominierende Hauptstadt, die in ihrer zentralen Funktion nicht in Frage steht. Ihren Mittelpunkt bildet der ausgedehnte kaiserliche Palastbezirk. Zu ihm gehört u. a. auch der Hippodrom, dem für den Kontakt zwischen Kaiser und Volk eine wesentliche Bedeutung zukam. Auch andere charakteristische Einrichtungen antiker Kaiserstädte bzw. allgemein des römischen Städtewesens leben in Konstantinopel fort. Als spezifisch mittelalterliche zentrale Einrichtung kam die Patriarchatskirche und der Patriarchenpalast hinzu – in unmittelbarer Nachbarschaft des Palastbezirks und in charakteristischer Unterordnung der geistlichen unter die weltliche Macht. Ganz anders als die fränkischen Pfalzorte war Byzanz eine Großstadt – in ihrer Blütezeit mit etwa 500.000 Einwohnern die weitaus größte Europas wie auch des Byzantinischen Reichs, das sich ja über den Kontinent hinaus erstreckte. Die anderen Städte des Reichs verfügten über keine Kaiserpaläste, nur über mehr oder minder repräsentative Amtssitze der kaiserlichen Amtsträger. Die byzantinische Bürokratie war wie die römische der späten Kaiserzeit in sich hierarchisch gestaffelt. Und so ergab sich aus dem Rang der Amtsträger auch eine Rangigkeit der Städte, in denen sie ihren Sitz hatten. Durch die sogenannte „Themenverfassung" wurde unter Kaiser Heraklius und seinen Nachfolgern die Zivilverwaltung des Reiches militarisiert, so daß die Heeresverfassung mit ihren „duces" Zentralorte höheren Ranges markierte. Byzantinische Städte waren dadurch charakterisiert, daß Abteilungen des kaiserlichen Heeres in ihnen stationiert waren – auch das ein grundsätzlicher Unterschied zum Westen mit seiner durch das Lehenswesen geprägten Wehrverfassung.

Die islamischen Städte des mittelalterlichen Europa standen in ihrem Verhältnis zur Herrschaftsverfassung den byzantinischen näher als den fränkischen. Vielfach wurden nach der Eroberung ja auch byzantinische Strukturen von den neuen Herrschern weitergeführt. Aber es gab darüber hinaus auch strukturelle Gemeinsamkeiten. Die islamischen Reiche verfügten über feste Residenzen mit einem stabilen Verwaltungsapparat, sie waren militärische Zentren mit starker Truppenkonzentration, vor allem entwickelten sie eine aufwendige Hofhaltung, die – außer in Byzanz – in Europa kein Gegenstück hatte. So verwundert es nicht, daß nach Konstantinopel die größten und einwohnerstärksten Städte des mittelalterlichen Europa islamische Residenzstädte waren – insbesondere Cordoba und Palermo. Bei ersterer findet sich übrigens als eine sekundäre Erscheinung das Phänomen eines etwas abseits der Hauptstadt gelegenen, von ihr abgesonderten Palastbezirks – nach der Lieblingsfrau des Gründers 936 „Medinat – az Zahra", „Stadt der Blume" genannt. Es ist das wohl ein anders zu erklärendes Phänomen als die Pfalzen der deutschen Könige, die in Reichsitalien aus Angst vor den Bürgern vor die Stadtmauern verlegt wurden. Die dem Reichsmittelpunkt gegenüber entrückte Palaststadt findet sich sonst in Europa erst im Zeitalter des Absolutismus – beginnend mit dem Escorial und Versailles und vielleicht den Papstpalästen in Avignon und im Vatikan als funktionalen Vorläufern. Wie auch immer, die islamischen Residenzstädte sind multifunktionale hochrangige Zentren, die an der Spitze einer Hierarchie in sich gestufter Herrschaftsmittelpunkte stehen – nicht temporäre Absteigequartiere von Reisekönigen.

Neben dem Palast des Königs bzw. seines regionalen Amtsträgers hat in der europäischen Stadtgeschichte der Bischofspalast eine wichtige Rolle gewonnen. Auch dabei handelt es sich um eine sehr spezifische Sonderentwicklung, die insbesondere für den Westen typisch erscheint. Schon in der späten Kaiserzeit wurden den Bischöfen Kontrollfunktionen über die städtische Gerichtsbarkeit übertragen. Als in den „civitates" des ehemaligen Weströmischen Reichs die Herrschaft der „curiales" verschwand, trat im Frühmittelalter der „comes civitatis" oder der „episcopus civitatis" bzw. beide zusammen an deren Stelle. Nicht überall im Westen ist es zu einer bischöflichen Stadtherrschaft gekommen – im Ostreich nirgendwo. Wo es sie im Karolingerreich gegeben hatte, wurde sie mit der Durchsetzung der Grafschaftsverfassung ausgeschaltet. In den Wirren der ausgehenden Karolingerzeit und dann vor allem unter Saliern und Ottonen kommt es zu einer zweiten Phase bischöflicher Stadtherrschaft – jetzt nicht auf den ganzen Umlandbezirk der „civitas" bezogen, sondern auf den engeren Immunitätsbezirk. Das ottonisch-salische Reichskirchensystem stützt sich auf stadtsässige Reichsbischöfe, die der König einsetzt. Vor allem die großen Städte in den Kernzonen des ehemaligen Karolingerreichs, aber auch in Reichsitalien sind fest in der Hand königstreuer Bischöfe. Die Stadtherrschaft des Bischofs ist also im Hochmittelalter keineswegs ein gesamteuropäisches Phänomen. Sie fehlt in Spanien, in England sowie im Norden und Osten des Kontinents. Wir finden sie aber gerade in ihren Kernregionen, in denen sich dann die sich selbst regierende Kommune entwickelte. Und diese räumliche Koinzidenz ist wohl nicht zufällig. Die Bischofsherrschaft über die Stadt stellt vielfach eine wichtige Zwischenstufe zwischen der des Königs bzw. seiner Amtsträger und der der Kommune dar.

Zentrale Einrichtung und repräsentative Ausdrucksform städtischer Selbstherrschaft im Hoch- und Spätmittelalter ist eine neue Form des Palastes – das Rathaus. Die italienischen Bezeichnungen als „palazzo publico" oder „palazzo del popolo" stellen etymologisch den Zusammenhang her. Rathäuser begegnen im Mittelalter keineswegs in allen Städten Europas. Sie finden sich in Nord- und Mittelitalien, den Niederlanden, Belgien, Nordfrankreich und Deutschland sowie in den deutsch-rechtlich organisierten Gründungsstädten in Ostmitteleuropa. Sie fehlen hingegen in Südfrankreich, England, Ost- und Südosteuropa. Ein besonders altes und besonders prächtiges Rathaus stellt der Dogenpalast in Venedig dar. Venedig hatte nie zu Reichsitalien gehört, vielmehr nominell lange zu Byzanz, de facto hatte die Stadt jedoch schon früh ihre Unabhängigkeit erreicht. In byzantinischen Städten fehlen Rathäuser. An eine Kontinuität zum Bouleuterion bzw. zur Curia antiker Stadtgemeinden, die ein funktionales Gegenstück darstellen, ist sicher nicht zu denken.

Das Rathaus als Herrschaftseinrichtung der zur Autonomie gelangten Gemeinde tritt kaum als unmittelbare Nachfolgeeinrichtung der Königspfalz oder des Bischofspalasts auf. Als die Bürger der alten langobardischen Residenzstadt Pavia 1024 nach dem Tod Kaiser Heinrichs II. die Königspfalz samt dem dort aufbewahrten Archiv zerstörten, war das sicher ein Zeichen eines neuen Grundsatzkonflikts, sie setzten aber noch lange nicht ein eigenes Rats- und Gerichtsgebäude an dessen Stelle. Der Wechsel erfolgte auch keineswegs durchgehend gewaltsam. Die Bürger von Lucca bewiesen ihre in friedlicher Form erreichte Unabhängigkeit, als sie 1081 von König Heinrich IV. die Zusage erreichten, er werde weder innerhalb der Stadtmauern noch in der Vorstadt eine kaiserliche Pfalz errichten. Gleichzeitig mit den Bürgern von Lucca wurden 1081 auch die von Pisa privilegiert. Es wurde ihnen unter anderem zugestanden, daß der König keinen Markgrafen in die Toskana senden wolle ohne die Zustimmung von zwölf Pisanern, die in einer bei klingenden Glocken berufenen Volksversammlung erwählt worden waren. Die klingenden Glocken sollten den Beschluß für jeden Bürger verbindlich machen – eine frühe Vorform der für die städtische Freiheit so symbolträchtigen Ratsglocke. Ein Rathaus freilich haben die Pisaner damals nicht errichtet. Vielmehr begannen sie 1063 nach ihrem bedeutsamen Seesieg über die Sarazenen mit der Anlage eines neuen Dombezirks. Er umfaßte nicht nur die imposante neue Domkirche, sondern auch ein Baptisterium, einen auf Erde aus dem Heiligen Land angelegten Friedhof, den „Camposanto", sowie vor allem einen freistehenden Glockenturm, den späterhin wegen seiner Absenkung berühmt gewordenen „Schiefen Turm". Die mit dem Bischof gemeinsam gegen den Markgrafen des Königs errungene Unabhängigkeit wurde also hier von der Kommune in der Anlage eines völlig neuartigen sakralen Ensembles zum Ausdruck gebracht, nicht wie man in funktionalistischem Denken vielleicht annehmen könnte, in einem städtischen Amtsgebäude. Der Dombezirk von Pisa ist das erste künstlerische Zeugnis einer neuen Stilrichtung, die man als Protorenaissance bezeichnet. Das ist sicher nicht bloß Ausdruck einer neuen Ästhetik. In Pisa hat man im Rechtsleben besonders früh auf römisch-rechtliche Traditionen zurückgegriffen – den Bedürfnissen der aufsteigenden Seerepublik entgegenkommend. Und in Pisa wurde besonders früh wieder im Mittelalter an die altrömische Bezeichnung „consules" für Amtsträger der Gemeinde angeknüpft, die sich mit der Ratsverfassung in ganz Europa verbreitet hat. Ein zweites frühes Zeugnis der Protorenaissance stellt das Baptisterium in Florenz dar. Es ist aus der Palastkapelle des Bischofs hervorgegangen, dessen Herrschaftsrechte die Bürgerschaft um die Mitte des 11. Jahrhunderts ausschaltete. Der Titelheilige dieser Kirche, der heilige Johannes der Täufer, wurde zum eigentlichen Stadtheiligen, nicht die Dompatronin Santa Reparata, an deren Stelle später die heilige Maria trat. Der künstlerischen Ausgestaltung dieses Baptisteriums galt in der Frühzeit der Kommune die besondere Aufmerksamkeit der Stadtverwaltung. Erst später kam es zum Bau des Palazzo della Signoria bzw. der Piazza della Signoria als politischem Zentrum der Stadt. Kirchenbauten als zentrale Einrichtungen spielten beim Übergang zur selbstverwalteten Bürgerstadt eine eminent wichtige Rolle.

Die Bedeutung der Gemeindeautonomie im mittelalterlichen Europa ist in der Stadtgeschichtsschreibung vielfach überbewertet worden. Häufig spielten dabei ideologische Momente eine Rolle wie etwa im Zeitalter des Liberalismus, der politische Ziele der eigenen Zeit in der mittelalterlichen Stadt präformiert sah. Daß fast überall in Europa der autonomen Stadtgemeinde ein mehr oder minder starker Stadtherr gegenüberstand, wurde bei einer solchen Zugangsweise gerne übersehen. Ähnlich problematisch erscheint jedoch eine Sicht, die die Besonderheit der europäischen Kommunen grundsätzlich in Abrede stellt. Natürlich hat es in aller Welt Situationen gegeben, in denen Stadtbewohner gemeinsam handelnd auftreten. Ebenso läßt sich auf Fälle verweisen, in denen städtische Oberschichten relativ unabhängig von der Zentralgewalt die Stadt und ihr Umland beherrschen. Die entscheidende Frage lautet jedoch, ob sich daraus eine dauerhafte Herrschaftsstruktur entwickelt hat – ganz abgesehen davon, ob man städtischer Selbstverwaltung und autonomem Bürgertum ein besonderes Modernisierungspotential für Politik und Ökonomie vorindustrieller Gesellschaften zuschreibt. Das Rathaus als zentrale Einrichtung städtischer Selbstverwaltung ist zweifelsohne eine eindeutige bauliche Ausdrucksform einer solchen Herrschaftsstruktur. Wir finden es nur in ganz bestimmten Regionen Europas. Im Byzantinischen Reich fehlt es genauso wie in den islamischen Reichen. Das bedeutet nicht, daß es in Städten dieser Kulturräume keine Autonomie gegeben hätte. Die „harats" islamischer Städte stellten vielfach sehr selbständige Gruppierungen innerhalb der Stadtbevölkerung dar. Es handelte sich bei ihnen um geschlossene Quartiere bestimmter religiöser oder ethnischer Gruppierungen mit eigenen zentralen Einrichtungen wie Moscheen, Synagogen, Kirchen, Schulen, Bädern etc. und weitgehender Selbstverwaltung. Die Autonomie betraf hier nie die Stadtbevölkerung als ganze wie in der Kommune des Westens.

Das Recht der Stadtbürger auf Herrschaft durch selbstgewählte Amtsträger hat vielfältige und weit zurückreichende Wurzeln. Die entscheidenden Ansätze der Kommuneentwicklung sind sicher in Italien zu suchen, und zwar zunächst eher in dessen dem Byzantinischen Reich zugehörigen Gebieten. Die Zentralgewalt war hier äußerst schwach, lokale Honoratiorengeschlechter übten real die Macht aus. Die Wahl von Amtsträgern aus ihrer Mitte wurde ihnen vom Kaiser auch de iure zugesprochen. Das Wahlprinzip galt nicht nur für die zumeist an der Stadtherrschaft beteiligten Bischöfe, sondern auch für andere Amtsträger, ja sogar für die militärischen „duces". Soferne nicht eines der Honoratiorengeschlechter die Erblichkeit seiner Führungsposition durchsetzen konnte, blieb die Ämterbestellung durch Wahl erhalten. Das gilt etwa für Venedig und Amalfi, nicht für Gaeta, wo das Amt des bis dahin gewählten Dogen wiederum erblich wurde. Venedig verbot dem Dogen endgültig 1032, den Sohn als Mitregenten zu kooptieren und damit als Nachfolger zu designieren. Der Bilderstreit, in dem sich die byzantinischen Seestädte gegen die ikonoklastischen Kaiser stellten, ermöglichte auf religiöser Basis gelockerte Abhängigkeit – ähnlich wie im 11. Jahrhundert der Investiturstreit von den oberitalienischen Kommunen zur Lösung von der Oberhoheit des deutschen Königs genützt wurde. Ein entscheidender Faktor für die Ausbildung kommender Autonomierechte war dann sicher die maritime Machtstellung der italienischen Seestädte – und jetzt sicher nicht nur mehr allein die der ehemals byzantinischen. Zu Venedig, Amalfi, Gaeta, Neapel und Bari traten in Reichsitalien Pisa und Genua. In der Sarazenenabwehr nahmen sie seit dem 9. Jahrhundert eine führende Stellung ein. Päpste, Kaiser und Könige waren auf ihre Flotte angewiesen und gestanden ihnen dementsprechend Sonderrechte zu. Als einzige Seemächte auf christlicher Seite – sieht man vom fernen Byzanz ab – hatten sie eine starke militärische Position. Sie konnten sich selbst schützen und so nach dem Verständnis der Zeit auch selbst regieren. Die militärische Macht zur See bedeutete auch Macht durch Seehandel. Auch der besondere Reichtum der Seestädte förderte deren Unabhängigkeit. Der kostspielige Aufbau der Flotte sowie die riskanten Unternehmungen zur See begünstigten eher oligarchische als monarchische Herrschaftsstrukturen sowie genossenschaftliche Organisationsformen mit Wahlprinzip. Die von den Seerepubliken entwickelten Modelle wurden in Italien sehr bald von den Binnenstädten nachgeahmt.

Manche der für die Entwicklung kommunaler Autonomie in Italien maßgeblichen Faktoren gelten auch für das zweite Zentrum der Bewegung im Nordwesten des Kontinents, wo es nur wenig später zu analogen Tendenzen kam. Das gilt vor allem für die finanzielle Stärke der Bürgerschaft, die es ihr ermöglichte, den für die Stadtherrschaft so wesentlichen Mauerbau zu übernehmen, aber auch für die Stadtherrschaft des Bischofs als Vorstufe, die das Wahlprinzip begünstigen konnte. Der Reichtum der nordwesteuropäischen Städteregion beruhte allerdings nicht auf dem Seehandel, sondern auf der besonderen Dynamik der Entwicklung von Gewerbe und Landwirtschaft in dieser

Kernzone des Karolingerreichs. Eine spezifische Voraussetzung für kommunale Autonomie stellte hier die Herauslösung städtischer Zentren aus ihrem Umland durch Prozesse der Immunitätsverleihung, der Vögtebestellung bzw. Entvogtung im Rahmen der Reichskirchenverfassung dar, die eine von der ländlichen Umgebung abweichende Herrschaftsentwicklung ermöglichte. Das war aber bloß eine begünstigende Bedingung, keine notwendige Voraussetzung. Kommunale Autonomieformen haben sich im mittelalterlichen Europa unter sehr unterschiedlichen Rahmenbedingungen entwickelt – bis hin nach Nowgorod, wo eine Burgstadt der rurikidischen Stammesfürstentümer die Grundlage bildete. Diese Entwicklungen erfolgten in der Regel evolutionär. Revolutionäre Prozesse des Herrschaftswechsels stellen die Ausnahme dar und sind durchwegs in ihrem Ergebnis an den evolutiv entwickelten Modellen orientiert.

Die wichtige Rolle der Bischöfe als Stadtherren im mittelalterlichen Europa verweist auf die Bedeutung, die Städten damals auch als religiösen Zentren zukam. Geht man von zentralen Einrichtungen in Städten aus, so läßt sich sagen, daß christliche Bischofskirchen den entscheidenden Kontinuitätsfaktor zwischen dem antiken und dem mittelalterlichen Städtewesen darstellten. Tempel, Foren, Bäder und sonstige öffentliche Bauten verfielen während der Völkerwanderungszeit in den Provinzen des ehemaligen Weströmischen Reichs, weil man sie nicht mehr erhalten konnte bzw. weil sie in einer neuen Umwelt ihre Funktion verloren hatten. Neben den mehr als früher notwendigen Stadtmauern waren es die Bischofskirchen, die bewahrt und ausgebaut wurden. Kam es zu einer Siedlungsverlegung, was in diesen stürmischen Zeiten vielfach der Fall war, so bildete die Bischofskirche den neuen Mittelpunkt. Durch sie wurde auch die für die Struktur des römischen Imperiums so charakteristische Stadt-Umland-Beziehung aufrechterhalten. Sie bestimmte den Rang einer Mittelpunktsiedlung. Nur Burgstädte, die auch Bischofssitz waren, galten den Zeitgenossen als „civitas".

Im System kirchlicher Zentren lebten Elemente spätantiker Herrschaftsstrukturen im Mittelalter weiter. Schon in vorkonstantinischer Zeit glich sich im Imperium Romanum die christliche Hierarchie den staatlichen Raumordnungen an. In Städten stand ein Bischof an der Spitze der Gemeinde. Nach der konstantinischen Wende wurde die kirchliche Hierarchie systematisch dem Aufbau des Reiches angeglichen: In jeder Civitas residierte ein Bischof, in jeder Provinzhauptstadt ein Metropolit, in den Zentren größerer Reichsteile ein Patriarch. Im ganzen Reich kam es so zu einer Entsprechung geistlicher und weltlicher Zentren mit korrespondierenden zentralen Einrichtungen. Daß imperiale Reichsstrukturen Systeme religiöser Mittelpunkte bestimmen, ist im interkulturellen Vergleich betrachtet keine Ausnahmeerscheinung. Bemerkenswert erscheint jedoch, mit welcher Dauerhaftigkeit dieses System den Zusammenbruch des Weströmischen Reiches überlebte und mit welcher Eigendynamik es sich auf dieser Grundlage weiterentwickelte. Letztlich hat sich die Papstkirche des Mittelalters daraus gebildet. Sie stellt eine der höchstentwickelten Formen zentralistisch durchorganisierter Religionsgemeinschaften dar und bedeutet als solche auch für die Ausprägung des europäischen Städtewesens einen wichtigen Faktor. Im islamischen Städtewesen etwa gibt es keine Parallele dazu. Hier fehlt ein hierarchisch aufgebauter Klerus mit einem von der weltlichen Macht unabhängigen geistlichen Oberhaupt, weil es kein Priestertum, keine Weihegewalt und keine von der weltlichen Obrigkeit unabhängige geistliche Jurisdiktion gibt. Dementsprechend fehlt auch eine Rangordnung von Städten nach der hierarchischen Position in ihr residierender geistlicher Würdenträger. In Europa hingegen haben sich aus kirchlichen Hierarchien religiöse Zentralortsysteme gebildet, die im Prinzip von herrschaftlichen und wirtschaftlichen unabhängig waren, von ihnen jedoch beeinflußt wurden und wiederum auf sie zurückwirkten. Die Entscheidung über Rangordnungen in diesem System fiel schon seit dem Frühmittelalter mit der Durchsetzung seines Primatsanspruchs an den Papst als Bischof von Rom und Patriarch des Abendlands. Von ihm durchgeführte Rangerhöhungen von Bischöfen hatten keineswegs nur innerkirchlich-religiöse Bedeutung. So trug er der Machtstellung der Seerepubliken Amalfi und Gaeta schon im 10. Jahrhundert durch die Erhebung zum Erzbistum Rechnung, der von Pisa und Genua im 11. Jahrhundert. Die den Bischöfen der beiden letzteren aus diesem Anlaß zugeordneten Suffraganbistümer auf Sardinien und Korsika bildeten eine wichtige Voraussetzung für die Kolonialmacht der beiden Seemächte auf diesen Inseln.

Die für das Frühmittelalter weithin gültige Gleichsetzung von „civitas" und Bischofssitz konnte im Zuge der Christianisierung bzw. Urbanisierung nicht aufrechterhalten werden. Die Dichte des Städtenetzes, die sich gerade im Kernraum des ehemaligen Frankenreichs ausbildete, konnte in der kirchlichen Organisation keine den mediterranen Verhältnissen analoge Entsprechung finden. Bischofsstädte stellten hier eine herausgehobene Gruppe dar. Das ottonisch-salische Reichskirchensystem und seine Überwindung im Investiturstreit hat sich auf die Stellung der Bischofsstädte in ambivalenter Weise ausgewirkt – einerseits als Aufwertung durch weltliche Herrschaftsrechte, andererseits als Beeinträchtigung durch konkurrierende Zentren und durch Infragestellung weltlicher Herrschaftsrechte der Bischöfe. Das Verhältnis geistlicher und weltlicher Zentralortsysteme gestaltete sich komplexer als im Mittelmeerraum, die grundsätzliche Stadtsässigkeit der Bischöfe stand jedoch nicht in Frage. Mit der Bischofskirche verbundene zentrale Einrichtungen – etwa solche des höheren Schulwesens – bildeten weiterhin ein wichtiges Moment von Urbanität.

Weniger eindeutig als die Korrespondenz von Bischofskirche und Stadt ist in der europäischen Tradition die von Stadt und Kloster. Als ein Ort weltflüchtiger Askese steht das Kloster – nicht nur das christliche – seinem Wesen nach in einem gewissen Spannungsverhältnis zur Stadt. Die von den Mönchsvätern der Frühzeit vorgegebenen Leitbilder und Regeln christlicher Vollkommenheit ließen sich im städtischen Umfeld schwer realisieren. Trotzdem ist es in der Geschichte des europäischen Mönchtums in verschiedener Hinsicht zu Synthesen von Klosterwesen und Stadt gekommen. Schon in der Spätantike haben sich monastische Lebensformen in Städten ausgebildet, mehr noch: in ländlicher Umgebung gegründete Klöster haben selbst städtebildende Kraft entwickelt. Einen Sonderfall stellt diesbezüglich Irland dar, wo in einer städtelosen Stammes- und Clangesellschaft die ersten Ansätze eines Städtewesens im Anschluß an Klöster entstanden sind. Zu einer besonderen Bevölkerungsagglomeration ist es hier vor allem durch die Klosterschulen gekommen. Bemerkenswert erscheint weiters das Phänomen der Verlegung von Städten zu Grabklöstern bei Heiligengräbern, das sich vor allem in Gallien im Frühmittelalter beobachten läßt. Die Friedhöfe antiker Städte lagen grundsätzlich außerhalb des besiedelten Stadtgebiets. Hier wurden auch die christlichen Märtyrer beigesetzt. Aus dem Kult an den Märtyrergräbern entstanden Grabkirchen bzw. Grabklöster, die eine solche Anziehungskraft entwickeln konnten, daß der Siedlungsschwerpunkt sich zu ihnen verlagerte. In der Sakraltopographie von Städten kam es dadurch zu tiefgreifenden Veränderungen. Der Friedhof rückte vom Rand ins Zentrum – ein wesentlicher Unterschied zur antiken, aber auch zur islamisch geprägten Stadt. Die städtebildende Kraft von Klöstern kam schließlich besonders stark im Rahmen des spätkarolingischen Reichskirchensystems zum Tragen. Die großen Königsklöster hatten sich schon zuvor zu beachtlichen Siedlungskonzentrationen entwickelt. Die Verleihung der Immunität und die Leitung durch Laienäbte führte nun in den gefährdeten Zeiten des ausgehenden 9. und des 10. Jahrhunderts zur Ummauerung und damit zur Entstehung von Klosterstädten. Die Rückbesinnung auf monastische Ideale der Frühzeit im Zeitalter der Kirchenreform hat vielfach wieder zur Lockerung solcher Bindungen an nicht religiöse Funktionen von Zentren geführt. So erfolgten Marktrechtsverleihungen vielfach zugunsten nicht des Klosterorts selbst, sondern nahegelegener Mittelpunkte der Klostergrundherrschaft. Der im 12. Jahrhundert besonders erfolgreiche Reformorden der Zisterzienser hat jede Bindung an städtische Zentren prinzipiell abgelehnt.

Das 13. Jahrhundert brachte im Verhältnis von Stadt und Kloster eine gegenläufige Entwicklung. Mit den Bettelorden der Franziskaner und Dominikaner entstanden zwei Ordensgemeinschaften, deren erklärte Zielsetzung die Arbeit in städtischem Milieu war. An den Niederlassungen der Dominikaner läßt sich ziemlich genau ablesen, welchen Städten damals besondere Bedeutung zukam, weil der Orden diesbezüglich eine ganz gezielte Politik betrieb. Auch andere spezifisch stadtsässige Orden entstanden damals – etwa Spitalsorden. Die Ritterorden waren von ihrer Aufgabenstellung an verkehrsgünstige Orte gebunden. Im Unterschied zu Byzanz und den anderen Reichen der Orthodoxie kam es im Westen im Hochmittelalter zu einem nach Aufgabenbereichen vielfältig differenzierten Klosterwesen. Anders als die Klöster der Ostkirche war dieses Klosterwesen des Westens in regional umfassenden Ordensgemeinschaften organisiert, die eine weitgehende Vereinheitlichung der einzelnen Konvente bewirkten. Diese Klöster bestimmten in hohem Maße das städtische Leben der Zeit. Vor allem die beiden bedeutendsten Bettelorden – die Franziskaner und die Dominikaner – waren in fast jeder größeren Stadt vertreten. Zu den Gemeinsamkeiten der städtischen Kultur des hoch- und spätmittelalterlichen Europa haben sie wesentlich beigetragen.

Mit Bischofssitz und Kloster waren ihrem Ursprung nach im mittelalterlichen Europa zwei weitere spezifisch städtische zentrale Einrichtungen verbunden, nämlich Schule und Hospital. Das höhere Schulwesen schloß im karolingischen Imperium und seinen Nachfolgereichen vorwiegend an die Domschulen an. Von ihnen führt eine Entwicklungslinie zur Universität, die dann als höchstrangige Bildungsinstitution der westlichen Christenheit der Autorisierung durch den Papst bedurfte. Universitäten wurden in landesfürstlichen Residenzen gegründet, aber ebenso auch auf kommunale Initiative in autonomen Stadtgemeinden. Nicht immer korrespondierte die überregionale Ausstrahlungskraft des neuen Bildungszentrums mit der sonstigen Bedeutung der Stadt als Mittelpunkt – stets aber gab das studentische Leben der Universitätsstadt ein besonderes Gepräge. Wie die Universität als Institution, so ist die Universitätsstadt ein Spezifikum der westlichen Christenheit. In der östlichen Christenheit fehlte sie. Hinsichtlich des Hospitals als städtischer Institution läßt sich hingegen eine Priorität der Entwicklung im Byzantinischen Reich feststellen, ebenso auch im islamischen Raum.

Die Analyse zentralörtlicher Systeme historischer Gesellschaften zeigt, daß zentrale Einrichtungen des Wirtschaftslebens in ihrer Lokalisierung äußerst flexibel sind. Der ständige Marktverkehr erfolgt primär bei den herrschaftlichen Zentren, der periodische kann sich auch an religiöse anschließen. Sicher gibt es auch Fälle, in denen die fürstliche Burg oder die Bischofskirche einem schon vorgegebenen Handelsplatz folgt. Das sind aber seltene Ausnahmen. In der Regel ist die Abfolge umgekehrt. Wesentlich erscheint, daß zentralörtliche Systeme des Mittelalters in ihrer Gesamtstruktur primär durch herrschaftliche Faktoren geprägt sind. Dementsprechend läßt sich die für das nordalpine Europa so charakteristische Städtedichte mit ihrer Vielzahl an Mittel- und Kleinstädten sicher nicht ausschließlich aus einem besonderen Bedürfnis nach Nahmärkten erklären. Daß das Fehlen von dominanten Großstädten mit Besonderheiten mittelalterlicher Herrschaftspraxis zusammenhängt, wurde ja schon betont.

Wenn städtische Marktzentren in ihrer Lage und räumlichen Verteilung durch Herrschaftsstrukturen bedingt waren, so schließt das ökonomische Erklärungsmodelle keineswegs aus. Herrschaftsordnungen sind ja ihrerseits in vieler Hinsicht wirtschaftlich bedingt. Für das Mittelalter steht diesbezüglich allerdings die Agrarwirtschaft deutlich im Vordergrund – nicht der Handel und schon gar nicht der Fernhandel, dem in der Stadtgeschichtsforschung immer wieder eine so maßgebliche Rolle in der Entstehung und Entwicklung von Städten als Zentren zugeschrieben wurde. Ein sehr grundsätzlicher Wandel der früh- und hochmittelalterlichen Agrarwirtschaft hat dazu geführt, daß es neben dem Mittelmeerraum im Nordwesten Europas zur Ausbildung einer zweiten bedeutsamen Städtelandschaft im Zentralraum des Karolingerreichs gekommen ist. Der vielfach als „Agrarrevolution" charakterisierte Prozeß ging Hand in Hand mit einem Wandel der Agrarverfassung. Die sogenannte Villikationsverfassung mit ihrem gestaffelten System grundherrlicher Haupt- und Nebenhöfe bzw. von diesen abhängigen bäuerlichen Stellen bot vielfältige Ansatzpunkte für die Entstehung kleiner Agrarzentren, insbesondere durch die Ansiedlung von agrarischen Folgegewerben wie Mühlen, Schmieden u. a. Die Weiterentwicklung der karolingischen Grundherrschaft zur Bannherrschaft führte nicht nur – wie schon erwähnt – zum Bau von

Burgen als Zentren neuer Hoheitsbezirke, sondern ebenso – und vielfach in topographischer Verbindung mit ersteren – zur Entstehung von Märkten. Viele der „Ackerbürgerstädte" oder „Minderstädte", die vor allem in Mitteleuropa so stark verbreitet waren, sind Produkte dieser herrschaftlichen Zersplitterung im Hochmittelalter. Durch Prozesse der Kolonisation wurden solche Modelle vor allem in Ostmitteleuropa, aber auch im Norden des Kontinents weitergegeben. Im Mittelmeerraum verlief die Entwicklung anders. Für agrarwirtschaftliche Neuerungen, wie sie sich vom Nordwesten aus seit dem Frühmittelalter verbreiteten, fehlten hier die klimatischen Voraussetzungen. Die mit ihnen entstandenen Ordnungen der Agrarverfassung verbreiteten sich hier nicht in gleicher Weise und blieben bloß auf das Gebiet von Reichsitalien beschränkt. Im mediterranen Europa hat sich die durch das antike Städtewesen vorgegebene Struktur weitgehend erhalten.

In der kleinteiligen und engmaschigen Städtelandschaft des nordalpinen Europa ergaben sich wirtschaftlich bedingte Akzentsetzungen durch gewerblich-industrielle bzw. kommerzielle Aktivitäten. Die prägende Kraft der Wollindustrie oder des Abbaus und der Verarbeitung von Bergbauprodukten wäre in diesem Zusammenhang zu nennen. Vor allem das Montanwesen hat im spätmittelalterlichen Europa in sehr spezifischer Weise auf Städte als Zentren Einfluß genommen. Mit der Entwicklung von Gewerbe und Industrie hängt primär auch die Größe der jeweiligen städtischen Zentren zusammen, weniger mit der des Handels. Das Handwerk ist der eigentliche Städtefüller des Mittelalters. Insgesamt sind die nordalpinen Städte des mittelalterlichen Europa in erster Linie Produzenten-, nicht Konsumentenstädte. Auch das hängt mit der spezifischen Herrschaftsstruktur zusammen. Zum Unterschied vom Mittelmeerraum ist der Adel hier tendenziell nicht stadtsässig. Aufwendige Hofhaltungen, wie sie dann im absolutistischen Zeitalter aufkommen, fehlen noch weitgehend.

Unter den vom Fernhandel geprägten Städten des mittelalterlichen Europa nehmen die italienischen Seerepubliken eine Sonderstellung ein. Auch bei ihnen steht, wie gezeigt wurde, die durch die Flotte bedingte Herrschaftsposition am Anfang der Entwicklung. Seekrieg und Piraterie gehen dem Handel voran und begleiten ihn über weite Zeiträume. Der wirtschaftliche Einzugsbereich dieser Städte als Handelszentren läßt sich nicht ohne weiteres abgrenzen. Die beiden mächtigsten unter ihnen – Venedig und Genua – haben sich Handelsstützpunkte bis weit in den östlichen Mittelmeerraum und ins Schwarzmeergebiet hinein geschaffen. Im ausgehenden Mittelalter sind daraus Ansätze von Kolonialreichen entstanden, wie sie dann in der frühen Neuzeit von den iberischen Königreichen außerhalb Europas fortgeführt wurden. Es ging nicht mehr nur um Handelsniederlassungen, sondern auch um die wirtschaftliche Ausbeutung abhängiger Territorien. Dieser Protokolonialismus der italienischen Seerepubliken scheint weit zurückreichende Wurzeln aufzuweisen. Den Anfang machte wohl Pisa auf Sardinien und Elba bzw. Genua auf Korsika schon in der zweiten Hälfte des 11. Jahrhunderts. Daß die Konstituierung kirchlicher Abhängigkeitsverhältnisse dabei hilfreich war, wurde schon betont. Die Situation der italienischen Seerepubliken war weltweit einmalig. Sie stellten hochpotente Militärmächte dar, deren Politik von Fernhandelsinteressen geleitet wurde. In verschiedener Hinsicht haben sie Entwicklungslinien vorgezeichnet, die für spezifisch europäische Sonderentwicklungen charakteristisch werden sollten – in der Technik der Hochseeschiffahrt, im Instrumentarium des internationalen Handelsverkehrs, ebenso aber auch für Expansionismus und Kolonialismus. Nicht der Fernhandel an sich war dafür maßgeblich, sondern vielmehr die spezifische Herrschaftssituation in diesen Fernhandelszentren.

In den Funktionen von Städten als Zentren im mittelalterlichen Europa kommt viel zum Ausdruck, was für die europäische Sonderentwicklung als ganzes typisch ist. Man hat diese Entwicklung treffend als „produktive Trennungen" charakterisiert. Ein erster und für die Folgezeit besonders wesentlicher Prozeß der Trennung hat das Verhältnis von geistlicher und weltlicher Gewalt betroffen. Wir sind ihm in verschiedenen Zusammenhängen als dynamisierendem Faktor der europäischen Stadtentwicklung begegnet. Besondere Bedeutung kommt ihm sicher bei der Entstehung kommunaler Autonomie zu. Die städtische Selbstverwaltung wiederum erscheint als Voraussetzung dafür, daß sich Interessen der Kaufmannschaft im Stadtregiment durchsetzen können. Sicher sind die italienischen Seerepubliken nicht für das Städtewesen des mittelalterlichen Europa repräsentativ. Aber sie stehen für einen hier möglich gewordenen Entwicklungsstrang mit weitreichenden Konsequenzen für die europäische Sonderentwicklung in neuerer Zeit.

LITERATUR

Detailinformationen zu den im vorgelegten Beitrag behandelten Sachthemen bzw. Städten im Überblick bietet das Lexikon des Mittelalters 1-9 (1977–99), Stuttgart, etwa unter den Stichworten „Burg", „Bürger", „incastellamento", „Pfalz", „Rathaus", „Stadt" etc. bzw. unter „Cordoba", „Gaeta", „Konstantinopel", „Nowgorod", „Würzburg" etc.

Die dem Beitrag zugrunde gelegte Zentralorttheorie findet von geographischer Seite zusammenfassend Behandlung bei Schöller, Peter (1972): Zentralitätsforschung, Wege der Forschung 301f. Darmstadt, für die Geschichtswissenschaft adaptiert bei Mitterauer, Michael (1971): Das Problem der zentralen Orte als sozial- und wirtschaftshistorische Forschungsaufgabe. In: Vierteljahrschrift für Sozial- und Wirtschaftsgeschichte 58: 433-467. Nachdruck in: derselbe: Markt und Stadt im Mittelalter, Beiträge zur historischen Zentralitätsforschung (1980). Stuttgart: 22-51. Hier auch Überblicksbeiträge zu den Themen „Von der antiken zur mittelalterlichen Stadt": 52-67, „Jahrmärkte in Nachfolge antiker Zentralorte": 68-153, „Jahrmarktkontinuität und Stadtentstehung": 154-191, sowie „Herrenburg und Burgstadt": 192-234, jeweils aus zentralörtlicher Perspektive gestaltet.

Den besten Gesamtüberblick über die Entwicklung des europäischen Städtewesens im Früh- und Hochmittelalter bietet Pitz, Ernst (1991): Europäisches Städtewesen und Bürgertum. Von der Spätantike bis zum hohen Mittelalter. Darmstadt, der auch die europäischen Randzonen ausführlich einbezieht. Die vorgelegten Erklärungsmodelle folgen weitgehend den hier gebotenen Interpretationen.

Als Basisliteratur für interkulturelle Vergleiche wurden primär herangezogen: Für die Spätantike: Martin, Jochen (1987): Spätantike und Völkerwanderung. München. Für Byzanz: Ostrogorsky, Georg (1965): Byzantinische Geschichte 324-1453. München. Für den islamischen Raum: Feldbauer, Peter (1995): Die islamische Welt 600–1250. Ein Frühfall von Unterentwicklung? Wien.

Die Überlegungen zu den Bedingungsfaktoren des europäischen Sonderwegs der Städteentwicklung gehen aus von Weber, Max (1921/2): Wirtschaft und Gesellschaft, Grundriß der verstehenden Soziologie, 923-1.033. Dazu: Meier, Christian, Hg. (1994): Die Okzidentale Stadt nach Max Weber. München, bzw.: Mitterauer, Michael (1999): Die Entwicklung Europas – ein Sonderweg? Legitimationsideologien und die Diskussion der Wissenschaft. Wien: besonders 27ff.

DIE ISLAMISCHE STADT
IM ‚MITTELALTER'

PETER FELDBAUER

In Übereinstimmung mit der großen Bedeutung von Handel und Gewerbe sowie gestützt auf einen in den landwirtschaftlichen Gunstregionen sehr leistungsfähigen Agrarsektor erfuhren die vorübergehend im Kalifat vereinten islamischen Gesellschaften Westasiens und Nordafrikas vom 7. bis zum 15. Jahrhundert einen bemerkenswerten Aufschwung städtischen Lebens. Die seit den frühen Jahrhunderten der islamischen Religions- und Reichsexpansion existierende hohe Zahl arabischer bzw. persischer Städte und deren im Vergleich zu europäischen Standards bisweilen erstaunliche Größe machen verständlich, wieso Islam nicht selten geradezu mit Urbanismus gleichgesetzt wird, was angesichts der starken nomadischen Bevölkerungskomponente des arabisch-iranischen Raumes zumindest vordergründig als paradox erscheinen mag.

Analog zur unterschiedlichen Einschätzung der Agrarentwicklung während der Frühphase der islamischen Expansion unter den Umaiyaden und Abbasiden gingen im Zuge der Erforschung des Verlaufs und der Dimensionen der Verstädterung in den frühen Jahrhunderten des Kalifats die Meinungen bisweilen weit auseinander. Während manche Autoren auf die rege Städtegründungstätigkeit der muslimischen Eroberer verwiesen und diese sogar als Spezifikum gegenüber konkurrierenden Gesellschaften herausstrichen, betonten andere, daß es im Nahen Osten nach der arabischen Okkupation lediglich zu ganz wenigen Neugründungen gekommen sei. Die Errichtung von Garnisons- und Palaststädten sei eher die Ausnahme gewesen und hätte keinen allgemeinen Urbanisierungstrend bewirkt. War in einem Fall vom Glanz der städtischen Zivilisation, von der Blüte von Handel und Gewerbe die Rede, so wurde umgekehrt auf den Verfall der baulichen

Pracht antiker Metropolen, auf administrative Inkompetenz und mangelnde ästhetische Sensibilität der neuen Eliten verwiesen.

Einige dieser Kontroversen haben allerdings in der jüngeren Forschergeneration seit den siebziger Jahren erheblich an Bedeutung verloren, sodaß zumindest über den hohen Stellenwert der Städte in allen alten Kernregionen des islamischen Reiches Einigkeit bestehen dürfte. Das überaus positive Bild, das beispielsweise Abraham L. Udovitch oder auch Richard W. Bulliet von der islamischen Stadt des Mittelalters entworfen haben, wird heute wahrscheinlich von den meisten Islamhistorikern im wesentlichen akzeptiert.

ARABISCH-ISLAMISCHE VERSUS ABENDLÄNDISCHE STADT

Der weitreichende Konsens hinsichtlich der wichtigen Rolle des umfangreichen und vielfältigen Städtenetzes für die soziopolitische und ökonomische Entwicklung des Umaiyaden- bzw. Abbasidenkalifats und seiner Nachfolgestaaten sollte allerdings nicht den Blick dafür verstellen, daß von der Mehrzahl der Orientalisten der Entwurf eines spezifisch islamisch geprägten Stadttyps akzeptiert wird, der vorrangig durch religiös-rechtliche Normen und Verwaltungsbedürfnisse sowie – im Vergleich mit westeuropäischen Städten – durch eklatante Mängel gekennzeichnet ist und vor allem kein nennenswertes gesellschaftliches und wirtschaftliches Modernisierungspotential aufweist.

Fernand Braudel etwa hat in seiner weltumspannenden Sozialgeschichte des 15.-18. Jahrhunderts den Städten des Westens eine zentrale Funktion für den Aufstieg Europas, d.h. für die Ausformung von Kapitalismus, kolonialer Weltherrschaft, Industriegesellschaft und Demokratie zugebilligt. Obwohl er einerseits pointiert formuliert, daß eine Stadt stets eine Stadt bleibt, wo immer sie in Zeit und Raum auch angesiedelt sein mag, steht er andererseits nicht an, die Eigenständigkeit und Überlegenheit der abendländischen Städte zu betonen:

„Ziemlich frühzeitig schon bildet der Westen in gewisser Hinsicht das Prunkstück der Welt. Seine Städte erreichen einen Stand, wie man ihn außerhalb Europas kaum antrifft, sie verhelfen dem kleinen Kontinent zu seiner Größe ... [Sie] stehen im Zeichen einer unerhörten Freiheit, sie haben sich als autonome Welten nach eigenen Gesetzmäßigkeiten entwickelt... Sie haben ihr Hinterland, das für sie bereits eine echte Kolonialwelt darstellte, sehr von oben herab beherrscht ... Warum haben die anderen Städte der Welt nicht auch die freie Entfaltung erlebt? ... Warum steht die Entwicklung der abendländischen Städte bis in ihr äußeres Erscheinungsbild hinein im Zeichen des Wandels, während die Städte der übrigen Welt vergleichs-

weise gewichtslos in langanhaltender Reglosigkeit versinken? Warum gleichen die einen Dampfmaschinen, die anderen, um Lévi-Strauss zu parodieren, Turmuhren?" (Braudel 1985:558)
Während Braudel, neben der Betonung von städtischer Autonomie und bürgerlicher Freiheit vor allem den unauflösbaren Zusammenhang zwischen Stadt- und Kapitalismusentwicklung herausstreicht und damit ins Zentrum des ‚Europäischen Wunders' rückt, stellen deutsche Mediävisten insbesondere die Kommunebildung und deren Konsequenzen in den Mittelpunkt der außergewöhnlichen urbanen Entwicklung des Abendlandes.

Zitate und Stellungnahmen entsprechenden Inhalts ließen sich mühelos anführen. An dieser Stelle soll aber lediglich eine prägnante Würdigung des Stellenwerts von europäischer Stadt und autonomer Bürgergemeinde im Rahmen der sogenannten Sonderwegsdebatte durch Michael Mitterauer, der ökologischen und auch technologischen Erklärungsansätzen für das Verständnis der unterstellten Sonderentwicklung Europas keine oder wenig Bedeutung beimißt, einer Kombination von sozialen und religiös-kulturellen Deutungsmustern aber erhebliches Erklärungspotential zubilligt, angeboten werden:

„Die autonome Bürgergemeinde als Spezifikum der europäischen Entwicklung findet sich schon bei Max Weber besonders akzentuiert. Als Wurzel für spezifisch europäische Staatlichkeit – der moderne Staatsbürger leitet sich ja vom Stadtbürger ab –, als Wurzel für typisch europäische Werthaltungen, als Wurzel für spezifisch europäische Wirtschaftsgesinnung spielt sie eine eminent wichtige Rolle. Für Autoren, die die europäische Sonderentwicklung des Kapitalismus als Wirtschaftsgesinnung erklären, hat sie berechtigterweise einen besonders hohen Stellenwert. Auch wenn die europäische Demokratieentwicklung als Explanandum gilt, wird die autonome Bürgergemeinde besonders zu berücksichtigen sein, dann freilich im Kontext der Entwicklung von Reichs- und Landständen." (Mitterauer 1999:46f)

Die Forschungen von Udovitch, Bulliet und vielen anderen Islamwissenschaftlern legen nahe, daß sehr positive Bewertungen des Städtewesens Westasiens und Nordafrikas im muslimischen ‚Mittelalter' keineswegs selten sind. Dies ändert allerdings nur wenig daran, daß der Vergleich mit westlich-abendländischen Städten fast durchwegs negativ ausfällt und fast immer in einer Mängelliste mündet, als deren wichtigster Kronzeuge Max Weber gilt, der das Fehlen einer unabhängigen Administration, das Fehlen eines autonomen Bürgertums, das Fehlen von politischem Verantwortungsbewußtsein sowie das Fehlen von horizontalen Solidaritätsbeziehungen als wesentliche Definitionsmerkmale der islamischen Stadt hervorhob. Webers Islamanalyse basiert verständlicherweise auf einem vielfach überholten islamwissenschaftlichen historischen Forschungsstand. Seine Charakterisierung der muslimischen Stadt deckt sich aber noch immer in hohem Maß mit der Einschätzung vieler Orientalisten und Islamhistoriker – relativ unabhängig von deren wissenschaftstheoretischer Ausrichtung, was sich unschwer aus der Nähe zu einzelnen Komponenten einer spezifischen, unter Umständen auch marxistisch fundierten, Mosaik-Theorie islamischer Sozialorganisation erkennen läßt. Die sogenannte Mosaik-Theorie islamischer Gesellschaften hat viele Urheber. Besonders einflußreich dürften die Studien von Jean Sauvaget über Aleppo und Damaskus gewesen sein, in denen die residentiellen Quartiere als weitgehend isolierte Selbstverwaltungsgemeinschaften innerhalb der kaum integrierten urbanen Mosaikgesellschaften aufgefaßt werden. Es verdient Beachtung, wie gut sich die Ergebnisse jener französischen Wissenschaftler, deren Interesse an der islamischen Stadt aus der Beschäftigung mit den kolonial unterworfenen arabischen Gebieten erwachsen war, mit Webers Ansätzen vertrugen. Im Anschluß an die Pionierarbeit von William Marçais entwickelten sie unter dem Einfluß von Webers Konzept der mittelalterlichen europäischen Stadt ihre Ideen über die ‚islamische Stadt', die in der islamwissenschaftlichen Forschung immer wieder aufgegriffen, ausgeweitet, verfestigt und schließlich auch kritisiert wurden, wobei insbesondere der berühmte Aufsatz von Gustav E. von Grunebaum aus dem Jahre 1955 ein Meilenstein auf dem Weg zur Kodifizierung des Konzepts war.

Eine historiographische Ausleuchtung der vielfältigen Forschungen zur Geschichte der islamischen Stadt würde naturgemäß auch auf Einsprüche, Modifikationen und Kritik hinsichtlich der meisten Komponenten des schon so lange dominierenden Konzeptes stoßen. Gleichwohl macht es noch immer Sinn, ein sowohl vereinfachtes als auch zugespitztes Modell der islamischen Stadt, wie es bereits bei Max Weber angelegt war, aus einem Teil der Standardliteratur zusammenzutragen. Nach diesem Modell waren die Städte in Nordafrika, West- und Zentralasien zwar eminente Zentren des religiösen, kulturellen und kommerziellen Lebens. Die starken nomadischen Traditionen, das islamische Gesetz sowie die Spezifika der politischen- und Militärverwaltung hätten jedoch die Dynamik der Sozialentwicklung blockiert und die Emanzipation von der Zentralgewalt verhindert. Nicht Schichten oder Klassen gliederten nach diesem Konzept die städtische Gesellschaft, sondern scharf voneinander abgegrenzte Quartiere, die geographische, administrative sowie häufig auch religiöse und/oder ethnische Einheiten darstellten. Parteigeist und Konflikte zwischen den Quartiereliten hätten den politischen Alltag geprägt. An autonome

Verwaltung wäre unter solchen Umständen gar nicht zu denken gewesen. Die interne Schwäche und das politische Machtvakuum der Städte erlaubten es den durch starken Gruppenzusammenhalt gekennzeichneten Beduinen in periodischen Abständen in die Positionen der urbanen Eliten vorzurücken, lautet die Standardinterpretation der Orientalisten, die in diesem Punkt einer etwas modifizierten Variante der Theorien Ibn Khalduns folgt. All diese Prozesse sollen in der Regel ein Schwinden der moralischen Qualitäten nach sich gezogen und schließlich einen neuerlichen Wechsel der privilegierten Sozialränge, Eliten und herrschenden Dynastien vorbereitet haben. Insbesondere die Geschichte der maghrebinischen Städte wird so zu einer Abfolge des Aufstiegs und Falls von kontinuierlich in die urbanen Zentren drängenden nomadischen Eliten. In gemilderter Form wird das Bild auch auf viele Städte Ägyptens und des islamischen Ostens übertragen, wenngleich die großen Metropolen wie Damaskus, Bagdad, Basra, Kufa, Nischapur oder Fustat-Kairo etwas andere Strukturen aufwiesen und als Reichszentren eine jeweils sehr spezifische historische Entwicklung nahmen. Ungeachtet lokaler Variationen sollen topographisch-soziale Fragmentation, Mangel an bürgerlich-kommunalen Institutionen, die Nichtexistenz von Zünften und Gilden sowie politische Impotenz einander verstärkt haben, wodurch praktisch alle Städte entweder des Schutzes der Zentralgewalt oder, in Phasen politischer Instabilität, eines Beduinenverbandes bedurften.

Das überaus geschichtsmächtige Konzept der islamischen – oder als Variante – orientalischen Stadt wurde in einer generationenlangen Überlieferungskette entfaltet und weist dementsprechend bisweilen relativ ausgewogen-moderate, dann aber auch wieder stark zugespitzte und zuweilen sogar groteske Spielformen auf. Im Extremfall entsteht ein Zerrbild der islamischen Stadt, welches nur mehr als abschreckendes Gegenstück zum Erfolgsmodell der Antike und des mittelalterlichen Westens begriffen werden kann. Xavier de Planhol drückt sich diesbezüglich überaus klar aus:

„Die muslimischen Städte weisen sehr originelle Aspekte auf. Zwischen dem Bereich der europäischen Städte, die umsichtige Magistrate schon früh energisch organisierten, und dem der indischen, nach der Schichtung der Kasten gegliederten, oder der sehr sorgfältig von der Verwaltung strukturierten chinesischen, kennzeichnet die traditionellen islamischen Städte eine auffällig ungeordnete Disposition ... In den Wohnvierteln ist die Absonderung nach ethnischen oder religiösen Gruppen die Regel ... Die islamische Stadt scheint auf schreckliche Weise der Einheit zu ermangeln – eine disparate Anhäufung zusammengewürfelter Elemente ohne irgendein einigendes Band ... Die islamische Stadt leidet in der Tat unter dem fast völligen

Fehlen jeder munizipalen Organisation. Während die antike ebenso wie die mittelalterliche Stadt des Westens durch ein lebhaftes Solidaritätsgefühl, einen bemerkenswerten Bürgerstolz und Formen enger Zusammengehörigkeit und Zusammenarbeit charakterisiert ist, kennt die muslimische Stadt nichts dergleichen. Sie genießt kein Ausnahmeprivileg, keine Sonderfreiheit. Der Preis für das Überwiegen der religiösen Konzeption in der sozialen Gliederung ist der Mangel an jeglichem kommunalpolitischen Interesse. Nichts schränkt den Absolutismus der Fürsten ein. Die muslimische Stadt hat keine gewählten Beamten, keinen Magistrat, wenn man den *muhtasib* ausnimmt, dem allenfalls die Aufsicht und die Polizeigewalt über die Märkte obliegt ... Die Folgen dieses fast völligen Mangels an wirklicher Integration der verschiedenen Elemente der Stadt sind deutlich sichtbar. Das städtische Ideal des Islam hat keine neuen Formen geschaffen, keine urbane Struktur hervorgebracht. Seine Rolle auf dem Gebiet der Stadtlandschaft war lediglich konservativ und negativ; konservativ insofern, als es die wichtigsten Bestandteile des städtischen Lebens sogar in der Form bewahrte, die die Antike ihnen gegeben hatte ...; negativ insofern, als an die Stelle einer solidarischen Großsiedlung, eines Kollektivs, eine unbeständige, unorganische Ansammlung von Vierteln und disparaten Elementen trat. So behauptete sich, global gesehen, weithin eine verfallene städtische Physiognomie. In wahrhaft paradoxer Weise hat diese Religion mit dem Ideal städtischen Lebens schließlich die städtische Ordnung selbst negiert." (Planhol 1975:56 ff)

Daß es sich bei dieser äußerst negativen, die tatsächlichen oder vorgeblichen Schwächen und Mängel islamischer Städte sicherlich überbetonenden Darstellung nicht einfach um die isolierte Zuspitzung eines inzwischen überholten Forschungsstandes handelt, läßt sich auch mit Hilfe jüngst erschienener einschlägiger Literatur leicht belegen. An dieser Stelle mag der Verweis auf das globalgeschichtlich angelegte stadthistorische Werk von Aidan Southall genügen, in dem die muslimischen Städte von Zentralasien bis Marokko und Spanien nicht nur gegenüber den europäischen, sondern auch im Vergleich zu ostasiatischen Städten äußerst unvorteilhaft abschneiden. Unbeschadet wiederholter Verweise auf den Glanz urbaner Kultur und Wissenschaft, der muslimische Metropolen wie Bagdad, Damaskus, Isfahan, Kairo, Marrakesch oder Cordoba zu verschiedenen Zeiten ausgezeichnet haben soll, ergibt die Zusammenschau der soziopolitischen und wirtschaftlichen Strukturmerkmale geradezu ein Schreckensbild von Unwirtlichkeit und Entwicklungsunfähigkeit, das nur mehr die Frage zuläßt, wieso so große Teile der Bevölkerung Westasiens und Nordafrikas in die Städte drängten und dort sogar überlebten.

So schablonenhaft und negativ wie bei Xavier de Planhol und Aidan Southall fällt die Charakterisierung der orientalisch-islamischen Städte zwar nur selten aus. Im Kern ist aber das Erbe mehrerer Generatio-

nen von Islamwissenschaftlern lebendig, die in der Mehrzahl die Urbanisierungsprozesse in Nordafrika und Westasien lediglich als zu Stagnation und Entwicklungsblockade führende Gegenbeispiele zum europäischen Erfolgsmodell sowie als Verfall des antiken Erbes begriffen. Grunebaum hatte beide Ansichten bereits klar auf den Punkt gebracht:
„Die politische Anteilnahme an der Stadtgemeinde, die klassischen Ideale der Stadteinheit und der Klarheit ihrer architektonischen und verwaltungsmäßigen Gestaltung sind nun ersetzt durch ein vorwiegend religiöses Interesse an der Stadt, ... und vor allem auch durch die Vorstellung, daß die Regierung außerhalb der eigentlichen Gemeinschaft steht ... Einheit und Einheitlichkeit der muslimischen Stadt beruhen auf ihrer Funktion, nicht auf ihrer bürgerlichen Struktur"
und
„Die muslimische Stadt ist jedenfalls, im Gegensatz zur antiken *polis*, kein autonomer Bürgerverband." (Grunebaum 1955: 147, 145, 139)
Während allerdings der Gegensatz zwischen islamischer und abendländischer Stadt des Mittelalters bis heute Gegenstand heftiger Kontroversen geblieben ist und empirisch nicht so ohne weiteres aufgelöst werden kann, läßt sich über das Verhältnis zwischen spätantiker und islamischer Stadt infolge neuer Forschungsergebnisse viel leichter und emotionsloser Klarheit schaffen.

BRÜCHE UND KONTINUITÄTEN ZUR ANTIKEN STADT

Trotz erheblicher Meinungsunterschiede im Detail setzt sich immer stärker die Einsicht durch, daß mit der islamischen Expansion kein krisenhafter Abstieg, sondern ein allmählicher Transformationsprozeß spätantiker Stadtstrukturen und Stadtkultur einsetzte, der in weiterer Folge gesteigertes Stadtwachstum und fortschreitende Urbanisierung ermöglichte. Claude Cahen stellte schon in den späten fünfziger Jahren das vorherrschende Bild der islamischen Stadt in Frage, das neben der Andersartigkeit gegenüber dem Abendland meist auch die Brüche zur Antike betonte. Er verwies darauf, daß es bis ins 11. Jahrhundert nach seinen Erkenntnissen keine grundlegenden Unterschiede zwischen islamischen, byzantinischen und italienischen Städten gab und daß die meisten Städte des westasiatisch-nordafrikanischen Raumes auf vielfältige Weise spätantike, d.h. römische oder auch sassanidische Traditionen fortführten. „Da die ersten islamischen Jahrhunderte der Antike zeitlich noch nahe sind und da die arabische Eroberung im ganzen friedlich verlief, kann uns eine Kontinuität zwischen dem antiken und dem islamischen Städtebau des Vorderen Orients nicht in Erstaunen setzen. Paradox könnte gleichwohl einem Kenner der Versuch erscheinen, eine Beziehung herzustellen zwischen der geometrischen Anlage und gepflegten Ordnung der klassisch-antiken Stadt und der ungeordneten Vielzelligkeit der islamischen Stadt ..." Eine solche Gegenüberstellung würde nach Meinung von Cahen den tatsächlichen Verbindungen der urbanen Tradition nicht gerecht. „Als die Araber ihre Eroberungen ausführten, waren die hellenistischen oder römischen Kolonien schon seit geraumer Zeit keine neuen Städte mehr; ihre ursprüngliche Anlage war gestört, ihre alten Zentren waren durch weniger klar gegliederte Vorstädte erweitert worden ... Im übrigen darf man nicht vergessen, daß die spätrömischen und byzantinischen Zentralregierungen die autonomen Vertreter der Stadtverwaltungen fast völlig durch ihre eigenen ersetzt, die Städte in die Provinzverwaltung eingegliedert, ja sogar den alten Metropolen ihre Bezirke und Ressorts entzogen hatten; wenn das umliegende Land auch von der Stadt aus verwaltet wird, so ist es ihr darum doch nicht unterstellt. Die Araber hatten also keineswegs die antike Stadt vor Augen, sondern große, zentralistische Staaten, die allen lokalen Autonomien feind waren." (Cahen 1968: 161)

Verstärkt und empirisch untermauert wurden diese Argumente insbesondere durch die Arbeiten von Hugh Kennedy zur Stadtentwicklung der syrisch-obermesopotamischen Provinzen vom 5. bis zum 10. Jahrhundert. Seiner Meinung nach vollzog sich der Wandel im Erscheinungsbild der zum byzantinischen Reich gehörenden Städte des Nahen Ostens in einem jahrhundertelangen evolutionären Prozeß, der schon lange vor dem Aufstieg des Islam einsetzte und erst nach der Jahrtausendwende zu einem gewissen Abschluß kam. Während sich das Verschwinden monumentaler Prunkbauten oder wohlgeordneter Straßenzüge schon vor der Religions- und Reichsgründung Mohammeds vollzog, waren andere Veränderungen erst das Ergebnis der neuen soziopolitischen und ökonomischen Entwicklungen des 11. und 12. Jahrhunderts. Gründe des spätantiken Stadtwandels könnten nach Ansicht Kennedys der kriegsbedingte demographische Niedergang nach dem Jahr 540, der Bedeutungsverlust der städtischen Selbstverwaltung in Ostrom sowie das parallele Schrumpfen der Finanzkraft der urbanen Eliten gewesen sein. Einen klaren Ausdruck fand die tiefgreifende Umgestaltung etwa in der byzantinischen Patronatsbewegung – Dorfgemeinschaften wandten sich gegen die Dominanz der Stadtaristokratie und suchten Schutz bei einflußreichen Amtsträgern –, die aufs Sassanidenreich übergriff und sich später im Kalifat fortsetzte. Eine in vielen Punkten ähnlich wie in Syrien verlaufende Stadtentwicklung konstatierte Yvon Thebert auch für den östlichen Maghreb während der Spätantike (Vandalen, Byzanz) und in den frühen Jahrhunderten arabischer Herrschaft.

Die islamische Stadt im ‚Mittelalter' 87

Unter islamischer Herrschaft dürfte zwar der Bevölkerungsrückgang geendet und in vielen Regionen ein demographischer Aufschwung eingesetzt haben. Die neue Situation verstärkte aber auch bereits vorhandene Tendenzen und schuf zusätzliche Veränderungspotentiale. Beispielsweise gaben die eher finanzschwachen Umaiyaden zwar Geld für Moscheen und Paläste aus, nach Ansicht der Kritiker sogar zuviel, sie trugen aber wenig zur Verschönerung der Straßen in Damaskus und zur Errichtung städtischer Monumentalbauten bei, setzten also den Trend des letzten byzantinischen Jahrhunderts fort. Unter den Abbasiden änderte sich die Situation etwas, da steigende Steuereinkünfte die Kalifen in die Lage versetzten, große städtebauliche Prestigeobjekte in Bagdad oder Samarra auszuführen.

Von größerer und allgemeiner Bedeutung waren jedoch die veränderten Wirtschafts- und Rechtsverhältnisse sowie die Verschiebungen in der städtischen Sozialstruktur. Das römische Recht hatte die Errichtung von Privatbauten auf öffentlichem Grund strikt unterbunden, die islamischen Juristen schritten dagegen nie im Interesse der Öffentlichkeit gegen Bauvorhaben ein, die Straßen oder Plätze beschnitten. Damit war eine Voraussetzung für den Übergang von geordneten Stadtgrundrissen zum chaotisch erscheinenden Straßengewirr vieler islamischer Städte gegeben. Abgesehen von vielfältigen Planungsmaßnahmen der frühislamischen Zeit im Zusammenhang mit der Errichtung bzw. dem Umbau von Garnisons- und Hauptstädten sowie urbanen Bewässerungsanlagen, fehlten seit der Spätphase byzantinischer Herrschaft einfach allmählich die politischen oder wirtschaftlichen Gründe für reglementierende Eingriffe in die Stadtentwicklung: Die zentrale Kirche bzw. die Moschee ersetzten die öffentliche Agora, die Händler gingen ihren Geschäften zunehmend vor den Toren der Stadt oder in den Bazaren nach, der vermehrte Einsatz des Kamels als Transportmittel machte das System relativ breiter Straßen überflüssig. Die Verwischung der klassischen Stadtgrundrisse, die auch früher nur in den vornehmen Vierteln ganz dem theoretischen Ideal entsprochen hatten, vollzog sich überdies nicht nur in islamisch gewordenen Ländern, sondern in allen mediterranen Städten, wo sich die Autorität der byzantinischen Zentralgewalt lockerte und örtliche Notabeln die reale Macht übernahmen. Selbst das mittelalterliche Rom hat seine antike Plangestalt nur unwesentlich besser bewahrt als die großen Metropolen des Islam und viele andere italienische Städte verfielen im Zuge des Zusammenbruchs Westroms und während der Völkerwanderung fast vollständig, ohne daß die karolingische Reichsgründung eine dem islamischen Osten und Süden vergleichbare Wiederbelebung und Prosperität der Städte eingeleitet hätte.

Im Kern resultierte die neue Qualität von Stadtplanung und baulicher Gestalt aus der erheblich modifizierten Sozialstruktur der städtischen Eliten und deren ökonomischen Interessen. Während die klassische Stadt der Antike primär Zentrum von Verwaltung und Steuereintreibung war, in dem die grundbesitzenden, eng mit der Zentralverwaltung verbundenen Aristokraten und Amtsträger dominierten, den ebenfalls wichtigen kommerziellen und gewerblichen Aktivitäten dagegen nur nachrangige Bedeutung zukam, traten in den Städten der islamischen Ära die Händler und Gewerbetreibenden mehr in den Vordergrund. Die für die neue Qualität der Stadtentwicklung entscheidenden soziopolitischen Prozesse vollzogen sich naturgemäß in den von arabischen Armeen eroberten Städten Syriens und Nordafrikas besonders rasch, da die vorangegangene Okkupation durch Perser oder Vandalen bereits das System der Steuerabschöpfung unterbrochen und die städtischen Eliten geschwächt und dezimiert hatte, sie waren aber für alle Regionen typisch, in denen die Kalifen das Erbe des Römischen Imperiums antraten.

Im vormals sassanidischen Irak und Iran dürfte die Stadtentwicklung vom 5. bis zum 10. Jahrhundert sogar noch etwas mehr Kontinuität aufgewiesen haben als in den von den Arabern eroberten oströmischen Reichsteilen. Wie in Byzanz waren die größeren Städte im Sassanidenbereich insbesondere Zentren der staatlichen Lokal-und Fiskalverwaltung. Diese lag unmittelbar vor der islamischen Expansion aber nur im nordöstlichen Chorasan und in Transoxanien – letzteres befand sich lediglich in loser Abhängigkeit von den Sassaniden – fest in den Händen der lokalen Eliten. In den westpersischen und irakischen Kernprovinzen des Imperiums dürften die Funktionäre gegenüber dem stadtsässigen Adel dominiert haben, sodaß der unter den islamischen Kalifen einsetzende Prozeß bürokratischer Zentralisierung bereits vorbereitet war. Manche Autoren spekulieren sogar über den Aufstieg eines machtvollen Stadtbürgertums in den Westprovinzen des spätsassanidischen Imperiums, wo sich der Adel schon vor der islamischen Invasion in raschem Abstieg befand.

Über den Verlauf des Urbanisierungsprozesses im Sassanidenreich liegen nur wenige gesicherte Kenntnisse und viele widersprüchliche Vermutungen vor. Einige Beispiele lassen aber immerhin annehmen, daß die Prosperität vieler Städte in der Kernregion und den Ostprovinzen des islamischen Imperiums eine Kontinuitätslinie von den Sassaniden zum Kalifat darstellt, wenngleich die Dominanz der zahlreichen kleinen Landstädte abgenommen und die Größe von Provinzzentren wie Raiy, Isfahan, Nischapur oder Samarkand erheblich zugenommen haben dürfte und obwohl selbst die metropolitane Städteagglomeration Ktesiphon viel bescheidenere Dimensionen aufwies als später das abbasidische Bagdad oder das fatimidische Kairo. Die bauliche Gestalt der vormals sassanidischen Städte soll über die Expansionsphase hinweg ebenfalls viele Kontinuitäten aufweisen. Ganz abgesehen von der durch sassanidische Vorbilder stark beeinflußten Rundstadt im Zentrum dürfte Bagdad viele Parallelen zur alten Metropole Ktesiphon/Madain aufgewiesen haben; Kufa und Basra – deren Gründung unabhängig von kommerziellen Erwägungen erfolgt sein soll – standen in erheblichem Maß in der Tradition altorientalischer Städte; auf dem iranischen Plateau bestimmte die Oasengebundenheit von Städten wie Isfahan weiterhin die bauliche Gestalt; Form und Funktion der Stadtmauern sollen im sassanidischen und islamischen Persien analog gewesen sein. Die traditionelle Teilung der islamischen Städte des iranischen Ostens in Zitadelle, die eigentliche Stadt und angelagerte Vororte dürfte unter den Sassaniden allerdings weniger charakteristisch gewesen sein als später im Kalifat. Im Fall von Nischapur stammten der befestigte Stadtkern und eine imposante Zitadelle aus der Sassanidenära. Im Vergleich zu den früher byzantinischen Provinzen verliefen der Funktionswandel der städtischen Zentren und die Modifikationen der baulichen Strukturen noch fließender, da insbesondere die spezifischen sozialen, politischen und architektonischen Verhältnisse der Städte im östlichen Chorasan und Transoxanien den Machtwechsel überdauerten.

Trotz unterschiedlicher Ausgangsbedingungen kam es demnach sowohl in den ehemals sassanidischen als auch in den von Byzanz eroberten Regionen – und übrigens auch in den erst durch arabische Expansion in ein Großreich integrierten westmaghrebinischen und transoxanischen Fürstentümern – in allen größeren Städten des Kalifats zu einem kontinuierlichen Bedeutungszuwachs der schon in vorislamischer Zeit nicht unbedeutenden kommerziellen Klassen. Dies stellte insbesondere gegenüber den klassischen Städten Ostroms, deren Prosperität nur in seltenen Ausnahmen primär aus Handel und Gewerbe resultierte, einen grundlegenden Wandel dar, hat aber auch in den Städten des irakisch-iranischen Raumes das kommerzielle Element gestärkt. Überall dort, wo Kaufleute schon in vorislamischer Zeit eine wichtige ökonomische und soziopolitische Rolle gespielt hatten, vergrößerte sich ihr Einfluß unter der Herrschaft der Kalifen noch mehr; überall dort, wo die traditionellen städtischen Eliten infolge des Versagens der oströmischen Steuermaschinerie zunächst ihre Einkünfte als Steuereintreiber und somit ihre führende gesellschaftliche Position verloren, infolge der Kriege zwischen Byzanz und Persien Schaden genommen oder im Zuge der islamischen Expansion vor den Eroberern die Flucht ergriffen hatten, wurden die Kaufleute zu einem bestimmenden Faktor der urbanen Ökonomie und Gesellschaft. Selbst in neugegründeten Garnisons-, Verwaltungs- und Residenzstädten setzte schon nach kurzer Zeit der Aufstieg der kommerziell tätigen Bevölkerungsschichten ein, da die politische Zentralität fast immer auch wirtschaftliche Bedeutung nach sich zog. Die Frühgeschichte von Basra, Kufa, Fustat und Bagdad belegt den entsprechenden Prozeß eindrucksvoll. In Syrien, Ägypten und Nordafrika erlangte die Stadtentwicklung, die in der Antike natürlich nach unterschiedlichen, regionalspezifischen Mustern verlaufen war, in den frühislamischen Jahrhunderten infolge der hohen Wertschätzung und erfolgreichen Entfaltung kommerzieller Tätigkeiten eine neue Qualität, im Irak und im iranischen Osten wurde der Aufstieg der in Handel oder Gewerbe erfolgreichen Oberschichten zumindest bestätigt, wenn nicht gar gefördert.

Neben byzantinischem, sassanidischem und arabischem Erbe, das im übrigen ja alles andere als einheitlich war und daher das frühislamische Städtewesen regional recht spezifisch beeinflußte – zwischen den römischen Provinzen Syrien und Ägypten bestanden beispielsweise auch in dieser Hinsicht erhebliche Abweichungen –, gab es auf dem Boden des Umaiyadenkalifats in den westmaghrebinischen Ländern einen weiteren, unterschiedlichen Traditionsstrang, dessen Besonderheiten zwar wenig erforscht sind und daher keine weitreichenden Schlüsse zulassen, dessen Nachwirkungen aber als Ursache mancher soziostrukturellen Eigenart der Städte des Maghreb wahrscheinlich ebenfalls in Frage kommen.

Naturgemäß führte die islamische Machtübernahme auch zu Brüchen in der Stadtentwicklung. So verloren die traditionellen städtischen Eliten, abgesehen von regionalen Ausnahmen, durch Flucht, Landenteignung sowie Umbau der Zivil- und Militärverwaltung viel von ihrer alten Bedeutung. Obwohl Landbesitz weiterhin eine wichtige Basis lokaler Macht blieb, rückten fast überall Kaufleute in gehobene Positionen vor, was zweifellos mit dem allgemeinen Handelsaufschwung seit dem 7. Jahrhundert korrespondierte. Ein klares Indiz für den gesellschaftlichen Aufstieg der Kaufleute ist die Tatsache, daß spätestens seit den Abbasiden die Mehrzahl der einflußreichen Rechtsgelehrten, Kadis und sonstigen städtischen Funktionäre aus ihrem Kreis und nicht aus den Reihen der Armee oder imperialen Sekretäre kamen. Besonders aufschlußreich ist in dieser Hinsicht der kommerzielle Hintergrund vieler Kadis und Marktaufseher (*muhtasib*), die fast immer von der

Zentralregierung bestellte Mitglieder der lokalen städtischen Oberschicht waren, da zu ihren Aufgaben baupolizeilich-stadtplanerische Entscheidungen zählten. Während das Amt des Kadis in allen größeren Städten der islamischen Welt eine wichtige Rolle spielte, aber nur fallweise von Händlern bekleidet wurde, war jenes des Muhtasib, mit dem im maghrebinischen Westen allerdings relativ wenig Machtbefugnisse verbunden waren und das im iranischen Osten nur eine untergeordnete Rolle spielte, nahezu ein Monopol der Kaufleute.

Der Wandel von der klassischen Polis zur Stadt der frühislamischen Ära schlug sich somit sowohl in der baulichen Gestalt als auch in der gesellschaftlichen Struktur nieder, bedeutete aber keineswegs einen radikalen Bruch, sondern war das Ergebnis eines langwierigen, differenzierten Prozesses, der schon im sechsten Jahrhundert oder noch früher eingesetzt hatte und nicht vor der Jahrtausendwende abgeschlossen war. Die Ablösung der klassischen Stadt vollzog sich nicht selten vor dem Hintergrund politischer Wirren und wurde bisweilen von Bevölkerungsrückgang und abnehmender wirtschaftlicher Prosperität begleitet. Generell leitete die islamische Reichsgründung aber sicherlich keinen krisenhaften Niedergang traditioneller Stadtkultur, sondern eine umfassende Restrukturierung ein. Vieles deutet darauf hin, daß bereits unter den Umaiyaden, spätestens aber unter den Abbasiden, für die Mehrzahl der Städte eine vorteilhafte Entwicklung einsetzte, die freilich regional recht unterschiedliche Ergebnisse zeitigte.

STÄDTEWACHSTUM UND BAULICHE GESTALT

Der im Gefolge der politisch-administrativen Stabilisierung der islamisch-arabischen Eroberungen von Persien und Chorasan im Osten bis Marokko und Spanien im Westen fast allerorts zu beobachtende Agrar-, Gewerbe- und Handelsaufschwung schuf zusammen mit Verwaltungs- und Militärerfordernissen mächtige Antriebe für ein vielerorts bemerkenswertes Stadtwachstum. Während die Intensivierung und Steigerung der Agrar- und Gewerbeproduktion sowohl die Gründung neuer als auch die Expansion alter Städte überhaupt erst erlaubte, erwies sich die Handelskonjunktur neben den Bedürfnissen der Zentralverwaltung und der Armee langfristig als wichtigster Urbanisierungsmotor. In Syrien und im Irak erlebten viele alte und neugegründete Städte einen spektakulären Aufstieg, während nur wenige Plätze zurückfielen. In fast allen anderen islamischen Ländern des Ostens und Westens verhielt es sich ähnlich. Die arabischen Eroberungen haben in Regionen, wo es vorher keine dichte städtische Besiedlung gegeben hatte, neue Städte ins Leben gerufen. Diese waren anfänglich vor allem Militär- und Verwaltungsmittelpunkte, entwickelten sich aber bald zu wichtigen Wirtschaftszentren wie Kufa, Basra und Schiras in Mesopotamien bzw. Persien, Fustat in Ägypten oder Kairuan und Tunis in Ifriqiya. Metropolen kamen hinzu: Bagdad und Samarra durch die Abbasiden, Tahert durch die charidschitischen Rustamiden, Fes durch die Idrisiden Marokkos, Kairo unter den Fatimiden Ägyptens.

Die in der Regel genau geplanten und luxuriös ausgestatteten Palaststädte verdankten ihre Entstehung der Entscheidung eines Herrschers, eine neue, verwaltungspolitisch und strategisch günstig gelegene Residenz zu errichten. Die weitere Entwicklung hing natürlich von den örtlichen Gegebenheiten und der großräumigen Wirtschaftsentwicklung, insbesondere aber von überregionalen politischen Veränderungen ab. Sobald sich der Machtmittelpunkt des Kalifates oder Sultanates verschob, drohte der bisherigen Metropole nicht bloß der Verlust soziopolitischer Bedeutung, sondern auch eine gravierende Schrumpfung der ökonomischen Basis.

Viel größer als die Zahl der Neugründungen war jene der eroberten alten Städte, die bisweilen um neue Quartiere ergänzt wurden und manchmal in weiterer Folge, etwa im Fall von Damaskus und Cordoba, zu bislang unerreichten Dimensionen anwuchsen. Ausdehnung und Ablauf der Urbanisierung waren allerdings nach Regionen und Epochen sehr unterschiedlich. Während beispielsweise ein Teil Obermesopotamiens im Gefolge der islamischen Reichsbildung einen Urbanisierungsschub erfuhr, stieß in Syrien eine weitere Verstädterung auf große Schwierigkeiten – das enorme Wachstum von Damaskus resultierte aus der Sonderstellung als Hauptstadt der Umaiyaden. In Mesopotamien, Iran, Ägypten und im Maghreb blieben weite Gebiete vorwiegend ländlich. Neben steilem Aufstieg gab es selbstverständlich auch Krisen und Niedergang. Beispielsweise sanken mehrere ehemals wichtige Städte des Maghreb und sogar Samarra, das erst 836 mit erheblichem Aufwand gegründet worden war und Bagdad als Sitz des Kalifen abgelöst hatte, in kurzer Zeit in völlige Bedeutungslosigkeit ab. Damaskus erlitt nach der umaiyadischen Epoche, zumindest vorübergehend, ein ähnliches Schicksal, Bagdad erfuhr nach dem Ende des Abbasidenkalifats einen jahrhundertelangen kontinuierlichen Niedergang und so manch kleinere Stadt verschwand völlig.

Daß mehrere berühmte Küstenstädte der Antike – Karthago, Caesarea, Alexandria – durch Metropolen im Landesinneren in den Hintergrund gedrängt oder abgelöst wurden, deutet auf keinen allgemeinen Bedeutungsverlust der Städte unter den neuen islamischen Herren, sondern dürfte mit der ziemlich ambivalenten Haltung der meisten Kalifen gegenüber Meer, Schiffahrt und Flottenpolitik zusammenhängen. Die Kalifate der Umaiyaden und Abbasiden waren wie alle größeren Nachfolgestaaten bis zu den Osmanen im Grunde Territorialmächte. Dies schuf zwar immer wieder Probleme beim Aufbau und Einsatz leistungsfähiger Kriegsflotten, stellte aber sicherlich kein strukturelles Urbanisierungshemmnis dar, wie die Verdichtung des Städtenetzes vieler Provinzen sowie das bisweilen recht eindrucksvolle Größenwachstum der Städte belegt.

Nicht nur die selbst nach den konservativsten Schätzungen im Vergleich zum mittelalterlichen Europa ungewöhnlich hohen Bevölkerungszahlen einiger Städte, sondern auch ihre räumliche Ausdehnung liefert Hinweise auf das Gewicht der urbanen Komponente in den Gesellschaften und Ökonomien der islamischen Welt. Bagdad und Samarra, die am Höhepunkt ihrer Entwicklung jeweils eine Fläche von nahezu 7.000 Hektar aufwiesen und somit Ktesiphon um mehr als das Zehnfache übertrafen, waren untypische Ausnahmen. Dutzende andere Haupt-, Handels- und Hafenstädte erreichten aber ebenfalls beachtliche, außerhalb Chinas wahrscheinlich unbekannte Dimensionen. Nicht wenige von diesen dürften am jeweiligen Höhepunkt ihrer Entwicklung bis zu 100.000 oder sogar noch mehr Bewohner gezählt haben. Wahrscheinlich wurde der demographische Aufschwung, der sich im gesamten Mashrak, in den iranischen Provinzen, in Ägypten und wohl auch im Maghreb in den Jahrhunderten umaiyadischer und abbasidischer Herrschaft vollzog, überproportional von großen und auch kleinen Städten getragen, obwohl sowohl in den östlichen Ländern als auch in Nordafrika weite Gebiete vorwiegend ländlich blieben. Als ziemlich gesichert gilt aber auch, daß in den neueroberten Gebieten viele der zum Islam Konvertierten in die großen Städte zogen, wo sie ein statusgemäßes Milieu und günstigere Bedingungen für politische und wirtschaftliche Ambitionen vorfanden. Archäologische Forschungen belegen beispielsweise für Mesopotamien und Chusistan ab etwa 800 ein Wachstum der Städte auf Kosten der Dörfer. Obwohl einige sassanidische Städte, vermutlich infolge der Konkurrenz erfolgreicher Neugründungen wie Basra, Kufa und Wasit, völlig verschwanden, stieg in der gesamten Region, wie auch im östlichen Iran, der Urbanisierungsgrad.

Hinsichtlich der Größe der Städte gehen infolge des Fehlens verläßlicher statistischer Daten die Meinungen weit auseinander. Davon einmal abgesehen waren die bekannten Städte der islamischen Länder im 10. und 11. Jahrhundert die größten in der westlichen Hemisphäre. Obwohl die vorliegenden Zahlen bestenfalls als grobe Schätzwerte gelten können, erscheint es infolge der Ausdehnung des Stadtgebietes und der Anzahl imposanter öffentlicher Gebäude nicht ausgeschlossen, daß Fustat-Kairo damals und dann wieder am Vorabend des Schwarzen Todes eine Viertelmillion Einwohner hatte. Die von Kubiak geäußerte Annahme, Fustat habe bereits wenige Generationen nach der Gründung die Halbmillionengrenze überschritten, ist durch nichts belegt, gesichert ist dagegen die rasante Bevölkerungsabnahme Kairos im 14. Jahrhundert infolge mehrerer Wellen der Pestepidemie. Im Fall der Abbasidenhauptstadt Bagdad reichen die Schätzungen für das neunte und zehnte Jahrhundert von 200.000 bis zwei Millionen Einwohner. Lassners Annahme von etwa 300.000 klingt recht plausibel, wenn man die Stadtausdehnung berücksichtigt und davon ausgeht, daß Bagdad zumindest mit dem fatimidischen bzw. mamlukischen Kairo vergleichbar gewesen sein muß. Ins Reich der Phantasie gehören dagegen wohl jene Schätzungen, die für die Metropolen Bagdad und Samarra Bevölkerungszahlen von bis zu zwei Millionen einräumen. Gut belegt sind wiederum die Niedergangsphasen: Samarra schrumpfte nach kurzer Blütephase zur völligen Bedeutungslosigkeit und Bagdad war um 1300 als Folge der Vernachlässigung der regionalen Bewässerungskanäle sowie der Eroberung durch die Mongolen weitgehend entvölkert. Cordoba im prosperierenden Andalusien, vorübergehend Sitz eines Gegenkalifats, mag ebenfalls eine Stadt in den Dimensionen von Bagdad oder Kairo gewesen sein und das durch die Reconquista eingeschnürte Granada war im 15. Jahrhundert eine Großstadt vergleichbaren Gewichtes. Die Gruppe der gegenüber diesen Metropolen deutlich kleineren, gemessen an europäischen Verhältnissen aber sehr bevölkerungsreichen Städte ist naturgemäß umfangreicher, wobei viele der in der Literatur gebotenen Einwohnerzahlen um das Zwei- bis Dreifache zu hoch liegen dürften. Kufa soll etwa bis zu 400.000 Einwohner gehabt haben, für das frühislamische Basra oszilieren die Angaben zwischen 200.000 und 600.000, für Nischapur zwischen 100.000 und einer halben Million. Bulliet bewertet im Fall von Nischapur die niedrige Bevölkerungszahl als viel realistischer. Ähnliche Vorsicht ist wohl auch bei anderen Städten geboten. Im Fall von Aleppo und Damaskus scheint es relativ plausibel, nach der Jahrtausendwende von Bevölkerungszahlen zwischen 50.000 und 100.000 Einwohnern auszugehen. Bartholds Schätzung für die Handelsmetropole Samarkand in der Sassanidenära ist mit einer halben Million sicherlich ein Phantasieprodukt und ähnlich verhält es sich mit anderen iranischen und zentralasiatischen Städten. Ziemlich realistisch erscheinen die Bevölkerungszahlen für Aleppo und Damaskus im 15. Jahrhundert, die wiederum in der Größenordnung von 50.000 bis 100.000 gelegen sein dürften. Wahrscheinlich fallen auch mehrere nordafrikanische Städte wie Tunis, Fes und Kairuan in diese Kategorie, wenngleich für letzteres schon fürs neunte Jahrhundert – freilich ziemlich vage – von einigen hunderttausend Einwohnern die Rede ist.

Bedenkt man, daß es im spätmittelalterlichen Westeuropa keine Stadt von der Größe Kairos gab – Florenz, Mailand, Paris und Venedig erreichten oder überschritten die Einhunderttausendergrenze – und berücksichtigt man weiters die zahlreichen kleineren Städte der arabisch-iranischen Welt, so ergeben das fragmentarische, höchst unsichere Zahlenmaterial im Verein mit mehr oder weniger plausiblen Schätzungen doch das Bild einer allgemeinen Expansion des Städtewesens, die nicht bloß selektiv einige wenige Administrations- und Militärzentren, sondern ganze Landschaften erfaßte.

Das gegenüber dem frühmittelalterlichen christlichen Westeuropa auffällige Phänomen einer recht dynamischen Stadtentwicklung verlieh Wirtschaft und Kultur des Kalifats starke Impulse und ein spezifisches Gepräge. Man kann selbstverständlich nicht von den besonders gut erforschten Metropolen wie Bagdad oder Fustat-Kairo auf die Masse der mehrheitlich viel kleineren Städte schließen. Nur wenige von diesen wiesen ausgedehnte Palastbezirke auf – der Prunk Samarras und Bagdads soll die Abbasiden selbst am Höhepunkt ihrer Macht in arge Finanznöte gestürzt haben und die imperiale Ausgestaltung von Kairo im 13. und 14. Jahrhundert erforderte große Summen im Mamlukenbudget – und nicht jede verfügte über so bedeutende Jahrmärkte wie das Pilgerzentrum Mekka seit der zweiten Hälfte des 7. Jahrhunderts oder die Knotenpunkte des Fernhandels in Transoxanien, Chorasan, Syrien, Ägypten, Ifriqiya und Marokko. Allen gemeinsam war jedoch die große Zahl und Ausdehnung ständiger Marktbezirke in den engen Gassen um die Moschee. Der hohe Stellenwert des Bazars war eines der auffälligsten Merkmale der Städte des islamischen Mittelalters. Auf seinem wirtschaftlichen Höhepunkt hatte der Hafenbezirk von Kairo im frühen 14. Jahrhundert mehrere hundert Bazare. Geschäftszentren dieser Art gab es weder im Alten Orient und der klassischen Antike noch im feudalen Europa. In der Antike blieben das Stadtzentrum den Tempeln, Palästen und Versammlungsplätzen vorbehalten. Handel und Warenumschlag fanden meist vor den Stadttoren, am Hafen, im Emporion statt, da die öffentliche Sphäre nicht durch die Profitjagd der Händler und Handwerker kontaminiert werden sollte. In den mittelalterlichen Städten Westeuropas rückten die Marktplätze analog zum Bazar stärker in den Mittelpunkt, den wirtschaftlichen Aktivitäten wurde aber zunächst weniger Platz und ein geringerer Stellenwert eingeräumt als in den islamischen Ländern Westasiens und Nordafrikas. Sowohl von den europäischen Marktplätzen als auch vom Bazar gingen die Gassen mit den Läden der Händler und den Werkstätten der Handwerker aus und in islamischen wie in abendländischen Städten waren Moschee bzw. Kirche nicht Teil des Bazars oder Marktes.

Als wichtiges ökonomisches und gesellschaftliches Zentrum spielte der Bazar im Alltag und Erscheinungsbild aller Städte des islamischen Raumes eine herausragende Rolle. Obwohl der zentrale Bazar bzw. die Bazare einer Stadt nur vereinzelt als Ergebnis systematischer Stadtplanung entstanden, entsprach die wirtschaftliche Funktionsvielfalt, die räumliche Strukturierung und die architektonische Gestaltung in den meisten Teilen des Orients einem offensichtlich allgemein als verbindlich anerkannten Muster. Fast überall in Nordafrika und Westasien war und ist der Bazar nicht bloß Einkaufs- und Gewerbezentrum, sondern auch Finanz- und Kreditplatz. In enger organisatorischer und materieller Verflechtung sind hier stationärer und ambulanter Einzelhandel, Dienstleistungsbetriebe, Groß- und Fernhandel, Finanz- und Kreditwesen, Handwerk und Gewerbe zusammengefaßt. Funktionelle Erfordernisse und Rang der Branchen bestimmten ihre Anordnung. Ein wichtiges Ordnungskriterium dürfte die rituelle Reinheit der Waren gewesen sein, ein weiteres war wohl die Sicherheit. So wurden vor dem Haupttor der Moschee Bücher und Devotionalien, feine Stoffe, Lederwaren und Parfüms verkauft. In unmittelbarer Nachbarschaft hatten Geldwechsler sowie Gold- und Silberschmiede ihre Läden. Die Hauptstraße des Bazars lieferte den gehobenen Handelsbedarf, Stoffe und Kleider; in den Nebenstraßen wurden Grundnahrungsmittel und Geräte verkauft. Je lauter und schmutziger ein Gewerbe war, desto weiter entfernt lag es von den Hauptwegen der Marktbesucher. Überdeckte oder auch offene Gassen dienten für Einzelhandel oder Handwerk, der Großhandel vollzog sich in Khanen, die als innerstädtische Warenlager und Quartier für ortsfremde Großkaufleute bzw. als Büros und Depots für Einheimische dienten und erst im Verlauf mehrerer Jahrhunderte ihre typische bauliche Gestalt erhielten. Geschlossene Hallen standen für Lagerung und Verkauf besonders wertvoller Waren zur Verfügung, offene Plätze erfüllten verschiedenste Funktionen. Noch deutlicher als im mittelalterlichen Europa gab es eine im wesentlichen ökonomisch bedingte, räumliche Sonderung der einzelnen Branchen, die sich beispielsweise in Basra schon sehr früh nachweisen läßt. Wahrscheinlich vollzog sich die spezifische räumliche und organisatorische

Zusammenfassung von schon in der Antike bzw. im Alten Orient prinzipiell vorhandenen Wirtschaftsaktivitäten und Gebäudetypen zu einem im Stadtkern gelegenen, relativ geschlossenen Baukörper und zu einem hochkomplexen Funktionssystem in den ersten beiden Jahrhunderten islamischer Herrschaft. Während andere sozioökonomische Strukturmerkmale und geographische Kriterien, durch die sich die Stadt des islamischen Mittelalters von der klassisch-antiken und von der abendländisch-feudalen Stadt unterschied, schon zu den Eigentümlichkeiten altorientalischer und wohl auch sassanidischer Städte zählten, war die Ausformung des Bazars offenbar ein Spezifikum der kommerzfreundlichen islamischen Gesellschaft.

Möglicherweise hing die im Vergleich zu Westeuropa immer relativ geringe Bedeutung überregionaler Messen mit der hervorragenden Infrastruktur, die der Bazar für die verschiedenen kommerziellen Aktivitäten bot, zusammen. Braudel bewertet das Geschäftsleben auf den Bazaren und in den Ausländervierteln geradezu als ‚Dauermessen‘, die Jahrmärkte und dergleichen tendenziell überflüssig gemacht hätten. Ohne diesen Unterschied und andere differenzierende Spezifika des Wirtschaftslebens – etwa im Bereich der Kommerz- und Finanztechniken – unterschätzen zu wollen, sollte man nicht übersehen, daß Städte wie Aleppo, Damaskus, Bagdad, Siraf, Kairuan oder auch das östliche Nischapur in ihrer Funktion für den Regional- und Fernhandel schon vor der Jahrtausendwende den berühmten Handelsrepubliken des spätmittelalterlichen Oberitalien stark ähnelten, mit denen sie seit der Ära der Kreuzzüge in enger Verbindung standen, die sie aber an Größe übertrafen. Der Glanz ihrer Zivilisation sowie die Blüte von Handwerk und Gewerbe setzten selbstverständlich eine leistungsfähige Agrarproduktion voraus, spiegelten aber insbesondere den aus Handelsgeschäften stammenden Reichtum, der allerdings jäh durch die Verlagerung von Handelsrouten, den Verlust von Einkaufs- oder Absatzmärkten, durch neu auftauchende Konkurrenten, also durch schwer beeinflußbare externe Faktoren, versiegen konnte.

Das Erscheinungsbild der Städte unterschiedlicher Größe, Funktion und Region war naturgemäß sehr vielfältig, wenngleich es andererseits von Marokko und Spanien bis Iran und Zentralasien auch deutliche Parallelen gab. Charakteristisch waren in der Regel neben der prominenten Position des Bazars, eine oder mehrere Moscheen, die in alten byzantinischen Städten wiederholt an die Stelle von Kirchen traten und bisweilen sogar durch den Umbau christlicher Gotteshäuser entstanden – etwa in Damaskus und Aleppo. Typisch waren des weiteren die in den Außenbezirken gelegenen Karawansereien und Warenhäuser des

Transithandels, verschiedene Gewerbebetriebe, öffentliche Badeanstalten – die Bedeutung des Bades als ein Mittelpunkt des öffentlichen Lebens der Antike war allerdings verlorengegangen –, später auch zunehmend Schulen sowie im Fall von Regierungs- und Verwaltungszentren aufwendige Paläste. Charakteristisch waren darüber hinaus die für den Orient typischen schmalen Straßen sowie Sackgassen und die peripher vor den Toren der Stadt gelegenen Märkte der landwirtschaftlichen Produktion – ziemlich allgemein gilt, daß das byzantinische bzw. sassanidische Gepräge vieler Städte zwar bald nach der arabischen Eroberung, insbesondere durch die Errichtung von Moscheen, erhebliche Modifikationen erfuhr, das angeblich typisch ‚islamische' Erscheinungsbild aber erst allmählich ab dem 9. und 10. Jahrhundert entstand. Viele der prächtigen Paläste, die meisten Schulen (Medresen) und die eindrucksvollen Kaufmannshäuser stammen überhaupt erst aus der Zeit nach der Jahrtausendwende bzw. dem 13. bis 15. Jahrhundert.

DIE ISLAMISCHE STADT – EIN SONDERFALL?

Es wurde schon dargestellt, wie die Beschreibung der „originelle(n) Aspekte muslimischer Städte" und deren Vergleich mit dem abendländischen Erfolgsmodell nur allzuleicht zu ganz ähnlichen Zerrbildern führt, wie sie im Rahmen der Kunst- und Wissenschaftstradition des europäisch-westlichen Orientalismus seit dem 19. Jahrhundert auch bei der Entwicklung des Konzepts der ‚Orientalischen Despotie' zustande kamen, wenn die schrankenlose Machtfülle sowie die zwischen Grausamkeit und Wollust oszillierende Exotik muslimischer Herrscher beschworen oder das Schicksal der im Harem eingekerkerten, völlig rechtlosen Frauen beklagt wurden. Bisweilen erfolgte die Zuspitzung, Übertreibung und Verallgemeinerung besonders auffälliger und ungewohnter Aspekte wahrscheinlich in ideologisch-politischer, den Imperialismus europäischer Großmächte legitimierender Absicht. Man sollte aber nicht übersehen, daß eine etwas weniger schablonenhafte, in ihren Grundzügen jedoch recht ähnliche negative Charakterisierung der orientalisch-islamischen Gesellschaften und ihrer Städte bis in die Gegenwart bei vielen Autoren, denen imperialistische Denktraditionen sicherlich fremd sind, als ein Angelpunkt der Gegenüberstellung von islamischer Stagnation und abendländischer Dynamik dient. Der Sozialwissenschaftler John A. Hall mag als ebenso prominentes wie gutes Beispiel dienen:

> „These dynamics of Ibn Khaldunian sociology result from the inability of cities to govern themselves. In European society urban self-govern-

ment depended upon the ability of cities to raise their own troops or to provide mercenaries who were able to defeat other *organised armies operating within a relatively pacified terrain*. Muslim society in the arid zone was not at all like this. Urban citizens faced a land of dissidence capable of great military surges. Not unnaturally, those who could not protect themselves looked for a professional defender and they found him in *one* tribe, capable both of fighting off tribal incursions and of providing an orderly sphere with which the market could function ... Muslim society did not allow for the autonomous city ... The burgher was not the most important figure in the city for the obvious reason that the city was the seat of military government. This had significant ramifications on the economy as a series of obstacles to the market principle were thereby set up. The local emir used military power openly in order to gain profit." (Hall 1985:93 und 100)

Die Herausarbeitung eines spezifisch islamischen Stadttyps auf diese oder ähnliche Weise ist aber gleich in mehrfacher Hinsicht fragwürdig. Eine möglichst präzise Einschätzung der Rolle der Nomaden und ihrer unterschiedlichen Beziehungen zur Zentralgewalt, zu städtischen Händlern und zu seßhaften Bauern ist selbstverständlich für die Analyse islamischer Gesellschaftsformationen unverzichtbar, und auch die These vom Islam als ‚Stadtreligion' verdient Beachtung. Diese Einsichten sollten aber nicht dazu führen, daß ein so wichtiges Phänomen wie der Interessenausgleich zwischen Kaufleuten und Beduinen, der sich trotz vieler Ambivalenzen und Gegensätze im Dienste des Fernhandels sehr häufig und immer wieder herstellen ließ, ins altvertraute Klischee eines radikalen Gegensatzes integriert und dadurch seiner Aussagekraft beraubt wird oder daß die religiöse Funktion der Städte zu ihrer primären Daseinsgrundlage hochstilisiert wird. Diese und andere Klischees über die westasiatisch-nordafrikanische Stadtentwicklung im Kalifat und in seinen Nachfolgestaaten sind im Kern das Produkt problematischer Vergleiche mit einer idealisierten Antike oder mit isolierten, zur Norm erhobenen Aspekten späterer europäischer Entwicklung, wobei sehr häufig der Religion die zentrale Rolle für die Erklärung der Andersartigkeit und Fremdheit der islamischen Stadt zufällt, während beim europäischen Erfolgsmodell insbesondere der Schwurverband der freien Bürger und die Stadtautonomie betont werden.

Inwieweit städtische Selbstverwaltung und autonomes Bürgertum, das Vorhandensein von Handwerkerzünften und anderen kommunalen Korporationen überhaupt unabdingbare Modernisierungspotentiale für Politik und Ökonomie einer vorindustriellen Gesellschaft darstellen, sodaß ihr teilweises oder gar gänzliches Fehlen ein unüberwindliches Entwicklungshindernis für die arabisch-iranischen Länder bedeutet hätte, ist auf der Folie der Geschichte des feudalen Europa aber gar nicht so selbstverständlich, wie oft behauptet wird.

Es verdient jedenfalls Beachtung, daß die Geschichte einiger relativ gut erforschter syrischer, obermesopotamischer, iranischer und maghrebinischer Städte – Mossul, Aleppo, Damaskus, Nischapur, Tripoli usw. – eine Fülle von Belegen dafür liefert, daß es in verschiedenen Epochen und Regionen immer wieder Städte mit weitgehend autonomen, ökonomisch starken, politisch einflußreichen und kulturell-ideologisch führenden lokalen Eliten gab. Die Zugehörigkeit zu diesen Eliten basierte auf religiösem Ansehen, Landbesitz und kommerziellem Erfolg und ermöglichte eine beachtliche Unabhängigkeit von der Zentralgewalt. Die gut erforschten Notablen von Nischapur sind ein gutes Beispiel dafür. Ebenso war in Chorasan und Transoxanien, wo sich einflußreiche aristokratisch-urbane Eliten seit der Sassanidenherrschaft gehalten und während des Abbasidenkalifats sogar noch gefestigt hatten, der Grad städtischer Autonomie außergewöhnlich hoch. Aber auch in Syrien und Obermesopotamien ergab sich in Phasen schwacher Staatsgewalt vom 10. bis zum 12. Jahrhundert für verschiedene städtische Gruppen die Chance, ihren politischen Freiraum zu vergrößern. Sie waren dabei, gestützt auf alte Ämter städtischer Selbstverwaltung und auf neue Institutionen, so erfolgreich, daß vor der neuerlichen Einschränkung der Autonomie durch die Aiyubiden geradezu Stadtstaaten entstanden waren. Nicht viel anders verlief die Entwicklung im Fall mehrerer maghrebinischer Küstenstädte, die seit der politischen Desintegration Ifriqiyas im 11. Jahrhundert ein erhebliches Maß an Autonomie erlangten, die im Fall von Tripoli bis ins frühe 15. Jahrhundert behauptet wurde. Die politische Führung, die sich auf die gesamte Stadtbevölkerung, d.h. auf alle Fraktionen und auch Unterschichtgruppen bezog, lag durchgehend in den Händen der kommerziellen Elite. All diese Phänomene relativierten die gegenüber der abendländischen Stadtentwicklung postulierten Unterschiede. Da es sich dabei wohl kaum um untypische Ausnahmen handelt, wird einer der immer wieder angeführten Hauptunterschiede gegenüber der abendländischen Stadtentwicklung zumindest relativiert und die Auffassung von Cahen und Brett unterstützt, wonach die Städte des Kalifats und seiner Nachfolgestaaten bis weit nach der Jahrtausendwende kaum weniger Eigenleben und Autonomie besaßen als ihre europäischen Gegenstücke.

Dadurch verliert aber auch der seit langem geführte Streit um die Existenz von Gilden und Zünften an Gewicht. Es ist dann nämlich nicht mehr so wichtig, daß die relativ egalitäre Tribaltradition und Ideologie des Islam im Verein mit dem starke vertikale Loyalitäten fördernden Organisationsprinzip des Patronageverhältnisses die Bildung fester Korporationen und zunftähnlicher Institutionen nach westeuropäischer Art erschwerte. Die scharfen Klassenunterschiede, die dessen ungeachtet und trotz des großen politischen Gewichts von Nachbarschaftsverbänden bestanden, förderten nämlich in den Städten durchaus feste Zusammenschlüsse bestimmter Schichten, etwa von Handwerker- und Händlergruppen, die freilich nur informellen Charakter besaßen. Die kleinen Handwerker, Lohnarbeiter und Händler waren unter günstigen äußeren Bedingungen durchaus in der Lage, ihre zunächst informellen Miliztruppen und Verbände so als politische Kraft einzusetzen, daß sie von der Zentralgewalt anerkannt wurden. Die Stadteliten verstanden es ihrerseits nicht selten – falls sie es nicht vorzogen, zum eigenen Vorteil kompromißhaft mit der Reichsadministration gegen die Unterschichten zusammenzuarbeiten –, einen Vertreter ihrer Schicht an die Spitze von Massenbewegungen zu stellen, diese Funktion über ein Amt zu institutionalisieren und dadurch den politischen Freiraum zu vergrößern. Einschränkend ist freilich anzumerken, daß in den einander ablösenden Metropolen im Kernraum von Kalifen- und Sultansmacht für städtische Autonomie viel weniger Freiraum bestand als in den westlichen und östlichen Provinzen. Dies gilt für das abbasidische Bagdad oder fatimidische Kairo ebenso wie später für Seldschuken-, Mongolen- und Mamlukenhauptstädte. Während die Oberschichten von Kairo in der Fatimidenära verständlicherweise auf Kooperation setzten, agierten die Notablen Aleppos und Damaskus' viel selbstbewußter, aber immer vorsichtig. Die Bewohner großer Mittelmeerhäfen und obermesopotamischer Stapelorte neigten viel eher zur Revolte und erlangten dementsprechend in Zeiten schwacher Zentralgewalt vorübergehend weitgehende Autonomie. Ob man allerdings die Fälle städtischer Freiheit trotz ihres regionalen und chronologischen Ausnahmecharakters verallgemeinern kann, ist eine offene Frage. Bemerkenswerter noch als das in manchen Fällen gar nicht geringe Maß an städtischer Autonomie und Selbstverwaltung ist wohl die Tatsache, daß bei einem Vergleich nach Funktionen die Unterschiede der mittelalterlichen Stadtentwicklung in Westeuropa und in den islamischen Ländern, die durch Max Webers eurozentrischen Idealtypus wohl überbetont werden, hinter die Gemeinsamkeiten zurücktreten. Hinweise auf die relative Gleichförmigkeit und grundsätzliche strukturelle Entsprechung italienischer mit arabischen und iranischen Städten werden dadurch untermauert. Nach Eugen Wirth waren die drei Grundfunktionen sowohl der abendländisch-feudalen Stadt als auch der Städte des Orients, unbeschadet regionaler und zeitlicher Differenzierung, zweifelsohne Herrschaft (Zitadelle, Palast, Gerichts- und Administrationsbehörden), Ökonomie (Markt, Gewerbe, Finanzierung, Zentralort des agrarischen Umlands) sowie geistiges und religiöses Leben (Moschee, Kirche, Schule). Diese drei Basisfunktionen fanden sich in beiden Weltregionen bei allen Städten; in der Regel klar voneinander geschieden und – bei mancherlei Überschneidung – auf unterschiedliche Sozialgruppen und Standorte verteilt. Der freien Assoziation eines autonomen Bürgerverbandes kommt bei der Konstruktion eines Idealtypus Stadt nach diesen Funktionen keine herausragende Bedeutung zu, und es ist auch nicht einzusehen, wieso einem selbst im Rahmen der europäischen Geschichte ambivalenten Bestimmungsmerkmal universelle Geltung bei der Definition einer größeren Siedlung als Stadt zugesprochen werden sollte. Daß islamische Autoren bei ihren Stadtbeschreibungen die politischen, administrativen und militärischen, d.h. die Herrschaftsfunktionen, wenig hervorhoben, ändert nichts an ihrem generell hohen Stellenwert. Ganz analog ist an der Wichtigkeit der religiösen Funktionen der westeuropäischen Städte wohl nicht zu zweifeln, auch wenn sie im Anschluß an Max Weber gegenüber Befestigung, Markt, Gericht, Gewerbe und autonomem Bürgerverband nicht selten in den Hintergrund treten. Die keinesfalls unwesentlichen Unterschiede der urbanen Entwicklung im westasiatisch-nordafrikanischen Raum und in Westeuropa reichen für die Konstruktion spezifischer Stadttypen umso weniger aus, als gerade auch die Entstehung großer städtischer Zentren und Metropolen viel mehr Gemeinsamkeiten als Besonderheiten aufweist. Beispielsweise konnten sich, im Unterschied zu Byzanz, sowohl die islamischen Städte als auch jene des Abendlandes in vielen Fällen der kontrollierenden Wirtschaftsordnung der Staaten weitgehend entziehen. Anlage und Funktion des Marktes bzw. des Bazars waren sichtbarer Ausdruck dafür. Anders als der antike Tempel bei Forum und Agora, waren die Moschee und die Kirche nicht Teil des Bazars oder Marktes. Marktaufsicht und Polizeigewalt gingen von der jeweiligen Zentral- oder Feudalgewalt sukzessive an angesehene Oberschichtfamilien der aufstrebenden Städte über, wodurch die strukturelle Ähnlichkeit zwischen islamischen und abendländischen Städten eine weitere Facette erhielt. Ob in Italien, Frankreich, Ifriqiya, Irak oder Iran – eine überregionale Bedeutung und entsprechende Bevölkerungszahl erlangten Städte dann, wenn wichtige, ihren zentralörtlichen Rang aufwertende Funktionen die ‚Grundausstattung' ergänzten. Die größten Städte waren entweder der Sitz von Reichs- oder Regionaladministration und/oder Knotenpunkte des Fernhandels, bisweilen auch überlokale

Wallfahrtsorte. Häufig hat sich, wie in Europa, in den wichtigen Stapelorten Westasiens und Nordafrikas ein spezialisiertes, überwiegend vom Kaufmannskapital finanziertes Exportgewerbe herausgebildet. Wenn Hourani schreibt, daß die islamische Stadt ein Ort war „an dem Händler und Handwerker ihrer Tätigkeit nachgingen, wo Gelehrte studierten und lehrten, Herrscher oder Statthalter, bewacht von ihren Garden, Hof hielten, Richter Recht sprachen und wohin Dorfbewohner ... kamen, um ihre Erzeugnisse zu verkaufen und zu erstehen, was sie brauchten" und weiter, daß sich regelmäßig Händler aus fernen Gebieten einfanden „um zu kaufen und zu verkaufen, und Studenten, um bei einem berühmten Professor zu studieren", so könnten ebenso gut westliche Städte gemeint sein (Hourani 1992:163).

Das durch ein hohes Maß an Ähnlichkeit geprägte Bild läßt sich noch ergänzen und abrunden. Beispielsweise kann man die große Bedeutung, die der Ausformung von Zünften und insbesondere dem autonomen Bürgerverband für die Entwicklung der europäischen Städte zugewiesen wird, relativieren, indem man daran erinnert, daß die Handwerkerschaft der italienischen Städte bis zum 11. Jahrhundert noch mehr dem römischen administrativen Typus als dem der berufsmäßigen Zunft späterer Zeiten entsprach oder daß berufliche Organisationen im allgemeinen zu Beginn der Selbständigkeitsbestrebungen in den europäischen Städten keine größere Rolle spielten. Möglicherweise hat das Ringen europäischer Kaufleute um städtische Autonomie gerade mit der im Vergleich zu ihren islamischen Kollegen relativ ungünstigen soziopolitischen Position zu tun. In diesem Zusammenhang ist auch der Verweis auf die vielen europäischen Städte angebracht, die als Basis landesfürstlicher Macht mit Hof, Verwaltung und Heer alles andere als frei und unabhängig waren, während umgekehrt viele Städte des Kalifats und seiner Nachfolgestaaten keineswegs demütig und amorph in bürokratisch-zentralistischen Reichsstrukturen aufgingen, sondern in aller Regel ein erhebliches Maß an Selbständigkeit und politischer Kompromißfähigkeit gegenüber der Zentraladministration behaupteten.

Dies ist aber nicht die einzige Relativierung der Modernisierungskraft europäischer Stadtautonomie. „Was die nach Ausdehnung und Lebensdauer recht begrenzten europäischen Stadtgemeinden anbetrifft, so konnten sie entstehen, weil kein straff organisierter Staat da war, und sie gingen in ihm auf, sobald er sich konstituierte", betont Claude Cahen (1968:161). Die evolutionäre Bedeutung mächtiger Stadtstaaten wie Venedig ist keineswegs gering zu veranschlagen, die Rolle des Kaufmannskapitals für die Transformation des europäischen Feudalismus zum Kapitalismus hängt aber nicht ausschließlich und vielleicht nicht einmal vorrangig mit Fragen der urbanen Autonomie zusammen. Es ist daher sicherlich angemessener, die Städte des islamischen Herrschaftsbereiches nach ihrer politischen, wirtschaftlichen und sozialen Funktion zu bewerten. Gerade in dieser Hinsicht ergeben sich aber keine prinzipiellen, sondern nur graduelle Unterschiede zum mittelalterlich-feudalen Abendland. Dies besonders dann, wenn man sich bemüht, die in der Forschung zu beobachtende einseitige Konzentration auf die Verhältnisse während der frühen Jahrzehnte der islamischen Expansion, im ägyptisch-syrischen Mamlukenreich und im spätmittelalterlich-frühneuzeitlichen Maghreb zu relativieren und eine Differenzierung nach Epochen und Regionen vorzunehmen und wenn man im Anschluß daran mehr als bisher berücksichtigt, welch unterschiedliche Stadttypen und Entwicklungsverläufe die Stadtgeschichte in den islamischen Gesellschaften Westasiens und Nordafrikas ebenso kennzeichnen wie in den verschiedenen Teilen des christlichen Europa.

LITERATUR

Teile des Aufsatzes stützen sich auf das Startkapitel meiner Monographie – Feldbauer, Peter (1995): Die islamische Welt 600–1250. Ein Frühfall von Unterentwicklung? Wien: Promedia –, die ausführliche Literaturhinweise enthält. Eine erweiterte Fassung erscheint in der Festschrift zum 60. Geburtstag von Hans Werner Tobler und bietet einen umfangreichen Anmerkungsapparat, der insbesondere auch die jüngst erschienene Literatur ausweist.

Eine vorzügliche Bestandsaufnahme der Erforschung der Stadtentwicklung im islamischen Orient bietet der Sammelband von Haneda, Masashi/Miura, Toru, Hg. (1994): Islamic Urban Studies. Historical Review and Perspectives. London/New York: Kegan Paul; zur Einführung ins Gesamtthema sehr hilfreich die Sammelbände von Lapidus, Ira Marvin, Hg. (1967): Muslim Cities in the Later Middle Ages. Cambridge/Mass.: Harvard University Press; ders., Hg. (1969): Middle Eastern Cities. A Symposium on Ancient, Islamic, and Contemporary Middle Eastern Urbanism. Berkeley/Los Angeles: University of California Press; Hourani, Albert H./Stern, Samuel M., Hg. (1970): The Islamic City. A Colloquium. Oxford: Bruno Cassirer. University of Pennsylvania Press; Brown, Leon Carl, Hg. (1973): From Madina to Metropolis. Heritage and Change in the Near Eastern City. Princeton/N.J. The Darwin Press; Hitti, Philip K. (1973): Capital Cities of Arab Islam. Minneapolis: University of Minnesota Press; Serjeant, Robert B., Hg. (1980): The Islamic City. Paris: UNESCO/Presses Universitaires de France; Wirth, Eugen (2000): Die Orientalische Stadt im islamischen Vorderasien und Nordafrika. Städtische Bausubstanz und räumliche Ordnung, Wirtschaftsleben und soziale Organisation. 2 Bde. Mainz: Verlag Philipp von Zabern.

Überaus ambitioniert, hinsichtlich der islamisch-orientalischen Stadt aber recht problematisch ist Southall, Aidan (1998): The City in Time and Space. Cambridge/New York: Cambridge University Press.

Eine Reihe von Grundsatzartikeln hat die Erforschung der Stadtgeschichte mittelalterlich-islamischer Gesellschaften maßgeblich beeinflußt. Dazu gehören unter anderem Marçais, William (1928): L'Islamisme et la vie urbaine. In: Comptes rendus de l'Académie des Inscriptions et Belles-Lettres 1928/1: 86-100; Grunebaum, Gustav E. von (1955): Die islamische Stadt. In: Saeculum. Jahrbuch für Universalgeschichte 6: 138-153; Cahen, Claude (1958): Zur Geschichte der städtischen Gesellschaft im islamischen Orient des Mittelalters. In: Saeculum. Jahrbuch für Universalgeschichte 9: 59-76; Lapidus, Ira Marvin (1973): The Evolution of Muslim Urban Society. In: Comparative Studies in Society and History 15/1: 21-50; Eickelman, Dale F. (1974): Is There an Islamic City? The Making of an Quarter in a Maroccan Town. In: International Journal of Middle East Studies 5/4: 274-294; Al-Azmeh, Aziz (1976): What is the Islamic City? In: Review of Middle East Studies 2: 1-12; Udovitch, Abraham L. (1978): A Tale of Two Cities. Commercial Relations between Cairo and Alexandria During the Second Half of the Eleventh Century. In: The Medieval City, Hg. Harry A. Miskimin/David Herlihy/Abraham L. Udovitch. New Haven/London: Yale University Press: 143-162; Abu-Lughod, Janet L. (1987): The Islamic City. Historical Myth, Islamic Essence, and Contemporary Relevance. In: International Journal of Middle East Studies 19/2: 155-176.

Inwieweit die vergleichenden Arbeiten Max Webers zur Geschichte der vormodernen Stadt in Asien und Europa die islamwissenschaftliche Stadtforschung prägen ist gut dokumentiert in Schluchter, Wolfgang, Hg. (1987): Max Webers Sicht des Islam. Interpretation und Kritik. Frankfurt am Main: Suhrkamp, sowie Bruhns, Hinnerk/Nippel, Wilfried, Hg. (2000): Max Weber und die Stadt im Kulturvergleich. Kritische Studien zur Geschichtswissenschaft Bd. 140. Göttingen: Vandenhoeck & Ruprecht.

Als sehr hilfreich erwiesen sich die stadthistorischen Abschnitte in allgemeinen oder einführenden Werken in die islamische bzw. arabische Geschichte. Dies gilt besonders für Cahen, Claude (1968): Der Islam 1. Vom Ursprung bis zu den Anfängen des Osmanenreiches. Fischer Weltgeschichte Bd. 14. Frankfurt am Main: Fischer Taschenbuch Verlag; Lapidus, Ira Marvin (1988): A History of Islamic Societies. Cambridge/New York.: Cambridge University Press; Humphreys, R. Stephen (1991): Islamic History. A Framework for Inquiry. Princeton/N.J.: Princeton University Press; Hourani, Albert (1992): Die Geschichte der arabischen Völker. Frankfurt am Main: S. Fischer; Lombard, Maurice (1992): Blütezeit des Islam. Eine Wirtschafts- und Kulturgeschichte 8.-11. Jahrhundert. Frankfurt am Main: Fischer Taschenbuch Verlag; Robinson, Francis, Hg. (1997): Islamische Welt. Eine illustrierte Geschichte. Frankfurt am Main/New York: Campus Verlag.

Von den einer einzelnen Stadt gewidmeten Monographien sei lediglich verwiesen auf Sauvaget, Jean (1934): Esquisse d'une histoire de la ville de Damas. In: Revue des Etudes Islamiques 8: 421-480; ders., (1941): Alep. Essai: sur le développement d'une grande ville syrienne des origines au milieu du XIXe siécle. Paris: Librairie Orientaliste Paul Geuthner; Le Tourneau, Roger (1949): Fès avant le protectorat. Étude économique et sociale d'une ville de l'Occident Musulman. Publications de l'Institut des Hautes Études Marocaines 45. Casablanca; Lassner, Jacob (1970): The Topography of Baghdad in the Early Middle Ages. Text and Studies. Detroit/Mich.: Wayne State University Press; Abu-Lughod, Janet L. (1971): Cairo. 1001 Years of the City Victorious. Princeton/N.J.: Princeton University Press; Gaube, Heinz/Wirth, Eugen (1984): Aleppo. Historische und geographische Beiträge zur baulichen Gestaltung, zur sozialen Organisation und zur wirtschaftlichen Dynamik einer vorderasiatischen Fernhandelsmetropole, Beihefte zum Tübinger Atlas des Vorderen Orients B/58. Wiesbaden: Ludwig Reichert Verlag; Djait, Hichem (1986): Al-Kūfa. Naissance de la ville islamique. Islam d'hier et d'aujourd'hui 29. Paris: Editions Maisonneuve et Larose.

Zur Frage der Kontinuitäten und Brüche zwischen antiker und islamischer Stadt empfiehlt sich ergänzend Kennedy, Hugh (1985): From *Polis to Madina*. Urban Change in Late Antique and Early Islamic Syria. In: Past and Present 106: 3-27. Die in der Sekundärliteratur angegebenen Bevölkerungsschätzungen vorwiegend größerer westasiatischer und nordafrikanischer Städte sind zusammengestellt in Watson, Andrew M. (1983): Agricultural Innovation in the Early Islamic World. The Diffusion of Crops and Farming Techniques 700-1100. Cambridge: Cambridge University Press: 132ff. und 207f. Die Geschichte der Stadtplanung und der öffentlichen Bauten ist in der allgemeinen Literatur gut abgedeckt; es sei aber doch verwiesen auf Rabbat, Nasser O. (1995): The Citadel of Cairo. A New Interpretation of Royal Mamluk Architecture, Islamic History and Civilization. Studies and Texts Bd. 14. Leiden/New York/Köln: E.J. Brill. Zur charakteristischen Institution des Bazars vorzüglich Wirth, Eugen (1974, 1975): Zum Problem des Bazars (sūq, çarsi). Versuch einer Begriffsbestimmung und Theorie des traditionellen Wirtschaftszentrums der orientalisch-asiatischen Stadt. In: Der Islam. Zeitschrift für Geschichte des islamischen Orients 51/2: 203-260 und 52/1: 6-46; ergänzend dazu Weiss, Walter M./Westermann, Kurt-Michael (1994): Der Bazar. Mittelpunkt des Lebens in der islamischen Welt. Wien: Edition Christian Brandstätter. Die Diskussion um die fehlende oder doch vorhandene Autonomie der islamischen Städte wird in vielen Standardwerken geführt; wichtige Aufsätze zu diesem umstrittenen Thema verfaßten Cahen, Claude (1958, 1959): Mouvements populaires et autonomisme urbain dans l'Asie musulman du moyen âge. In: Arabica 5/3: 225-250, 6/1: 25-56, 6/3: 233-265 sowie Brett, Michael (1986): The City-state in Medieval Ifriqiya. The Case of Tripoli. In: Les Cahiers de Tunesie 34/137-138: 69-94.

Die wörtlichen Zitate im Aufsatz stammen, in der Reihenfolge ihrer Verwendung, aus Braudel, Fernand (1985) : Sozialgeschichte des 15.-18. Jahrhunderts Bd. 1. Der Alltag. München: Kindler; Mitterauer, Michael (1999): Die Entwicklung Europas – ein Sonderweg? Legitimationsideologien und die Diskussion der Wissenschaft, Wiener Vorlesungen Bd. 71. Wien: Picus Verlag; Planhol, Xavier de (1975): Kulturgeographische Grundlagen der islamischen Geschichte. Zürich/München: Artemis Verlag; Grunebaum (1955); Cahen (1968); Hall, John, A. (1985): Powers and Liberties. The Causes and Consequences of the Rise of the West. Oxford: Basil Blackwell; Hourani (1992).

VORKOLONIALE STÄDTE NORDINDIENS
Historische Entwicklung, Gesellschaft und Kultur, 10.-18. Jahrhundert

MONICA JUNEJA

„Die ganze Bevölkerung der Hauptstadt Delhi ist im Feldlager versammelt, denn von dort erhält sie ihre Beschäftigung, Hof und Armee sichern ihren Lebensunterhalt, und sie hat keine andere Wahl als dem Hofstaat zu folgen oder während seiner Abwesenheit an Mangel zugrunde zu gehen."
(Bernier [1891] 1992:381, aus dem Englischen übersetzt)

Diese Beschreibung der größten Stadt in Nordindien als wenig mehr denn eine flüchtige Militärsiedlung gelangte im Jahre 1665 in einem Brief François Berniers an einen seiner Pariser Schutzherren, M. de Merveilles, nach Europa. Sie wurde in der Folge die Grundlage eines Verständnisses des Urbanismus in Indien, das auch Karl Marx, Max Weber und Fernand Braudel prägte (Marx 1975; Weber 1998, 1999; Braudel 1984). Die Städte des vorkolonialen Indien wurden als Feldlager der Prinzen verstanden, die vom Regime eines Krieger-Bürokraten beherrscht würden. Während die Städte in Europa unabhängige korporative Einheiten geworden waren, machten, so glaubte man, die Kastengrenzen und eine hinduistische „Passivität" in Indien kollektive bürgerschaftliche Handlungseinheiten unmöglich. Den entscheidenden gesellschaftlichen Wandel hätten erst die Auswirkungen der Kolonialisierung gebracht. Die Forschungen der letzten 50 Jahre haben die empirischen und theoretischen Prämissen dieser These zur Diskussion gestellt, indem sie Fragen der Urbanisierung im vorkolonialen Indien in den Termini ihrer eigenen Logik, ihrer Prozesse und Strukturen verfolgten. Die Städte des indischen Subkontinents werden heute in ihren Unterschieden zu ihren europäischen Gegenstükken begriffen, allerdings fernab von einem oberflächlichen Verständnis als formlose, flüchtige Siedlungen von vorgeblich verfeindeten Nachbarschaften. So konnten die Bedingungen ihres inneren Zusammenhalts und ihre urbanen Strukturen ans Licht gebracht werden.

PHASEN DER URBANISIERUNG

Der Begriff ‚Indien' als Name für das gesamte Gebiet vor allem der heutigen drei unabhängigen Staaten Bangladesch, Indien und Pakistan mag unglücklich erscheinen. Indes gilt die Bezeichnung ‚Indien' oder ‚Indischer Subkontinent' in einem allgemeineren Sinne als ein üblicher geopolitischer Ausdruck für die Region, die durch das Hima-layagebirge von der eurasischen Landmasse abgetrennt wird und die sich bis zum Indischen Ozean hinab erstreckt, der sie von den verbleibenden Seiten umgibt. Drei große geomorphologische Merkmale können auf dem Subkontinent unterschieden werden: Das Himalayagebirge und seine angrenzenden Randgebirge im Westen und Osten, die davon umgrenzten Flußebenen von Indus und Ganges und die Halbinsel Südindiens. Die Flußebenen von Indus und Ganges bilden einen alluvialen Gürtel wechselnder Breite, der sich in der geschwungenen Form eines Hornes von West nach Ost erstreckt. Die Ebenen lassen sich in zwei Bereiche unterteilen, von denen jeder von einem Flußsystem beherrscht wird; dies sind im Westen der Indus und seine fünf Zuflüsse, im Osten Ganges und Brahmaputra mit ihren Zuflüssen. Diese letztgenannte Zone ist von regelmäßigen, ergiebigen Regenfällen gekennzeichnet. Je weiter man nach Westen kommt, um so mehr bilden die Flüsse das hauptsächliche Rückgrat der Bewässerungslandwirtschaft. Wo dieses Flußsystem endet, beginnen die ariden Wüstengebiete Sinds und des westlichen Radjastan. Die Flußebenen von Indus und Ganges umfassen weniger als ein Drittel der Fläche des indischen Subkontinents, hier wohnt aber mehr als die Hälfte seiner Menschen. Sie bildeten den Mittelpunkt aller großen Reiche, und gemeinsam mit den wichtigen Seehäfen den Schauplatz der meisten wichtigen Städteansiedlungen. Der Block der indischen Halbinsel mit dem Dekkan-Hochland und Südindien bildet eine größere Vielfalt geographischer Teilregionen als die nördlichen Ebenen: Bergregionen, Hochebenen, Täler, alluviale und Küstengebiete. Wenn Großreiche auf dem Indischen Subkontinent die nördlichen Ebenen stets leichter kontrollieren konnten, während sie sich auf der südlichen Halbinsel allenfalls nur unter Schwierigkeiten dauerhaft durchsetzen konnten, so sind solche politischen Umstände sicherlich zu einem beachtlichen Teil durch diese geographischen Voraussetzungen zu begründen. Dieser äußerst gestraffte Überblick muß aus Gründen der Praktikabilität genügen, um eine Betrachtung einiger allgemeiner Trends der Stadtgeschichte auf die nördlichen und zentralen Regionen des Subkontinents zu fokussieren, wenngleich damit auf eine Darstellung regionaler Sonderentwicklungen und Variationen verzichtet werden muß.

Die früheste und klar nachweisbare Epoche urbaner Kultur in der Geschichte des indischen Subkontinents stellen die Planstädte der Harappa-Kultur dar, die eine Zeitspanne von der Mitte des dritten bis zur Mitte des zweiten Jahrtausends vor Christi umfassen. Mohenjo-Daro und Harappa waren allem Anschein nach die zentralen Städte dieser Kultur, aber die Städte und Orte der Indus-Kultur waren über das gesamte Flußsystem des Indus verbreitet, bis zu den Axen Delhi – Aravalli und dem Knotenpunkt Cambay (Jansen 1986; Ratnagar 2001). Jenseits dieses Gebietes gab es auf dem Subkontinent keine Verbreitung der Stadtkultur, wenngleich die Städte der Induskultur mit näher und ferner gelegenen Kulturen in Kontakt standen. Die Städte weisen einheitliche räumliche Grundmuster auf. Jede Stadt war in zwei Bereiche unterteilt: eine Oberstadt, die von einer hohen Mauer aus gebrannten Ziegeln umgeben war, und eine Unterstadt, die verschiedene Wohnviertel beherbergte. Die befestigte Oberstadt verfügte über ein großes Bad, einen Kornspeicher und eine kleinere Anzahl von Häusern. Die Straßen der ursprünglichen Stadtanlage folgten einem regelmäßigen Netz, es gab ein Kanalsystem, geometrisch angelegte Häuserblocks, Geschäfte und Handwerkerviertel (Jansen 1986: 29ff, 59-92). Die Einwohnerzahl von Mohenjo Daro, der am besten erhaltenen Stadt der Induskultur, wird auf 35.000 Menschen geschätzt (Allchin/Allchin 1997; Ratnagar 2001).

Die nächste Phase der Stadtkultur läßt sich auf etwa 500 v. Chr. datieren, sie fällt zusammen mit der fortgeschrittenen Eisenzeit (Sharma 1974). Für diese Zeit sind inneres Wachstum und räumliche Ausbreitung belegt. Zwei spezifische neue Kulturelemente, eine Silbenschrift und Münzen, dienen als deutliche Indikatoren der geographischen Verbreitung der Stadtkultur (Chattopadhyaya 1994:158-9). Das innere Wachstum wurde durch die Intensivierung der Handelsströme stimuliert, die auf Indiens frühen Kontakten mit Zentralasien und dem Römischen Reich beruhten. Eine Geschichte der Urbanisierung auf dem indischen Subkontinent in den Jahrhunderten vor dem 10. Jahrhundert n.Chr. bleibt noch zu schreiben: Ein Problem stellt der Mangel an nichtnormativen schriftlichen Quellen dar. Unser Wissen über diese Zeit beruht größtenteils auf der Epigraphik und einigen archäologischen Funden, es bleibt begrenzt, solange statistische und andere Wirtschaftsdaten fehlen.

Ab dem 10. Jahrhundert lassen sich die Konturen einer Geschichte der Stadt auf dem Subkontinent mit größerer Klarheit zeichnen, wenngleich präzise demographische Angaben bis zum 19. Jahrhundert fehlen. Historiker versuchen, dieses Problem durch eine Kombination von Daten aus europäischen Quellen und Dokumenten des Mogulreiches zu lösen. Nach den Berechnungen von Irfan Habib betrug die städtische Bevölkerung in der nördlichen Hälfte des Subkontinents während der vorkolonialen Zeit 15 Prozent der Gesamtbevölkerung in diesem Gebiet (Habib/Raychaudhuri 1982:169-70). Diese Stadtbevölkerung hatte aber eine ökonomische und kulturelle Bedeutung, die ihre numerische Zahl weit übertraf.

Vier verschiedene Typen urbaner Zentren sind für das vorkoloniale Nordindien identifiziert worden (Naqvi 1972). Blühende Zentren des Handwerks und des Handels, mit Banken und unternehmerischen Aktivitäten, Orte, die in ein Netzwerk von Informationsvermittlung über Land und Wasser eingebunden waren, das den ganzen Subkontinent verband und weit darüber hinaus, bis nach Südostasien, in den Mittleren Osten und nach Westeuropa reichte, stellten den größten Stadttypus dar. In ähnlicher Weise bildeten kleinere städtische Zentren regionale und lokale Märkte, die lokale Ressourcen erschlossen und auf lokale Bedürfnisse eingingen. Solchen Städten konnten Verwaltungsfunktionen zugeordnet werden, die vorrangig von Wirtschaft und Handel geprägt waren und dies blieben, wie es etwa auf die Stadt Patna am Ganges im Osten und Ahmadabad in Gujarat im Westen zutrifft.

Ein zweiter Stadttypus bezog seine Bedeutung vorrangig aus seiner Funktion als politisches Zentrum, als Hauptstadt des Reiches oder einer Region, oder als zeitweiliger Sitz eines Hofes, der regelmäßig auf Wanderschaft ging, wie es auch im Falle früher Reisekönige im europäischen Mittelalter der Fall war. Obwohl Städte dieses Typs auch Zentren produzierender Gewerbe oder heilige Städte sein konnten, waren sie letzteres doch nur in nachgeordneter Bedeutung gegenüber ihrer herausragenden Funktion als Verwaltungszentrum. Solche Städte waren Delhi, Agra, Lahore, Dhaka oder Faizabad.

Ein dritter Städtetypus entstand und wuchs um eine sakrale Funktion herum, wie es etwa die Pilgerstädte Varanasi, Mathura, Nasik oder Ajmer zeigen. An diesen Orten folgten Handel und Handwerk bereits vorhandenen Konzentrationen von permanenten Ansiedlungen und vorbeiziehenden Bevölkerungsgruppen. Dies zeigt das Beispiel Varanasi besonders deutlich, weil es neben seiner andauernden

Funktion als Pilgerstadt im 16. Jahrhundert zu einem bedeutenden Zentrum der Textilindustrie und des Handels heranwuchs.

Schließlich sind als vierte Gruppe Städte zu nennen, die sich aufgrund einer bestimmten, exklusiven Produktionsweise, handwerklichen Spezialwissens oder lokaler Gegebenheiten entwickelten. So verdankte die Stadt Bayana ihre Blüte der Indigoproduktion in ihrem Umland. Kahirabad und Daryabad in Awadh waren für ihre Baumwolltextilien berühmt.

Ab dem 10. Jahrhundert stieg die Zahl urbaner Zentren in der Ganges-Ebene als eine Folge landwirtschaftlicher Überschüsse und extensiver Landwirtschaft. Diese steigende Ertragskraft der Landwirtschaft traf mit einer Feudalisierung der politischen Macht zusammen, welche die Abschöpfung von Überschüssen organisierte (Sharma 1965). Ein gewisses Maß an Kommerzialisierung war auch erforderlich, um spezialisierte Arbeitskräfte zu ernähren und Abgaben an mächtigere Gesellschaftsschichten leisten zu können. Ländliche Marktorte, die *Hattas*, spielten eine wichtige Rolle in diesem speziellen Wirtschaftssektor. Eine Konglomeration solcher kleinen *Hattas* entwickelte sich oftmals zu einer Stadt, in der Besitz und Waren als Gegenstände vielfacher Wirtschaftstransaktionen betrachtet wurden. In dieser Zeit fand die Verbreitung von Lehrbuchtexten statt, den *Silpasastras*, die von Städten und Stadtplanung handelten und den Hausbau für Prinzen und verschiedene Ränge der feudalen Rangordnung diskutierten (Chattopadhyaya 1994:148-149).

Die Ankunft der iranischen Ghuriden-Herrscher, der ersten muslimischen Dynastie auf dem indischen Subkontinent, am Ende des 12. Jahrhunderts stimulierte den Prozeß der Urbanisierung in Nordindien. Die Vereinigung eines großen Territoriums unter der Herrschaft einer einzigen Dynastie ermöglichte den planvollen Ausbau des Straßen- und Kanalsystems. Diese Infrastrukturmaßnahmen förderten wiederum den Handel. Der Aufbau stabiler Verwaltungsstrukturen ruhte auf einem Netz von Verwaltungszentren. Ein älteres hierarchisches Netzwerk von Marktstädten, die über ein Jahrhundert hinweg mit dem zunehmenden Getreidehandel gewachsen waren, wurde dabei oft den Bedürfnissen der neuen Sultan-Dynastien angepaßt. Die Märkte gewannen nicht zuletzt deshalb an Bedeutung, weil die Grundbesitzer und Feudalherren darauf insistieren, daß die Pacht in Geld und nicht in Naturalabgaben zu leisten war. Um sich Geld zu verschaffen, mußten die Bauern ihre entsprechenden Ernteüberschüsse an Händler verkaufen. Geldverleiher oder *Sarrafs* witterten bei solchen Transaktionen gute Geschäfte. Sie besuchten solche wachsenden Gemeinden, um ihre Dienste anzubieten. Aufsteigende urbane Zentren zogen vielerlei Personen an: neu zum Islam konvertierte Händler, aber auch Geistliche, Künstler, Beamte, Soldaten, Stipendien-Inhaber von religiösen oder Wohlfahrtsstiftungen und andere, die von dem neuen Staat abhängig waren. Nordindien erlebte im 13. Jahrhundert aber auch vielfältige Migrationsprozesse aus verschiedenen ethnischen Gruppen – Adelige, die den Sultan begleiteten, und Muslime aus den westasiatischen Städten, die vor dem Ansturm der Mongolen flohen, durch den Stadt um Stadt in den Weiten Eurasiens überrannt wurde.

Das städtische Wachstum im Norden und in Zentralindien dauerte fast ohne Unterbrechungen während der folgenden Jahrhunderte an. Einen Höhepunkt, der in der indischen Geschichte noch nicht dagewesen war, erreichte es im 16., 17. und 18. Jahrhundert. Bestehende, ältere Städte erfuhren in dieser Zeit neue Schübe von Wachstum und Differenzierung, und es entstanden neue städtische Siedlungen. Obwohl es schwierig ist, zwischen der Stadtgeschichte und der Geschichte der Dynastien eine direkte Beziehung herzustellen, ist hier doch ein wichtiger Faktor zu nennen, der die Ausbreitung wirtschaftlicher Aktivitäten begünstige, nämlich die Pax Moghulica, die von der Mitte des 16. bis zum Anfang des 18. Jahrhunderts über anderthalb Jahrhunderte andauerte. In dieser Zeit erlebten sowohl der innerindische Fernhandel als auch der internationale Handel Indiens mit asiatischen und europäischen Märkten und auch die indischen Textilindustrien einen kontinuierlichen Aufschwung (Pearson 1976; Habib/Raychaudhuri 1982; Chaudhuri 1985; Subrahmanyam 1990, 1993, 1994). Die Handelsbeziehungen zwischen Gujarat und Bengalen, deren Charakteristikum der Austausch von Baumwolle und Rohseide war, sowie der Transport von Textilien von den Produktionszentren in der Gangesebene zu den Städten Ahmadabad und Broach in Gujarat, wo sie in großem Maßstab gebleicht und gefärbt wurden, hätte ohne die stabilen Infrastrukturen des Mogulreiches nicht ungestört prosperieren können (Hambly 1982; Alam/Subrahmanyam 1999). Die Küste Bengalens, die sowohl für indische wie auch für ausländische Händler lange Zeit wegen politischer Unsicherheiten außer Reichweite lag, konnte durch die Integration dieses Gebietes als eine Provinz in das Mogulreich wieder in den Fernhandel einbezogen werden. Der Mogulherrscher Akbar beseitigte mit der Standarisierung von Gewichten, Maßen und Währung weitere Behinderungen für die Bewegung von Waren und Menschen (Habib/Raychaudhuri 1982: 360ff).

Die urbanen Zentren bildeten Knotenpunkte in einem großen Netzwerk von Handel, produzierendem Gewerbe und Marktgeschehen. Einige Zentren prosperierten mehr als andere; dazu zählten vor allem diejenigen, welche Zugang zu einem schiffbaren Fluß hatten und damit zu den neuen und wichtigen Märkten an den Häfen flußabwärts und an der Küste, die eine nachgerade unersättliche Nachfrage europäischer Händler nach indischen Waren befriedigten. So profitierten die Textilindustrien von Patna und Varanasi von dem ungestörten, leichten Schiffstransport ihrer Waren den Ganges abwärts zu den europäischen Faktoreien (Handelsniederlassungen) in Hughli und, später, in Calcutta, Chandernagore und Chinsura. In ähnlicher Weise wuchsen und prosperierten die Häfen von Surat, Broach und Cambay an der Westküste. Die städtische Bevölkerung muß in entsprechendem Maße gewachsen sein, teilweise durch Wanderungsbewegungen vom Land in die Stadt, wie es zeitgenössische Beobachter wie François Bernier beobachteten (Bernier [1891] 1992:205). Diese Entwicklung konnte unterschiedliche Gründe haben, aber ein „pulling factor" muß die große Nachfrage nach Arbeit in der wachsenden Textilindustrie gewesen sein.

Im allgemeinen ist festzuhalten, daß praktisch alle größeren indischen Städte in dieser Zeit wuchsen. Die Hauptstädte des Reiches und der Provinzen – Agra, Delhi, Lahore und Aurangabad – stiegen zu großen Märkten für Waren und Dienstleistungen auf. Agra, bis zum 15. Jahrhundert nicht mehr als eine träge Provinzstadt, wurde zu einer wichtigen Handelsniederlassung des nordindischen Handels, die alle wichtigen Fernstraßen berührten. Akbars Erklärung, daß er Agra zu seinem neuen Regierungssitz machen wolle, war, in den Worten des französischen Reisenden Jean de Thevenot, „ausreichend, um den Ort zu besiedeln, denn als die Kaufleute verstanden, daß der Hof in Agra sei, kamen sie aus allen Landesteilen dorthin" (Thevenot [1687] 1949:47 aus dem Englischen). Ehemalige Hauptstädte regionaler Sultanate, die vor ihrer Integration in das Mogulreich im Laufe des 16. und frühen 17. Jahrhunderts selbständig gewesen waren, behielten ihre Bedeutung: Viele dieser Städte dienten dem Mogulreich als regionale Hauptquartiere, sie beherbergten den Hof des *Subadars*, des Provinzgouverneurs, und seine Verwaltung, sie zogen Unternehmer an, die ihr wirtschaftliches Potential ausbeuten wollten, und waren Magneten des lokalen politischen und kulturellen Lebens.

Die Schaffung neuer urbaner Zentren scheint seit dem 16. Jahrhundert ein wiederkehrendes Muster ausgeprägt zu haben, in besonderem Maße in der Region Uttar Pradesh. Die Initiative ging oft von lokalen Honoratioren aus, von einem Hofbeamten (*Jagirdar*) oder einem lokalen Grundherrn (*Zamindar*), mit dem Ziel, das wirtschaftliche Potential eines Gebietes zu entwickeln. Die ersten Schritte mochten Investitionen für eine Stadtmauer mit Stadttoren darstellen, für eine oder zwei Herbergen (*Sarai*), für einen religiösen Ort und erforderlichen Falles für die Erschließung einer Wasserquelle. Die staatliche Anerkennung wurde zuvor angefragt und in den meisten Fällen routinemäßig ausgesprochen. Die Besiedlung solcher Neustädte geschah durch Migration, manchmal unter Zwang nach erfolgreichen Feldzügen oder infolge der Unterdrückung einer Rebellion. In anderen Fällen wurden Neusiedlern, die aus größerer Entfernung von jenseits des Industales kamen, gute Startbedingungen angeboten. Dies geschah häufig: Zum Beispiel wurde die Stadt Shajahanpur von zwei afghanischen Brüdern gegründet, die von dem Mogulkaiser Shah Jahan Land erhielten mit dem Befehl, dort eine Festung zu errichten. Die so entstandene Stadt Shajahanpur wurde teilweise von afghanischen Stämmen besiedelt, die sich gemäß ihrer Clanzugehörigkeit in zusammenhängenden Stadtvierteln niederließen. Solche Beispiele gibt es in großer Zahl bis zum Ende des 18. Jahrhunderts (Hambly 1982:445-46).

Nizamuddin Ahmad, der Autor einer Chronik des Mogulkaisers Akbar, die unter dem Titel *Tabaqat-i Akbari* im Jahre 1593 entstand, zählte darin auf, daß es in Akbars Reich 120 große Städte gab und 3200 Marktstädte, die *Qasbas*. Mit Hilfe dieser und anderer Quellen schätzt der Historiker Habib die städtische Bevölkerung im Norden des indischen Subkontinents auf etwa 16 bis 17 Millionen, was einem Mittel von 5000 Personen für jede städtische Ansiedlung entspricht. Unter den indischen Mogulstädten hatten einige wie Agra, Delhi, Lahore, Patna, Surat und Ahmadabad eine herausragende Größe erreicht, sie hatten jede zwischen 100.000 bis 800.000 Einwohner. Agra hatte eine Bevölkerung von 660.000 Menschen, wenn der Hof sich dort aufhielt, und 500.000, wenn der Hof anderswo weilte (Habib/Raychaudhuri 1982:171, Tabelle). Die Bevölkerung von Surat wurde für das Jahr 1663 auf 100.000 und für das Jahr 1700 auf 200.000 Einwohner geschätzt (Das Gupta 1979:29-30). Außerhalb des Mogulreiches ist die Stadt Masulipatnam hervorzuheben, die im Jahre 1672 wohl um 200.000 Einwohner hatte (Habib 1999:84). Europäische Reisende verglichen indische Städte oft mit zeitgenössischen europäischen Hauptstädten: Delhi wurde für so groß wie Paris gehalten (Bernier [1891] 1992:281-82), und Ahmadabad im frühen 17. Jahrhundert für so groß wie London mit seinen Vorstädten zusammen (Danvers/Foster 1896–1902:II, 28; Foster 1985:206). Um den Vergleich fortzusetzen, sei darauf hingewiesen, daß es in Europa um das Jahr 1600 wohl nur drei Städte gab, die über 200.000 Einwohner hatten und neun mit über 100.000 Einwohnern. Ein Jahrhundert später, um 1700, überstieg die Bevölkerung der Städte ab 5000 Einwohnern in England, Schottland und Wales 13 Prozent der Bevölkerung nicht (Cipolla 1981:302-4; Habib 1999:83-84).

DIE STÄDTISCHE GESELLSCHAFT

Europäische Reisende beschrieben modellhafte Unterschiede zwischen europäischen und vorkolonialen indischen Städten: Die letzteren waren keine Rechtspersonen und keine Körperschaft. Dies war auch die zentrale Aussage in Max Webers Verständnis der asiatischen Stadt und seine Erklärung für ihr Unvermögen, eine kapitalistische Dynamik zu entfalten (Weber 1998, 1999). Die Stadt im vorkolonialen Nordindien besaß keine Rechte, Privilegien oder Satzung. Die Aufgaben des Staates waren darauf begrenzt, Steuern zu erheben, für die innere Sicherheit zu sorgen, die Marktordnung zu überwachen und teilweise auch die Wasserversorgung sicherzustellen. Bauaktivitäten wie der Bau einer Moschee, von öffentlichen Bädern, von Bildungseinrichtungen (*Madrasas*), Herbergen (*Sarais*) für Reisende, Brunnen oder Brücken wurden von Herrschern und ihren Familien in Auftrag gegeben und finanziert; das konnten unterschiedliche Mitglieder der Herrschaftselite sein, und es war mehr ein Akt persönlicher Frömmigkeit denn staatlicher Planung. Trotzdem hatte die Stadt für diejenigen, die in ihr geboren worden waren und in ihr lebten, eine klare physische Existenz und eine organische Identität, die definiert werden konnte als ökonomische Organisation oder Beschäftigung, als Zugehörigkeit zu Religion oder Kaste, gemeinsame Herkunft aus einer regionalen Zuwandererwelle, oder als gemeinsame Verehrung eines Heiligen, dessen Schrein im Wohnviertel stand.

Kaste, Familienverband und der patrilinear organisierte Haushalt waren wichtige Strukturen in der städtischen Gesellschaft. Weil das Leben im Familienverband ein gemeinsames Haus erforderte, bauten wohlhabende Familien *Havelis*, große Wohn- und Geschäftshäuser mit Innenhof, nach deren Eigentümern Straßen, Plätze und ganze Stadtviertel, die *Mahallahs*, benannt werden konnten. Einer von drei Hauptfaktoren bestimmte meist den Namen von Plätzen. Das konnte eine zentrale Gründerfigur im Viertel sein, aber auch eine Kaste, die das Herz der Ansiedlung stellte, letzteres besonders dann, wenn nicht ein Adeliger als Gründer die Entwicklung bestimmt hatte, sondern wenn weniger wohlhabende Einwohner der mittleren und der Unterschichten den Charakter eines Viertels bestimmten, deren gemeinsamer Nenner vielleicht eine Kastenzugehörigkeit oder die gemeinsame Herkunft aus einem Dorf sein mochte; oder schließlich die Benennung nach einem bestimmten Produkt, das dort hergestellt oder vermarktet wurde, wie *Gali Gur walon ki*, Gasse der Braunzuckerproduzenten, oder *Mahallah-i Su'i wala*, Viertel der Nadelmacher (Misra 1980: 83ff; Malik 1993:46).

Die Identifizierung mit dem Stadtviertel wurde physisch durch die Bauweise der Häuser verstärkt, deren Wände oft *Mahallahs* von benachbarten Stadtvierteln abgrenzten. Feste Tore wurden des Nachts und in Zeiten der Unsicherheit verschlossen, sie schützten die Ausgänge, die auf Hauptstraßen mündeten. Die Stadt war ein Zusammenschluß von Stadtvierteln, die geradezu einen nur losen Zusammenhalt haben konnten. In jedem Stadtviertel konnten Fragen, die die Gemeinschaft betrafen, von einem Kastenrat oder *Panchayat* beraten und entschieden werden. Gewohnheitsrecht lieferte hier anstelle einer Stadtverfassung die Basis des regulierenden Mechanismus. Diese Ratsversammlungen wurden in vielen Städten, besonders in den westindischen Regionen Radjastan und Gujarat, von Vereinigungen der Händler und Handwerker ergänzt, die sich vor allem mit Berufsfragen beschäftigten, mit verschiedenen Normen, mit Fragen der Eheschließung und des Familienrechts (Misra 1980:88; Sahai 2002). Beschwerden und Einsprüche unterhalb dieser Ebene konnten an einen Vertreter der Reichsverwaltung gerichtet werden, wenngleich das Ergebnis solcher Anfragen unvorhersehbar und meist recht teuer war. Weil der vorkoloniale Staat die Städte nicht als korporative Instanz anerkannte, ernannte er keine Stadtgouverneure. Statt dessen trat er mit ihnen durch Beamte wie den *Subadar* in Kontakt, der für eine ganze Provinz verantwortlich war. Die einzigen Fälle, in denen spezielle Gouverneure für Städte ernannt wurden, betrafen die Häfen der Westküste, die durch ihren Handel außergewöhnliche Einnahmen hatten und von einer extrem vielfältigen Bevölkerung geprägt waren, worunter sich auch eine erhebliche Anzahl ausländischer Händler befand (Hambly 1982:448-49).

Die These von Max Weber und Fernand Braudel (Braudel 1984), Indien hätte keine eigene kapitalistische Klasse oder „Bürgerstädte" hervorbringen können, weil das Wirtschaftsleben durch Kastenunterschiede fragmentiert gewesen sei, und weil die Händler gegenüber dem Adel und den Herrschern praktisch machtlos gewesen seien, wurde von neueren Forschungen in entscheidendem Maße relativiert und revidiert (Bayly 1998; Blake 1993; Haynes 1992; Ray 1992). Weber und andere hatten die indische Gesellschaft mit der Westeuropas verglichen, wo die Bourgeoisie von innerem Zusammenhalt, beruhend auf engen Heiratsverbindungen und gesellschaftlichem Umgang, geprägt war, der mit einem hohen korporativen Status zusammentraf, den sie durch die Finanzierung bedrängter Monarchien erworben hatte. Dagegen haben Historiker wie C. A. Bayly argumentiert, dieser Vergleich sei auf einer verzerrten Grundlage angelegt worden, es sei methodologisch unzureichend, Annahmen über indische Realitäten mit einem Idealtyp der europäischen Bourgeoisie zu vergleichen, um dann die indische Position als mangelhaft darzustellen. So haben Forschungen über nordindische Städte im 17. und 18. Jahrhundert gezeigt, daß Händlergruppen, die in nordindischen Städten ansässig waren, auf zahlreiche verschiedenartige Weisen einander verbunden waren und daß Kastengrenzen dabei mühelos überwunden werden konnten. Die Handelseliten konnten dort auch durch ihre finanzielle Unterstützung staatlicher Verwaltung erhebliche politische Macht entfalten. Während allerdings individuelle Eigentumsrechte nicht durch Gesetze ähnlich wie – zumindest theoretisch – in Europa abgesichert waren, bedeutete doch die enge Beziehung zwischen der Grundsteuererhebung durch den Staat, der auf Geldzahlungen drang, und den dazu erforderlichen komplementären Handelsprozessen, daß die Herrscher gezwungen waren, die Reproduktion der wirtschaftlichen Kraft des Handels abzusichern (Bayly 1998:482-3).

Die Kastenzugehörigkeit war sicherlich ein wichtiger Ordnungsfaktor in den Handelskreisen der Stadt. In bestimmten Handelsbranchen waren einzelne Kasten oder Familiengruppen vorherrschend: Die Mehra Khatris dominierten den Kleidungshandel, die Purbiya Agrawals waren stark im Getreidehandel, die Banias in Gujarat im Handel mit feinem Brokat, usw. Trotzdem interagierten in den meisten Handelsbereichen mehrere Kasten; in ihrem internen Handel sowie im Umgang mit offiziellen Stellen benötigten die Händler gemeinsame Einrichtungen. Manchmal beruhten diese auf gemeinsamen Interessen aller Kaufleute, die mit einer bestimmten Region Handel trieben, wie mit Lahore, Multan und dem Westen, oder mit dem Dekkanhochland und dem Süden. Eine andere Form der Organisation beruhte auf den Funktionen, die verschiedene Händler auf verschiedenen Stufen der Wertschöpfungskette ausübten. Die Großhändler (*Arethias*) konnten ebenso ihre eigenen Organisationen und Sprecher haben wie die kleinen Geldverleiher auf dem Bazar. Wenngleich verschiedene Kasten wie die Khatris oder die Saraswat Brahmanen in der Stadt Varanasi ihre eigenen Kastenversammlungen oder *Panchayats* hatten, scheinen diese nur unregelmäßig zusammengetreten zu sein und nur über Fragen der Moral diskutiert zu haben. Sie unterschieden sich jedenfalls von den verschiedene Kasten zusammenführenden Versammlungen der „ehrenwerten Händler" der Stadt, die geschäftliche Fragen berieten (Bayly 1998:179-81).

Die Patronage von Formen religiöser Verehrung, die Stiftung von Tempeln, Schreinen und Pilgerzentren in der Stadt, Sektenidentitäten über die Kastengrenzen hinweg, wie etwa bei der Sektenbildung der Vaisnaviten oder der Svetambara Jains, zusammen mit den täglichen Kontakten im Handelsgeschehen schufen in indischen Städten informelle Bande der Solidarität und des Einflusses der Händler. Religiöse Stiftungen bildeten eine wichtige kulturelle Praxis unter Händlern, die ihnen Ansehen als Wohltäter verschaffte, denn sie wuschen ihre wirtschaftlichen Gewinne rein vom Ruch der Sünde. Der Zusammenhang zwischen wichtigen Familien und Kasten wurde oft durch die Beziehung zu einem gemeinsamen Schrein gestärkt, oder zu einer als heilig geachteten Person, die als *Guru*, als spiritueller Lehrer einer großen Zahl von Personen in einer Stadt agierte. In ihrer Familiengeschichte führten Händlerfamilien ihren Ursprung auf Könige oder auf Soldaten von Lakshmi, der Göttin des Wohlstands, zurück. In seiner Studie über die Kaufleute der Stadt Surat hat Douglas Haynes gezeigt, wie die Ethik der Händlerschaft von asketischem Lebenswandel, Ehre und Aufopferung von Wohlstand im 19. Jahrhundert von der nationalistischen Bewegung aufgegriffen werden konnte (Haynes 1992). In der jüngsten Gegenwart haben übrigens Händler politische Organisationen des sogenannten Hindu-Fundamentalismus durch die symbolische Eroberung als heilig erachteter Plätze und die Gründung entsprechend orientierter Tempel unterstützt (Davis 1997:213ff).

Es soll jedoch keineswegs geleugnet werden, daß das Kastenwesen durchaus eine wichtige kulturelle Quelle der nordindischen Händler und ein wichtiger Rahmen ihrer Geschäftsstrategien gewesen ist. Appelle an die Solidarität innerhalb einer Kaste konnten dazu benutzt werden, um Wettbewerb auszuschalten oder um Kapital zu sammeln. Es gibt empirische Belege dafür, daß Händler insbesondere dann dazu neigten, beim Aufbau ihres Handels auf die Kastensolidarität zurückzugreifen, wenn sie sich an einem Ort gerade neu angesiedelt hatten oder wenn dort staatliche oder Einrichtungen des Marktes und der Kaufleute nur schwach ausgebildet waren. Aus der Sicht der Händler bildete die Familie die Basis der Händlergesellschaft, ihres Kreditwesens und der Gesamtheit ihrer Beziehungen mit den Göttern und den Menschen, mit Kreditoren und Debitoren (Bayly 1998:375ff). Der Händlerhaushalt hatte eine doppelte Rolle: als profitables Unternehmen und als eine Konstellation von Beziehungen, durch die Ehre erworben und transferiert wurde. In den meisten Handelshäusern wurden in einer genauen Buchhaltung die jährlichen Gewinne und Verluste aufgeführt; eine umfassende, langfristige Übersicht der Profitabilität war kaum zu kalkulieren, denn viele Ziele bestanden aus nicht quantifizierbaren gesellschaftlichen Erträgen. An Familienmitglieder, Diener und Agenten wurde selten ein Barlohn gezahlt, sie hatten statt dessen Ansprüche und Rechte in der Familienökonomie. Die meisten Geschäftsfamilien sorgten für Unterkünfte und Platz für Handelsaktivitäten für ärmere Familien- und Kastenmitglieder als Teil der Lebensgewohnheiten. Das Verhalten und die Ideale der Händlerfamilie waren vor allem auf das langfristige wirtschaftliche Überleben ausgerichtet, und das bedeutete hier vor allem die Kontinuität ihrer Kreditwürdigkeit in der Gemeinschaft der Händler. Eine Familie, die ihre Kreditwürdigkeit verlor und deshalb am Warenmarkt nicht mehr kaufen oder verkaufen konnte, verlor auch schnell alle Bedeutung. Während natürlich nichts dagegen spricht, daß traditionelle indische Händler Geld verdienen wollten, waren Gewinn und Verlust doch auch immer auf dem Hintergrund der gesamten Familie zu bedenken. Entscheidungen in der Sphäre der Gewinnmaximierung mußten auf den Rahmen der Ziele des gesellschaftlichen Überlebens der Familie in der unsicheren Welt der Kastenpolitik und der Heiratsbündnisse abgestimmt werden (Bayly 1998:380-81). Fragen des Status und des Prestiges, die an das Heiratsverhalten gebunden waren, brachten eine Reihe von Regeln mit sich, die zum Beispiel die Zahl der Familien in einer Kaste, zwischen denen Heiraten möglich schienen, begrenzten. Elaborierte Systeme der Exogamie wurden entwickelt und kennzeichneten nordindische Händlergruppen, die so ihren Clan „rein" erhalten wollten.

LEBEN UND KULTUR – DIE STADT DELHI

Max Webers weitschweifiges Hof- und Feldlagermodell der indischen Stadt entstammte selbst einer Tradition, die sich bis auf Bernier und Manucci zurückführen läßt. Diese europäischen Reisenden der frühen Neuzeit sahen die Stadt der Mogulzeit als Siedlung für eine zeitweilig seßhafte zentralasiatische Horde. Die Bewegung von Herrschaftsgruppen von einem städtischen Zentrum zu einem anderen war tatsächlich oft ein physischer Ausdruck ihrer gesellschaftlichen Organisation und ihrer Konzepte legitimer Herrschaft. Zur gleichen Zeit brachte die dauerhafte Mogulherrschaft den Städten Stabilität. Ein Herrscher mußte in den Augen der mächtigen islamischen Eliten der Schreiber, Theologen, Juristen und Beamten legitimiert sein. Er mußte ihnen Protektion bieten und das Leben der Gemeinschaft der Gläubigen beschützen. Darüber hinaus konnte keine Herrschaft sich als dauerhafte Dynastie etablieren, wenn sie es nicht verstand, die Vorlieben der Masse ihrer Hindu-Untertanen in genügendem Maße zu berücksichtigen. Städte, die zu Zentren der Herrschaftsausübung wurden, erhielten eine Reihe neuer Funktionen. So war Delhi zum Beispiel, dessen städtischer Charakter von oben aufgepropft war, seit dem 12. Jahrhundert ein Umschlagplatz für den Fernhandel, ein Zentrum des Gewerbes wie des Konsums. Delhi war von extremem Reichtum genauso gekennzeichnet wie von großer Armut, und es war immer eine offene Stadt, voll von kosmopolitischem Leben und Geist.

Bevor wir diesen kurzen Überblick über Stadtentwicklungsprozesse im vorkolonialen Nordindien abschließen, sollen ein paar Eindrücke von Wachstum und Charakteristik der Stadt Delhi einige Details über urbanes Leben und urbane Kultur vermitteln. Seit dem 11. Jahrhundert wurde Delhi zum Eingangstor der Eroberer Indiens aus dem Norden. Während etliche Eroberungswellen über die Stadt hinwegzogen, wurde sie für mehrere Reiche zur Hauptstadt. Bekannt als *Hazrat-i Dihli*, rivalisierte Delhi mit dem kosmopolitischen Bagdad als Treffpunkt der Gelehrten, Poeten, Theologen und Wissenschaftler aus allen Regionen der islamischen Welt, insbesondere jener aus den Gebieten, die unter den Mongolenstürmen des 13. Jahrhunderts gelitten hatten. Siegreiche Eroberer verließen oft die Mauern der unterworfenen Hauptstadt, um ein eigenes Symbol der Macht an einem benachbarten Ort zu errichten. Während in diesem Sinne die „Sieben Städte" von Delhi zur Legende wurden, lassen sich tatsächlich 15 verschiedene städtische Siedlungsansätze nachweisen, beginnend mit Dilli, der Hauptstadt der Tomar- und der Chauhan-Radjputen im 9. und 10. Jahrhundert. Unter den türkischen Herrschern folgten eine Reihe von Festungen, meist jeweils beim Wechsel der Dynastien des Delhi-Sultanats (1206–1526), die eine vielfältige Stadtlandschaft hinterließen, die aus zahlreichen kulturellen Linien zusammengesetzt war – arabisch, türkisch, iranisch, und natürlich auch aus lokalen Komponenten. Weder die alte Stadt noch irgend eine der später entstandenen – mit der wichtigen Ausnahme von Shahjahanabad, die von dem Mogulherrscher Shah Jahan (1627–1658) gegründet wurde und Delhis letzte vorkoloniale Neugründung werden sollte – wurde nach einem detaillierten Plan gebaut. Trinkwasser kam aus Zisternen und dem Fluß, der Bau von Brücken, öffentlichen Bädern und *Sarais* für Reisende waren – wie erwähnt – eher Akte gläubiger Demut seitens der Herrscher und Prinzen als stadtplanerische Schritte. Wenn eine neue Siedlung gegründet werden sollte, wurde Land an vertrauenswürdige Adelige verteilt, auf dem sie ihre Häuser um den königlichen Palast herum bauen sollten. Bewohnte Häuser standen neben verlassenen, deren Bewohner mit entmachteten Herrschern verschwunden waren, bis sie von bedürftigen Personen wieder neu in Besitz genommen wurden. Die Gestalt der vorkolonialen Stadt Delhi wurde von historischen Prozessen geformt, die vielen ihrer zentralasiatischen und mittelöstlichen Schwestern glichen. Der Aufbau und Zerfall von Reichen, Migrationsbewegungen von Menschen und Völkerschaften, die Durchdringung religiöser Werte und Einrichtungen, Wirtschaftswachstum und Rezession, die Vermittlung von ästhetischen Geschmacksstilen, all diese Entwicklungen formten die Stadt und ihre Gemeinschaften. Sie trafen auf die Töne ihrer vielfältigen Sprachen, auf ihre Dichter und die Traditionen ihrer Künste, die mit den schöpferischen Gaben der Stadtbevölkerung neue Kräfte einer „städtischen Zivilisation" schufen.

Die Stadt wuchs, weniger als eine gewollte, „programmierte" gesellschaftliche und physische Einheit, denn vielmehr als eine Abfolge von Spannungen und Abstimmungen zwischen oftmals widersprüchlichen Polen. Die Prozesse von Eroberung und Besetzung folgten allem Anschein nach gewissen Mustern: Der Palast des Herrschers wurde übernommen, der zentrale Tempel zerstört. Sobald wie möglich wurde eine *Masjid-i Jami*, die Hauptmoschee der Stadt, gebaut, wo der *Khutbah*, die Freitagsrede mit einem genealogischen Bericht der regierenden Dynastie zur Ausrufung des neuen Herrschers, verlesen wurde; neue Münzen wurden geschlagen. Dies waren symbolische Akte des Sieges und der Aneignung (Juneja 2001:76). Im Gefolge von Eroberung und Aneignung mußten aber auch langfristige Erfordernisse gesehen werden: Die Autorität von Königen mußte aufrechterhalten werden, das Überleben neuer Herrschaftsschichten war abzusichern, und die wirtschaftlichen Bedürfnisse beider waren aufeinander abzustimmen.

Die Verbreitung neuer Normen ging Hand in Hand mit der friedlichen Akzeptanz älterer Regelungen. Vorurteile, Exklusivität, Toleranz und Lebensfreude wurden alle Teil komplexer, städtischer Lebensstile. Praktiken zur Regelung der Beziehungen zwischen den Gemeinschaften der Muslime und der Nichtmuslime im Delhi-Sultanat entstanden oft aus Vorläufern aus anderen Regionen der islamischen Welt, wo arabische Eroberer in Kontakt mit Juden und Christen gekommen waren. Der Status des *Dhimmi*, der Nichtmuslimen zugesprochen wurde, bedeutete, daß der Staat die Verantwortung für den Schutz seines Lebens und seines Eigentums übernahm. Die Steuer *Jiziyah* wurde den *Dhimmis* abverlangt, um die Kosten dieses staatlichen Schutzes abzudecken. Orthodoxe auf beiden Seiten tendierten indes dazu, die *Jiziyah* als eine Strafe für die Weigerung zur Bekehrung zum Islam, mithin als eine religiöse Diskriminierung anzusehen. Das Wort *Kafir* – Ungläubiger – konnte und wurde zweifellos als Schimpfwort benutzt, aber in der Sprache der Dichter wurde es auch zu einem Spitz- und Kosenamen. Restriktionen wurden entwickelt, um die Umgangsformen zwischen Hindus und Muslimen zu regeln. Die muslimische Orthodoxie, deren hauptsächliche Sprecher die *Kadis* und die *Ulema* waren, schrieb vor, für Muslime, die in ihrer Gemeinde Achtung genössen, sei es unerwünscht, daß sie „Männern des Falschen und Bösen" nahestünden, soweit das nicht unumgänglich nötig sei. Während es dem *Dhimmi* erlaubt war, jegliche Moschee zu betreten, sollte ein Muslim keinen Tempel betreten, denn diese Orte seien „von Teufeln heimgesucht" (Mujeeb 1995:70-71). Unter orthodoxen Hindus bedeutete die Praxis der Unberührbarkeit, wie Ibn Battuta, der abessinische Reisende aus dem Indien des 14. Jahrhunderts berichtet, daß die Muslime von den Hindus geachtet würden, aber „die Einheimischen speisen nicht gemeinsam mit ihnen und laden sie nicht in ihre Häuser ein" (Ibn Battuta 1958:I, 625).

Als der Mogulkaiser Shah Jahan seine Architekten, Stadtplaner und Astrologen im Jahre 1639 damit beauftragte, für seine neue Reichshauptstadt nahe Delhi einen neuen, idealen Platz am Flußufer zu suchen, war dies keine Überraschung. Der Stadtgrundriß hat die Form eines Bogens, die Stadt ist von massiven steinernen Stadtmauern umgeben, die von 27 Türmen bekrönt und in regelmäßigen Abständen von Toren durchbrochen werden. Die Palast-Zitadelle, in den Dokumenten *Qila-i Mubarak* („Glückliche Festung") genannt, zieht sich am Flußufer entlang. An ihrem westlichen Tor begann die Hauptstraße der Stadt mit Geschäften und Arkaden. Unter der Aufsicht des Kaisers wurde ein Bewässerungskanal, den der Sultan Firuz Tughluq im 14. Jahrhundert hatte bauen lassen, wieder instand gesetzt und ein neuer Kanal wurde mitten durch den Palast, die Gärten und Hauptstraßen der Stadt gegraben. Er tränkte Baumreihen auf jeder Seite des Hauptbazars und führte zu einem quadratischen Becken, das im Mondlicht silbern glänzte und der Hauptstraße ihren Namen gab: *Chandni Chawk*, Straße des Mondlichtes. Hier ließ Shah Jahans Tochter Jahanara eine beeindruckende Karawanserai errichten sowie einen Garten und ein öffentliches Bad. Die Reichsfestung blickt sowohl auf die Stadt als auch von ihr weg, denn sie konnte sowohl vom westlichen Lahore-Tor gegenüber dem Hauptbazar betreten werden, als auch von einem Tor am Fluß, das zur *Diwan-i Khas* führte, der zentralen Audienzhalle (Blake 1993:36ff; Ehlers/Krafft 1993:31-32).

Der Besucher, der den Palast vom Lahore-Tor aus betritt, kommt zunächst an einem überdeckten Bazar vorbei, dann an einem *Naqqar Khanah* (Trommlerhaus), in dem einst Musiker mit ihrer Musik die Tageszeit angaben, sodann erreicht er am Ende eines großen Gartens die Diwan-i 'Am, die Halle der öffentlichen Audienz. An jeder Seite gibt es symmetrisch angelegte Gärten, die von weißen Marmorstrukturen flankiert werden und die den Blick auf den Fluß freigeben. Diese offenen Pavillons wurden als Verbindungshöfe angelegt, die von kleinen Kanälen durchflossen und gekühlt werden. Das Wasser sammelt sich in Marmorbassins wie dem lotusförmigen Pool des *Rang Mahal*. Für Shah Jahan bedeutete die Schaffung eines „Paradieses auf Erden", wie es der Dichter Amir Khusrau berichtet, daß die Natur

Shahjahanabad, Delhi. Die Perlenmoschee, Moti Masjid, 1663 erbaut, im Roten Fort. Naturalistische Pflanzenmotive auf weißem Marmor.
Foto: M. Juneja

und die Architektur beide einer Herrschaftskonzeption zu dienen hatten, in der sie miteinander verschmelzen sollten. Wasser war ein zentrales verbindendes Element dieser Konzeption. Der Fluß bot sowohl eine optische Reflexionsfläche als auch Verbindungsarme: seine Wasser durchfluteten die Höfe, in denen Gärten zentrale Becken umgaben. Ein *Nahr-i Bihisht*, ein Paradieskanal, wand sich durch diese gesamte Gartenanlage innerhalb und außerhalb der Pavillons, Fontänen speisend und kleine Wasserfälle hinabstürzend. Die Bauten selbst sind mit Pflanzenmotiven reich verziert, so daß Bauwerke und Gärten als ein organisches Ganzes erlebt werden. Weißer Marmor ermöglichte als Baustoff die Verwirklichung dieses einzigartigen Konzeptes. Voller Perfektion poliert entfaltet seine Textur eine Schönheit, die von allen Beschwernissen ablenkt, von erdverbundenen oder groben Materialien. Von Pflanzenformen überdeckte Bögen, geschwungene Dachlinien, blütenförmige Kuppeln und dicht verzierte Wände, Böden und Decken, die mit naturalistischen Pflanzenmotiven geschickt bedeckt sind – alles dient auf vollendete Weise dem Ziel, ein Abbild des Paradieses zu bieten, das über Mythen hinausging und in der Herrschaftsarchitektur verwurzelt blieb. Skulptierte florale Formen wirken durch ihre Dreidimensionalität realistisch. Selbst die Säulen scheinen – wie diejenigen im *Sawan*- und im *Bhadon*-Pavillon – aus Töpfen zu wachsen, die in Blätter gehüllt sind, und oben in einer wahren Blütenpracht zu enden (Koch 1991:93; Juneja 2001:44).

Der nordwestliche Bereich der Festung beherbergte Ställe, Werkstätten für Waffen, Teppiche, verschiedenerlei Kleidung, Schmuck und Orden, Lagerhäuser, den Staatsschatz und die Münze. Auf dem verbleibenden Areal wohnten Mitglieder des Hofstaates – Soldaten, Künstler, Ärzte, Dichter und Astrologen mit ihren Familien. Nach der Fertigstellung der Palastbauten waren Prinzen und Emire eingeladen, ihre *Havelis* um den Palast herum zu errichten, entlang des Flusses. Sie umfaßten oft einen Garten nach dem *Chahar Bagh*-Prinzip, d.h. eine geometrische Gartenanlage mit einem zentralen Teich in der Mitte und Bewässerungskanälen. Bäume spendeten darin Schatten und Früchte zur Bereicherung der Küche. Die Stadtsitze der Prinzen und Adeligen in Shahjahanabad besaßen auch Boote, mit denen ihre Besitzer sich bis an das Flußtor des Palastes bringen lassen konnten, oder sie ließen sich weiter flußabwärts fahren zum Mausoleum des Mogulkaisers Humayun, um dort zu beten. Die Häuser der Händler waren meist von außen schmucklos, wenngleich einige Domizile reicherer Kaufleute von Bernier als „hohe Steinhäuser ... im Stile beeindruckender Burgen" beschrieben wurden. Die einfachen Händler wohnten dagegen direkt über oder hinter ihren Läden. Bernier beschreibt sie als luftig, dem Lärm und Staub der Straße abgewandt, von akzeptablem Komfort. Das Familienhaus war die zentrale Zelle der Stadt, verschlossen und nach innen gewandt gebaut. Die ärmeren Stadtbewohner lebten in Lehmhütten, die an Straßen und Durchfahrten entstanden. Stadtbrände stellten besonders in den Sommermonaten eine ständige Gefahr dar – im Jahre 1662 sollen bei drei verschiedenen Brandfällen zusammen 60.000 Menschen umgekommen sein. Während der Monsunregen konnten einfache Lehmwände einstürzen (Bernier [1891] 1992:245-46).

„ ... in jeder Gasse, jedem Basaar, an jedem Platz und in jeder Straße haben sie Moscheen errichtet", schrieb Sujan Rai, der Autor des *Khulasat al-Tawarikh*, über Shajahanabad. Der Archaeological Survey of India hat innerhalb der Stadtmauern 410 historische Moscheen aufgelistet (Blake 1993:52). Diese Liste wird angeführt von der *Padshahi* (Reichs-) Moschee, *Jami Masjid*, der Freitagsmoschee des Herrschers und seines Hofes, die zugleich ein öffentliches Forum für die Muslime der Stadt darstellte. Sie ist geschickt unter Ausnutzung einer kleinen Anhöhe errichtet, so daß ihre Minarette und Kuppeln die Skyline der Stadt weithin prägen. Große Freitreppen führen von den tief gelegenen Straßen hinauf zu ihren Toren an der Ost-, Nord- und Südseite des Gebetshofes, der bis heute unaufhörlich von Menschen und Be-

Shahjahanabad, Delhi. Jami Masjid, die Freitagsmoschee, gebaut 1650–56, Gebetshof.
Foto: F. Huneke

tenden belebt wird [Bild]. Zu Shah Jahans Zeit bildete das Osttor den königlichen Eingang, der in einen Kleider- und Taubenmarkt mündete. Auf die Freitagsmoschee folgte in der Bedeutung eine Reihe von acht Moscheen, die *Emire* und *Begums*, hohe Beamte und Frauen, hatten errichten lassen. Die exquisiten Moscheen *Fathpuri* und *Akbarabadi* hatten zwei Frauen Shah Jahans bauen lassen und nach sich selbst benannt. Beide standen an zentralen Zufahrtswegen zu großen Bazarvierteln. Jede Nachbarschaft hatte ihre eigene Moschee, die oft den Namen einer ansässigen Berufsgruppe trug, wie z.B. die *Bhatiyari wali Masjid* (Wirtshausmoschee), *Masjid qasa'i* (Moschee der Schlachter), *Kahar wali Masjid* (Wasserträgermoschee), *Masjid Jute walan* (Schuhmacher-Moschee) (Malik 1993:47-48).

Die Vorschriften der *Sharia*, des islamischen Rechts, kamen trotz der Präsenz islamischer Einrichtungen im Alltag nicht unvermittelt in Anwendung. Die Stadt bildete eine dichte und organische Einheit, in der Privates und Öffentliches, Heiliges und Profanes sich ganz unkompliziert mischen konnten. Die zwei Pole des städtischen Lebens, die Moschee und der Bazar, lagen meist in direkter Nachbarschaft, während Tempel und Heiligenschreine weniger dicht in die städtische Besiedlung eingewoben waren (Juneja 2001:80ff). Abgesehen von einer gewissen Anzahl wohlhabender muslimischer Fernkaufleute war die Mehrzahl der Händler, Geldverleiher und Ladenbesitzer Hindus. Keiner dieser Gruppen wurden Vorschriften gemacht, die das Ziel gehabt hätten, ihre wirtschaftliche Tätigkeit einzuschränken. Gegenseitige Abhängigkeiten verbanden die letztgenannten Gruppen und die *Umara*, den Adel, der das höchste gesellschaftliche Ansehen genoß. Kaufleute, die Land- und Seehandel kontrollierten, hatten einen Rang vergleichbar dem oberer Verwaltungsposten, vor allem aufgrund ihres Wohlstandes und ihrer ausländischen Kontakte. Der Beruf des Kaufmanns erforderte die Kenntnis verschiedener kultureller Verhaltensformen, Menschenkenntnis und die Beherrschung an vielfältige Situationen angepaßter Verhaltensnormen. Erfolg war abhängig von der Kunst der Kommunikation und kultivierter Kontaktpflege mit potentiellen Kunden. Reisende aus Europa, wie Bernier, zeigten sich oft enttäuscht darüber, daß die Bazare von Shajahanabad hochwertige Waren nicht in großer Menge präsentierten, ausgenommen Früchte, Nahrungsmittel und Vieh. Dies lag daran, daß hochstehende Kunden nicht selbst den Bazar besuchten, sondern den Besuch des Kaufmanns oder Händlers empfingen, der seinen langjährigen Kunden Höflichkeitsbesuche abstattete, neue Kontakte anknüpfte, dabei Proben seiner feinsten Waren vorlegte und Aufträge entgegennahm. Insgesamt besehen stellte der Handel in der Stadt mehr als eine Quelle des Wohlstands dar. Er war ein Schmelztiegel für die Kulturen, eine Quelle der Ideen und Abenteuer, der Kanal, durch den alles von einem Mosaik bis zu einer Lebensgeschichte gelangen konnte, die Klassen der Gesellschaft herauf und herab und Menschen von einem Ende der mittelalterlichen Gesellschaft bis zum anderen.

Die Anwesenheit von Herrschern und ihren den Luxus liebenden Höfen unterhielt Gemeinschaften von Handwerkern, die seltene und wertvolle Güter herstellten. Die besten von ihnen wurden in den königlichen Werkstätten, den *Karkhanas*, beschäftigt. Bernier, der Shajahanabad kurze Zeit nach dem Bau der zentralen Bauwerke im Jahre 1648 besuchte, gibt uns davon die folgende Beschreibung:

„... In einer Halle sind Stickereiarbeiter eifrig bei der Arbeit, von einem Meister überwacht. In einer anderen Halle sieht man die Goldschmiede, in einer dritten die Maler, in einer vierten Lack-Künstler, in einer fünften Tischler und Drechsler, Schneider und Schuhmacher, in einer sechsten Seidenarbeiter, Brokatweber und Muslinweber, die feine Turbane herstellen, Gürtel mit goldenen Blumen, und feinste Hosen für Frauen, die so empfindlich sind, daß sie nur eine Nacht getragen werden können ..." (Bernier [1891] 1992:259 aus dem Englischen).

Ein nicht unbeträchtlicher Teil dieser Handwerker kam als Migranten aus den Nachbarländern. Im 13. Jahrhundert waren viele auf der Flucht vor den erobernden Mongolen, andere begleiteten Herrscher und ihre Armeen, und schließlich führten solche Wege ungezählte Maurer, Fliesenmacher, Miniaturmaler und Kalligraphen an die Höfe in Delhi. Die Mehrheit der Handwerker hatte indes lokale Wurzeln, viele waren zum Islam konvertiert. Ihr Leben wurde trotzdem weiterhin von den Normen der Kaste bestimmt, die es mit sich brachten, daß die berufliche Tradition der Familie von einer Generation auf die folgende weitergegeben wurde. Weber, Sticker, Goldschmiede, Musiker bewohnten Stadtviertel entsprechend ihrem Beruf und heirateten meist innerhalb dieser Gemeinschaft. Das Mäzenatentum des Königshofes konnte Abhängigkeit und Sklaverei bedeuten, andererseits bot es Aufstiegschancen. Künstlergruppen mit niedrigem sozialem Ansehen waren in der Schöpfung edler Herkunftsmythen besonders erfindungsreich. Die Wasserträger sahen sich als Abbasiden, denn sie beanspruchten ihre Herkunft von niemand geringerem als Abbas, dem Onkel des Propheten Mohammed. Die Barbiere wurden Anhänger des Salman Farsi, eines Weggefährten des Propheten. Die Weber bestanden darauf, als Ansaris bezeichnet zu werden, als wirkliche Nachfolger dieses Unterstützers des Propheten Mohammed aus Medina. Die kunstfertigen Armreif-Hersteller rechtfertigten dagegen ihre „frivole" Kunst der Herstellung und des Verkaufs von die Sinne reizenden Armreifen, indem sie gern und vielleicht nicht ohne Eitelkeit die Geschichte erzählten, wie der Prophet anläßlich der Hochzeit seiner Tochter den Berufsstand der Armreifhersteller segnete, sicherte er doch das Glück im Eheleben.

Die gesellschaftliche Schichtung wurde kurzfristig aufgehoben, wenn die Menschen zusammentrafen, um einem Prediger in der Moschee oder im *Khanqah*, im Hof eines Sufi, zu lauschen. Die Mystik der Sufis existierte neben dem orthodoxen Verständnis des Islam und bot dem Gläubigen einen direkten Weg zum Kontakt mit Gott durch Einsamkeit, Gebet und Musik. Die Übung des gemeinsamen Gesanges, die *Sama* („Anhörung"), wie auch der Tanz, waren ein Ausdruck des Gefühls und der Extase, die durch Verse und Körperbewegung hervorgerufen wurden. In Delhi zogen die unkomplizierten Predigten der Anhänger der Chishti-Sekten viele Männer und Frauen in die *Khanqahs*, darunter auch viele Hindu-Konvertiten aus niederen Kasten. Die Grabstätten von Heiligen wurden Schreine für Tausende von Pilgern, die auf Pilgerreise gingen, etwa am *'Urs*, dem Todestag des *Shaikhs*, um Opfer darzubringen, zu beten und Ratschlag und Erleichterung zu erbitten. Nach Mehrauli, dem Grabmal des Qutbuddin Bakhtiyar Kaki (gest. 1236), einem Chishti aus Ferhana, der von Sultan Iltutmish hoch verehrt worden war, kamen noch Jahrhunderte nach dem Tode des Heiligen seine gläubigen Anhänger. Nach der Aussage von Ibn Battuta gab der Shaikh „üblicherweise allen Armen, die zu ihm kamen, um ihre Bedürftigkeit und Armut zu beklagen, ein *ka'ka* (ein flaches Plätzchen) von Gold oder Silber ..." (Ibn Battuta 1958:I, 625 a. d. Englischen übers.). Drei Mogulherrscher wurden im Hof um sein Grab begraben: Bahadur Shah I., Shah Alam II. und Akbar II. Bakhtiyar Kakis Nachfolger erwarb sich den Namen Fariduddin Ganj-i Shakar, „Zuckerschatz", denn Kieselsteine verwandelten sich vor seinem Blick auf wundersame Weise in Zucker zur Belohnung für sein konstantes Fasten.

Während einige Sufis anordneten, daß Frauen späterhin der Besuch ihrer Grabstätte verboten werden sollte, zog der *Dargah*, der Schrein eines Heiligen, die Frauen mehr an als die Moscheen, obwohl viele Moscheen wie etwa die Freitagsmoschee Delhis durchaus gesonderte Frauengallerien besaßen. Tatsächlich waren Frauen im städtischen Raum recht mobil. Über mehrere Jahrhunderte konnten Frauen türkischer Familien reisen, oft unbegleitet, auf dem Pferderücken, allerdings ganz bedeckt bis auf einen Schlitz vor ihren Augen. Sie besuchten Hochzeiten, Messen, 'Urs-Feste und sie gingen auf Pilgerreisen. Frauen der Aristokratie waren oft mit Verwaltungsdingen beschäftigt, sie nahmen Anteil an der Politik und legten – wie in dem außergewöhnlichen Fall der Königin, Sultan Raziya – sogar den Schleier ab. Gulbadan Begum, die Schwester des Mogulkaisers Humayun, schrieb einen lebendigen Bericht von der Herrschaft des Kaisers und arbeitete ständig daran, zwischen ihren streitenden Brüdern Frieden zu stiften. Mogulprinzessinnen förderten Dichter, planten Gärten, spielten Polo und nahmen mit dem Gewehr an Löwenjagden teil.

Die gesprochenen und geschriebenen Sprachen stellten wachsende Mischungen von Arabisch, Persisch und Türkisch mit einheimischen Sprachen dar, vor allem mit Hindvi (Hindi). Eines der ältesten literarischen Werke in hindi, das *Prithvi Raj Raso* des Chand Bardai, enthält arabische und persische Wörter wie *Salaam* (Grußformel), *Badshah* (Kaiser), *Parwardigaar* (Gott der Ernährer), *Duniya* (Welt), *Paighaam* (Nachricht), *Farman* (Erlaß, Befehl), *Khalq* (Volk, Geschöpfe Gottes), um nur einige zu nennen. Arabisch als reine Sprache war vor allem die Schrift theologischer Texte. Türkisch war dagegen nie eine literarische Sprache – die Lebenserinnerungen des ersten Mogulkaisers Babur sind vielleicht das einzige große Werk, das ursprünglich in dieser Sprache verfaßt worden ist. Einzelne Wörter dieser Sprache finden sich dagegen in verbreiteten Bezeichnungen für alltägliche Haushaltsartikel, Speisen und Kleiderformen. Die offizielle Sprache des Delhi Sultanats und des Mogulreiches war das Persische. Es war zugleich die gemeinsame Sprache, die *lingua franca* in ganz Nordindien und in Teilen des Dekkanhochlandes. Die gesprochene Sprache tendierte generell zu einer Mischung lokaler Begriffe mit Persisch. Kaufleute, Sänger, Tänzer, Musiker – alle sprachen das lokale Hindvi von Delhi, jeder Bazar besaß seinen eigenen Dialekt. Der Hof und das königliche Lager setzten dagegen die Standards für den Stil der Konversation. Kaufleute, die den elegantesten Stil kultivierten und die gepflegteste Sprache praktizierten, hatten die besten Chancen, eine gut situierte aristokratische Kundschaft für sich zu gewinnen. Entsprechendes galt für Dichter und Schreiber, die Sultane und Emire als Schutzherren und Mäzene suchten.

Die Sprache in den *Khanqahs* der Sufis reagierte auf andere, spezifische Anforderungen. Die Notwendigkeit, mit einer großen Zahl von Menschen zu kommunizieren, erforderte eine Abkehr von den künstlichen und geschraubten Sprachstilen der Höfe. Bei Sama-Versammlungen verbanden sich Sprache und Musik eng miteinander. Shaikh Gesu Daraz glaubte, jede Sprache habe ihre spezifische Leistungsfähigkeit: bestimmte Gefühle könnten nur in persisch ausgedrückt werden, andere in arabisch. Die frühesten Formen des Urdu waren von Mystikern in Bijapur und Gujarat im späten 15. und 16. Jahrhundert entwickelt worden. In Delhi blieb es dagegen eine Volkssprache, bis einer der großen Poeten des Dekkan-Hochlandes, Wali, es im Jahre 1707 benutzte. Während der Endphase des Mogulreiches ersetzte Urdu als neue Sprache der Dichtung in kürzester Zeit das traditionelle, vornehme Persisch. Die lyrischen Verse von Khwaja Mir, genannt Dard („Schmerz"), eroberten jedes Herz in Delhi. Sie waren voller Bilder des Traums, der romantischen Spuren, wandernder Dünen, der Reflexe im fließenden Wasser, und alle dienten dem Zweck, die geliebte Stadt Delhi zu besingen, die den Belagerungen des Afghanen Nadir Shah ebenso widerstanden hatte wie denen der aus Zentralasien einfallenden Abdalis und Marathen sowie den Rohillas aus dem westlichen Indien (Schimmel 1995).

Wenn Inder über ihre Städte schrieben, wie etwa über Delhi, so taten sie das in ganz anderen Begriffen als europäische Beobachter. Für letztere bildeten Versailles, Paris, London oder Moskau oft den Vergleichsmaßstab. Für Inder zählten materielle Charakteristika weniger als der städtische Lebensstil und die Anwesenheit bestimmter Gelehrter, deren Kenntnisse, Kunst oder Verstand Respekt oder Sympathie hervorriefen. Das *Muraqqa-i Dihli*, eine persische Schrift aus dem Jahre 1739, kurz nach der Verwüstung Delhis durch Nadir Shah, enthält eine Ansammlung individueller Porträts. Unter den sympathischsten Figuren dieser Zeit war wohl Mirza Mazhar Jan-i Ianan, ein Dichter und Sufi mit einem angeborenen Sinn für Verfeinerung, Ordnung und Symmetrie, geistig hochstehend, generös, feinfühlig, gelehrt, ein erfahrener Schwertkämpfer, der aber auch fünfzig verschiedene Schnittmuster des *Salwar* kannte, der typischen Männer- und Frauenhose mit engen Bündchen (Mujeeb 1995:386-87). Von Mirza Mazhar kann man sagen, daß er die Kultur der Stadt personifizierte – ihren reichen Kosmopolitismus, ihre Kultiviertheit, ihre Lebensfreude. Diese Kultur wurde geformt von den Beziehungen zwischen einzelnen Personen aus sehr verschiedenen Gruppen: zwischen den *Kadi* und den Sufis, dem *Emir* und dem Kaufmann, zwischen lokalem Partikularismus und der Bewegung der Menschen und Ideen über die Entfernungen des ganzen Kontinents, zwischen einem Festhalten an Formen der Etikette und der schnellen Überwindung von Sprachgrenzen. Diese Bindungen wurden von Generation zu Generation weitergegeben und waren Teil der Lokkerheit des institutionellen Systems, die die meisten nordindischen Städte kennzeichnete. Für die Stadt Delhi waren es wohl diese Eigenschaften, die ihr die Dauerhaftigkeit und die Kraft gaben, um zahlreiche Angriffe und Krisen zu überleben.

LITERATUR

Alam, Muzaffar/Subrahmanyam, Sanjay Hg. (1999): The Mughal State. New Delhi: Oxford University Press

Allami, Abu'l Fazl (1977–78, 2. Aufl.): A'in-i Akbari (Übers. H. Blochmann und H.S. Jarrett). 3 Bände. New Delhi: Oriental Books Reprint Corporation

Allchin, Raymond/Allchin, Bridget (1997): Origins of a Civilization. New Delhi: Penguin/Viking

Bayly, C. A. (1998, 2. Aufl.): Rulers, Townsmen and Bazaars. North Indian Society in the Age of British Expansion 1770–1870. New Delhi: Oxford University Press

Bernier, François (1891, 4. Aufl. 1992): Travels in the Mogul Empire AD 1656–1668. Übers. A. Constable, Hg. V. A. Smith. New Delhi: S. Chand and Co.

Braudel, Fernand (1984): Civilisation and Capitalism: Fifteenth to Eighteenth Century. 3 Bände. London: Collins

Blake, Stephen P. (1993): Shahjahanabad. The Sovereign City in Mughal India 1639–1739. Cambridge: Cambridge University Press

Chaudhuri, Kirti N. (1985): Trade and Civilisation in the Indian Ocean. An Economic History from the Rise of Islam to 1750. Cambridge. Cambridge University Press

Chattopadhyaya, Brajadulal (1994): The Making of Early Medieval India. New Delhi: Oxford University Press

Cipolla, Carlo M. (1981, 2. Aufl.): Before the Industrial Revolution. European Society and Economy 1000–1700. London: Fontana Books

Danvers, F. C./Foster, W., Hg. (1896–1902): Letters Received by the East India Company from its Servants in the East. 6 Bände. London.

Das Gupta, Ashin (1979): Indian Merchants and the Decline of Surat: 1700–1750. Stuttgart: Franz Steiner Verlag

Davis, Richard H. (1997): Lives of Indian Images. Princeton: Princeton University Press

Ehlers, Eckart/Krafft, Thomas, Hg. (1993): Shahjahanabad/Old Delhi. Tradition and Colonial Change. Stuttgart: Franz Steiner Verlag

Foster, William, Hg. (1985, 2. Aufl.): Early Travels in India: 1583–1619). New Delhi: Oriental Books Reprint Corporation

Fox, Richard, Hg. (1969): Urban India: Society, Space and Image. Durham: Duke University Press

Grewal, J. S./Banga, Indu, Hg. (1980): Studies in Urban History. Amritsar: Guru Nanak Dev University Press

Habib, Irfan (1999, 2. Aufl.): The Agrarian System of Mughal India 1556–1707. New Delhi: Oxford University Press

Habib, Irfan/Raychaudhuri, Tapan, Hg. (1982): The Cambridge Economic History of India. Band I: c. 1200–c. 1750. Cambridge: Cambridge University Press

Hambly, Gavin (1982): Towns and Cities. Mughal India. In: Habib/Raychaudhuri: 434-51

Haynes, Douglas (1992): Rhetoric and ritual in colonial India: the shaping of a public culture in Surat city 1882–1928. Berkeley/Los Angeles: University of California Press

Ibn Battuta (1958): The Travels of Ibn Battuta A.D. 1325–1354. Übers. H. A. R. Gibb. 2 Bände. Cambridge: Cambridge University Press

Jansen, Michael (1986): Die Indus-Zivilisation. Wiederentdeckung einer frühen Hochkultur. Köln: DuMont-Buchverlag

Juneja, Monica Hg. (2001): Architecture in Medieval India. Forms, Contexts, Histories. New Delhi: Permanent Black
Koch, Ebba (1991): Mughal Architecture. An Outline of its History and Development (1526-1858). München: Prestel-Verlag
Kulke, Hermann/Rothermund, Dietmar (1998, 2. Aufl.): Geschichte Indiens. Von der Induskultur bis heute. München: C. H. Beck
Malik, Jamal (1993): Islamic Institutions and Infrastructure in Shahjahanabad. In: Ehlers/Krafft: 43-64
Manucci, Niccolao ([1907] 1981, 3. Aufl.): Storia do Mogor 1653-1708. Übers. William Irvine. 4 Bände. Calcutta: Indian Editions
Marx, Karl (1975, 7. Aufl.): Pre-Capitalist Economic Formations. New York: International Publishers
Misra, S. C. (1980): Some Aspects of the Self-Administering Institutions in Medieval Indian Towns. In: Grewal/Banga: 80-90
Mujeeb, Muhammad (1995, 2. Aufl.): The Indian Muslims. New Delhi: Munshiram Manoharlal Publishers
Naqvi, Hamida K. (1972): Urbanization and Urban Centres under the Great Mughals. Simla: Indian Institute of Advanced Study
Pearson, Michael N. (1976): Merchants and Rulers in Gujarat. Berkeley/Los Angeles: University of California Press
Ratnagar, Shereen (2001): Understanding Harappa. Civilization in the Greater Indus Valley. New Delhi: Tulika
Ray, Rajat, Hg. (1992): Entrepreneurship and Industry in India. New Delhi: Oxford University Press
Roe, Thomas ([1926] 1990, 3. Aufl.): The Embassy of Sir Thomas Roe to India 1615-19, as narrated in his Journal and Correspondence, Hg. William Foster. New Delhi: Munshiram Manoharlal Publishers
Sahai, Nandita P. (2002): Collaboration and Competition. Artisanal Jati Panchayats and the Jodhpur State in the Eighteenth Century. In: The Medieval History Journal 5:1 (im Druck)
Schimmel, Annemarie (1995): Nimm eine Rose und nenn sie Lieder. Poesie der islamischen Völker. Frankfurt a. M.: Insel-Verlag
Sharma, Ram Sharan (1965): Indian Feudalism c. 300-1200. Calcutta: University of Calcutta Press
Sharma, Ram Sharan (1974): Iron and Urbanization in the Ganga Basin. In: The Indian Historical Review I: 98-103
Subrahmanyam, Sanjay, Hg. (1990): Merchants, markets and the state in early modern India. New Delhi: Oxford University Press
Subrahmanyam, Sanjay (1993): The Portuguese empire in Asia 1500-1700: a political and economic history. London: Longman
Subrahmanyam, Sanjay, Hg. (1994): Money and the market in India. New Delhi: Oxford University Press
Tavernier, Jean-Baptiste ([1676] 1977, 2. Aufl.): Travels in India, Hg. William Crooke. New Delhi: Oriental Books Reprint Corporation
Thevenot, Jean de ([1687] 1984, 2. Aufl.): The Indian Travels of Thevenot and Careri, Hg. J. P. Guha. New Delhi: Associated Publishing House
Weber, Max (1998): Die Wirtschaftsethik der Weltreligionen Hinduismus und Buddhismus: Schriften 1916-1920. Tübingen: Mohr
Weber, Max (1999): Die Stadt, Hg. Wilfried Nippel. Tübingen: Mohr

DIE STADT IM VORMODERNEN CHINA
Probleme der Forschung

HANS ULRICH VOGEL

Die Erforschung der Stadtgeschichte Chinas ist innerhalb der westlichen Sinologie erst in relativ jüngerer Zeit zu einem wichtigen Thema avanciert. Der vorliegende Beitrag greift einige ausgewählte Aspekte der Geschichte chinesischer Städte von den Anfängen bis zum Ende des 19. Jahrhunderts heraus. Dadurch sollte einerseits die große Vielfalt chinesischer Stadtgeschichte betont, andererseits die Möglichkeit für eine komparatistische Vorgehensweise eröffnet und nicht zuletzt ein Einblick in die zur Zeit wichtigsten diskutierten Fragen innerhalb der westlichen Sinologie ermöglicht werden. Unter weitgehender Ausblendung kultureller, insbesondere religiöser Fragen liegt der Schwerpunkt auf politischen, wirtschaftlichen und sozialen Strukturfragen.

DIE ANFÄNGE

In seiner vor mehr als 20 Jahren veröffentlichten Untersuchung über Ursprung und Charakter der antiken chinesischen Stadt lautet Paul Wheatleys These, daß die Herausbildung eines zeremoniellen Zentrums die früheste Stufe der urbanen Entwicklung darstelle und daß der kosmisch-magische Symbolismus eine entscheidende Rolle in der Festlegung der Funktionalität alter chinesischer Städte gespielt habe (Wheatley 1971:477-482). In anderen Studien wurde anstelle der Religion die Funktion der Stadt als Ort militärischer Machtsicherung hervorgehoben; anzunehmen ist, wie auch Helwig Schmidt-Glintzer meint, daß beide Elemente eine Rolle gespielt haben (Schmidt-Glintzer 2000:190; zur antiken Stadt vgl. auch Chang Kwang-chih 1977; Chen Shen 1994; Xiong 1996; Bagley 1977; Huber 1988; Buck 1986; Liscak 1988; Höllmann 1986).

Die weitere geschichtliche Entwicklung des Städtebaus läßt sich in Nancy Shatzmann Steinhardts (1990) Darstellung der Geschichte der Planung chinesischer Kaiserstädte nachvollziehen, und auch Wu Liangyongs (1986) kurze Geschichte der Stadtplanung im alten China konzentriert sich auf Reichshauptstädte. Dies ist ebenfalls bei zahlreichen anderen Forschungsarbeiten der Fall, was angesichts der politischen, militärischen, wirtschaftlichen, sozialen, kulturellen und religiösen Bedeutung der Kaiserstädte sowie aufgrund der Tatsache, daß bei diesen Städten die Quellenlage weitaus besser ist als in anderen Fällen, nicht weiter erstaunlich ist (zu den Reichshauptstädten vgl. zu Chang'an: Sirén 1927; Wright 1965; Hotaling 1978; Steinhardt 1983; Xiong 1987, 1988, 1993, 2000; 1986; Thilo 1997; zu Luoyang: Ho Ping-ti 1966; Bielenstein 1976; Kracke 1975; zu Kaifeng: Kracke 1975; Johnson 1995a; Kölla 1996; zu Lin'an: Eichhorn 1957; Gernet 1962; zu Nanjing und Beijing: Serruys 1960; Farmer 1976; Meyer 1976, 1991; Geiss 1979; Naquin 2000).

DIE URBANE REVOLUTION VON CA. 800 BIS 1300

Eine historische Entwicklung, die vermehrt in den Blickpunkt der Forschung rückte, war die chinesische „mittelalterliche Revolution" von circa 800 bis 1300. In seinem Buch über die Grundstrukturen der chinesischen Geschichte spricht Mark Elvin von fünf wirtschaftlichen Revolutionen in jener Zeit. Neben denjenigen in Landwirtschaft, Wassertransportwesen, Geld- und Kreditwesen sowie in Naturwissenschaft und Technik spielte die Revolution in den Marktstrukturen und im Städtewesen eine große Rolle (Elvin 1973:113-199). Während in der Zeit vor dem 8. Jahrhundert Märkte der Kontrolle des Staates unterworfen waren oder zumindest sein sollten, setzte spätestens mit dem 9. Jahrhundert eine Periode zunehmender Handelsfreiheit ein. Sie hatte ihre Ursprünge in der zunehmenden Kommerzialisierung der landwirtschaftlichen Produktion und in der Entstehung und steigenden Bedeutung von inoffiziellen Märkten. Nicht nur Luxusgüter wurden gehandelt, sondern mehr und mehr auch Dinge des alltäglichen Gebrauchs, so daß neben den regionalen und interregionalen Transaktionen auch die lokalen Märkte an Bedeutung gewannen, was sich insgesamt in der Entwicklung eines dichten Netzes von Binnenzöllen widerspiegelte. Es entstand somit eine Hierarchie von Märkten niedrigerer und höherer Ordnung, welche beinahe die gesamte chinesische Wirtschaft miteinander verband. Drei Hauptregionen mit einem derartigen Netz wirtschaftlicher Interdependenzen lassen sich unterscheiden: Nord-China mit Kaifeng als Zentrum, Süd-China mit der Region nördlich und südlich des Taihu-Sees und Sichuan mit der Chengdu-Ebene als Zentrum, wobei jedoch die letztgenannte Region von den beiden anderen Regionen relativ isoliert war.

Ein Kennzeichen der Entwicklung waren zunehmend komplexere Formen von Handelsaktivitäten. Eine spezielle Schicht von Geschäftsverwaltern läßt sich identifizieren, welche allerdings manchmal in einem dienstpflichtigen Abhängigkeitsverhältnis zu Geldgebern und Eigentümern von Handelsbetrieben standen. Eine Vielzahl von unterschiedlich großen Geschäftsvereinigungen mit teilweise spezifischen Funktionen innerhalb des Handels entstanden, was zu Verbünden zwischen kleineren und großen Kaufleuten oder zu solchen zwischen gleichwertigen Partnern führte (Elvin 1973:164-175; Elvin 1978).

Die geschilderten wirtschaftlichen Entwicklungen fanden ihren Ausdruck in einer zunehmenden Urbanisierung, welche sowohl Folge als auch Ursache gewesen sein könnte. Sie äußerte sich darin, daß die Städte größer wurden. Den inneren Bezirken erwuchsen Vorstädte von beträchtlichen Ausmaßen, und der Anteil der in der Stadt ansässigen Bewohner stieg an. In der Song-Zeit wurde Eigentum von innerstädtischem Land erstmals eine wichtige Einnahmequelle und Gegenstand gesonderter Besteuerung.

Eine weitere Veränderung bestand darin, daß städtische Siedlungen, welche vormals von Beamten und Konsumenten bewohnt waren und in die Güter und Geld hauptsächlich auf dem Wege von Steuererhebungen hineingepumpt worden war, nun auch in unterschiedlichem Grade zu Zentren von Handel und Gewerbe wurden.

Elvin schätzt, daß um 1100 der Anteil der Bevölkerung von Städten mit über 100.000 Einwohnern ungefähr 6 bis 7 Prozent an der Gesamtbevölkerung betrug. Der Anteil der gesamten städtischen Bevölkerung, d.h. unter Einschluß der unregistrierten Bevölkerung großer Städte und der Einwohner kleinerer Städte, dürfte sogar bis zu 10 Prozent betragen haben. China sei damals, so Elvin, die am stärksten urbanisierte Gesellschaft der Welt gewesen, wobei Hangzhou, die Hauptstadt der Südlichen Song-Dynastie, eine Bevölkerung von vielleicht 600.000 bis 700.000 und Kaifeng, die Hauptstadt der Chin-Herrscher (1115–1234), von einer Million Menschen aufgewiesen haben dürften.

Elvin erwähnt zudem einen für ihn wichtigen, allerdings wegen des Datenmangels noch weitgehend hypothetischen Kontrast zwischen dem Urbanisierungsmuster der Song-Zeit (960–1279) und demjenigen der Qing-Periode (1644–1911). Es scheint, daß um 1900 der Anteil der Bevölkerung, welche in Städten mit über 100.000 Einwohnern lebte, nur ungefähr 4 Prozent der Gesamtbevölkerung betrug und somit relativ niedriger war als im 12. oder 13. Jahrhundert. Gleichzeitig sei aber festzustellen, daß während dem 18. und 19. Jahrhundert die Zahl von kleineren Marktstädten rapide zunahm. Daraus scheint sich zu ergeben, daß zwischen 1300 und 1900 der Trend zu großen Städten hin zum Stillstand kam oder sich sogar umkehrte und sich mit der zunehmenden Bedeutung von kleinen und mittleren urbanen Zentren der Kontrast zwischen den großen Städten und dem Land verminderte.

Dieser siedlungsgeographische Prozeß der städtischen Dezentralisierung (*urban devolution*) war von anderen charakteristischen Entwicklungen begleitet. Eine dieser Entwicklungen im gesellschaftlichen Bereich läßt sich als städtische Konzentration (*urban concentration*) bezeichnen: Nach 1600 zogen es die wohlhabenderen Landeigentümer zunehmend vor, permanent in der Stadt zu wohnen. Ihre Landgüter wurden dadurch zunehmend fragmentiert, und sie waren mit ihren Pächtern nur noch mittelbar über Pachtverwalter verbunden. Während früher das Verwaltungssystem für die Steuereinziehung, für Aufrechterhaltung von Ordnung und Sicherheit sowie für wasserbauliche Maßnahmen auf der Dienstpflicht der in den ländlichen Gemeinden beheimateten Mittelbauern ruhte, brach dieses System nun zusammen und wurde durch Organisationen ersetzt, in denen in den Städten ansässige Yamenbedienstete und Angehörige der Gentry tätig waren. Mit ‚Gentry' bezeichnet man die chinesische Oberschicht, wobei man zwischen höherer und niedrigerer Gentry unterscheidet. Es handelte sich um Männer, die als Beamte dienten oder zumindest Inhaber eines in der Regel über das kaiserliche Prüfungssystem erworbenen akademischen Grades waren. Der Gesamtanteil der Gentry an der Gesamtbevölkerung betrug zwischen 1 und 2 Prozent.

Eine Folge der städtischen Konzentration war, daß die Finanzierung bäuerlichen Geldmittelbedarfes nicht mehr durch Kredite der Landeigentümer zustande kam, sondern mehr und mehr von städtischen Pfandleihen übernommen wurde, und daß die Reichen und Wohlhabenden vermehrt Investitionsmöglichkeiten in den Städten suchten. Das Phänomen der „abwesenden Grundeigentümer" (*absentee landlords*) war auch eine der Ursachen für den Anstieg der bäuerlichen Freiheit, der Zunahme der Schicht von Kleingrundeigentümern und -besitzern und das Ende der leibeigenschaftlichen Bindungen vieler Pächter an die Grundeigentümer.

Eine städtische Konzentration läßt sich auch bei der Zunahme typischer städtischer Institutionen feststellen, wozu insbesondere von der Gentry verwaltete Wohltätigkeitsinstitutionen sowie Kaufmanns- und Handwerkergilden zählten. Ebenso stieg die Zahl der Ausbildungsstätten, der Akademien (*shuyuan*), in den Städten oder zumindest Vorstädten. Wasserbaumaßnahmen, welche für den innerstädtischen Handel wichtig waren, wurden im 19. Jahrhundert bis zu einem gewissen Grad von städtischen Zentren finanziert und verwaltet. Und zumindest in kleineren städtischen Zentren, wo der Einfluß der staatlichen Ideologie nicht derart ausgeprägt war, scheint es zu einer Verschmelzung der Interessen von Gentry und Kaufleuten gekommen zu sein.

Die Entwicklung der Urbanisierung war in China jedoch nicht gleichförmig. Gebiete mit intensivem Reisanbau und den Möglichkeiten des Wassertransportes konnten eine dichtere Bevölkerung erhalten und wiesen einen höheren Grad an Kommerzialisierung auf als solche ohne diese Grundvoraussetzungen – eine Situation, die als ‚wirtschaftlicher Dualismus' bezeichnet wird. Insbesondere Gebiete Zentral- und Südchinas waren in dieser Hinsicht begünstigt, während Nordchina zurückstand (Elvin 1973:164-175, 250-267).

Die städtischen Entwicklungen der spätkaiserlichen Zeit sind gemäß Elvins Auffassung auf die Stagnation im Bereich technischer Erfindungen und die weiteren Verläufe der traditionellen Wirtschaft zurückzuführen. Einerseits kannten die letzten drei Jahrhunderte des spätkaiserlichen China einen höheren Grad privater Wirtschaftsorganisation als in früheren Zeiten. Das seit dem 16. Jahrhundert erhöhte Tempo an wirtschaftlicher Organisation war insbesondere dadurch gekennzeichnet, daß ländliches Gewerbe durch ein Marktnetz von rasch zunehmender Dichte koordiniert wurde, während städtisches Gewerbe, welches durch dieses Marktnetz mit Rohstoffen, Waren und Kunden versorgt wurde, neue Strukturen zur Führung einer größeren Zahl von Angestellten und Lohnarbeitern entwickelte. Andererseits waren während dieser drei Jahrhunderte die technischen Fortschritte äußerst gering; zudem läßt sich in organisatorischer Hinsicht eine Tendenz hin zur Trennung zwischen Handel und Produktion feststellen. Diese Trennung wirkte sich insofern aus, als sich Kaufleute in der Regel nur um den Handel und Handwerker nur um die Produktion kümmerten und Handelskapital nicht in den Produktionsbereich investiert wurde. Der ausbleibende Fortschritt in den Produktionstechniken ist gemäß Elvin weder auf ungenügende Kapitalmengen, limitierte Märkte, staatliche Behinderungen der Wirtschaft noch auf kleine und kurzlebige Unternehmensformen zurückzuführen, sondern auf eine Konstellation, die von ihm als ‚Gleichgewichtsfalle auf hohem Niveau' bezeichnet wurde:

In der spätkaiserlichen Zeit entwickelte sich die chinesische Wirtschaft in einer Art und Weise, die gewinnbringende Inventionen und Innovationen im Bereich der Produktionstechniken immer schwieriger gestaltete. Fallende landwirtschaftliche Überschußerträge und damit sinkendes Pro-Kopf-Einkommen und fallende Pro-Kopf-Nachfrage, zusammen mit der Verbilligung von Arbeitskraft und zunehmend teureren Ressourcen und Kapital sowie hochentwickelten Landwirtschafts- und Transporttechniken, bei denen alle traditionellen Verbesserungsmöglichkeiten ausgereizt waren, erzeugten eine Situation, in der die rationale Strategie sowohl von Bauern als auch Kaufleuten darin bestand, weniger auf Arbeitskräfte einsparende Maschinen als vielmehr auf einen sparsamen Einsatz von Ressourcen und fixem Kapital zu setzen. Riesige, aber beinahe statische Märkte sorgten dafür, daß keine Engpässe im Produktionssystem entstanden, welche Kreativität in der Entwicklung von neuen Produktionstechniken hätten fördern können. Wenn es zu vorübergehenden Engpässen kam, erwiesen sich kaufmännische Flexibilität und günstige Transportmöglichkeiten als bessere und billigere Problemlösungsstrategien als der Einsatz von technischen Hilfsmitteln. Die Entwicklung eines Netzwerkes von lokalen und regionalen Märkten, die besonders in den Regionen mit Wasserwegen durch effiziente und billige Transportlinien verbunden waren, und das dichte, hierarchisch gegliederte Netzwerk von städtischen Siedlungen im spätkaiserlichen China sind Ausdruck dieser ‚Gleichgewichtsfalle auf hohem Niveau'. Nirgendwo in der Welt, so Elvin, war die Hierarchie städtischer Siedlungen derart entwickelt wie in den wirtschaftlich führenden Regionen Chinas. Möglicherweise sei es aber ein Irrtum, diese Art von Reife als Ausdruck einer Bewegung hin zur Modernisierung gleichzusetzen. Vielmehr sei davon auszugehen, daß dieses dichte und perfekte Netzwerk lokaler und regionaler Märkte mit seinen effizienten Verbindungen und funktionalen Differenzierungen weniger Anreize für neue produktionstechnische Unternehmungen bot als ein System mit unausgeglichener urbaner Struktur (Elvin 1973:268-319; Elvin 1983:120-121).

Ein wichtiges Thema in der Erforschung der chinesischen Stadtgeschichte sind Grad und Ausmaß der politischen und kulturellen Bedeutung chinesischer Städte, insbesondere im Vergleich zur Geschichte europäischer Städte. Die Klärung dieser Frage ist insofern von Bedeutung, als sich hierbei grundsätzliche Unterschiede zwischen europäischen und chinesischen Entwicklungen in Wirtschaft, Gesellschaft, Politik und Kultur darlegen lassen. Elvin ist der Meinung, daß chinesischen Städten nicht dieselbe historisch-politische Bedeutung zukomme wie den weitaus kleineren Städten des europäischen Mittelalters.

Chinesische Städte waren weder Zentren politischer oder persönlicher Freiheiten, noch verfügten sie über spezifisch städtische Rechtsinstitutionen. Ihre Einwohner entwickelten kein bürgerliches Bewußtsein (im Gegensatz zu einem gewissen regionalen Stolz) noch dienten sie in autonomen städtischen Armeen. Sie bestanden nicht aus kaufmännischen Gemeinden, die sich im Widerstreit mit den Landgebieten und ihren Herrschern befanden. Kein Konflikt bestand in China ferner zwischen Landgütern und dem Markt, denn die meisten Landgüter produzierten für den Markt. Gerade der expandierende Markt für landwirtschaftliche Überschußprodukte scheint dafür verantwortlich gewesen zu sein, daß die Ausbeutung von Leibeigenen und Pächtern derart attraktiv war. Der grundlegende Unterschied zwischen Europa und China bestand wohl darin, daß in China die Existenz einer das Reich vereinheitlichenden kaiserlichen Regierungsform sowohl die Entwicklung politisch unabhängiger Städte als auch echter feudaler politischer und militärischer Strukturen verhinderte (Elvin 1973:177).

STÄDTE IM SPÄTKAISERLICHEN CHINA

Eine neue Phase in der Erforschung der chinesischen Stadtgeschichte wurde durch einen von G. William Skinner herausgegebenen Band zur Stadtgeschichte im China der Ming- (1368–1644) und Qing-Zeit (1644–1911) eingeläutet. In den dort gesammelten Beiträgen befassen sich Skinner und eine Reihe von Fachleuten mit drei Bereichen der chinesischen Stadtgeschichte, nämlich
– der geschichtlichen Entwicklung und Verbreitung von Städten und den Faktoren, welche Form und Wachstum der Städte beeinflußten,
– der Einbettung der Städte in ihr Hinterland und in ihre Region und
– der internen sozialen Struktur der Städte (Skinner 1977).
Die Publikation dieses Bandes bedeutete nicht nur eine Synthese und Systematisierung von zumindest zum Teil bereits erarbeiteten Forschungsergebnissen, sondern rückte zum ersten Mal auch bestimmte Aspekte der chinesischen Stadtgeschichte wie verwandtschaftliche Organisation und religiöse Strukturen in den Mittelpunkt.

Auch wenn verschiedentlich in Einzelstudien und aus wirtschaftswissenschaftlicher Sicht kritisiert (Sands/Myers 1986; Little/Esherick 1989; Lavely 1989; Sands/Myers 1990), erwiesen sich Skinners Etablierung von hauptsächlich physiographisch und wirtschaftlich bedingten regionalen und lokalen Systemen sowie seine Kategorisierung und Hierarchisierung von zentralen Orten und ihre Einbindung in die lokalen und regionalen Systeme von großem Einfluß. Skinner ist der Meinung, daß sich der Prozeß der Urbanisierung in China nur innerhalb eines makroregionalen Systems verstehen läßt. Aufgrund von physiographischen und wirtschaftlichen Gegebenheiten definiert er für das 19. Jahrhundert acht Makroregionen (Nord-China, Nordwest-China, Oberer Yangzi, Mittlerer Yangzi, Unterer Yangzi, Südost-Küste, Lingnan und Yungui), die sich nicht nach den administrativ-territorialen Grenzziehungen der achtzehn Kernprovinzen richten, sondern diese erheblich durchschneiden. Diese Makroregionen waren wirtschaftlich mehr oder weniger autonom und konnten sich wirtschaftlich und politisch unabhängig voneinander entwickeln. Jede dieser Makroregionen verfügte zudem über ein Kerngebiet, welches dicht besiedelt war, eine große Produktion und hohe Produktivität aufwies und somit die meisten zentralen Orte und Einwohner und eine entsprechende Peripherie mit gegensätzlichen Eigenschaften innehatte. Raten der Urbanisierung können gemäß Skinner in sinnvoller Weise nur für die einzelnen Makroregionen errechnet werden, da sich diese in ihrer wirtschaftlichen Leistungskraft und politisch-administrativen Stellung voneinander unterschieden. Auch tritt er dafür ein, nicht von „der" chinesischen Stadt zu sprechen, sondern eine Hierarchie verschiedener Typen von zentralen Orten je nach ihrer Funktion im lokalen und regionalen System zu etablieren, welche zudem für analytische Zwecke mit anderen empirischen Größen wie Bevölkerungszahl kombiniert werden können. Diese zentralen Orte sind in absteigender Reihenfolge zentrale Metropolen, regionale Metropolen, regionale Städte, größere Städte, lokale Städte, zentrale Marktflecken (*market town*), intermediäre Marktflecken und Standardmarktflecken. Für die Berechnung der Urbanisierungsrate bezieht Skinner als Mittelwert jene zentralen Orte mit ein, die eine Bevölkerung von mehr als 2000 Personen aufweisen. Demgemäß betrug die Urbanisierungsrate im China des späten 19. Jahrhunderts 6 Prozent, wobei die jeweiligen Raten in den einzelnen Makroregionen unterschiedlich ausfallen (Skinner 1977:5, 220-228). Gerade die Entstehung von zentralen Orten mittlerer Größe, aber auch das Anwachsen der Städte auf den oberen Ebenen der Hierarchie wird von Skinner – ähnlich wie bei Elvin – als ein langandauernder historischer Trend identifiziert, der in seinen Auswirkungen zu einer ausgeglicheneren Verteilung der städtischen Bevölkerung in China führte. Gleichzeitig läßt sich beobachten, daß sich der Staat aufgrund der Überforderung seiner traditionellen bürokratischen Strukturen angesichts der wachsenden Größe und Komplexität der Gemeinwesen aus vielen sozialen, wirtschaftlichen und rechtlich-lokalen Angelegenheiten zurückzog (Skinner 1977:17-26).

Mit einem Urbanisierungsgrad von 4 bis 9 Prozent für die Qing-Zeit kommt Gilbert Rozman in seiner Studie zu einem mit Skinner vergleichbaren quantitativen Resultat, ist aber der Meinung, daß Chinas urbane Hierarchie in einem negativen Sinne „basislastig" gewesen sei. Mit anderen Worten, Rozman stellte fest, daß einer Vielzahl von kleinen Städten an der Basis der Pyramide wenige äußerst große Städte an der Spitze gegenüberstanden, mit wenigen Städten im Mittelbereich. Im Gegensatz dazu wies Japan während der Tokugawa-Zeit (ca. 1600–1868), dessen Urbanisierungsgrad er auf 13 bis 24 Prozent schätzt, eine Urbanisierungspyramide mit sehr schmaler Basis auf. Rozman verband nun den niedrigen Urbanisierungsgrad Chinas direkt mit Chinas schwacher Zentralregierung, und zwar mit dem Argument, daß durch das Fehlen von Städten mittlerer Größe eine effiziente staatliche Mobilisierung und Konsolidierung von Ressourcen behindert wurde. Gesellschaften mit einem hohen Urbanisierungsgrad wie Japan seien hingegen besser auf Industrialisierung und Modernisierung vorbereitet gewesen. Regionale Variationen des Urbanisierungsgrades in China werden im Gegensatz zu Skinner von Rozman nicht thematisiert (Rozman 1973; Mann 1984:80-83).

HANKOU UND FOSHAN

Eine der bisher detailliertesten Studien über die Geschichte einer chinesischen Stadt wurde von William T. Rowe veröffentlicht. Sein zweibändiges Oeuvre über Wirtschaft, Gesellschaft, Politik und Verwaltung der Stadt Hankou vom späten 18. bis ins späte 19. Jahrhundert (Rowe 1984; Rowe 1989) informiert uns über zahlreiche Aspekte dieser bedeutsamen Handelsstadt in Zentralchina am Zusammenfluß des Hanshui und des Yangzijiang. In theoretischer Hinsicht wendet sich Rowe gegen die Auffassung, daß es der chinesischen Gesellschaft in ausreichendem Maße an autonomen Bestrebungen zur Entwicklung eigener städtischer wirtschaftlicher, sozialer und politischer Institutionen gemangelt habe. Auch bestreitet er, daß eine chinesische urbane Entwicklung nur durch den westlichen Einfluß, insbesondere der Vertragshäfenstädte, nach Mitte des 19. Jahrhunderts ermöglicht worden sei. Vielmehr habe zumindest in Hankou, welches eine Art urbane Führungsposition in China einnehme, innerhalb der städtischen Bevölkerung bereits vor Mitte des 19. Jahrhunderts *de facto* Autonomie geherrscht, selbst wenn diese nicht volle Unabhängigkeit durch gesetzliche Kodifizierung genossen habe. Im Qing-zeitlichen (1644–1911) China habe somit eine substantielle autonome Treibkraft für soziale und wirtschaftliche Veränderungen existiert, welche nicht ausländischer Herkunft gewesen sei, sondern auf die Initiative und die Handlungen einer Bourgeoisie zurückgehe und sich in deren Handelsorganisation, dem Vorzug, den sie der Selbstverwaltung gaben, und ihrem sozialen und kulturellen Leben widergespiegelt habe. Kaufmännische Autonomie in Hankou habe direkte staatliche Kontrolle des Handels ersetzt. Zudem sei dort eine urbane Identität herangereift, welche eine selbstbewußte urbane Gesellschaft geschaffen habe, während die Gilden sich zunehmend zu komplexen Organisationen entwickelt hätten, welche sowohl die Selbstregulierung des Handels betrieben als auch ein urbanes Bewußtsein geschaffen hätten (Rowe 1984:1-14, 341-346; Buck 1990:578-580).

Abgesehen davon, daß Webers Thesen über die Entwicklung der europäischen Städte, an denen sich Rowes Kritik entzündet, von ihm nur unvollständig wiedergegeben und somit in ihrer Dimension nicht entsprechend reflektiert und appliziert werden, muß man sich fragen, inwieweit Hankou eher die Ausnahme als die Regel gewesen ist. David Faure, der sich mit der Frage der politischen Kultur im Ming- (1368–1644) und Qing-zeitlichen (1644–1911) Foshan, ein zentraler Ort südwestlich von Guangzhou (Kanton) und wie Hankou ebenfalls nicht Sitz einer kaiserlichen Distriktsbehörde (*xian*), beschäftigt hat, kommt zu dem Schluß, daß, obwohl den Führungsschichten in Foshan klar war, daß die Prosperität der Stadt durch wirtschaftlichen Erfolg bedingt war, sie es dennoch als vorteilhaft empfanden, sich mit der staatlich orientierten Gelehrtenkultur zu identifizieren. Falls man im Falle von Foshan überhaupt von einer Bourgeoisie sprechen könne, müsse man feststellen, daß sie im Bereich der staatlichen politischen Ideologie keinen Eindruck hinterlassen habe. Die Kultur der Gelehrten habe die Identität des in Foshan entstandenen Kommerzialismus geprägt, und die „Bourgeoisie" sei zu den Literaten übergelaufen (Faure 1990:1-2, 23-24).

CHENGDU

Auch wenn im Falle Chengdus, der regionalen Metropole der Provinz Sichuan, detaillierte und langfristige Forschungen über die politischen und sozialen Interaktionen zwischen lokalen und regionalen Oberschichten und Beamten fehlen, so läßt sich trotzdem auf diesem Gebiet eine allgemeine, wenn auch vorläufige Zustandsbeschreibung zumindest für das 18. und 19. Jahrhundert wagen. Basierend auf der Studie von S. A. M. Adshead über die politischen Entwicklungen in der Provinz Sichuan um 1900 kann man postulieren, daß bis zu den revolutionären Ereignissen zu Beginn des 20. Jahrhunderts die Oberschichten Sichuans zwar personell und finanziell der kaiserlichen Bürokratie, wie sie insbesondere in der Person des Generalgouverneurs repräsentiert war, weit überlegen, in organisatorischer Hinsicht jedoch diesem nicht sonderlich starken Verwaltungsapparat weit unterlegen waren. Zudem waren sie aufgrund der Dominanz des Prüfungswesens, dem Eingangstor zu sozialem Prestige und Reichtum, und der allgemeinen politischen Strukturen in großem Maße ein Produkt des kaiserlichen Systems. Auch wenn die lokalen Oberschichten der Gentry und Kaufleute vermehrt gesellschaftliche, wirtschaftliche und verwaltungstechnische Funktionen in ihren Lokalitäten übernommen haben, so schlug sich dies zumindest im spätkaiserlichen Chengdu nur beschränkt in Machtgewinn und der Entwicklung politischer Eigenständigkeit und Unabhängigkeit nieder. Erst zu Beginn des 20. Jahrhunderts sollte dies aufgrund der Veränderungen der politischen Konstellationen anders werden (Adshead 1984:9-16). Die politische Abhängigkeit der Oberschichten Sichuans von der kaiserlichen Bürokratie wurde durch die Heterogenität der Bevölkerung noch zusätzlich verstärkt, da sich kaum einer als Sichuanese betrachtete. So schreibt Richthofen 1872 über Sichuan:

> „Der Zuzug von außen her fand dann durch Jahrhunderte statt. Das Wort puntijin [bendiren, d.h. Einheimischer] ist daher eine Schande für einen Bewohner von Sz'tschwan. Fragt man jemand, woher er sei, so antwortet er: von Hupé [Hubei] oder aus irgend einer anderen Provinz; fragt man, wie lange er hier sei, so antwortet er: seit 12 oder 20 usw. Generationen. Jede Familie kennt ihre Abstammung nach Ort und Provinz ganz genau, die Toten aber werden hier begraben." (Richthofen 1907: Bd. 2:273)

Diese Schwäche spätkaiserlicher Oberschichten in der politischen Organisation dürfte auch in Zukunft ein interessantes Thema für vergleichende Studien über chinesische Städte darstellen.

STÄDTE DER JIANGNAN-REGION

Für die Erforschung der chinesischen Stadtgeschichte sind nach wie vor Shanghai und die im Umkreis von Shanghai liegenden Städte Suzhou, Hangzhou und Yangzhou der Jiangnan-Region von großer Bedeutung. Dies zeigen drei kürzlich erschienene Publikationen, die bestimmte Aspekte der geschichtlichen Entwicklung dieser Städte betonen. Ein von Linda Cooke Johnson 1993 herausgegebener Band enthält Fallstudien zur Geschichte von Suzhou, Hangzhou, Yangzhou und Shanghai vom 12. bis ins frühe 19. Jahrhundert. Eine von vielen interessanten Fragen, die sich dabei stellen, ist, ob doch nicht politische Entscheidungen der Zentralregierung in größerem Maße für den Aufstieg und Fall von Städten verantwortlich gemacht werden müssen, als dies in letzter Zeit innerhalb der Forschung wahrgenommen wurde (Rowe 1993:4-5). Linda Cooke Johnsons Monographie zur Geschichte Shanghais vom späten 11. bis zur Mitte des 19. Jahrhunderts versucht, die Entwicklung Shanghais von einem Marktflecken hin zu einer Metropole über die Jahrhunderte hinweg zu beleuchten. Dabei wird deutlich, so Johnson, daß bereits lange vor der Ankunft der Europäer Shanghai ein bedeutender Handelshafen war und daß die Briten bei ihrer Ankunft im Jahre 1842 in großem Maße durch die bereits vorhandenen kommerziellen Strukturen absorbiert wurden (Johnson 1995:1-8). Goodmans ebenfalls im Jahre 1995 publiziertes Werk beschäftigt sich mit den in Shanghai in den Jahren von 1853 bis 1937 existierenden regionalen Netzwerken und Identitäten. Es handelt sich um die Heimatort-Organisationen (*huiguan, gongsuo, bang*), manchmal auch Gilden genannt, deren landsmannschaftliche Bindungen sich in der Regel mit spezifischen Handels- und Gewerbeinteressen überlappten. Innerhalb des chinesischen wirtschaftlichen Kontextes konnten diese Vereinigungen durch die Erleichterung der interregionalen und sozialen Integration eine positive Rolle in der wirtschaftlichen Entwicklung und der Modernisierung spielen. Im Gegensatz zu Rowes Hankou-Studie kann Goodman jedoch keine Abschwächung der Heimatortbindungen dieser Vereinigungen im späten 19. Jahrhundert und ihre Ersetzung durch eine städtische „Shanghai-Identität" feststellen. Im Gegenteil, die Idee der Heimatortbindung blieb bis in die dreißiger Jahre des 20. Jahrhunderts ein mächtiges Prinzip der Organisation, welches eine zentrale Rolle beim Entstehen multipler und variabler urbaner Identitäten spielte (Goodman 1995:29-46).

BEZIEHUNGEN ZWISCHEN LAND UND STADT

Obwohl Philip C. C. Huangs 1990 veröffentlichtes Buch „The Peasant Family and Rural Development in the Yangzi Delta, 1350–1988" hauptsächlich von den wirtschaftlichen, sozialen und politischen Zuständen und Entwicklungen auf dem Lande handelt, sind die Ergebnisse seiner Arbeit auch für die Interpretationen der chinesischen Stadtgeschichte von Bedeutung. Der Grund dafür ist, daß Huang versucht, Zustände und Entwicklungen beider Bereiche miteinander zu verknüpfen. Huangs Thesen bezüglich der Verhältnisse im Yangzi-Delta zwischen dem 14. und dem frühen 20. Jahrhundert lassen sich wie folgt zusammenfassen: Es sei unbestreitbar, daß vom 14. bis zur Mitte des 19. Jahrhunderts der Grad der Kommerzialisierung deutlich angestiegen sei. Diese habe aber – entgegen der landläufigen Meinung, daß Kommerzialisierung in der Entwicklung kapitalistischer Verhältnisse münde – nicht dazu geführt, daß die bäuerliche Haushaltsproduktionseinheit unterminiert worden sei. Im Gegenteil, die bäuerliche Haushaltsproduktionseinheit sei durch die Kommerzialisierung noch gestärkt worden. Statt einer durch Kommerzialisierung verursachten Arbeitsteilung zwischen Gewerbe und Landwirtschaft sei die Verbindung zwischen gewerblicher und landwirtschaftlicher Produktion innerhalb des bäuerlichen Haushaltes noch enger geworden. Durch den verstärkten Anbau von arbeitsintensiven, für den Markt bestimmten landwirtschaftlichen Erzeugnissen (insbesondere Baumwolle und Seide), das Spinnen von Baumwoll- und Seidenfäden und das Weben von Baumwolltuch habe zwar die Produktion der einzelnen Haushalte durch den Einsatz von Frauen- und Kinderarbeit erhöht werden können, doch sei dies auf Kosten des durchschnittlichen Einkommens pro Arbeitskraft gegangen. Huang spricht in diesem Zusammenhang von Familialisierung der Arbeit und Involution innerhalb der landwirtschaftlichen Produktion. Unter Familialisierung der Arbeit versteht er die verstärkte Nutzbarmachung der Arbeitskräfte innerhalb der Familie, während Involution für Huang das Gegenteil von Entwicklung (*development*) ist. Entwicklung ist beispielsweise dadurch gekennzeichnet, daß Ertragssteigerungen mit einem reduzierten Einsatz von Arbeitskraft einhergehen, während unter involutionären Verhältnissen Ertragssteigerungen durch einen proportional oder überproportional zusätzlichen Einsatz an Arbeitskraft erzielt werden. Involution bedeutet für die bäuerlichen Haushalte, daß zwar das Haushaltseinkommen steigt, der Grenzertrag jedoch immer kleiner wird. Vor allem Frauen und Kinder hätten unter Verhältnissen und zu Löhnen produziert, die kaum das Existenzminimum garantiert hätten, wären da nicht die Erträge und Einkünfte aus den anderen bäuerlichen Erzeugnissen gewesen, die die Hauptversorgungsbasis des bäuerlichen Haushaltes gebildet hätten.

Welche Bedeutung haben bäuerliche Involution und Familialisierung der Arbeit für die Entwicklung der Städte im Yangzi-Delta vom 14. bis zur Mitte des 19. Jahrhunderts? Eine Auswirkung dieser Verhältnisse sei gewesen, daß in vielen gewerblichen Bereichen, wie Baumwollspinnerei und -weberei sowie Seidenspinnerei, städtisches

Gewerbe nicht mit den billigen landwirtschaftlichen Arbeitskräften habe konkurrieren können. Bis zur Mitte des 19. Jahrhunderts sei das Weben von Baumwolltuchen in den Städten lediglich in kleinen Werkstätten armer Handwerker, die über wenige Lehrlinge verfügten, durchgeführt worden, ohne daß die Produktion zu Spezialisierung und Arbeitsteilung geführt habe. Lediglich das Weben von Seidenstoffen und die Verarbeitung von Baumwolltuchen hoher Qualität konnte sich in den Städten halten. Der Grund dafür war, daß diese Produkte für die städtische Bevölkerung vorgesehen gewesen seien. Somit habe es auch für Kaufleute, die Kapital durch kommerzielle Unternehmungen erwirtschaftet hätten, keinen Anreiz gegeben, in Produktionsbereiche zu investieren. Da die bäuerliche gewerbliche Produktion nicht durch Unternehmergeist geprägt gewesen sei, sondern durch den Kampf ums nackte Überleben, habe dort auch keine Kapitalakkumulation und Kapitalinvestition, welche zu einem Aufbrechen involutionärer Verhältnisse hätte führen können, stattgefunden. Der Handelsverkehr zwischen Land und Stadt habe sich weitgehend nur in einer Richtung, d.h. vom Land in die Stadt, bewegt. Chinesische Städte der Ming- (1368–1644) und Qing-Zeit (1644–1911) seien niemals Zentren städtischer Manufakturen gewesen, deren Hauptkonsumenten die Bauern gewesen wären. Nur wenige städtisch produzierte Güter hätten das Land erreicht. Der Güterverkehr vom Land zur Stadt hin sei einesteils durch Gewinnabschöpfung mittels Pacht und kaufmännischer Kredite, anderenteils durch die Vermarktung der von den billigen bäuerlichen Arbeitskräften produzierten Güter gekennzeichnet gewesen, wobei die Kaufleute in diesem Bereich des Güterverkehrs das Bindeglied zwischen Land und Stadt darstellten. Selbst nach 1850, als die Bedeutung gewisser Produktionszweige wie Spinnereien und Webereien in den Städten zugenommen habe, hätten sich die Verhältnisse kaum geändert. Die Herstellung von maschinengesponnenem Baumwollgarn habe sogar zeitweise die ländliche Produktion von Baumwolltuchen noch verstärkt. Und selbst in den dreißiger Jahren des 20. Jahrhunderts hätten die bäuerlichen Weber erfolgreich mit den städtisch produzierten Baumwolltuchen konkurriert, die hauptsächlich in den Städten abgesetzt worden seien und kaum auf den ländlichen Märkten Fuß gefaßt hätten. Nach wie vor seien für die Bauern die Städte Zentren der Verwaltung und des Handels, aber kaum solche der Produktion gewesen.

Huang spekuliert zudem über das Verhältnis zwischen Land und Stadt in der chinesischen Geschichte. Im Mittelpunkt steht für ihn dabei das Paradoxon der Koexistenz einer involutionären Landwirtschaft mit der Entwicklung von großen Städten und einer fortgeschrittenen städtischen Kultur. Huang formuliert die These, daß Chinas große Städte nur durch den von einer riesigen Landbevölkerung erzeugten Mehrwert unterhalten werden konnten. Obwohl durch zunehmende Involution der pro bäuerlichem Haushalt erzeugte Mehrwert gesunken sei, habe eine zunehmende bäuerliche Bevölkerung dies mehr als ausgeglichen. Die für die Geschichte Chinas charakteristisch hohe Bevölkerungsdichte führt er auf die bereits schon im 4. Jahrhundert vom „Legalisten" (fajia) Shang Yang praktizierte staatliche Unterstützung von Kleineigentum an bäuerlichem Land und dessen Aufteilung auf alle Erben sowie auf frühe Errungenschaften in der Landbautechnik zurück. Shang Yangs Ziel und auch das von späteren Dynastien sei das einer hohen bäuerlichen Bevölkerungsdichte gewesen. Die Erbteilung selbst wieder hätte zu frühen Heiraten geführt, mit relativ hohen Fruchtbarkeitsraten im Gefolge. Nur die hohen Mortalitätsraten infolge kriegerischer Ereignisse hätten diese demographischen Entwicklungen zeitweise unterbrechen können.

Huangs Ausführungen legen nahe, daß somit die Entwicklung der chinesischen Städte weitgehend nicht das Resultat direkter, die Stadt betreffender politischer Maßnahmen war, sondern indirekt, über die politischen und ideologischen Maßnahmen im landwirtschaftlichen Bereich beeinflußt gewesen seien, welche bestimmte wirtschaftliche und soziale Grundvoraussetzungen schufen, die auch das wirtschaftliche und soziale Schicksal der chinesischen Städte beeinflußt hätten (Huang 1990:91-92, 116-117, 135, 143, 305-334). Der Beitrag von Philip C. C. Huang besteht zweifellos darin, darauf aufmerksam gemacht zu haben, daß ein umfassenderes Verständnis der Geschichte der chinesischen Städte ohne Klärung der wirtschaftlichen, sozialen und politischen Verhältnisse des ländlichen Um- und Hinterlandes kaum möglich ist. Daraus ergibt sich für die Ausrichtung der Wirtschafts- und Sozialhistorie innerhalb der Sinologie die zukünftige Aufgabe, anhand von Fallbeispielen das Zusammenwirken zwischen ländlichen und städtischen Faktoren zu ergründen, um auf diesem Wege zu typisierenden und allgemeinen Aussagen zur Geschichte chinesischer Städte zu kommen.

ABSCHLIESSENDE BEMERKUNGEN

Worin liegt die Bedeutung der Stadtgeschichte für eine Erklärung und ein Verständnis einer gesamtgeschichtlichen Entwicklung? In seinem neuesten Buch zur historisch-genetischen Theorie der Kultur äußert sich Günter Dux zur Rolle der Stadt in der Entwicklung der [europäischen] Neuzeit wie folgt: Durch die Entwicklung des Handels sei es zu einer Verfallserscheinung oder gar Regression des europäischen Feudalismus gekommen, während gleichzeitig die Entwicklung der Stadt einen mächtigen Auftrieb erhalten habe. Von der Entwicklung der Stadt gehe der eigentliche Impetus der Entwicklung der Neuzeit aus. Triebkraft dieses Prozesses seien die Kaufleute und das Stadtbürgertum. Die Dynamik des Prozesses führe zu einer neuen Organisationsform der Gesellschaft: der kapitalistischen Marktgesellschaft (Vernetzung der Produktivität unbestimmt vieler Produzenten und Konsumenten und Entstehung einer Protoindustrialisierung). Mit ihr werde das bis dahin dominante Organisationsmedium, Macht, durch ein anderes, Geld, mediatisiert, ohne dadurch seine organisierende Funktion für die Gesellschaftsverfassung zu verlieren. Dieser Prozeß sei gekennzeichnet durch ein zunehmendes Interesse an der Steigerung ökonomischer Ressourcen durch kleinräumige Herrschaftsgebilde, durch den Aufschwung der Kaufmanns- und Marktsiedlungen in der Topographie der Städte, die Anziehungskraft auf Handwerker, die sich in den Städten niederließen, eine zunehmende Vermarktung von Produkten des Landbaus und nicht nur länger von Luxusgütern, die Vermarktung und Belieferung des Landes mit handwerklichen Produkten, das Entstehen einer freien Lohnarbeiterschicht und gleichzeitig auch der Aufstieg einer ländlichen Heimindustrie. Von besonderer Bedeutung ist indes die Entwicklung der Herrschaftsverfassung, durch die eine Instabilisierung der bisherigen sozialen Ordnungen und der traditionalen Weltdeutungen mitsamt der sie bestimmenden Logik unter Druck gerät. Die Organisationsform der Stadt leite einen Prozeß der Säkularisierung ein, die den kognitiven Revolutionen schließlich das Fundament liefere. Diese kognitiven Revolutionen seien strukturell grundsätzlich durch die Ersetzung einer zweistellig-relationalen Logik durch ein funktional-relationales Deutungsmuster gekennzeichnet gewesen. Entscheidend sei hierbei im Bereich der europäischen Stadt die Entwicklung eines Prozesses der Autonomisierung der Rechtsordnung gewesen, in dem die Städte ihre Rechtsverfassung selbst ordneten. Die Autonomisierung der Stadt stelle gleichzeitig eine Säkularisierung dar, denn ihre Ordnung habe nicht erst der göttlichen Eingriffskausalität entzogen werden müssen, sondern sie sei von vornherein als autonomes Menschenwerk entstanden. Zusammenfassend gesagt: Durch die Autonomisierung der städtischen Organisationsform in wirtschaftlicher, sozialer, politischer und rechtlicher Hinsicht sei die Autonomisierung der Welt vorbereitet worden (Dux 2000:425-440).

Wie bereits von Schmidt-Glintzer dargelegt wurde, ist ein kontrastierender Vergleich der Entwicklungen chinesischer und europäischer Städte sinnvoll und kann dazu beitragen, die chinesischen Entwicklungswege in der politischen Organisation, den Partizipationsmechanismen und den Legitimationsstrukturen besser zu verstehen (Schmidt-Glintzer 2000:200). Man sollte sich aber auch nicht davor scheuen, auf das Fehlen bestimmter Merkmale, wie sie den Entwicklungsweg vieler europäischer Städte geprägt haben, bei chinesischen Städten hinzuweisen. Trotz aller Diskontinuitäten und einem erheblichen Maß an regionaler Variabilität innerhalb der jeweiligen Zivilisationen können auf der Basis der oben geschilderten Forschungsresultate zwei große Unterschiede in der europäischen und chinesischen Entwicklung hervorgehoben werden: Erstens, es scheint Hinweise darauf zu geben, daß aufgrund der allgemeinen wirtschaftlichen, sozialen, politischen, demographischen, technischen und kulturellen Entwicklungen die wirtschaftlichen Beziehungen zwischen Stadt und Land in China einseitiger waren als in Europa. Mit anderen Worten: Das Land war in China in höherem Ausmaß Gegenstand der Ausbeutung und in geringerem Ausmaß Absatzmarkt für städtische Produkte als dies in Europa der Fall gewesen sein dürfte. Zweitens, trotz des Vorhandenseins von Formen städtischer Selbstorganisation und von Partizipation in der Verwaltung und Betreuung öffentlicher Aufgaben durch Gilden oder Landsmannschaften kam chinesischen Städten nicht dieselbe historisch-politische und rechtliche Bedeutung zu wie den weitaus kleineren Städten des europäischen Mittelalters. Chinesische Städte waren keine Zentren politischer oder persönlicher Freiheiten, noch verfügten sie über spezifisch städtische, autonome und rechtlich kodifizierte Institutionen. Wie bereits in topographischer Hinsicht deutlich wird, waren chinesische Städte in der Regel ein Abbild der Hauptstadt, wenn auch aus hierarchischen Gründen jeweils von geringeren Ausmaßen und Dimensionen. Chinesische Städte bestanden nicht aus kaufmännischen Gemeinden, die sich im Widerstreit mit den Landgebieten und ihren Herrschern befanden und nach politischer und militärischer Unabhängigkeit strebten. Der überwiegende Teil der städtischen Oberschichten dürfte sich politisch und ideologisch mit den Zielen der kaiserlichen Zentralmacht und ihren Beamten-Literaten sowie mit den durch diese repräsentierten politischen und kulturellen Werten identifiziert haben. Auch gibt es keine überzeugenden Hinweise darauf, daß sich unter den chinesischen Stadtbewohnern ein exklusives städtisches Bewußtsein herauskristallisiert hat. Schwurverbünde von politischem Sondercharakter und mit wehrhaften Stadtinsassen dürften in der Tat völlig gefehlt haben.

LITERATUR

Adshead, S. A. M. (1984): Province and Politics in Late Imperial China: Viceregal Government in Szechwan, 1898–1911. London/Malmö: Curzon Press

Bagley, Robert W. (1977): P'an-lung-ch'eng: A Shang City in Hupei. In: Artibus Asiae 39.3/4: 165-219

Bielenstein, Hans (1976): Lo-yang in Later Han Times. In: Bulletin of the Museum of Far Eastern Antiquities 48: 1-142

Buck, David D., Hg. (1986): Archeological Explorations at the Ancient Capital of Lu at Qufu in Shandong Province. In: Chinese Sociology and Anthropology 19.1: 3-76

Buck, David D. (1990): Achievements in the Study of Modern Chinese Urban History. In: Liushi nian lai de Zhongguo jindaishi yanjiu. Studies of Modern Chinese History: A Bibliographical Review, 1928–1988. Taibei: Bd. 2: 555-598

Chang Kwang-chih (1977): The Archaeology of Ancient China. 3rd ed. New Haven/London: Yale University Press

Chen Shen (1994): Early Urbanization in the Eastern Zhou in China (770–221 B.C.): An Archaeological View. In: Antiquity 68: 724-744

Dux, Günter (2000): Historisch-genetische Theorie der Kultur. Instabile Welten: Zur prozessualen Logik im kulturellen Wandel. Weilerswist: Velbrück Wissenschaft

Eichhorn, Werner (1957): Züge aus dem hauptstädtischen Leben der südlichen Sung Dynastie. In: Zeitschrift der Deutschen Morgenländischen Gesellschaft 107.1 (Neue Folge): 161-184

Elvin, Mark (1973): The Pattern of the Chinese Past: Stanford: Stanford University Press

Elvin, Mark (1978): Chinese Cities since the Sung Dynasty. In: Towns in Societies: Essays in Economic History and Historical Sociology, Hg. Philips Abrams/E. A. Wrigley. Cambridge: Cambridge University Press: 79-89

Elvin, Mark (1983): Warum hat das vormoderne China keinen industriellen Kapitalismus entwickelt? In: Max Webers Studie über Konfuzianismus und Taoismus: Interpretation und Kritik, Hg. Wolfgang Schluchter. Frankfurt a. M.: Suhrkamp: 114-133.

Farmer, Edward L. (1976): Early Ming Government: The Evolution of Dual Capitals, Cambridge (Mass.)/London: Harvard University Press

Faure, David (1990): What Made Foshan a Town? The Evolution of Rural-Urban Identities in Ming-Qing China. In: Late Imperial China 11.2: 1-31

Geiss, James (1979): Peking under the Ming. Ph.D. diss., Princeton University

Gernet, Jacques (1962): Daily Life in China on the Eve of the Mongol Invasion 1250–1276. Translated from the French by H. M. Wright. Stanford: Stanford University Press

Goodman, Bryna (1995): Native Place, City, and Nation: Regional Networks and Identities in Shanghai, 1853–1937. Berkeley/Los Angeles/London: University of California Press

Ho Ping-ti (1966): Lo-yang, A.D. 495–534: A Study of Physical and Socio-Economic Planning of a Metropolitan Area. In: Harvard Journal of Asiatic Studies 26: 52-101

Höllmann, Thomas O. (1986): Jinan: Die Chu-Hauptstadt Ying im China der Späteren Zhou-Zeit. Unter Zugrundelegung der Fundberichte dargestellt von Thomas O. Höllmann. München: Beck

Hotaling, Stephen James (1978): The City Walls of Han Ch'ang-an. In: T'oung Pao 64.1-3: 1-46

Huang, Philip C. C. (1990): The Peasant Family and Rural Development in the Yangzi Delta, 1350-1988. Stanford: Stanford University Press
Huber, Louisa G. Fitzgerald (1988): The Bo Capital and Questions concerning Xia and Early Shang. In: Early China 13: 46-77
Johnson, Linda Cooke, Hg. (1993): Cities of Jiangnan in Late Imperial China. Albany: State University of New York Press
Johnson, Linda Cooke (1995): Shanghai: From Market Town to Treaty Port, 1074–1858. Stanford: Stanford University Press
Johnson, Linda Cooke (1995a): China's Pompeii: Twelfth-Century Dongjing. In: The Historian 58.1: 49-68
Kölla, Brigitte (1996; Übersetzung): Meng Yuanlao: Der Traum von Hua in der Östlichen Hauptstadt. Bern: Lang
Kracke, E. A. (1975): Sung K'ai-feng: Pragmatic Metropolis and Formalistic Capital. In: Crisis and Prosperity in Sung China, Hg. John Winthrop Haeger. Tucson: University of Arizona Press: 49-77
Lavely, William (1989): The Spatial Approach to Chinese History: Illustrations from North China and the Upper Yangzi. In: Journal of Asian Studies 48.1: 100-113
Liscak, Vladimír (1988): Excavations at the Yongcheng Site, 1959–1986. In: Early China 13: 274-287
Little, Daniel/Esherick, Joseph W. (1989): Testing the Testers. A Reply to Barbara Sands and Ramon Myers's Critique of William Skinner's Regional Systems Approach to China. In: Journal of Asian Studies 48.1: 90-100
Mann, Susan (1984): Urbanization and Historical Change in China. In: Modern China 10.1: 79-113
Meyer, Jeffrey F. (1976): Peking as a Sacred City. Taipei: Chinese Association for Folklore
Meyer, Jeffrey F. (1991): The Dragons of Tiananmen: Beijing as a Sacred City. Columbia (South Carolina): University of South Carolina Press
Naquin, Susan (2000): Peking: Temples and City Life, 1400–1900. Berkeley: University of California Press
Richthofen, Ferdinand von (1907): Ferdinand von Richthofen's Tagebücher aus China. Ausgewählt und herausgegeben von E. Tiessen. Berlin: Dietrich Reimer
Rowe, William T. (1984): Hankow: Commerce and Society in a Chinese City, 1796–1889. Stanford: Stanford University Press
Rowe, William T. (1989): Hankow: Conflict and Community in a Chinese City, 1796–1895. Stanford: Stanford University Press
Rowe, William T. (1993): Introduction: City and Region in the Lower Yangzi. In: Cities of Jiangnan in Late Imperial China, Hg. Linda Cooke Johnson. Albany: State University of New York Press: 1-15
Rozman, Gilbert (1973): Urban Networks in Ch'ing China and Tokugawa Japan. Princeton: Princeton University Press
Sands, Barbara/Myers, Ramon (1986): The Spatial Approach to Chinese History: A Test. In: Journal of Asian Studies 45.4: 721-743
Sands, Barbara/Myers, Ramon (1990): Economics and Macroregions. A Reply to Our Critics. In: Journal of Asian Studies 49.2: 344-346
Schmidt-Glintzer, Helwig (2000): Max Weber und die chinesische Stadt im Kulturvergleich. In: Max Weber und die Stadt im Kulturvergleich, Hg. Hinnerk Bruhns/Wilfried Nippel. Göttingen: Vandenhoek & Ruprecht: 183-200
Serruys, Henry (1960): Ta-tu, Tai-tu, Dayidu. In: Chinese Culture 2.4: 73-96

Siren, Osvald (1927): Tch'ang-ngan au temps des Souei et des T'ang. In: Revue des Arts Asiatiques 4: 40-46, 98-104
Skinner, G. William, Hg. (1977): The City in Late Imperial China. Stanford: Stanford University Press
Steinhardt, Nancy Shatzman (1983): The Plan of Khubilai Khan's Imperial City. In: Artibus Asiae 44.2/3: 137-158
Steinhardt, Nancy Shatzman (1986): Why Were Chang'an and Beijing So Different? In: Journal of the Society of Architectural Historians 45.4: 339-357
Steinhardt, Nancy Shatzman (1990): Chinese Imperial City Planning. Honolulu: University of Hawaii Press
Thilo, Thomas (1997): Chang'an : Metropole Ostasiens und Weltstadt des Mittelalters 583–904. Teil 1: Die Stadtanlage. Wiesbaden: Harrassowitz Verlag
Vogel, Hans Ulrich (1998): Die regionale Metropole Chengdu im spätkaiserlichen China: Wirtschaft, Gesellschaft, Verwaltung, Kultur und Religion. In: Urbanisierung und städtisches Leben in Asien, Fernstudienkurs der FernUniversität-Gesamthochschule in Hagen
Wheatley, Paul (1971): The Pivot of the Four Quarters: A Preliminary Enquiry into the Origins and Character of the Ancient Chinese City. Edinburgh: Edinburgh University Press
Wright, Arthur F. (1965): Symbolism and Function: Reflections on Changan and Other Great Cities. In: Journal of Asian Studies 24.4: 667-679
Wu Liangyong (1986): A Brief History of Ancient Chinese City Planning. In: Urbs et Regio 38 (Sonderband)
Xiong, Victor Cunrui (1987): Reevaluation of the Naba-Chen Theory on the Exoticism of Daxingcheng, the First Sui Capital. In: Papers on Far Eastern History 35: 136-166
Xiong, Victor Cunrui (1988): The Planning of Daxingcheng, the First Capital of the Sui Dynasty. In: Papers on Far Eastern History 37: 43-80
Xiong, Victor Cunrui (1993): Sui Yangdi and the Building of Sui-Tang Luoyang. In: Journal of Asian Studies 52.1: 66-89
Xiong, Victor Cunrui (1996): Recent Western Scholarship in the Field of Premodern Chinese Urban History to 1644. In: Wall and Market: Chinese Urban History Newsletter 1.2: 4-11
Xiong, Victor Cunrui (2000): Sui-Tang Chang'an: A Study in the Urban History of Late Medieval China. Ann Arbor: Center for Chinese Studies, University of Michigan
Xu Yinong (2000). The Chinese City in Space and Time: The Development of Urban Form in Suzhou. Honolulu: University of Hawaii Press

STÄDTE IM VORMODERNEN JAPAN
Ein Überblick über ihre Geschichte und Erforschung

MARKUS RÜTTERMANN

EINLEITUNG

Max Weber stellt in seinem Aufsatz „Die Stadt" 1921 unter dem Vorbehalt, daß vieles von den kulturell geprägten Erwartungen des Betrachters abhängt, was er überhaupt als städtisches Leben wahrnimmt, fest, die vormoderne Stadt sei eine geschlossene, vergleichsweise große Ortschaft mit relativ dicht beieinanderliegenden Häusern, welche sich durch erstens rechtliche Normen in bezug auf Privilegien und Schutzzusagen für den Handel, zweitens die Nähe zum militärisch-obrigkeitlichen Oikos, drittens die Vielseitigkeit nicht-agrarischer Gewerbe, viertens die Permanenz des Marktes, fünftens die Ermangelung oder Nachordnung der Agrarwirtschaft (am Boden) und schließlich sechstens morphologisch oft eine Burg, die Befestigung der Stadt mit einem Mauergürtel, Versammlungsorte und Fernverbindungen auszeichne (Weber 1972:727ff). Das japanische Pendant nun dient in diesem Diskurskontext der Beantwortung der Frage nach einem für den Westen eigentümlichen Weg zu rationalen Organisationsformen (Weber 1972:736ff). Befestigung, Markt, Gericht und Recht, Verbandscharakter und vor allem eine Verwaltung, an der die vollberechtigten Stadtbewohner zu einem Anteil oder sogar vollständig beteiligt sind, seien in dieser Konstellation in Japan nicht bekannt gewesen: eine „Stadtgemeinde" in einem „vollen Sinne" habe es hier nicht gegeben. Aber auch jeweils für sich genommen, könne man von befestigter Siedlung, von eigener gemeindlicher Gerichtsbarkeit (mit Ausnahme von Gilden), von autonomer Verwaltung und von einem Verbands- oder Korporationscharakter bzw. dem Begriff der stadtspezifischen Bürgerschaft oder eines Bürgerrechtes im Falle Chinas oder Japans überhaupt nicht sprechen; es sei denn „in Ansätzen". Solche Ansätze sah

Weber in Form von verfügter kollektiver Haftung durch sogenannte Straßengemeinden – durch die „Fünfergruppen" (*goningumi*) der Neuzeit also – unter der Kontrolle von Beamten (*machibugyō*) gegeben. Mit den Städten kontrastierten die Dörfer: Hier hätten die Ältesten fast wie in einem Urzustand noch das Sagen in bezug auf ureigene Belange gehabt. Allein die Stadtbewohner ließen sich als Stand von überregionaler, nicht spezifisch urbaner Bevölkerung – Kriegern (*samurai*) und Bauern (*nōmin*) – nicht differenzieren.

Dieses Webersche Postulat muß, und hiervon wird zum einen im Folgenden zu berichten sein, als obsolet gelten. Da es auf das Prinzip der politischen Öffentlichkeit und der Teilhabe daran fokussiert ist, ist es um eine Reihe weiterer Beobachtungsfelder zu ergänzen. Dem bahnbrechenden Soziologen konnte es noch nicht um die Ebene der Symbole städtischer Lebenswelten bzw. um die sprachliche Ebene, die etymologische, begriffliche und literarische Sinnvielfalt kultureller Erfahrung gehen. Betrachtungen materialer Beschaffenheit und kultureller Wahrnehmung und Dokumentation bilden die zwei Ebenen, auf denen gemeinsam nur sich Zugänge zur „anderen" Stadt eröffnen. Diese im Spiegel des Forschungsstandes in einem Überblick auseinanderzusetzen, ist die zweite Aufgabe, die sich hier stellt.

JAPANISCHE FORSCHUNGSGESCHICHTE

Der Volkskundler Yanagita Kunio war der hernach vielfach zitierten Auffassung, daß die Mauer, die den vormodernen städtischen Burgsiedlungen Europas und Chinas ihr Gepräge verliehen habe, der japanischen Stadt, die heute gemeinhin mit dem Kompositum „Kapitale und Märkte" (*toshi*) bezeichnet wird, fehle – so auch Weber (1972: 733) –, diese sei daher kaum von einem Agrardorf (*nōson*) zu unterscheiden gewesen (Yanagita 1969a:51ff; Yanagita 1969b:239, 241). Auch die soziale Struktur der Stadt sei von immer neuem Zulauf aus Landregionen und von wenig Stetigkeit originärer Bevölkerungsteile gezeichnet gewesen. Diese Feststellungen müssen heute als kurzgreifend und überholt gelten.

Während die Stadt des 8. und 9. Jahrhunderts im Spiegel der oft nur normierenden Sprache der Kodizes, der Ansprüche der Hofaristokratie sowie archäologischer Befunde nachgezeichnet werden muß und über die Plananlagen, Besteuerungsweisen und obrigkeitliche Eliten hinaus kaum Aussagen zum Gros der Bevölkerung formuliert werden können (Kitō 1977), ermöglicht die Überlieferungsvielfalt der darauf folgenden Jahrhunderte zusehends konkretere Einsichten.

Die neuere Erforschung des sogenannten Mittelalters (9./10.-16. Jahrhundert) läßt sich in drei Phasen einteilen (Niki 1997), die anhand folgender Interessenschwerpunkte zu markieren sind: 1. generelle Materialerfassung, Konstruktion von Gesamtbildern mit Betonung der „sich selbst verwaltenden Städte" (*jichi toshi*) als besondere Sphäre gegenüber „feudal[-abhängigen]" Städten (*hōken toshi*) (fünfziger Jahre: Toyoda 1952a; Harada 1957:3-277), 2. zum einen die Untersuchung der urbanen Schichten in ihrer Beziehung zu grundherrlichen Schutzherren unter Rückgriff auf Klageprozesse und literarisches Erzählgut (Kawane 1984; Toda 1991) und zum andern die Stadt als Ort des „Asyls" (*ajīru*) und Anziehungspunkt freier Stände in der Bevölkerung (siebziger Jahre: Amino 1978, 1996) sowie Eigentumsverhältnisse (Wakita H. 1981) und schließlich 3. Raum und „urbane Flecken" (*toshiteki ba*) generell (Amino 1996), unter größerer Einbindung der Archäologie, der Volkskunde und der baugeschichtlichen Forschung sowie konkreter sozialgeschichtlicher Fragestellungen (Chūsei toshi kenkyūkai 2000; Amino/Ishii 1992). In bezug auf die Neuzeit, vom späten 16. Jahrhundert bis 1868, bestanden die Schwerpunkte (Yoshida 1998:309-310; Tsukada 1996:14-21) 1. wie oben (Harada 1952:281-547; Harada 1982), 2. in der Erforschung der ständischen Beziehungen im Bereich der Wirtschaft und der Wirtschaftspolitik (siebziger und achtziger Jahre) mit Hinblick auf obrigkeitliche Sanktion (Matsumoto 1983), 3. in Analysen der Sozialstruktur, der politischen Organisation und der „Selbstverwaltung" in kleineren Siedlungsbezirken sowie gewerblichen Korporationen (Asao 1995; Yoshida 1991; Yoshida 1998; Tsukada 1996). Gegenwärtig werden die an weniger exponierter Stelle je erfolgten Untersuchungen vielfältig ohne einen dominanten Fokus fortgesetzt.

Der historischen Stadtforschung geht es heute darum, das in der Rezeption vorherrschende Paradigma des europäischen Stadtbegriffes, des Handwerks und des Handels sowie ihre kollektive politisch-ökonomische Verwaltungsstruktur (*communitas*) mit deren *libertas*-Ideal nicht mehr zum Maßstab japanischer Forschung zu erheben sowie japanische und, wie es heißt, asiatische Eigentümlichkeiten des Städtischen aufzudecken (Kitō 1989; Ishii 2000:17). Es ist darüber hinaus zu konstatieren, daß sich in Verlängerung dieser Tendenz eine weitere Eigenschaft im binnenjapanischen Diskurs Bahn bricht: Diskussionen über globale, über Europa hinausweisende, die vorder- und südasiatischen, islamischen, chinesischen und südamerikanischen Kulturen mit einbeziehende Forschungsergebnisse werden in Gesellschaften und Arbeitskreisen wie der „Forschungsgruppe für historische Stadtkomparatistik" (Hikaku toshishi kenkyūkai) gepflegt.

SIEDLUNGSSTRUKTUREN

Für die vielen kleinen Siedlungen des „Altertums" – Häfen, Märkte, Verwaltungssitze – ist über den Nachweis ihrer Existenz hinaus kein klares Bild zu gewinnen. Die Kapitalen Nara und das frühe Heian bilden nach wie vor fast die einzigen Exempel der Stadtgeschichte. Mit dem Hofsitz „Pax et securitas" (Heian, heutiges Kyōto) fand 794 der erste japanische Einigungsprozeß seine zweite, nun noch dauerhaftere (bis 1185 und in einem eingeschränkten Sinne darüber hinaus bis 1868) Bleibe (Kitō 1977; Hall 1988; McCullough 1999). Der hauptstädtische Frieden, der vier Jahrhunderten heute ihren Periodennamen verleiht, steht für die im Namen der „Öffentlichkeit" (kō, ōyake) regierende Aristokratie. Mit dem Vorgänger Heijōkyō, dem heutigen Nara (710–794), – und den sehr kurzlebigen Fujiwarakyō vor bzw. Naniwakyō nach dieser Zeit –, teilt die neue Kapitale den spirituellen Hintergrund der Stadtplanung. Diese Vergangenheit ist derjenigen Stadtforschung an die Seite zu stellen, die explizit ihre „Geschichte" erst mit dem Jahr 1868 beginnen läßt (vgl. Hohn 2000).

Mittig im Norden ist der Hof angelegt. Dieser an sich war bereits eine kleine Stadt: Er setzte sich aus dem „Großen Inneren Verbotenen" (daidairi) und den Amtsgebäuden im „Inneren Verbotenen" (dairi) zusammen. Er weist gen Süden auf das Feld von Planquadraten (jōbō), das wie sein Vorbild Changan entsprechend der chinesischen Geomantik der Erdform entspricht, die es zu befrieden gilt.

Neun in Nord-Süd-Richtung sowie elf in der Ost-West-Achse verlaufende Hauptstraßen gaben den Raster vor, das Quadrat von einer mit vier (zwei der einen, zwei der anderen Achse) Hauptstraßen umzogenen Fläche erhielt den Namen „Geviert" (bō), das – etwa 230.000 m^2 – von ebensolchen Achsen zu drei weiteren Gassen durchzogen wurde und 16 Planquadrate hinterließ, die je für sich als machi/chō (vermutl. „Grundstück") bezeichnet wurden (jeweils ein Viertel hiervon, d.h. vier machi, wurden auch als ein ho oder hō, i.e. „Festung", erfaßt). Die große Mittlere Hauptstraße, die direkt an das südliche Palasttor (Suzakumon, „Tor zum Zinnobersperling"; chin. Zhuque ist ein Gestirnsname und mithin der Geist des Südens) führte, teilte die Kapitale in eine (heraldisch) „linke" (Sakyō) wie „rechte" (Ukyō) Hälfte. Entsprechend seiner Lage von der Mittelachse nach außen hin, für die linke und für die rechte Hauptstadthälfte, erhielten die „Gevierte" Nummern, mit denen sie in der WO-Waagerechten zu lokalisieren waren (erstes linkes, bzw. rechtes bō usw.), zum Zweck der NS-Koordinaten erhielten die waagerechten Hauptstraßen, als jō bezeichnet,

Nummern zugeteilt. Stadtlandschaften auch späterer Zeit künden über Kyōto hinaus von der Strahlkraft des archaischen Leitbildes. Postadressen orientieren sich noch heute seltener an Straßennamen oder Hausnummern, viel öfter aber an Planquadraten und entsprechenden Wegkreuzungen (chō).

Heian kannte ferner zwei Märkte, eine „Abtei, [finanziert aus] Feldern des Mitleids" (hiden'in) und eine „Arznei-Almosen-Abtei" (seyakuin). Erstere wurde im 10. Jahrhundert nach Kamogawa verlegt. Wie dieser Umzug zeigt, paßte die Stadttopographie sich den sozialen Zuständen an, die kaum dem planerischen Anspruch entsprachen. Brachflächen blieben über Jahrhunderte erhalten. Und außerdem löste Selbstwuchs den Rahmen des Stadtbildes auf und sprengte ihn. Seit dem 11. Jahrhundert waren Großteile des Palastes verfallen und galten als Parkheide, während die Amtsleute sich westlich davon, in dem sogenannten „Ämter-Bezirk" (kangamachi) niederließen. Insbesondere die aus dem ländlichen Raum rekrutierten Hof-Krieger (toneri) ließen sich, so sie nicht Palastdienst leisteten, in Tatewaki no machi („Stadt[bezirk] der Schwertgürter") nieder und reisten zwischen der Heimat und der Kapitale hin und her.

Mit der Zeit siedelte sich ein großer Holzmarkt am Fluß Kamo an, und zwar bei dem Tempel Kyōgoku an der „Dritten Querstraße" (Sanjō), wie sich auch insbesondere an der „Siebenten" (Shichijō) eine Marktsiedlung herauskristallisierte (Toda 1991:184f). Größenbeschränkungen schreiben im 11. Jahrhundert den Tagesaufzeichnungen eines Aristokraten (Chūyūki) zufolge den hohen Adligen (kugyō) ein Grundstück in dem Ausmaße eines Planquadrates (machi) vor, den niedrigen Höflingen, den „Hoffähigen" (denjōbito), eines von weniger als ein machi Fläche, Provinzbeamten mit Sitz in der Hauptstadt nur ein machi. Diese Normen haben nicht verhindern können, daß jene Provinzbeamten und Hoffähigen ein Planquadrat belegten, und der Adelssitz „Abtei der Osthöhle" (Tōdōin) an der „Zweiten Querstraße" (Nijō) gleich zwei, die „Abtei des hohen Lichtes" (Kōyōin) sogar vier Planquadrate umfriedeten (Toda 1991:212f). Die reichen Einwohner errichteten auf eigenen Grundstücken und auf Freundes- und Tempelgrund mietweise Speicher, andere, wie der berühmte Krieger Taira no Masamori, bauten sich sogenannte [buddhistische] Eigenhallen (shidō) auf klerikalem Boden.

Veränderungen brachte nicht zuletzt die im 13. Jahrhundert eingerichtete Dependance (shugo, seit dem 14. Jahrhundert tandai) der Kamakura-Regierung in Rokuhara (bei den „Ost-Bergen", Higashiyama), wo einst die am Ende sieglose Kriegersippe der Taira ihre

Wohnkomplexe hatte und in dessen Nähe (Muromachi) seit dem 14. Jahrhundert das Bakufu seinen Sitz bezog. Laut einer Exzerptschrift zur Rechtslehre aus dem 12. Jahrhundert (*Hossō shiyōshō*) waren die hofstaatlichen Spitäler (*hiden'in, seyakuin*) verfallen, und andere Berichte schildern, wie die Kranken bettelnd durch Kyōtos Gassen zu ziehen pflegten (Yoshie 1984:218). Im 15. Jahrhundert zogen Krieg und Zerstörung Brandspuren durch die Friedliche Stadt, die in einzelnen *machi* immer wieder Keime eines Neuanfangs barg und Sonderformen wie die Gemeinde beidseitig einer Straße (*ryōgawamachi*) hervorbrachte (Wakita 1981:281).

Bei der Strandsiedlung von Meeressalzsiedern in dem nahe beim heutigen Tōkyō gelegenen Kamakura („Sichelspeicher") wurde im späten 12. Jahrhundert die erste „Zeltregierung" (Bakufu) aufgeschlagen (Barth 1969), die parallel zum Hof über anderthalb Jahrhunderte staatliche Hoheit fragmentarisch innehatte.

Neben Kamakura, das nach guter japanischer Konvention mit Kyōto und Nara als eine Dreiheit gefaßt wird („Drei Hauptstädte", *santo*), treten seit dem 11. Jahrhundert viele kleine urbane Zentren in Erscheinung. Typologisch werden aus archäologischen Befunden folgende Grundmuster abgeleitet (Sakuma 1994): 1. Einstraßensiedlungen, 2. von einem Graben umzogene Einstraßensiedlungen, 3. Mehr-Straßensiedlungen (auch Wasserwege, oft geradlinig) mit mehreren rechteckig zugeteilten Grundstücken, 4. um einen klerikalen Sitz (Tempel) angeordnete Straßen, die wiederum von einem Graben umzogen sind, 5. eine Großzahl von der unter 3. genannten Einheit. Zu Berühmtheit haben es die von den Historikern Harada Tomohiko und Toyoda Takeshi eingeführten phänomenologischen Terminologien gebracht. Ersterer spricht – unter Ausklammerung der planmäßig angelegten Metropolen und Machtzentren – von: 1. Städten mit (zentralem) Bezug zu Tempeln oder Schreinen (*jisha kankei toshi*) – worunter er explicite sogenannte „Stadtbezirke vorm Tor [eines Tempels, eines Schreines bzw. einer hierfür typischen Mischform]" (*monzenmachi*) und „Stadtbezirke im Tempeldistrikt" (*jinaimachi*) faßt –, 2. Städte mit Bezug zu Häfen und Anlegestellen (*kōtsu kankei toshi*), 3. Städte mit Bezug zu Herbergen und Pferde-Stationen (*shukueki kankei toshi*), 4. Städte mit Bezug zu (überregionaler) politischer Herrschaft und 5. Städte mit Bezug zu Marktplätzen (*shijō kankei toshi*) (Harada 1942). Letzterer hat zehn Jahre später „Stadtbezirke vorm Tor" (*monzenmachi*), Herbergs-Stadtbezirke (*shukubamachi*), Hafen-Stadtbezirke (*minatomachi*) und „Stadtbezirke unterhalb eines Burgschlosses" (*jōkamachi*) voneinander differenziert (Toyoda 1952a). In der Quellensprache stiften die mal säkularen, mal klerikalen Herrschaftsträger, Obrigkeiten und wirtschaftlichen Funktionen die Bezeichnung städtischer Siedlungen (Yoshie 1984:225ff). Dort, wo Ortsnamen die oft kaum langlebigen Verwaltungssitze der hofstaatlichen Provinzverwaltungen (*fu*) und ihrer kriegerstaatlichen Entsprechung (*tokoro, sho*) bzw. ihrer Amtsleute (*zaichōkanjin, shugonin*) oder Burgen (*kan, tate*) im frühen und Burgschlösser (*jō, shiro*) im späten Mittelalter markieren, dominiert die Herrschaftsfunktion profaner Art das Stadtbild. Schrein- bzw. Tempel-Klöster (*jiin, jisha, jingūji*) markieren die Siedlungen mit klerikalem Kolorit. Hierzu gehören etwa solche bei den Provinzschreinen, die, wie in Bizen, in dem Gerichtsbezirk des Verweser-Sitzes, *fuchū*, lagen, aber auch, wie in Hitachi/Kashima oder Shimotsuke/ Utsunomiya, weit ab davon existierten. Hierzu gehören auch die großen Klöster; die älteren und bekannteren: der Kōfukuji und der Tōdaiji in Nara, der Kōyasan in Wakayama, der Enryakuji auf dem Berg Hieizan in Ōmi; wie auch die etwas jüngeren und weniger bekannten Klöster, z.B. der Heisenji in Echizen (Hōchin 2000). Eine Reihe von Orten kann vergleichsweise ökonomisch gefaßt werden: Märkte (*ichi*), Anleger (*tsu*) – wie Ōtsu oder Kitsu am Biwa-See – und Häfen (*minato*) – wie Tomo in Higo oder Kuwana bei Ise –, Zoll- und Schutzstationen (*sekisho*) – wie Higoseki –, Herbergen (*yado, shuku*), Hafen-Herbergen (*ura, tomari*) – wie das aus einem Verweser- und Gouverneurssitz (*kokufu, shugosho*) hervorgegangene Mitsuke in Tōtōmi (Yoshie 1988:181ff).

Bis in das 16. Jahrhundert war die Lagekontinuität der Häfen, Klöster, Märkte und Straßensiedlungen in größerem Maße fluktuativ als später (Yoshie 1984:236). Nur ein Teil der älteren Gründungen überlebte das 15. und 16. Jahrhundert. Neuzeitliche Stadtgründungen sind vielfach durch die Burg bzw. ein Burgfundament gekennzeichnet, da mancherorts seit dem 17. Jahrhundert der Daimyats-Statthalter die Turmburg schleifen und durch weniger imposante Wohnresidenzen ersetzen mußte. Diese Burgstädte der Kriegszeit brachten sehr oft den Niedergang bzw. die Absorption anderer Stadtsiedlungen mit sich. Sie waren ein Mal das Ergebnis der Vereinnahmung bestehender Siedlungen und ihrer Umstrukturierung wie in Ōsaka, das sich auf der Grundlage des Ishiyama-Klosters (Ishiyama honganji) und des Schreinklosters Tennōji zusammenfassen ließ (Niki 1994). Sie waren ein anderes Mal Ergebnis der Anpassung an topographische Gegebenheiten, der Neuansiedlung und teilweise einer Umfassung (*sōgamae*) mit Wällen, Flußläufen oder Gräben (Laumeyer 1974:134ff, 152ff, McClain 1982: 32ff, McClain/Wakita 1999:44ff). Im wesentlichen dominierten gute 30 von ihnen in Japan das Städtewesen: Kagoshima, Kumamoto, Matsue, Matsushima, Okayama, Hiroshima, Ōtsu, Ishiyama, Nagahama, Nagoya, Kanazawa, Odawara, Sendai u.a. Dazu kamen die „drei Hauptstädte" (nun: Kyōto, Ōsaka und Edo) und die Hafenstadt Nagasaki.

Die Burgstädte des 16. Jahrhunderts wurden vom Burgturm (*tenshukaku*) überragt, zu dem ein labyrinthartiger Zwinger hinaufführte, und an dessen Ausgang zur Stadt hin ein „Fronttor [der Burganlage]" (*ōtemon*) – analog zum höfischen Suzaku – lag. Es schloß bisweilen noch Vasallenherbergen ein, mit Festigung des Friedens im 17. Jahrhundert zogen die Getreuen zunehmend *extra muros*, wo die Rangniedrigen im „Kriegerbezirk" (*samuraimachi*) und ähnlichen Vierteln bereits lebten. Innerhalb der *machi* wurden Siedlungsschwerpunkte – „Grundstücks-Teilung" (*yashikiwari*) – z.B. für den Status der Stipendiatshöhen unter den Kriegern („Kreuzung Kleiner Heerführer", shōshōmachi etc.) gebildet. Hier herum siedelten in „Planquadrat-Teilung" (*machiwari*) die meisten der herausragenden Händler (*shōninmachi*), um diese herum wurde der Tempelring (*teramachi*) angelegt. Gewerbezweige stifteten die Bezirksnamen: z.B. Planquadrate der „Fisch[händler]" (*sakanamachi*); der „Reis[händler]" (*yonemachi*); der „Salz[händler]" (*shiomachi*). Auf das „Fronttor" verlief meistens eine Hauptstraße geradlinig zu, an der die Bezirke der, wie sie hießen, „Senkrecht-Planquadrate" (*tatemachi*) lagen, während sich in der Rückenlage abseits der Ader die „Quer[straßen]-Planquadrate" (*yokomachi*) befanden. Neben den Status- und Gewerbebezügen konnten auch Umfang und Chronologie des Wachstums (z.B. „Großes Planquadrat", *ōmachi*; „Altes Planquadrat", *furumachi*; „Ur-Planquadrat", *honmachi*; „Neues Planquadrat", *shinmachi*) und topographische Umstände wie Gestalt, Lage oder Nähe zu einer Institution („Längliches Planquadrat", *nagamachi*; „Planquadrat am Hafen", *minatomachi*; „Planquadrat an der Brücke", *hashimotomachi*; „Planquadrat am Großen West-Tempel", Saidaijimachi) sich in den Stadtteilnamen niederschlagen und entsprechend bis heute vielfach erhalten. Mit dem demographischen Anstieg bildeten sich in den Randgebieten „Peripherie-Planquadrate" (*basuemachi*) oder die kriegerständische Obrigkeit veranlaßte bisweilen, wie z.B. in Kanazawa (McClain 1980:284), die Verlegung umliegender Dorfsiedlungen zum Zwecke des Aufbaus von Neustädten. Als „Planquadratsseite" (*machikata*) wurde die Stadt der Gemeinen derjenigen der Samurai entgegengestellt. Und doch kam es vor, daß im Verzuge der Verarmung der Deputatsempfänger (durch sinkende Reispreise etc.) „Längs-Häuser" (*nagaya*) auf ihrem Grund errichtet und von ihnen gegen Ladenmiete (*tanachin*) an Händler vergeben wurden.

Der aus Mikawa (beim heutigen Nagoya) stammende Tokugawa Ieyasu (1542–1616) ließ seine Burg im Jahre 1590 auf der Grundlage einer Festung aufrichten, die Ōta Dōkan (1432–86) an einer etwa hundert „Haushalte am Flußauslauf" (i.e. Edo) zählenden Agrarsiedlung in der großen östlichen Ebene errichtet hatte (Barth 1979). Unter den Erbfolgern Hidetada und Iemitsu wurde der Prozeß des Stadtausbaus fortgeführt und bis 1636 weitgehend abgeschlossen. In Kōjimachi und auf der Anhöhe von Kanda entstanden Vasallensiedlungen, an Händler und Handwerker wurde Land aus Trockenlegungsprojekten von Fluß- und Sumpfgebieten verteilt. Da Brunnenwasser hier kaum zur Verfügung stand, wurden Überlandleitungen aus den Seen und Flüssen im Umland (Teich von Inokashira, Fluss Tamagawa) verlegt. Bei der „Japan-Brücke" (Nihonbashi), erstreckend bis zur „Neuen Brücke" (Shinbashi), entstand ein großes Marktareal, durch welches eine Haupt-Verkehrsader angelegt wurde, welche die aus Kyōto via Nagoya hierher verlaufende „Ostseestraße" (Tōkaidō) mit Anschlußmagistralen in Richtung Nikkō und Ōshū im äußeren Norden verband. Sie bot den organischen Kern, um den weitere zumeist Händler beherbergende Planquadrate angelegt wurden, die nach einem Großfeuer im Jahre 1657 ein neues Gesicht erhielten, das durch größere Gassenbreite und einen Tempel- und Schreingürtel in der Randlage gekennzeichnet war.

Die verpönten Gewerbe wurden im Verzuge der gewerblichen Zusammenlegung, nicht anders als andere Disziplinen auch, im ganzen Land sozial segregatisiert, und dies bedeutete zusammen mit der moralischen Abwertung: Sie wurden zunehmend isoliert. Urkundliche, darunter kartographische Quellen des frühen 17. Jahrhunderts, belegen die Werbung um Gerber und Kürschner durch den Burgherrn in Takaoka, Provinz Etchū, wo 1666 mit Yokoda am nordwestlichen Stadtrand ein neuer Sonderbezirk für diese Gewerbe geschaffen wurde. Am Ostrand siedelten die sogenannten „Nicht-Menschen" (*hinin*; Aussätzige, Kranke, Straffällige, Büttel und ihre Aufseher). In Ōsaka wurden verstreute, dem Zama-Schrein kultisch verbundene Siedlungen unter Toyotomi Hideyoshi (1536/7–98) zusammengelegt; nach mehreren Umsiedlungen erhielten sie 1706 in Watanabe Land zugeteilt (Tsukada 1996:121f). Ähnliche Bezirke kennen viele Städte, die diese nach mehreren Umsiedlungen im späten 17. und frühen 18. Jahrhundert schufen: Hiroshima, Sendai u. v. a.; in ihnen waren auch die „Leute am Flußlauf" (*kawaramono*), wie der Name sagt, segregativ untergebracht: Spielleute, Possenreiter und Gaukler (Harada 1957:434ff, Laumeyer 1974:372f).

SOZIALSTRUKTUR

Siedlungen der Primärindustrie wie Agrardörfer (*nōson*), Fischerdörfer (*gyoson*) und die Orte der Minenarbeiter (*kō*), der Holzfäller (*soma*) u.a. Professionen werden heute grundsätzlich vom Stadtbegriff geschieden. Tatsächlich finden sich große Bevölkerungsteile, die zwischen den „Industrien" auf Dauer wechselten, jahreszeitlich wählten, parallel wirtschafteten oder gewissermaßen avancierten bzw. abstiegen und ihre Lebensmittelpunkte verschoben, teilweise auch an dem einen Ort zwar wirtschafteten (Reise-Handel), an dem anderen jedoch produzierten und landsässig waren (Feldbau). Generell bezeichnet die Quellensprache diese grundsätzlich freien Betriebe als „Hundertfache Geschlechter" (*hyakusei*, später *hyakushō*), die zu einschlägigen, individuell auf Personen hin standardisierten diversen Feldfruchtabgaben bzw. Frondiensten verpflichtet waren. Die Hauswirtschaften der stadtsässigen Produzenten hoben sich hiervon zusehends ab.

Die Beamtenschaft der Hauptstadt Heijōkyō des 8. Jahrhunderts rekrutierte sich vielfach aus der Schicht landsässiger Potentaten, einer Schicht von Großgrundbesitzern, welche in ihrer Gesamtheit noch private Enklaven der Eigengerichtsbarkeit oder staatliche Aufgaben übertragen bekam und dies mit steuerfreiem Feldland vergütet erhielt; dieser nicht zu den „Hundert Geschlechtern" zu rechnenden Schicht entstammten Großagrarier bzw. Provinzialen (*gōzoku*) und zunehmend professionalisierte Waffenträger und Pferdebesitzer, mithin „Dienstleute" („Die dauerhaft [an der Seite sind und] Schutz geben", Samurai).

Der andere Teil hausbesitzender Einwohner der Kapitale wurde von der Obrigkeit als „Häuser der Hauptstadt" (*kyōko*) zusammengefaßt. Deren größter Teil war dem Hof unmittelbar dienstpflichtig, d.h. hatte Dienste bzw. Abgaben aus verarbeitender Tätigkeit für Hauptstadt- und Provinzialbehörden (*yōeki*) oder Aufbauleistungen in Heian (*koeki*) zu entrichten. Ein Teil dieser Gruppe wird in der Quellensprache als „Handsleute" (*tehito*) bzw. „Leute von Geschick" (*takumi*) greifbar, buchstäblich als Handwerker also, über deren Rechtsstellung nichts genaueres bekannt ist (Endō 1985). Man geht heute noch davon aus, daß sich im 8. und 9. Jahrhundert kaum reine Händlerbetriebe herausgebildet, vielmehr Großgrundbesitzer die Hauptstadtmärkte beliefert hätten; sie und ihre Standesgenossen in den Provinzen haben fast keinerlei Schriftkultur gepflegt, durch die ihr soziales Innenleben schimmern könnte.

Eine Gruppe, die sich durch ihre auffällige Mobilität abhebt, verdient an dieser Stelle Erwähnung: Der frühe Zentralstaat kannte neben den Vergütungen seiner höfischen wie seiner provinziellen Beamten, welche in den Genuß sanktionierter „Verwaltungsinhaben" (*shiki, shoku*), d.h. öffentlicher Einnahmeansprüche kamen, unter landsässigen, zumeist jagd- und agrarproduktiven Gewerbegruppen spezifische Hoflieferanten (*zatsukuko*). Sie galten als direkte Untertanen des Tennō oder einer der sakralen Institutionen des Staates, saßen auf Hofdomänen und waren zumeist zu Lieferungen möglichst frischer Erträge aus Fischerei und Jagd an die Hofküche verpflichtet. Der Schutz dieser Gruppe umfaßte die Befreiung von den üblichen Steuerleistungen, wie sie die „Hundert Geschlechter" aufzubringen hatten. Phasenweise waren diese Gruppen auf Handelsstraßen und in der Hauptstadt auf Reisen, um mit der Zeit über ihre Lieferungen hinaus genereller städtischer Nachfrage auf Märkten zu begegnen.

Die Gruppe marginalisierter Sozialsphären ist seit dem 8. Jahrhundert faßbar. Für Nara berichten Quellen die Armenfürsorge in Spital-Tempeln durch die Tennō-Gattin Kōmyō (701–60). Seither stellt diese Gruppe immer auch eine spezifisch soziale Sphäre japanischer Urbanität dar. Das Schicksal der alleinstehenden Schwerkranken, vielfach Leprosen, Straffälligen, des fahrenden Volkes, der Unehrbaren, niederständischen Büttel und freien Künstler, die als „Nicht-Menschen" (*hinin*) bezeichnet werden, wurde von strengen Augen als Folge des Karmas (Wirkfaktoren vergangener Handlungen) aufgefaßt. Umgekehrt bot es Gelegenheit für Menschen mit besserem Los, sich in guten und mitfühlenden Taten im Karma günstigzustellen. Gemäß dem Grundsatz „Glück stiftender Äcker" (*fukuden*, sanskr. *punya-ksetra*) wurden der hauptstädtischen Abtei Hiden seyakuin im Kloster Kōfukuji Einkünfte aus, daher der Namensteil, „Feldland für Mitleid" (*hiden*) zugewiesen; eine „Arznei-Almosen-Abtei" (*seyakuin*) wurde beim späteren Nonnenkloster Hokkeji eingerichtet. Erstere diente zur Versorgung einsam-hilfloser Bedürftiger und mitteloser Obdachloser sowie zur Übernahme der Verstorbenen, während letztere einem Hospital näherkam. Die Verbindung aus schwerer, unheilbarer Krankheit, Mangel familiärer Fürsorge und Mittellosigkeit führte zum Siechtum und konsequenterweise in den Einzugsbereich des Todes, der wie Blut und [Furcht in Erwartung einer] Geburt seit alters als Unreinheit (*kegare*) galt. Der Rückzug der Hofaristokratie aus den dauerhaft unreinen Befindlichkeiten (im Gegensatz zu den befristeten Zuständen wie Menstruation) und die Ausbildung von peinlichen Meidungsvorschriften trugen latente Züge der Stigmatisierung ganzer Tätigkeitskomplexe wie der Henker oder Totengräber.

Im 10. bis 16. Jahrhundert gewinnen die Strukturen an Kontur, da die Quellen nun vielfältiger Bericht geben. Von den Prozessen, die

Klöstern, Schreinen und Adligen Schutzaufgaben (Gerichtsbarkeit, Eintreibung, Vertretung vor Gerichten) zufallen ließen, zu denen ihnen sowohl der Hof urkundlich Sanktion erteilte, wie auch jeweils die Lokatoren und Großgrundbesitzer per Tradition Anträge machten, können wir an dieser Stelle nicht handeln, obschon ihr Einfluß auf das landesweite Sozialgefüge immens war. Während mithin in der Landwirtschaft Landesausbau, Lokatorenprojekte, Eigentumsgenese, Pacht- und Dauerpachtformen sowie Arbeitsanstellungen von fahrendem Fronvolk zum Zweck von Eindeichungen, Grabungen und Bauarbeiten etc. die Daseinsbedingungen prägten, begann sich in den nicht agrarwirtschaftlich bestimmten Bevölkerungsteilen eine Gruppe von kleinen Grundstücksbesitzern abzuheben, die nicht mit den einschlägigen Ernte-, vielmehr nur mit gewissen Dienstleistungen („Hausdiensten", *zaikeyaku*) oder ihnen mehr oder minder entsprechenden monetären „Grundstückszinsen" (*jishi/chishi*) oder „Ladengrundstückszinsen" (*yajishi*) belastet waren (Amino 1996:98f; 111, Amino 1984); z.B. in Gion/Kyōto, in Fukutomari (Prov. Harima) oder in Mikuni (Prov. Echizen). Seit dem 14. Jahrhundert wurden die Steuern in den Stadtbezirken Kyōtos und andernorts übrigens oft nicht mehr pro Fläche erhoben. Besteuert wurde die Ellenlänge einer Ladenfrontseite (*maguchi shakubetsu*). Sie begünstigte die typischen, äußerst schmalen und nach hinten hin vergleichsweise länglichen Grundstückszuschnitte.

Die vielfach schon professionalisierten, „markt-" und „stadtsässigen" (und hier besteuerten) Handwerker und Kaufleute, darüber hinaus jedoch fahrende Händler, Spielleute, Dirnen, Dienstleister und Handwerker ohne feste Läden, wurden als „Leute der verschiedenen Wege" (*michimichi no yakara*) oder als „Leute mit Qualifikation zu bestimmten Aufgaben/Einkünften" (*shikinin, shokunin*) bezeichnet. Aus der Gesamtheit dieser Dienstleister mit nichtagrarischem Schwerpunkt heben sich diejenigen mit exemtem Sonderstatus ab: die Nachfolger der Hoflieferanten (*kugonin, niebito, yōtei*), die neben Jagd- und Fischerei- auch Bergschürfgruppen (Quecksilberförderer und Eisenwarenproduzenten wie Topfschmiede und Gießer) umfaßten, weitere Lieferanten im Auftrag mächtiger und um die Wirtschaftskraft der arbeitenden Menschen konkurrierender Adelssippen („Öffentliche Leute", *kunin*), Schreine („Gottheitsleute", *jinin*) und buddhistischer Klöster („Leute, die sich daher begeben", *yoriudo, yoryūdo*) (Kawane 1984:213ff, Amino 1984). Ihre spezifischen Dienste und Darreichungen (*hōshi*) brachten neben Exemtionen die gemeinhin an Potentaten delegierten Kompetenzen (Rechtsprechung, Polizeigewalt) ein, vielfach genossen diese Lieferanten Rechtsschutz an höfischen Gerichten, und daher waren ihre Standestitel entsprechend begehrt. Produzenten vermochten es stets von neuem, eine Günstigstellung erfolgreich sanktionieren zu lassen (gelbe und weiße Trachtenfarbe, Urkunden, Ausweistäfelchen), nicht selten fälschten sie diese Embleme oder stritten und prozessierten um sie in Gerichtsverfahren, teilweise weitete eine Kerngruppe ihren beurkundeten Rechtsstatus auf weitere Bevölkerungsgruppen aus. Dies evozierte am Hof mehrfach Überprüfungen und Unterbindungen der Standesberufung durch Adelsfamilien, Ämter und sakrale Institutionen im 12. Jahrhundert (Rüttermann 1996:44-49), wie schon im frühen 10. Jahrhundert die vornehmlich amtlich-militärischen Hofgardisten und Provinzialen (*zōshiki, toneri* u.a.) – auch sie erfreuten sich steuerlicher Besserstellung – sprunghaft anstiegen und deshalb verstärkter Kontrolle unterzogen wurden. Gleichviel – Exemtionen waren ab dem 13. Jahrhundert bisweilen regional beschränkt und schlossen die Erhebung von Akzisen (generell: *jōbun*) wie Zoll- oder Marktgebühren nicht (mehr) aus. Die Hoflieferant/innen aus Awazu-Hashimoto beispielsweise hatten in Rokkaku, Kyōto, Läden phasenweise gegen Miete zu beziehen („Herbergsnahme", *kishuku*) (Amino 1996:95, 98, 110).

Zeitweise drang mit Mißernten und dem Abfluß der Abgaben nach Kyōto auch das Heer der hungernden Landbevölkerung nach Kyōto, ein Problem, das nach gemeinsamen Anstrengungen der Stadtbewohner, der spendenfähigen Reichen wie der Leichengräber, verlangte. Oft wurden die Kollekten (*kanjin*) und Almosen-Projekte seit dem 14. Jahrhundert (z.B. 1461) von den sogenannten Fünf [Zen-]Klöstern (*gozan*) organisiert, die auch den Überseehandel mitbestimmten und in ihren Wirtschaftsbüchern beredt Zeugnis eigener Aktivitäten ablegen (*Inryōken nichiroku* u.a.) (Rüttermann 1996:242). Die „Hunde-Schreindienstleute" (*inujinin*) des Gion-Schreines standen im Zeichen unabdingbarer und auch einträglicher, gleichwohl verfemter Tätigkeiten wie Reinigungsarbeiten (*kiyome*) in einem umfänglichen Sinne. Schlachter (Aasverwertung), Totentransporteure, Henker etc. wurden u.a. „Unreine" (*eta*) genannt und kannten in wachsendem Maße Stratifikation, Hausbetriebe, gewerbespezifische „Sitzungen" (s.u.), subordinierte Fronleute und Obdachlose, reiche und arme Menschen. Ihre Herkunft scheint divers, Straffälligkeit und teilweise Erbbarkeit waren Wege in diese Sphäre, über deren Diskriminierungsgrad die Forschung streitet. Die „Nicht-Menschen" siedelten vielfach unter Leitung eines Vorstehers (*chōja* etc.) oder niederständischen Mönchs (*sanjo hosshi*), teilweise unter dem Dach einer Herberge (*hininjuku*) in den „Orten der Streuung" (*sanjo*), scheinen indessen kein Monopol auf diese Bezirke besessen zu haben. Die Frage der Mobilität des Status bleibt umstritten, und auch die rechtliche Sonderbehandlung tritt in den Quellen noch nicht deutlich hervor (Matsuo 1998:190ff; Vollmer 1994; Kuroda 1975; Ōyama 1978).

Im 16. Jahrhundert begannen sich die Strukturen der Gesellschaft, wenn schon nicht aufzulösen, so doch dem politischen Vakuum anzupassen oder neuer Autorität zu öffnen. Da die früheren Schutzherren ihre Herrschaft kaum mehr aufrechterhielten, demzufolge die „Sitzungen" und die sakralen Lieferantengruppen zerfielen und alle übergreifenden Instanzen des Bakufu und des Hofes außer Funktion gerieten, waren die dörflichen wie städtischen Gemeinden (sō, „universitas") entweder auf sich selbst gestellt oder aber sie hatten unter rivalisierenden Feldherren zu wählen, Furage zu liefern, zu taktieren oder stillzuhalten. Fluktuation und Instabilität zeichneten dieses Saeculum besonders. Als am Ende dieser zentrifugalen Entwicklung unter dem militärischen Geschick der drei Epochentäufer Oda Nobunaga (1534–82), Hashiba (bzw. ab 1585 Toyotomi) Hideyoshi und Tokugawa Ieyasu erneut eine zentripetale Tendenz die Landeseinung vorbereitete, wurden aus den Städten der oft machtlosen Grundherren Händler und Handwerker in großer Zahl in Burgstädte (jōkamachi) abgeworben oder hier wie dort mit Grundsteuerfreiheit (jishimen) günstig gestimmt. Diese Methode griff auch dort, wo Generäle sie in bezug auf neuere und ältere Gemeinden, die sich um ihre Klöster und Schreine und in der Mitte ihrer Wallanlagen verschanzten (wie beim Honkōji in Amagasaki oder beim Kōshōji in Tondabayashi, Wakita O. 1994:146), in Erwartung der Furageleistungen für opportun hielten; unter der Voraussetzung, daß diese Städte neutral blieben. Dasselbe Prinzip veranlaßte die einzelnen Territorialherren, oft erst nach zähen Verhandlungen, die Entschuldungsdekrete (tokuseirei) in einigen Städten außer Kraft setzen zu lassen, um die Kapitalgeschäfte nicht ihrer Grundlage zu berauben. Der Handelssiedlung bei dem Kloster Ishiyama honganji, dem späteren Ōsaka, wurde dieses Privileg 1538 von Hosokawa Harumoto (1514–63) zuteil, der Händlersiedlung beim Schrein Atsuta im heutigen Nagoya wurde das Privileg 1552 von Nobunaga verliehen.

In der Zeit der Wirren waren naturgemäß Eigentumsrechte nicht nur der Kriegsgegner und ihrer Verbündeten vielfach gefährdet. Entschuldung wie Umsiedlung in Friedenszeiten sind gleichwohl nicht als prinzipielle Negation von Eigentumsrechten zu verstehen. Die Tatsache, daß Umsiedlungsprogramme, wie sie 1591 Hideyoshi in Kyōto veranlaßte, i.d.R. unter allen nun separat lebenden Ständen mit alternativen Grundstücksangeboten entschädigt wurden (Wakita O. 1994:

15, 28, 147) und Grundstücke tatsächlich veräußert und vererbt wurden, spricht für eine gewisse öffentliche Anerkennung von Eigentumsrechten. Wie die frühen Kleinstädte Besitz und Eigentum sanktioniert haben, ist zwar schwer zu beurteilen, von den Rechtsbezirken der Provinzsitze der Verweser (*fuchū*) weiß man gleichwohl, daß die Händler und Handwerker die Vererbung ihrer Grundstücke (*yashikichi*) befürworten lassen mußten (Yoshie 1984:230), sich mithin im 10. bis 12. Jahrhundert bereits ein Eigentumsrecht für städtische Immobilien (die oft transferierbaren Häuser sind ohnehin den eigentumsfähigen Mobilien zuzurechnen) auszubilden begann.

Ab 1588 verdichtete sich die Striktheit ständischer Trennung unter den Dekreten Hideyoshis und der Tokugawa-Shōgune: Das Vorrecht, ein Schwert zu führen, unterscheidet den burgsässigen Krieger künftig vom Agrarier, die Erntesteuer den Agrarier und Bauern vom Händler und Handwerker in der Stadt, die moralische Minderstellung der Verfemten wurde nun vererbt und rechtlich fixiert. Der Kriegerstand des neuzeitlichen Staates (1610–1868) ist grundsätzlich neben den genannten Faktoren durch seine Reisdeputate definiert. Rang und Amt, Stipendien, Lehensbesitz von Haus und Grundstücken waren hierarchisch gestaffelt. Das Medium machte die Krieger von den Tauschgeschäften auf dem Markt, d.h. von den dort schwankenden Preisen abhängig, ließ sie kaum am Anwuchs des Mehrprodukts teilhaben und stürzte sie nicht selten in wirtschaftliche Bedrängnisse (Hirner 1979). Handel und Handwerk waren diesem Stand grundsätzlich verschlossen. Allein manche Kriegerhaushalte richteten auf ihrem Wohngrund Miethäuser ein, andere betrieben Heimhandwerk wie Papierfärbung und ähnliches.

Dem führenden Burg-Kriegerstand dienten die spezifischen Dienstleister (*goyō shōnin*), die als Gegenleistung über Handels- und Gewerbemonopole verfügten; i.e. die Fortführung der Politik, die früher Hof-, Schrein- oder Klosterlieferanten gefördert hatte. Einige der Geschäftshäuser waren im 16. Jahrhundert als Vasallen für den Nachschub zuständig gewesen wie beispielsweise der Echizen'ya Magobei als Vasall der Maeda in Kanazawa (McClain 1980:285f). Sie erhielten Wohnhausgrundstücke und waren von Grundsteuern befreit. Das Gros der Hauseigentümer aus Handel und Gewerbe hatte diese jedoch ab dem 17. Jahrhundert zu leisten; etwa die oft materialisierten oder monetisierten „Laufdienste" (*chōninsoku yaku*, *ninsoku yaku*), welche denen früherer Zeit kaum nachstanden (Yoshida 1998:10, 169 u. passim). Viele dieser Pflichten wurden durch Delegation abgegolten, d.h. beispielsweise – wie für Edo mannigfach belegt – in Form von Rekrutierung und Verköstigung der Tagelöhner für „öffentliche" Bau- und Feuerschutzprojekte. In einem gewissen Sinne war es die auf dem Hausgrundstück liegende Pflicht des Eigentümers, seinen Anteil an die Abgabegemeinde einer oder mehrerer Bezirke (*machi*) abzugelten und dadurch den Stand des Städters (*chōnin*) recht eigentlich zu erwirken, von dem die Mieter, das Hausgesinde, die Tagelöhner und Herbergsgäste sowie die Obdachlosen strenggenommen auszuschließen sind.

Die Grade an Seßhaftigkeit und wirtschaftlicher Stabilität unter den Hauseigentümern waren sehr uneinheitlich. In Reisenchō, Kyōto, hat es neben Besitzfortführung über zwei, drei Generationen hinaus zwischen 1570 und 1620 einen nicht unbeträchtlichen Wechsel unter den Namenseinträgen der Hauseigentümer, deren ökonomische Basis alles in allem gleichmäßig verteilt erscheint, gegeben (Yoshida 1998:21). Waren zunächst bestimmte Bezirke für Großhändler vorgesehen, brachte die Eigendynamik des wirtschaftlichen Erfolgs und Mißerfolgs Verschiebungen in der Sozialstruktur mit sich. Eingesessene Großhändler – insbesondere die monopolisierten Großhändler (*toiya*) in den drei Großstädten der Edo-Zeit – gelangten zu enormen Kapitalakkumulationen, die zumeist zu einer privilegierten Stellung zwischen Obrigkeit und Klein-Händlerschaft führte (Sheldon 1958). Sechs Fisch-Grossisten z.B. bestimmten den Großhandel in Kanazawa und dienten den Maeda-Fürsten als preisüberwachende Körperschaft; sie hatten dafür Sorge zu tragen, daß die Kleinhändler nicht mehr als 20 Prozent auf ihren Einkaufspreis aufschlugen (McClain 1980:289). Parvenus begannen im späten 17. Jahrhundert in regional gewachsene Kommunen vorzudringen, wobei sie nicht immer willkommen waren. Einen Konflikt dieser Art brachte der Verkauf der Kyōto-Textilien durch das Handelshaus Mitsui in Honmachi, Edo, mit sich. Die „Genossen" (*nakama*) der heimischen Textilläden ließen beispielsweise den Ablauf des Abortes auf dem benachbarten Grundstück gegenüber der Küche des Konkurrenten installieren. Der Umzug der Mitsui von Honmachi nach Surugamachi in Edo galt den Familienaufzeichnungen des berühmten, noch heute mächtigen Unternehmens zufolge auch den hiesigen Geldwechslern wie „Wasser im Öl" (*abura ni mizu no majiwari*). Hier hatte das Handelshaus zunächst mit Branddrohungen und anderen Anfeindungen zu leben (Yoshida 1998:63-69).

Neben der mittelständischen Schicht der kriegerständischen Stipendienempfänger, der Handwerker und Händler in Klein- und Großbetrieben vermehrte sich der Anteil abhängig beschäftigter Knechte und Mägde (*hōkōnin*), die in den Hauswirtschaften diverse Dienste verrichteten oder phasenweise als Amme Wöchnerinnen zur Seite standen (Leupp 1992:29ff). Sie kamen vielfach aus Dörfern des Umlandes, aus denen sie teilweise planmäßig rekrutiert wurden (Yoshida 1998:234). Angestellte im Handwerksbetrieb kennen die Quellen als „Lohnempfänger" (tematori). Das Heer der Arbeiter ohne feste Anstellung begegnet unter dem Titel „Tagelöhner" (hiyatoi) u.a. (Leupp 1992:123ff).

Niederes Ansehen befiel einmal mehr die Niederständischen. In Sakai zählte man zwischen dem 17. und 18. Jahrhundert um die 300 „Nicht-Menschen" (hinin), die u.a. um den „Tempel der Felder des Mitleids" (Hidenji) siedelten und für Büttel- und Polizeidienste eingesetzt waren (Harada 1957:441ff). Eine ähnliche, bekannte Anstalt wurde 1722 unter dem Namen „Medizineigarten" in Koishikawa (K. yaku'en) in Edo gegründet, der ein buddhistischer Hintergrund fehlte. Im 18. und 19. Jahrhundert war dem Bakufu übrigens, im Unterschied zur Überlieferungslage der Jahrhunderte zuvor – mit Ausnahme der frühen Versuche des 8. Jahrhunderts –, die Aufgabe zugefallen, Städter auf privater Ebene zur Vorsorge gegen Hunger (Getreidespeicher) und Feuer (Alarmglocken, Wasserbottiche) zu ermahnen oder deren Bittschriften um Förderung positiv zu beantworten und Notherbergen, Getreidevorräte einzurichten bzw. die Austeilung von Vorratsgetreide an Tagelöhner und Arme zu unterstützen und Preiskontrollen in Zeiten der Hungersnot zu verschärfen, die auch noch den Mittelständischen unentbehrliche Hilfe (osukui) brachte. Einzelheiten verraten z.B. kommunale Klagen um Aufruhr unter Lohn- und Kostempfängern in Zeiten akuter Unterversorgung wie 1713–14 und 1733 in Edo (Yoshida 1998:204f, 210).

Knochenhauer, Henker und Leichenträger, Gerber/Lederer und Kürschner (kawata) waren spätestens seit dem 17. Jahrhundert auf ihre verfemten Tätigkeiten rechtlich festgelegt. Die Leder-Grossisten (kawa toiya) aus Watanabe in Ōsaka galten als Gruppe von Burglieferanten (goyō yakunin), die Zaumzeug, Sättel und andere Ledererzeugnisse entrichteten. Sie bezogen die ihnen zugewiesenen Flecken, ohne hierfür Grundsteuern zu zahlen. Die Grundsteuerpflicht (nengu bzw. jishi) beschränkte sich auf expandierende Neulandbezirke, Freistellungen von Grundsteuern im Zusammenhang mit Stadtausbau waren zumeist befristet (Tsukada 1996:164f). Ihnen war eine Schicht von Gerbern und verarbeitenden Handwerksbetrieben untergeordnet. Die 1692 um 840 und 1713 um die 2.300, im 19. Jahrhundert bis zu ca. 5.000 zählenden Einwohner in Watanabe kannten mithin ähnliche Strukturen wie durchschnittliche Bezirke, standen moralisch jedoch endgültig und erblich im Abseits (Tsukuda 1996:120, 128).

WIRTSCHAFT

Der dominierende wirtschaftliche Bereich in urbanen Siedlungen der Vormoderne ist der Handel. Die chinesische Dynastiegeschichte *Weizhi* (3. Jahrhundert) berichtet bereits von Warentauschplätzen, Märkten (chin. *shi*, jap. *ichi*), auf den japanischen Inseln. Sie sind im 8. Jahrhundert für Provinzen (Yabase, Naganoichi u.a.) und die Kapitale nachweisbar. Wie Arbeit, Handel, Verarbeitung und Produktion in der frühen Stadt organisiert waren, läßt sich kaum rekonstruieren.

Im Mittelalter verdichtet sich das Bild zwar, hinterläßt indessen vielfach Desiderata. Man wird z.B. noch klären müssen, warum es zwischen den Jahren 958 und 1587 eine offizielle Münzprägestätte oder Münzgewalt in Japan nicht gegeben hat; neben den chinesischen Münzen waren im späteren Mittelalter nur minderwertige Privatprägungen (*bitasen*) im Umlauf. Manche Märkte fanden nun dreimal, z.B. jeweils am „Vierertag" (*yokka:* 4., 14., 24.) oder „Achtertag" (*yōka:* 8., 18., 28.), statt und haben teilweise dies im Namen überliefert (Yokkaichi, Yōkaichi), andere öffneten schon sechsmal im Monat den Verkaufstag (*rokusaiichi*). Zinsgeschäfte waren zulässig, 10 Prozent p.a. eine standardisierte Größe. Seit dem Aufkommen einer aus dem Großgrundbesitz stammenden Kriegerschicht und einer auf das Kreditwesen spezialisierten Grundbesitzerschicht und Kaufleuteschaft stand das Zinsinteresse dem Phänomen der Überschuldung entgegen. Um die soziale Stabilität in den Reihen der „Hausleuteschaft" (*gokenin*), der Vasallität des Bakufu, zu sichern, erließ das Bakufu seit dem 13. Jahrhundert Entschuldungserlasse, die mit dem Begriff der „tugendhaften Regierung" (*tokusei*) belegt wurden. Bis in das späte 16. Jahrhundert veranlaßten die obersten Gewalten – das Bakufu, die Territorialherren (*daimyō*), die kommunalen Bünde (*ikki*) – insbesondere Entschuldungen ihrer Vasallen und Genossen. Dies alles heißt, daß vielfach Gläubiger und Kreditoren wie Speicher- und Pfandhäuser (*dosō*), Sakebrauer (*sakaya*) und Grossisten (*toiya*) in den Städten, vor allem in Kyōto, in ihren Ansprüchen und Eigentumsrechten beschnitten wurden.

Wie die Grundherren, so ging auch das Bakufu in Muromachi, insbesondere unter der Ägide der Gattin des Shōgun Ashikaga Yoshimasa, Hino Tomiko (1440–96), zur Erhebung von Akzisen über: z.B. in Form der berühmten „Sake-Brauer-Dienste" (*sakayayaku*), der „Speicher-Dienste" (*dosōyaku*) etc. Über die Vielfältigkeit der Gewerbe reflektieren urbane Kleriker; der Autor einer Chronik (*atogaki*) des Klosters Honpukuji in Katada, Hochburg einer von Groß-Schiffern geführten Bundesbewegung im späten 15. Jahrhundert (Pauly 1985), schildert das illustre Bild gut verdienender Zimmermänner, Böttcher, Schleifer, Schmiede, Reiskuchenstampfer u.a. Die Handwerker, die umfänglich exemten Dienstleute und Lieferanten wie auch am Boden besteuerten Händlergruppen unterschiedlicher Couleur und teilweise noch deren Subkontrakthändler brachten aus ihrer Mitte im Verein mit Grund- und Schutzherren aufgrund kaum geklärter Keimzellen und Umstände Gewerbekooperationen hervor, die *za*; die etymologische Unschärfe läßt als Übertragungen „Sitzungen", „Sitze" oder „Marktsitze" zu. Diese auch als Gilden übersetzten Organisationen wurden mit günstigen Konditionen von den Grundherren in Adelshaus-, Tempel-, Schrein- und Marktsiedlungen gezogen (Toyoda 1982; Yamamura 1973). Sie sind seit dem späten 11. Jahrhundert für Reisigverkäufer in Nara und Schmiede in Kyōto belegt. Nachzuweisen sind ferner Künstlergruppen wie Artisten und Lautespieler, Spediteure, Ölpressbetriebe (Sesam), Schwertschmiede, Lackmeister, Sattler, Fisch-, Salz-, Misopaste-, Nudel-, Brokat-, Baumwoll-, Quecksilber-, Eisen-, Holz-, Indigo-, und Tatamimatten-Verkäufer u.v.a. Nach dem 14. Jahrhundert breiteten sich die „Sitzungen" weit über den zentraljapanischen Raum hinaus aus. Konkurrenz unter den Gewerbetreibenden trieb sie oft dazu, in Abgrenzung zu anderen die Patronage eines grundherrlich sanktionierten *za*-Status anzunehmen. Oft hob sich nur eine Gruppe führender Unternehmer ab, die im Schutz ihrer Privilegien die Organisation und Stratifikation eines Gewerbes zu kontrollieren versuchte. Diese Versuche waren mal minder, mal mehr erfolgreich, waren sehr oft jedoch, wie etwa im Falle der Baumwoll-Sitzungen (marktsässiger und wandernder Verkäufer) in Kyōtos Gion, umstritten und umklagt. Es ging um spartenspezifische Vorrechte in bezug auf Großhandels- und Kleinhandelsmonopole oder einträgliche Delegations- und Subkontrakthoheiten in einer Region oder auf einem Markt, in bezug auf Monopole des Ladenverkaufs/diensthandels (*tanauri*) und des Wanderverkaufs/diensthandels (*furiuri*), auf Vorkaufsrechte von Rohstoffen, auf Nutzungsprivilegien von Wasser- und Landwegen. Im 16. Jahrhundert wurden unter Oda Nobunaga und vielen weiteren Feldherren in ihren Territorialstaaten je nach Lage die Privilegien der Großhändlersitzungen auf der einen Seite gefördert – die Fisch-Sitzung (*uoza*) in Kōfu (Prov. Kai) unter den Takeda und die Sitzung für Vertrieb des Textilrohstoffes Chinanessel (*karamushiza*) in Fuchū (Prov. Echigo) unter den Uesugi –, andererseits jedoch durch die Förderung bestimmter Märkte und Städte bzw. die Initiierung von Neugründungen zersetzt. Händler wie Handwerker (*shokunin*) wurden, wie bereits erwähnt, aus den älteren Korporationen in die sogenannten „Freizügigkeitssitzungen" (*raku–*

za) und in „Freizügigkeitsmärkte" (*rakuichi*) abgeworben, wie dies Oda Nobunaga 1567 in Mino, 1572 in Kanamori, 1577 bei seiner Burg Azuchi und Toyotomi Hideyoshi 1585 in Nagahama praktizierten. Auch in Kyōto wurde 1573 und 1591 Steuerfreiheit ausgerufen, die Tokugawa-Regierung veranlaßte 1634 noch Exemtionen der Grundsteuer in Ōsaka, Sakai und Nara. In den Burgstädten der Feldherren (Ueno/Iga, Tsu/Ise, Akashi/Harima, Matsuyama/Iyo, Fukui/Echizen, Takada/Echigo, Utsunomiya/Kōzuke, Sendai/Hitachi) hatten die Gewerbetreibenden zunächst oft keinerlei Grundsteuer zu entrichten (Wakita O. 1994:141).

Das Ertragsvolumen war zunehmend einem allgemeinen Konsum zu verdanken, der über die kriegerständische Nachfrage weit hinauswuchs. Dies gilt beispielsweise für die Seidenwebereien (*gofukuya*) in Nishijin („Westliches Feldlager") in Kyōto. Der bargeldlose Handel mit Wechseln (*kawashi, kaezeni, kawase*) hatte nun, hauptsächlich in Ōsaka und Edo, vermehrt Verbreitung gefunden. Die Geldwechselstuben (*ryōgaeya*) für den Tausch der Provinzialwährungen von Gold- und Silbermünzen waren eine unverzichtbare Einrichtung. Manchenorts entstanden im 17. Jahrhundert die privilegierten Gewerbegruppen unter dem alten (*za*, z.B. die berühmten Silber- und Goldmünzer, *ginza* und *kinza*, die gleichzeitig Bakufu-Dienstleute, *goyō*, waren) oder dem neuen Namen: *kabu nakama*, d.h. „Kollegen der Baumwurzel". Baumwurzel meint „Profit-Titel", die ihren Empfängern namentlich ein Gewerbe oder auch die Partizipation an Kult- und Gremiensitzungen ermöglichten, verpfändbar und handelbar, graduell auch akkumulierbar wurden, um in der Moderne den heute noch gebräuchlichen Terminus der westlichen Aktie zu liefern. Solche vom Bakufu gegen Kollektivabgaben (*agesen*) sanktionierten Gewerbequalifikationen- und Einkunftsmonopole berechtigten die Empfänger (Ausweistafelinhaber, *fudamochi*) zu gebührenpflichtigen Betriebsdelegationen an Subkontraktunternehmer (*shitashoku*). Solche Strukturen kannten beispielsweise Barbiere (*kamiyui nakama*), oft Ladeninhaber; unter ihnen legten die ihnen gebührenpflichtigen Wander-Barbiere Hand an (Yoshida 1998:258-283). U.a. Stadtausbauprojekte ermöglichten Abwanderung und Verselbständigung der Wander-Dienstleister, gefährdeten die Einnahmebasis älterer Rechtsinhaber und trugen dazu bei, daß sich die neuen Gilden bisweilen auflösten und neu bildeten.

Die Makler („Tagesnutzhäupter", *hiyōgashira*), die hunderte von befristeten „öffentlichen" Anstellungen zum Zwecke von obrigkeitlichen Großbauprojekten und kommunalen Dienstaufgaben an Arbeiter („Tagesnutznehmer", *hiyōtori*) vermittelten, bildeten ihrerseits Interessenverbände wie Sitzungen (*za*) aus. Sie hatten das Recht, an die Arbeiter Ausweistäfelchen (*fuda*) zu verteilen, mit denen die Empfänger in Tagelöhnerherbergen (*ninshuku*) Aufnahme fanden (Yoshida 1998:283). In der Mitte des 19. Jahrhunderts gab es in Edo ein „Kollegium" (*nakama*) der sechs Boten-Verbände („Fliegebein-Verbände", *hikyaku rokugumi*), die sich aus insgesamt 207 Makler-Büros zusammensetzten, von denen 65 Häuser gleichzeitig je eine der 478 Herbergen betrieben (Yoshida 1998:200).

Die umrissenen Grundstrukturen kannten die weltanschaulich marginalisierten Sphären nicht minder. Neben den erwähnten Leder-Grossisten und ihren subordinierten Handwerkern aus Watanabe bei Ōsaka etablierte sich die Gewerbeorganisation für Urin-Entsorgung. Die Einsammler besaßen das von dem Magistrat sanktionierte Monopol zur Entsorgung der Urin-Tröge (*shōben tagooke*) aus öffentlichen Latrinen, die an Brücken im gesamten Stadtgebiet eingerichtet worden waren (Tsukada 1996:126).

GEISTIGKEIT: BILDUNG, ETHIK, UNTERHALTUNG

Gewiß kann man der klassischen Hofliteratur Urbanität nicht vollkommen absprechen. Doch die „Geschichten aus Ise" (*Ise monogatari*) und ihre Verwandten sind spezifischer noch höfische Reflexion, welche kaum die Stadt ins Visier nahm, aber für Stadtkultur qua Rezeption langfristig geistige Orientierung stiftete. Die Aufmerksamkeit der adligen Maler, die jene Handwerkern in den Mund gelegten Gedichtwettstreite (*shokunin utaawase*) illustrieren, erregte wie schon diejenige der aristokratischen Poeten manches Detail einer Schicht, die sich selbst noch kaum artikuliert hat. Auf die zum Zwecke des geselligen Zeitvertreibs betriebene „Instrumentalisierung" des dienstpflichtigen Standes in den lyrischen „Beschreibungen" wurde hingewiesen (Schneider 1993; Schneider u.a. 1995; Vollmer 1995).

Weniger im Zeichen der Instrumentalisierung stand die Aufmerksamkeit adeliger Tagebuch-Autoren und Sammler für gemeines Volk mit seinen Tanz-, Akrobatik-, Rezitationsdarbietungen, Musik und Gesang (Hayashiya 1953; Yoshie 1984:241ff). Ein Beispiel ist das Liedergut, das als „Stil des Heute" (*imayō*) zwischen dem 10. und dem 14. Jahrhundert en vogue war und Grundemotionen zum Ausdruck brachte. Ein Großteil dieser Schlager wurde von Schamaninnen (*miko*) und etymologisch nicht gesicherten *shirabyōshi*- und *kugutsu*-Sängerinnen von Markt zu Markt, von Hafen zu Hafen und letztendlich, aus Aohaka in Mino oder Eguchi und Kanzaki in Settsu kommend, bis nach Kyōto vermittelt, wo Adelige sich an ihnen vergnügten und in ihren Notizen auf uns brachten: in den „Geheimexzerpten über den

‚Staub auf Nadeln' [i.e. geschickten und hübschen Gesang]" (*Ryōjin hishō*) aus dem 12. Jahrhundert. Andere Exempel stellen Akrobatik (*sarugaku*) und Tanzspiele (*dengaku* u.a.) dar, die ihren Ursprung mehr oder minder im agrarischen Ritualwesen haben mochten, von fahrendem Volk nun jedoch nachgerade vor städtischem Publikum dargeboten wurden (Hayashiya 1953:220f; Blau 1964).

Die sexuelle Dienstbarkeit war bereits frühzeitig kommerzieller Natur und hing zumeist von der Anonymität sowie der Flüchtigkeit menschlicher Beziehungen in Häfen und auf Märkten wie Eguchi oder Kanzaki ab. In den Städten der Neuzeit (seit dem 17. Jahrhundert) nahm der moralische Druck chinesischer Provenienz zu und erfaßte hier stärker als in kleinbäuerlich geprägten Sphären Krieger ebenso wie „Städter", deren Heiratsanbahnungen zunehmend von den Patriarchen im Interesse der Hausfortführung „vermittelt" wurden. Die freie Liebe entwich mithin ständeübergreifend in die Freudenviertel (*yūkaku, kuruwa*), für die Yoshiwara in Edo repräsentativ steht und eine aus affektbesetzter Liebschaft und kommerziellen Interessen gleichermaßen durchsetzte Sphäre schuf, die den Hintergrund sowohl tatsächlicher Freundschaften, Nachfrage und Finanzsorgen wie auch fiktiver Schicksale (Dramen, Komödien, Prosa) bildete (May 1992a; Stein 1997).

Ein Teil der spätmittelalterlichen, in „Sitzungen" organisierten Spielleute, Aufsteiger aus dem *sanjo*-Milieu, etablierte Schulrichtungen und entwickelte, z.B. gefördert vom Mäzenatentum der Ashikaga in Kyōto, die aristokratisch-sublimen Formen der Sarugaku, die als Nō Weltruhm errungen haben. Die Textbücher dieser dramatischen Tanz- und Gesangskunst zu musikalischer Begleitung sind die Folge der einsetzenden Literarisierung der Stadtbevölkerung, deren Elite, wie der Nō-Meister Zeami, darüber hinaus ästhetisiert und theoretisiert hat; einen Höhepunkt findet dies in dem Ideal der „Eleganz" (*namameku*) oder der „Tiefgründigen [und unsagbaren] Verborgenheit" (*yūgen*). Diese Ideengeschichte ist hauptstädtisch in dem Sinne, daß sie die aus dem Umland von Kyōto und ferneren Gegenden aufgelesenen und teils bis in den Mythos zurückführenden Motive, Legenden und Glaubensvorstellungen einer im Kern agrarischen oder maritimen Produzenten- und Festkultur in der hofaristokratischen Begriffswelt der Poesie und der Poetik spiegelte und artikulierte. Was für das Drama gilt, kann auch von dem „Weg des Tees" (*sadō*) gesagt werden, der die ihrem Ursprunge nach vielfach rustikale Zusammenkunft in Anlehnung an die Dichtertreffen kultiviert hat, gleichwohl in den der Poetik entlehnten und neuinterpretierten Idealen der „trüben Einsamkeit" (*wabi*) und der „Schlichtheit" (*sabi*) eine standesspezifische, teilweise sogar – in halb williger, halb erzwungener Abgrenzung zum den Glanz bevorzugenden höheren Krieger- und Aristokratenstand – eine sozialkritisch erscheinende Lebenswelt der sogenannten „Erdniedrigen" (*jige*) hervorgebracht hat (Hennemann 1994). Nicht zuletzt deren Literarisierung, vor allem die steigende Anzahl an Chroniken (*yuishogaki*), Urkunden (*monjo*), Katastern und Beitragslisten (*chō*) sowie Briefen (*shojō*), dieser auch als „Planquadratsleute"/„Städter" (*chōnin*) bezeichneten Schicht versetzt uns in die Lage, sehr viel mehr von ihrer Lebenswelt zu erfahren, als für die Zeit davor.

Frühe Anzeichen urbaner Festgemeinschaften und kommunaler Spiritualität geben uns die „[Tagebuch]aufzeichnungen des Mittleren Herrführers [der Palastgarde] zur Rechten [Fujiwara no Munetada]" (*Chūyūki*). Sie berichten im 11. Jahrhundert über festliche Musizierkünste (*dengaku*) mit Trommeln und Flöten unter dem „durchmischten Volk" (*zōnin*) einer Festgemeinschaft des Kyōgokuji, in der die Gottheitssänfte (*mikoshi*) des Tempelschreines im Bezirk herumgeschultert worden sei (Toda 1991:185). Zu hohem Bekanntheitsgrad gelangten die noch alljährlich in Gion stattfindenden Wagenumzüge, die sich bis in das 14. Jahrhundert zurückverfolgen lassen (Wakita 1981:281) und anderthalb Jahrhunderte später in Kleinstädten, z.B. in Mitsuke (Prov. Tōtōmi), nachgeahmt wurden (Yoshie 1988:193). Die über Regionen hinaus, zwischen Sendai im Norden, der Ebene um Edo und Kagoshima im Süden, verbindenden religiösen Wallfahrts- und Festspektakel der Neuzeit sollten in den „Ist-schon-recht-so"-Tänzen (*ējanaika odori*) von 1867/68 gipfeln, welche die Bakufu-Opposition als kommunikatives Medium ihrer politischen Umsturzpläne zu nutzen verstand (Minami 1999:367ff; Zöllner 1997; 2000).

Im 12. und 13. Jahrhundert betrieben buddhistische Schulgründer wie Hōnen (1133–1212), Shinran (1173–1262), Ippen (1239–89) und Nichiren (1222–82) zunehmend erfolgreich Variationen der Reduktion auf sie gebrachter synkretistischer Vielfältigkeit, wie sie die komplexeren Schulgebäude des Buddhismus im 8. bis 12. Jahrhundert repräsentieren. Aus der Sicht dörflicher und städtischer Gemeinden wurden die neuen Schulen identifizierbar mit ihrem kollektiven Interesse an Intergration und Ausgrenzung. Insbesondere gemeindliche religiöse Rituale und ihre Einrichtungen (Tempel, Schreine und Kombinationen = *jiin*, *yashiro*, *jingūji*) standen im Licht einer dieser Richtungen; der „Kultgemeinschaft oftmaliger [Anrufungen des Buddha Amida]" (Jishū), der „Kultgemeinschaft des Reinen Landes" (Jōdōshū), der „Wahren Kultgemeinschaft des Reinen Landes" (Jōdo shinshū), der „Kultgemeinschaft des Lotos-Sutras" (Hokkeshū). Der spezifisch mediävale Konnex zwischen wirtschaftlicher Organisation in den Städten und ihrer Patronage in den klerikalen Herrschaftsbezirken lag sozusagen im Auffang der nach Sinn und Kohärenz fragenden Schichten, die sich aus zunehmend dauerhaft und selbstbewußt wirtschaftenden Hausbetrieben zusammensetzten (Harada 1942; Itō M. 1999). Der Mensch sei, so hieß es bei den Richtungen zur Verehrung des Buddha Amida im „Reinen Lande", ein notgedrungen „sündiger Mensch" (*akunin*), dem allein das Vertrauen auf die erlösende Kraft eines Buddha oder die magische Wirkung einer anrufenden Floskel einen Ausweg zur Wiedergeburt im Paradies böte. Gleichviel – die Auswahl klerikalen Schutzes, die Kaufleute für ihre Aktivitäten betrieben, impliziert ebenso wie die Konzentration der Tempel in separaten Bezirken (*teramachi*) und die Registrierungen der Hausbesitzer in Tempelbüchern (*terauke*) durch die Obrigkeit einen vergleichsweise zweckrationalen Umgang mit religiöser Autorität am Ausgang des 16. und zu Beginn des 17. Jahrhunderts (Wakita O. 1994:37). Der Zen-Buddhismus hatte in dieser Hinsicht ein gewisses ethisches Vakuum, das durch Ideen anderer Provenienz ausgefüllt wurde: Abhängig von der Sozialsphäre verband sich der Amida-Buddhismus mit ihm (Ōbaku-Richtung), oft griff man den Neo-Konfuzianismus auf. Dieser hatte sich in China als Gruppe von Reformströmungen entwickelt, deren Ziel es war, die buddhistischen Schulen zurückzudrängen und eine Übernahme ihrer ethischen Qualität mit der Auslegung archaischen Schrifttums chinesischer Herkunft und teilweise willkürlich besetzbaren Moralbegriffen wie „Treue" (*chū*) und „Respekt" (*kei*) zu verbinden; ein wider die buddhistischen und übrige religiöse Glaubensgesinnungen gerichtetes Konzept, das so radikal denn auch weniger in den Zen-Klöstern, vielmehr jedoch seit dem 17. Jahrhundert in den Akademien der Daimyō-Fürsten gelehrt wurde.

Neben intellektuelle, ästhetisierende und sublime Aneignungen traten die ab dem 17. Jahrhundert vom Edo-Bakufu kontrollierten Kolportagen affektgeladener, anrüchiger oder derber Befindlichkeiten im Kontext politischer Skandale und öffentlicher Ereignisse; im Jōruri-Puppentheater, im Kabuki-Theater (Ortolani 1964). Insbesondere in Edo spiegelten die Kabuki-Bühnenstücke, oft humorvoll und nicht ohne Satire, das Spannungsverhältnis zwischen der herrschaftlichen und kulturellen Autorität höherer Stände und der gemeinständischen Lebenswelt, insbesondere adressierten sie das gemeinständische und steuerzahlende, oft auch patronisierende Publikum und boten ihm – wie auch die Lied- und Tanzkultur der Wallfahrten nach Ise – gewissermaßen kathartische, oft nur symbolisch geschickt angeordnete Verrückungen der rechtlichen und moralischen Wertemuster der Ständeordnung, wie dies namentlich im parodistischen und achronographischen Rollengebrauch (*mitate*) bekannter Protagonisten Erheiterung stiftete. Die darstellende Kunst, einst aus rituellen wie literarischen Wurzeln hervorgegangen, wurde zudem noch „reliteralisiert", d.h. in Form von an das Theaterpublikum adressierten Leseheften kam mit dem 19. Jahrhundert das „Kabuki auf [das] Papier" (May 1983:117)!

Die Zunahme der Literarisierung in den neuzeitlichen Städten kennt mehrere Indikatoren: Zum einen erreichte Unterhaltungsliteratur – z.B. die „Hefte der dahintreibenden Welt" (*ukiyozōshi*) und die, explicite belegbar, an Kinder und Frauen gerichteten „Allerlei Hefte" (*kusazōshi*) – teilweise hohe bzw. wiederholte Auflagen im Holzblockdruckverfahren, sprang der Leihverkehr in die Höhe (Kornicki 1998: 258ff, 376ff), begannen erfolgreiche Autoren wie Takizawa Bakin (1761–1848), Santō Kyōden (1761–1816), Tamenaga Shunsui (1790–1834) oder Ryūtei Tanehiko (1783–1842) – vermutlich auch schon Ihara Saikaku (1642–1693) und Asai Ryōi (1612–91) – neben Einkünften aus ihren Läden, Verlagen oder Kriegerstipendien per Honorar („Gebühr für das Anfeuchten des Pinsels", *junpitsuryō*) und im Auftrag zu schreiben bzw., z.B. Ejimaya Kiseki (1667–1736), sich als Exklusiv-Autoren bei einem Verlag dauerhaft anstellen zu lassen oder pflegten schließlich sogar, wie Jippensha Ikku (1765–1831), ausschließlich von literarischer Produktion zu leben (May 1974; 1983:81ff, 92ff, 104ff; 1992b).

Stände-, geschlechts- und altersspezifisch bzw. -übergreifend adressierte „Korrespondenzschriften" (*ōraimono*) – i.e. in dialoghaftem Briefstil aufbereitete Unterrichtsmaterialien –, Briefsteller, zunehmend enzyklopädisch aufbereitete Wörterbücher („Kompilationen für das Notwendige zum je passenden Zeitpunkt" od. „… für den Gebrauch zum je passenden Zeitpunkt", *setsuyōshū*) und an Frauen wie Männer gerichtete Hausratgeber („Aufzeichnungen für Maßrichtlinien" oder „… für wichtige Hausschätze", *chōhōki*), unzählige auf „Spiegel" (*kagami*), „Schatzbeutelchen" (*takarabukuro*), „Schatulle" (*hako*), „Belehrung" (*kyō*), „Lektion" (*kun*) und ähnliche Worte endende Studier-, Benimm- bzw. Etikettebücher, die Umgangsformen, historisches und geographisches Wissen, darunter oft Legenden, fachliche Details für Zimmerleute u.a. Sparten, Formulare für Rechtshandlungen (Mietverträge etc.) u.v.a. unter das Volk brachten, wurden in hohen Stückzahlen verlegt (Ikegami 1989; Kracht 1998; 1999; Kinski 2001).

Als in den Jahren 1853–55 Erdbeben in Kantō und Ōsaka Hochwasser und Feuersbrünste über Städte brachten und Tausenden das Leben nahmen, darüber hinaus amerikanische und russische Seefahrer vor japanischen Küsten kreuzten oder strandeten und die Zäsur einer

Epoche markierten, wurden die Stadtbewohner nicht von Gerüchten allein, sondern auch durch die inzwischen verbreiteten Zeitungen (wie das frühe westliche Pendant des 16. Jahrhunderts zunächst einblättrige, bald auch mehrseitige Drucke, *kawaraban*, sogen. „Ziegeldrucke") und flugblattartige Chroniken (*kikigaki*, „Notizen des Gehörten") in Text und Bild unterrichtet (Linhart 1995; Köhn 2000/2001). Stadtleute hörten und lasen nicht nur, sie dichteten auch. Sie fanden sich in den für sie typischen komisch-heiteren Kettendichtungsitzungen (*haikai*) zusammen, besuchten die allerorten entstehenden „Tempelschulen" (*terakoya*) und nahmen Unterricht in Grundlagen der Schrift und der Algebra (Dore 1965), schrieben Briefe, Verträge, Rechnungen, Gesuche, Testamente und Tagebücher, darunter die „Hausgesetze" (*kaken*) oder „Hauslektionen" (*kakun*) größerer Handelsfamilien wie der Mitsui (Yoshida 1998:58f).

Die Begegnung der Soziolekte und Mundarten in Edo (Donath-Wiegand 1963) sowie die Genese städtischer Idiome wie etwa in Ōsaka (Schneider 1990) und spezifischer Varianten wie der Unterhaltungsdamensprache im Vergnügungsviertel „Neu-Glücksheide" (Shin Yoshiwara) bzw. des „Hochjapanischen" in Edo kennzeichnen große Bereiche städtischen Lebensgefühls und Bewußtseins. Die Einbindung dieser alltags- und sprachgeschichtlichen Aspekte erscheint unverzichtbar, bleibt oft jedoch vollkommen aus der etablierten Stadtgeschichtsforschung ausgeklammert.

Nachdem einige vom Neo-Konfuzianismus inspirierte Zen-Kleriker vielfach ihre Klöster verlassen und ihre Gelehrigkeit dem Schutz der profanen Gönner in burgstädtisch-kriegerständischen Akademien und Bibliotheken überlassen hatten (Kracht 1985), fanden Privatakademien, die Lehrrede, die Predigt in einem Tempel oder schließlich die Lektüre reflektiver Literatur in den Städten eine spezifische Zuhörer- und Leserschaft (Rubinger 1982): Konfuzianische („Schule der antiken [Klassiker]", Kogaku) Akademien und mehr oder minder philologisch ausgerichtete Sinologien des Holzhändlersohnes Itō Jinsai (1627–1705) oder des Kriegersohnes Ogyū Sorai (1666–1728) in Kyōto und solche unterschiedlichster Couleur sowie zumeist nicht eben exponierter kriegerständischer Herkunft, die ihre durchwachsenen zeitkritischen Beobachtungen in Anlehnung an chinesische Begrifflichkeit zu Papier brachten, z.B. der Arzt und Literaturliebhaber Hori Keizan (1688–1757) in Hiroshima, der gegen Geld in Edo Unterricht gebende und vehement den freien Forscherdrang predigende Sinologe Inoue Kinga (1732–84), der Moral-Präzeptor Kaibara Ekiken (1630–1714) in Fukuoka, der Sorai-Schüler und Universalgelehrte Dazai Shundai (1680–1747) wie auch der Ökonom Kaiho Seiryō (1755–1817) in Kyōto, der politische Reformer Watanabe Kazan (1793–1841) in Tahara (Prov. Mikawa) u.v.a. (Najita/Scheiner1978; Kracht 1988; 2000; Leinss 1995; Kinski 1996; Tucker 1998).

Eine weitere geistige Entwicklung im städtischen Denken richtete sich gegen eine vermeintliche kulturelle Dominanz chinesischen Denkens und wertete sukzessive die japanische Nation gegen andere Kulturen auf. Dies ging einher mit Anwürfen gegenüber den aristokratischen Bildungseliten der Kapitale, denen zufolge sie geradezu die Teilhabe der „Erdniedrigen" am kulturellen Erbe verhinderten. Akademien wie die des Matsunaga Teitoku (1571–1653) in Kyōto vermittelten die literarische Tradition der Aristokratie den ständeübergreifend versammelten Studiosi, Wissenschaftler wie der Mönch Keichū (1640–1701) in Ōsaka, die Schreinpriesternachkommen Kada no Azumamaro (1669–1736) in Kyōto und dessen Schüler Kamo Mabuchi (1697–1769) in Edo, der Sohn eines Großhändlers Motoori Norinaga (1730–1801) in Matsusaka bei Ise entwickelten unter dem Einfluß chinesischer Methoden und Aufklärungsbewegungen die japanische Philologie (Muraoka 1968; Dumoulin 1943; Rüttermann 2000). Sie kritisierten höfische Tendenzen der sozialen Schließung sowie der Autorität tradierter Glaubens- und Lehrinhalte und setzten vor männlichen wie weiblichen Zuhörern den „Geheim-Tradierungen" (*hiden*) höfischer Art eine wissenschaftliche Streitbarkeit sowie das Modell des „Großen Weges" (*daidō*) aller wissensdurstigen Gemeinen entgegen (Rüttermann 1999; 2000:52ff). Tendenziell, und dies ist ein dritter Aspekt, gewann im Verzuge dieser Philologie eine ideologische Neubewertung des Shintō als Ausdruck indigen japanischer Geistigkeit für die Genese kultureller Identität an Bedeutung (Harootunian 1988; Nosco 1990).

Sinnstiftung des gewinnmaximierenden Handels schließlich fand ihren Ausdruck an folgendem Beispiel (Thonak 1944: insbes. 39f, 84ff; 108, 115; vgl. Bellah 1957; 1978): Der Begründer der „Herzensschule" (Shingaku), der aus Tanba stammende Ishida Kanpei bzw. Baigan (1685–1744), der in einem Handelshaus angestellt war, versuchte auf der Grundlage einer synkretistischen Glaubensstruktur und eklektizistischer Denkgebäude, seine Zuhörer die Tugenden der Sparsamkeit und der Maßhaltung zu lehren. In der Kurumayamachi („Wagner-Bezirk") in Kyōto wies Baigan den Weg der nicht-egoistischen (*shishin naki tokoro*) Lebensführung, die jedoch für den Geschäftstüchtigen keinen Widerspruch mit seiner sozialen Bestimmung bedeutete, wie es im Hauptwerk „Fragen und Antworten von der Hauptstadt und von den Provinzen" (*Tohi mondō*) heißt: „Der Gewinn des Ertrags ist der

Weg des Kaufmanns" (*bairi o eru wa shōnin no michi nari*), eine Handlung, die der Regierungsgewalt im Lande „helfend zur Seite stehe" (*tenka no osamuru tasuke to naru*). Die Herzenslehre stärkte das Gewissen der Handwerker und Kaufleute und sie stiftete Sinn und positive Wertigkeit des Geschäfts und der nicht-agrarischen Produktion und Dienstleistung gegen den Mangel an Legitimität und Schätzung, der von der dominanten Ideologie der Obrigkeit ausging.

POLITIK

In Heian wurde anfänglich die Polizeigewalt und Rechtsprechung von dem „Hauptstadtmagistrat" (*kyōshiki*) ausgeübt. Er wurde schon 810 durch das „Amt für Inspektoren gegen Vergehen" (*kebiishi*) faktisch ersetzt. Zwischen diesen Ämtern und der Stadtbevölkerung standen die urbanen Heimbürgen (*ho tone*) für die obenerwähnten Bezirksgruppen (Yoshie 1984:218). Die „Kanzleramtsdekrete aus drei Epochen" (*Sandai-seifu*) belegen für das 12./13. Jahrhundert als Kompetenzen der *tone* die Durchführung der Eintreibung der „Hausdienste" (*zaikeyaku*). Der *tone* empfing offiziell die Weisungen i.b.a. Wegpflege, Brückenbau, Kanalisierungen, Feuerschutz und öffentliche Sicherheit. Man darf davon ausgehen, daß die Städter zumindest die Verwaltungstechnik studiert und via *tone* erprobt und entwickelt, vermutlich auch die Aneignung der Schriftkunde begonnen haben. Bis zum 13., 14. Jahrhundert treten diese Gemeinwesen kaum in Erscheinung, betreiben kaum eine eigene schriftlich dokumentierte Verwaltung. Sie artikulierten gleichwohl ihre Interessen in Klagebriefen an das Bakufu bzw. an den Hof beispielsweise mit der Forderung um Einstellung des Hafen- und Flußzolles (*tsuryō*) (Yoshie 1984:236). Mit anderen Worten, es bestanden traditionell gewachsene, aussichtsreiche Argumentationsmethoden, Privilegien für unbesteuerte Handelsplätze zu behaupten. Die auf Land erhobenen vereinzelten Abgaben der Hintersassen wurden im 15./16. Jahrhundert durch kommunale Pauschalleistungen (*jigeuke*) in manchen Städten ersetzt. In Sakai betrugen diese 730 kanmon p.a. (Wakita O. 1994:142; Wakita 1981:44; Wakita H./Hanley 1981:303). In Mitsuke (Provinz Tōtōmi) erhöhte sich die Jahresabgabe (*nengu*) der Grundbesitzer zwar im Jahre 1541 (Tenbun 10) von 100 auf 150 kanmon, dafür wurde die Herrschaft (Eintreiberechte, eigene Vergütung) landsässiger Verwalter (*daikan*) jedoch aufgehoben (Yoshie 1988:185f). Als Folge solcher Prozesse dokumentierte sich vielfach zwangsläufig die öffentliche Selbstverwaltung, deren Kompetenz wuchs, vielfältiger und konkreter.

Mit dem „Verbund der Stadtbezirke" (*machigumi*), in die etwa fünfzehn Bezirke, repräsentiert mit dem von ihren Älterleutegremien gewählten Obmann (*toshiyori gyōji*), integriert waren, treten im Kyōto des 16. Jahrhunderts regionale Körperschaften in Erscheinung, in der nördlichen wie südlichen Hauptstadthälfte (Kamigyō, Shimogyō) existierten jeweils fünf davon. Deren Organ war jeweils ein monatlich zusammentretender Rat (*gatsugyōji*), dessen einflußreichste Repräsentanten jeweils die Belange der nördlichen oder südlichen Kapitale besprachen. In ersterer war die Tachiuri oyamachigumi dominant, Bezirke waren nicht gleichberechtigt, manche von ihnen galten als mindermäßig zahlungspflichtige „Zweigbezirke" (*edamachi*) und hatten nicht einmal das Recht, ihre Repräsentanten zur Teilnahme an den monatlichen Verbundstreffen zu entsenden (Wakita/Hanley 1981:312f). Im Rahmen von Festessen (*shiru*) fanden die Besprechungen (*dangō*) der Älterleute und Hausbesitzer statt, in denen Einschwörungen zur Harmonie (*wa*) noch bis in das 18. Jahrhundert oder darüber hinaus zur Regel gehörten (Yoshida 1998:56). Im Treffen des Bezirksverbundes (*machigumi*) zu Toriboko u.v.a. wurden, dies verraten ihre Statute und Ordnungen (*okite, hatto*), Fragen der Hausteilung in zwei Wohneinheiten, des Verkaufs, der Vermietung, der Beschlußfassung, kommunaler Abgaben zum Anlaß von Initiationsfeiern („Kappenaufsetzung", *eboshigi*), der Adaption von Schwiegersöhnen zum Zweck der Betriebsfortführung, des Rückzugs eines Hausvorstands ins Altenteil („Mönchswerdung", *nyūdōnari*) beschlossen, oder es wurde spezifischen Gewerben (z.B. Spielleuten, Schmieden, Bauholzhändlern) bzw. Kriegern der Zuzug verboten (Akiyama 1944:107f, 111ff). Die Statute thematisieren einerseits unmittelbar kommunale Anliegen, nehmen gleichwohl andererseits Weisungen der Beamten (*bugyō*) Toyotomi Hideyoshis in ihre Beschlüsse auf. Wiederholt ermahnten die Repräsentanten der *machi*-Bezirke sich selbst, rechtzeitig zu den Ratstreffen zu erscheinen und gemäß einer (wie auch immer hervorgebrachten und ermittelten) Mehrheit (*tabun*) zu entscheiden und in der Umsetzung einträchtig zu bleiben (Rüttermann 1997:68f); eine Begrifflichkeit und ein bis zur Stimmzählung sowie zu qualifizierten Mehrheiten entwickeltes Verfahren, die sich seit dem 9.–12. Jahrhundert im klerikalen Schrifttum und Gremienwesen belegen lassen und zwischen dem 15. und 16. Jahrhundert in Dorf- bzw. Stadtgemeinden des zentralen Japan stark verbreitet waren.

In Ōminato bei Ise, in Yamadasanbō beim heutigen Ōsaka, in Sakai, in Kuwana, Uji, in Hakata (heute Fukuoka) oder in Nagasaki und andernorts pflegten Kollegien von „Versammelten" (*egōshū*), in der Ratshalle (*kaisho*) ihrer „Öffentlichen Welt[bezirke]" (*kugai*) – eine Art rhetorisch beanspruchter Reichsunmittelbarkeit in einer Zeit, da vom Tennō-Hof keine ernsthaften Verpflichtungen mehr zu erwarten waren – Konvente (*egō* oder *shūgi*) der „Alten und Jungen [der Älterleute]" (*rōjaku* oder *rōshō*) als Repräsentanten der „Erdniedrigen" (*jige*) [= Bürger] abzuhalten. Sie warben u.a. in Rundbriefen per Für- oder Folgespruch, d.h. per Strichzeichen-Auftrag (*gatten*) zum Zweck der Abstimmung in Wahldokumenten, um Konsens, sie erließen Recht, sie hielten Gericht und trafen Urteile über zivile und strafrechtliche Materien (Toyoda 1952b; Tokuda 1966; Amino 1978: 68ff, 82ff, 85ff).

Das schon erwähnte Sakai (lit. „Grenze" [zwischen den Provinzen Izumi, Kawachi und Settsu]) erscheint in den Quellen seit dem 11. Jahrhundert als Herbergsort für Wallfahrten aus Westjapan (Setonaikai) nach Kumano, im 13. Jahrhundert profilierte sich der Hafen als Umschlagplatz auch für das urbane Hinterland: Kyōto, Nara (Morris 1977; Yoshie 1988:185f; Wakita 1981:44). Das Bakufu schlichtete 1431 den Kompetenzkonflikt zwischen städtischer Führungsschicht und dem Grundherrn. Ersterer war es möglich, die Einmischung der Grundherren in die Rechtsbelange der Stadt zu verhindern (Immunität, *funyū*; unabhängige Rechtsprechung, *kendan*) und so ihre Eigenständigkeit auszubauen. Nach der Vereinigung der nördlichen mit der südlichen Siedlung gewann der Umschlagplatz an Relevanz, der Überseehandel mit Ming-China, der koreanischen Halbinsel und Ryūkyū stieg sprunghaft nach den Ōnin-Wirren im Jahrzehnt nach 1467 an. Der Jesuit Gaspar Vilela (?–1571) hat über Sakai am 17. August 1561 an die Kollegen in Indien epistular berichtet, es sei sehr groß und setze sich aus reichen Kaufleuten (*e de muitos e grosos mercadores*) zusammen, deren Älterleute (*senhoria*) einer Ehrbarkeit die Regierungsgeschäfte überließen; ganz so wie man dies in Venedig zu tun pflege (*se rege por regedores como a de Venesa*) (Ruiz-de-Medina 1995:343).

Ōyamazaki blieb offiziell immer ein Schreinland (*shinryō*). Als solches erstritt es sich Immunität und Eigengerichtsbarkeit. Das Privileg aus dem Jahre 1520, das den Ort von den Entschuldungserlassen (*tokuseirei*) ausnimmt, verbrieft dauerhafte Zinssicherheit und bezweckt neben ökonomischer Stabilität und Anerkennung von Eigentumsansprüchen die Neutralität des Ortes im Verlauf der Kriegshandlungen (Wakita 1981:181-248; Gerber 2001). Privilege dieser Qualität wurden von verschiedenen Feldherrn auch an Sakai, Hirano, Katada, Hakata, Yawata, Tondabayashi etc. erteilt.

Am Ende dieser Zeit war die Einsetzung der Magistrate (*machibugyō*) aus dem Stab von Feldherren die Regel. Sie gaben Direktiven aus und betrieben in den Gerichten (*kujiba*) die Rechtsprechung. Und sie beanspruchten grundsätzlich das letzte Wort. Demgemäß ist das obrigkeitliche Moment als bestimmend bewertet worden (Matsumoto 1983). Hingegen ist die neuere Forschung bestrebt, den gestalterischen und institutionalisierten Anteil der Bewohner an der Stadtpolitik angemessen herauszuarbeiten (Yoshida 1998:45). Sofern ihre Interessen nicht gefährdet waren, überließen die Beamten vieles der land- und stadtsässigen Bevölkerung, die ihrerseits durch spezifische Amtsinhaber Verantwortung gegenüber der Obrigkeit trug. Bezirke wurden zumeist von Älterleuten (*machitoshiyori*) verwaltet, aus deren Reihe eine Gruppe einflußreicher Häuser oder ein sehr potentes Haus vom Burgherrn in ein führendes Amt auf mehr oder minder eigenständigen Vorschlag durch das Bezirksgremium berufen wurde. Für diesen, dem früheren *tone* in etwa vergleichbaren Mittlerposten zwischen Obrigkeit und Gemeinde steht die offizielle Amtsbezeichnung „Leberröster" (*machikimoiri*) schon sprichwörtlich; gemeint ist jemand, der zwischen den Stühlen stehend die Innereien vor Kummer und Anstrengung um Ausgleich zermalmt. Auf diese Weise hob man auch in Kyōto etwa 1603 aus dem Kollegium der Monatszuständigen (*gatsugyōji*), die aus den Quellen als offizielle Posten nun verschwinden, drei Verantwortliche heraus (Yoshida 1998: 22), ohne, wie wir schon sahen, die kommunalen Institutionen zu zerschlagen. Die Verhältnisse der Gemeinden zu den kriegerständischen Stadtbeamten waren von lokalem Brauch und lokaler Stabilität abhängig. Sie waren im Prinzip rigide und aus einem Guß, *in praxi* indessen durchaus pragmatisch und vielseitig, und vor allem spielten Ver- und Unterhandlungen zwischen besteuerten und besteuernden, beherrschten und herrschenden Parteien eine bedeutende Rolle in der Stabilisierung (weniger im Ausgleich) der Interessen (McClain 1980:281). In Ōsaka führte auf Weisung zweier Magistrate im Jahre 1658 die Stadtgemeinde, deren Universitas der Älterleute (*sōtoshiyori*) sich wie in Kanazawa, Edo und anderswo in Rathäusern (*kaisho*) traf (McClain 1980:289; Yoshida 1998:210, 316ff), in einem Rechtsbuch Abschriften der Dekrete zum Stadtrecht (*machibure*) zusammen (Tsukada 1996:32ff). Die Stadtbezirke bildeten vielfach Abgabengemeinden aus, welche die Erhebung der Leistungen, die Registrierung der Häuser, Besitzwechsel der Immobilien, Feuerschutz und Wegesicherung etc. übernahmen.

Auf der Grundlage dieser Gemeinwesen und Magistrate sowie der Spannungen zwischen ihnen hat sich selten und ephemer, auch unter Einsatz von Gewalt, die Loslösung ersterer von der Weisungsgewalt letzterer eingestellt, worauf Zustände folgten, die an das 15./16. Jahrhundert erinnern. In diesen Fällen, wie etwa 1767/68 in Niigata in dem Territorium Nagaoka (Harada 1982:30ff; White 1995:171), standen die Älterleute am Ende ohne die von fünfhundert mobilisierten Städtern vertriebenen obrigkeitlichen Magistrate dar nachdem diese die Forderungen nach selbständiger Eintreibung von Steuern und Wahl der Magistrate mit der Verhaftung eines Anführers der Bittsteller beantwortet hatten. In ihrer zwei Monate währenden autonomen kollektiven Verwaltung unternahm eine Gruppe führender Händler die Reduktion von Marktpreisen und von Zinsen für Pfandeinlagen. Nach einem typischen Prozeß von militärischer Drohung, Verhandlung und Herauslösung führender Aufständischer, gelang es der Territorialverwaltung, der urbanen Anmaßung wieder Herr zu werden; anschließend bestrafte sie zwei Städter mit dem Tode.

Das Bakufu trug den Machtverhältnissen am Ort nicht selten Rechnung und berief oder bestätigte im Ergebnis seiner Sondierungen eine Person oder eine sakrale Einrichtung als verantwortlichen Ortsvorsteher, in dem sich gleichwohl oft nichts anderes als eine kollektive Herrschaftsform kristallisierte. Die Sakebrauer in der spätmittelalterlichen Gemeindegründung Tondabayashi verfügten über das Recht der „Wurzel" (*kabu*) des Verwaltungsgeschäftes: Sie ließen das obligate Vorsteheramt (*shōya*) unter ihren Älterleuten reihum gehen. Erst im 17. und 18. Jahrhundert wurden ihre politischen Vorrechte durch Schuldner-Häuser in Aufständen nachhaltig auf die Probe gestellt (Wakita O. 1994:55f).

In dem oben schon genannten Ōyamazaki, das bis 1585 seine Öl-Gilde (*aburaza*) offiziell auflöste, war die Universitas (*sōjū*) der Patrizier bereits Adressat einer Weisung des Oda Nobunaga gewesen. Die Stadt wurde im 17. Jahrhundert offiziell von dem „Zweigschrein Hachimangū" (Rikyū Hachimangū) verwaltet, der wiederum in Korrespondenz zu den Bakufu-Beamten, zumeist zum Gouverneur (*shoshidai*) in Kyōto stand und seit 1601 von Tokugawa Ieyasu das höhere Eigentumsrecht über unbesteuerte (*mutaka*) Versorgungsgüter in Rot-Siegel-Urkunden gebilligt bekam (Yoshikawa 1953; Imai 1982; Gerber 2001). Die Zahl der einst als „Schreinleute" (*jinin*) firmierenden und seit dem 17. Jahrhundert als „Schreinpriesterhäuser" (*shake*) bzw. „Schreinmönche" (*shasō*) bezeichneten Öl-Lieferanten sank von 136 im Jahre 1601 auf 120 im Jahre 1703, 89 im Jahre 1746 und 48 im Jahre 1864. Aus ihrer Mitte wurden insgesamt sechs „Amtsaktive" (*tōshokunin*) gewählt, jeweils einer jährlich nach einer sechsjährigen Amtszeit. Die „Schreinmönche" traten in Generalversammlungen (*egō*) zusammen, in der bei bestimmten Fragen eine Form der Mehrheitsentscheidung zur Anwendung kam (Imai 1982:45). Das hier referierte Exempel erscheint singulär. Doch ist zu prüfen, in welchem Maße sich hinter klerikalen „Decknamen" nicht auch anderswo, insbesondere in West- und Zentral-Japan, ziemlich eigenständige kollektive Herrschaftsformen verbergen. Daran, daß sie unterhalb der offiziellen Stadtobrigkeiten vielfach existierten, besteht kein Zweifel.

EPILOG

Wir wissen heute, daß das Bild von einer Stagnation in der ostasiatischen Geschichte, das dem hegelianischen Selbstbildnis des europäischen Höhenfluges Kontrast sein sollte, sehr viel mehr verzerrt, als es aufklären kann. Jedenfalls bringt die japanische Stadtgeschichte eine stratifizierte Arbeitsteilung, Gewinnakkumulationen, moralische und ethische Reflexionen über das Geschäftemachen, Subkontrakte und freie Lohnanstellungen, Abgabengemeinden und Gerichtskommunen, Selbstverwaltungsgremien, Ratsversammlungen und kollektive Ehrbarkeiten zur Darstellung. Eine reichhaltige bürokratische Erfahrung im Wechselspiel zwischen hof- und kriegerständischen Obrigkeiten und den ihnen zu Diensten oder Steuern verpflichteten Untertanen, die Formen ständischer Privilegierung, der Umgang mit Rechtskodizes und Texten des geistigen Kanons buddhistischer wie konfuzianischer Provenienz sowie ihre Auslegung und Neuinterpretation, der wissenschaftliche Disput und das Ringen um Öffnung des literarischen Erbes für Gemeine, die Aneignung und Anwendung der Schriftlichkeit in der Unterhaltung, der Lehre, der Bildung, des Kommerzes und der alltäglichen Kommunikation flossen in den Städten zu einer eindrucksvollen Begriffs-, Sprach- und Zeichenwelt spezifisch japanischer Urbanität zusammen. Unsere Feststellungen schließen eine latente Artikulationsfähigkeit der besteuerten Städter in bezug auf dauerhafte öffentlich verbriefte Partizipationsansprüche an städtischer oder gar staatlicher Herrschaft nicht aus. Belegt ist sie für das 17., 18. und die erste Hälfte des 19. Jahrhunderts noch nicht, obschon Gemeinden des 15.-16. Jahrhunderts gegen Entgelt in den Machtvakuen der um Hoheitsrechte streitenden Feldherren die Erfahrung der (auch mancherorts verbrieften) Eigenständigkeit städtischer Verwaltung und Gerichtsbarkeit durchaus gemacht und diese in einigen Fällen auch in der Neuzeit weiterhin gepflegt hatten.

Viel weniger jedoch kannten die japanischen Bürger überregionale Parlamente, eine dem Fiskus gegenüberstehende Ständevertretung oder gar einen Ständevertrag. Auch das Ideal der *civitas* als Friedensmetropole gleichgesinnter Häuser, die ihre *res publica* in die eigene Hand nehmen, hat die aus Indien und China bezogene Tradition und Begrifflichkeit nicht mit einer der mediterranen Antike eigenen Schärfe entwickelt; geschweige denn, daß die Genese japanischer Stadtgemeinden zu einer geistigen Tradition urbaner *descriptiones* oder einer stilisierten Identität und Preisung wie in den *laudes urbium* (vgl. Classen 1986) geführt hätte.

LITERATUR

Akiyama Kunizō (1944, Neudr. 1980 Tōkyō: Hōsei daigaku shuppankyoku): Kōdō enkakushi [„Chronologie öffentlicher Gleichstellung"]. Kyōto: Kyōto shiyakushonai kōdō kumiai/Sōgōkai jimusho

Akiyama Kunizō/Nakamura Ken (1975): Kyōto ‚machi' no kenkyū [„Forschungen über die ‚Bezirke' Kyōtos"]. Tōkyō: Hōsei daigaku shuppankyoku

Amino Yoshihiko (1976): Chūsei toshiron [„Diskurse über die Stadt des Mittelalters"]. In: Iwanami kōza Nihon rekishi [„Vorlesungen zur japanischen Geschichte im Verlagshaus Iwanami"] Bd. 7 (chūsei 3). Tōkyō: Iwanami shoten: 253-303

Amino Yoshihiko (1978): Muen, kugai, raku. Nihon chūsei no jiyū to heiwa [„Ohne Bande, öffentliche Sphäre und Ausgelassenheit. Freiheit und Frieden im japanischen Mittelalter"], Heibonsha sensho Bd. 58. Tōkyō: Heibonsha

Amino Yoshihiko (1984): Nihon chūsei no hinōgyōmin to Tennō [„Die nichtagrarische Bevölkerung und der Tennō im japanischen Mittelalter"]. Tōkyō: Iwanami shoten

Amino Yoshihiko (1996): Nihon chūsei toshi no sekai [„Die Welt der mittelalterlichen Städte Japans"]. Tōkyō: Chikuma shobō

Amino Yoshihiko/Ishii Susumu, Hg. (1992): Chūsei toshi to shōnin shokunin [„Die Stadt des Mittelalters und ihre Handwerker und Händler"], Teikyō daigaku Yamanashi bunkazai kenkyūsho shinpojiumu hōkokushū [„Vortragssammlung des Symposiums im Institut für Kulturgüter in Yamanashi an der Universität Teikyō"]. Tōkyō: Meicho shuppan

Asao Naohiro (1981): Toshi to kinsei shakai o kangaeru [„Nachdenken über die Stadt und die Gesellschaft der Neuzeit"]. Tōkyō: Asahi shinbunsha

Barth, Johannes (1969): Kamakura. Die Geschichte einer Stadt und einer Epoche. Tōkyō: Japanisch-Deutsche Gesellschaft

Barth, Johannes (1979): Edo. Geschichte einer Stadt und einer Epoche Japans. Tōkyō: Japanisch-Deutsche Gesellschaft (Beibd. 1981)

Bellah, Robert N. (1957): Tokugawa Religion. The Values of Pre-Industrial Japan, Glencoe, Ill.: Free Press

Bellah, Robert N. (1978): Baigan and Sorai. Continuities and Discontinuities in Eighteenth Century Japanese Thought. In: Najita/Scheiner 1978: 137-152

Blau, Hagen (1964): Sarugaku und Sushi. Beiträge zur Ausbildung dramatischer Elemente im weltlichen und religiösen Volkstheater in der Heian-Zeit unter besonderer Berücksichtigung seiner sozialen Grundlagen, Studien zur Japanologie Bd. 6. Wiesbaden: O. Harrassowitz

Chūsei toshi kenkyūkai, Hg. (2000): Toshi no kyūshinryoku. Shiro, tate, tera [„Die Zentripetalkraft der Städte. Schlösser, Burgen, Tempel"], Chūsei toshi kenkyū [„Forschungen zur mittelalterlichen Stadt"] Bd. 7. Tōkyō: Shinjinbutsu ōraisha

Classen, C. J. (^{2}1986, 1. Aufl. 1980): Die Stadt im Spiegel der Descriptiones und Laudes urbium in der antiken und mittelalterlichen Literatur bis zum Ende des zwölften Jahrhunderts. Hildesheim u.a.: Georg Olms Verlag

Donath-Wiegand, Margarete (1963): Zur literaturhistorischen Stellung des Ukiyoburo von Shikitei Samba, Studien zur Japanologie Bd. 5. Wiesbaden: O.Harrassowitz

Dore, Ronald P. (1965): Education in Tokugawa Japan. Berkeley: University of California Press

Dumoulin, Heinrich (1943): Kamo Mabuchi (1697–1769). Ein Beitrag zur japanischen Religions- und Geistesgeschichte, Monumenta Nipponica Monographs Bd. 8. Tōkyō: Sophia University Press

Ehmcke, Franziska (1992): Die Wanderungen des Mönchs Ippen. Bilder aus dem mittelalterlichen Japan (Ippen hijiri'e). Köln: DuMont

Ehmcke, Franziska/Shōno-Sládek, Masako (1994): Lifestyle in der Edo-Zeit. Facetten der städtischen Bürgerkultur Japans vom 17.-19. Jahrhundert. München: iudicium

Endō, Motoo (1985): Nihon shokuninshi no kenkyū [„Forschungen zu den Handwerkern in der japanischen Geschichte"] 6 Bde. Tōkyō: Yūzankaku

Ennen, Edith (1987): Die europäische Stadt des Mittelalters. Göttingen: Vandenhoeck & Ruprecht (4. verb. Aufl.; 1. Aufl. 1972)

Gekkan Rekishi shuchō (1993): Shōtokushū Ichi no tani iseki no shomondai [„Kleine Beitragssammlung zum Sonderthema: Die Aufgaben bei der Untersuchung der Ausgrabungsstätte Ichi no tani"]. In: Gekkan Rekishi Shuchō [(Zeitschrift:) „Monatlicher Notizblock für Geschichte"] 21/12. Tōkyō: Meicho shuppan

Gerber, Adrian (2001): Gemeinde und Stand der Gottesleute von Ōyamazaki. Annäherung an die spätmittelalterliche Geschichte einer zentraljapanischen Ortschaft aus außerkultureller Perspektive (Arbeitstitel, Diss. im Entstehen, Universität Bern, Veröffentlichung vorgesehen)

Haas, Hans (1910): Amida Buddha – unsere Zuflucht. Urkunden zum Verständnis des japanischen Sukhāvatī-Buddhismus. Leipzig

Hall, John Whitney (1968): The Castle Town and Japan's Modern Urbanization. In: Hall/Jansen (Hg.) 1968: 169-188

Hall, John Whitney (1988): Kyoto as Historical Background. In: Hg. John Whitney Hall. Mass: 3-38

Hall, John Whitney/Jansen, Marius B., Hg. (1968): Studies in the Institutional History of Early Modern Japan. Princeton, N.J.: Princeton UP

Hall, John Whitney u.a., Hg. (1981): Japan Before Tokugawa. Political Consolidation and Economic Growth, 1500 to 1650. Princeton, N.J.: Princeton UP

Hall, John Whitney/Mass, Jeffrey P., Hg. (1988, Neuaufl., 1. Aufl. Yale UP 1974): Medieval Japan. Essays in Institutional History. Stanford, Cal.: Stanford UP

Hanley, Susan B. und Yamamura, Kozo (1958): Economic and Demographic Change in Preindustrial Japan, 1600–1868. Princeton, N.J.: Princeton UP

Harada Tomohiko (1942): Chūsei ni okeru toshi no kenkyū [„Forschungen zur Stadt im Mittelalter"]. Tōkyō: Dai Nihon yūbenkai kōdansha

Harada Tomohiko (1957): Nihon hōken toshi kenkyū [„Forschungen zur feudalen Stadt in Japan"]. Tōkyō: Tōkyō daigaku shuppankai

Harada Tomohiko (1982): Kinsei toshi sōjōshi [„Geschichte städtischer Aufstände in der Neuzeit"]. Kyōto: Shibunkaku

Harootunian, H[arry] D. (1988): Things Seen and Unseen. Discourse and Ideology in Tokugawa Nativism, Chicago u. London: The University of Chicago Press

Hauser, William B. (1974): Economic Institutional Change in Tokugawa Japan. Osaka and the Kinai Cotton Trade. Cambridge: Cambridge UP

Hayashiya Tatsusaburō (1953): Chūsei bunka no kichō [„Die Grundlagen der mittelalterlichen Kultur"]. Tōkyō: Tōkyō daigaku shuppankai

Hayashiya Tatsusaburō u.a., Hg. (1986): Chūsei no toshi to minshū [„Stadt und Volk im Mittelalter"]. Shin jinbutsu ōraisha

Hennemann, Horst: Chasho. Geist und Geschichte der Theorien japanischer Teekunst, Veröffentlichungen des Ostasieninstituts der Ruhr-Universität Bochum Bd. 40. Wiesbaden: O. Harrassowitz

Hikaku toshishi kenkyūkai, Hg. (1991): Toshi to kyōdōtai [„Stadt und communitas"] 2 Bde. Tōkyō: Meicho shuppan

Hirner, Andrea Christine Therese (1979): Feudales Leben in der japanischen Stadt. Charakteristiken und Entwicklungsformen der kakyūbushi in der Edo-Zeit bis zum Beginn der Meiji-Epoche. Bonn: Philosophische Fakultät der Rheinischen Friedrich-Wilhelms-Universität zu Bonn (Diss.)

Hōchin, Shin'ichirō (2000): Hakusan shinkō no kyoten jiin Heisenji ni okeru chūsei toshi keisei no yōso [„Entwicklungsfaktoren der mittelalterlichen Stadt am Kloster Heisenji, den Basisabteien des Hakusan-Bergkultes"]. In: Hg. Chūsei toshi kenkyūkai 2000: 61-92

Hohn, Uta (2000): Stadtplanung in Japan. Geschichte, Recht, Praxis, Theorie. Dortmund: Dortmunder Vertrieb für Bau- und Planungsliteratur

Ikegami, Eiko (1989): Disciplining the Japanese. The Reconstruction of Social Control in Tokugawa Japan. Cambridge, Mass.: Harvard Univ. (Diss.)/Ann Arbor: UMI

Imai Shūhei (1982): Kinsei Ōyamazaki Rikyū Hachimangū ryō no kōzō. Chūsei toshi kyōdōtai no kinseiteki henbō [„Struktur der Herrschaft des Zweigschreines Hachiman im neuzeitlichen Ōyamazaki. Die Umgestaltung der mittelalterlichen Stadtgemeinde in der Neuzeit"]. In: Hisutoria [„Historie"] 97: 41-56

Institut für Asienkunde/Seminar für Sprache und Kultur Japans, Universität Hamburg, Hg. (1990): Osaka. Porträt einer Wirtschaftsmetropole. Hamburg: Landeszentrale für politische Bildung (2. überarb. Aufl.)

Ishii Susumu (2000): Chūsei toshiron no kadai [„Aufgaben des Diskurses über die mittelalterliche Stadt"]. In: Hg. Chūsei toshi kenkyūkai 2000: 9-31

Itō Masatoshi (1999): Chūsei no jisha seiryoku to keidai toshi [„Die Macht der Tempel und Schreine sowie die Städte in deren Weihedistrikten"]. Tōkyō: Yoshikawa kōbunkan

Itō Teiji (1991, 1. Aufl. 1958): Chūsei jūkyoshi [„Geschichte mittelalterlicher Wohnräume"]. Tōkyō: Tōkyō daigaku shuppankai

Iwai Tadakuma, Hg. (1994): Machi to kurashi no Kyōtoshi [„Geschichte der Bezirke und der Lebensführung in Kyōto"]. Kyōto: Bunrikaku

Jansen, Marius B. (1989): Japan in the Early Nineteenth Century. In: Hg. Marius B. Jansen 1989: 50-115

Jansen, Marius B. Hg. (1989): The Cambridge History of Japan Bd. 5, The Nineteenth Century. Cambridge: Cambridge UP

Jansen, Marius B./Rozman, Gilbert, Hg. (1986): Japan in Transition. From Tokugawa to Meiji. Princeton, N.J.: Princeton UP

Kawane Yoshiyasu (1984): Chūsei hōken shakai no shuto to nōson [„Hauptstadt und Agrardörfer in der Feudalgesellschaft des Mittelalters"]. Tōkyō: Tōkyō daigaku shuppankai

Kinski, Michael (1997): Talks about Teachings of the Past. Translation of the First Part of Kaiho Seiryō's Keiko dan with a Short Introduction. In: Japonica Humboldtiana 1: 115-198

Kinski, Michael (2000): Talks about Teachings of the Past. Translation of the Second Part of Kaiho Seiryō's Keiko dan. In: Japonica Humboldtiana 4: 59-130

Kinski, Michael (2001): Basic Japanese Etiquette Rules and Their Popularization. Four Edo-Period Texts Transcribed, Translated, and Annotated. In: Japonica Humboldtiana 5: 64-123

Kitō Kiyoaki (1977): Nihon kodai toshiron josetsu [„Präliminarien eines Diskurses um die Stadt des japanischen Altertums"]. Tōkyō: Hōsei daigaku shuppankyoku

Kitō Kiyoaki (1989): Toshi no gainen to kokufu [„Der Begriff der Stadt und das Provinzgouvernement"]. In: Kokuritsu rekishi minzoku hakubutsukan kenkyū hōkoku [„Forschungsmitteilungen aus dem Staatlichen Historischen Volkskunde-Museum (in Chiba)"] 20: 180-186

Köhn, Stephan (2000/2001): Die genretheoretische Einordnung von Katastrophendarstellungen. Der Weg zum Konzept eines Genrebegriffes. In: Nachrichten der Gesellschaft für Natur- und Völkerkunde Ostasiens/Hamburg 167-170: 105-136

Kohsaka, Shiro/Laube, Johannes, Hg. (2000): Informationssystem und kulturelles Leben in den Städten der Edo-Zeit, Symposium München 11.-14. 10. 1995, Okamatsu Bunko – Japanwissenschaftliche Beiträge zur interkulturellen Kommunikation Bd. 3. Wiesbaden: O. Harrassowitz

Komatsu Shigemi, Hg. (1988): Ippen shōnin eden [„Bildtradierungen über den Weisen Ippen"], Nihon no emaki [„Bilderrollen Japans"] Bd. 20. Tōkyō: Chūō kōronsha

Kornicki, Peter (1998): The Book in Japan. A Cultural History from the Beginnings to the Nineteenth Century, Handbuch der Orientalistik 5. Abt. Bd. 7. Leiden u.a.: Brill

Kracht, Klaus (1980): Rezension zu Hg. Najita/Scheiner 1978. In: The Journal of Japanese Studies 6/2 (Summer): 331-353

Kracht, Klaus (1985): Studien zur Geschichte des Denkens im Japan des 17. bis 18. Jahrhunderts. Chu-Hsi-konfuzianische Geistdiskurse, Veröffentlichungen des Ostasien-Instituts der Ruhr-Universität Bochum Bd. 31. Wiesbaden: O. Harrassowitz

Kracht, Klaus (1998): Anstand und Etikette. Ein Forschungsgebiet. Erster Teil. In: Japonica Humboldtiana 2: 5-58

Kracht, Klaus (1999): Anstand und Etikette. Ein Forschungsgebiet. Zweiter Teil. In: Japonica Humboldtiana 3: 5-48

Kracht, Klaus, Hg. (1988): Japanische Geistesgeschichte, Japanische Fachtexte Bd. 3. Wiesbaden: O. Harrassowitz

Kracht, Klaus, Hg. (2000): Japanese Thought in the Tokugawa Era. A Bibliography of Western-Language Materials, Izumi Bd. 6, Wiesbaden: O. Harrassowitz

Kracht, Klaus u.a. (1974): Kyūō dōwa. Predigten des Shibata Kyūō (1783–1839). Ein Beitrag zur Lehrpraxis der späten Shingaku. In: Ostasienwissenschaftliche Beiträge zur Sprache, Literatur, Geschichte, Geistesgeschichte, Wirtschaft, Politik und Geographie: 238-320

Kuroda Toshio (1975): Nihon chūsei no kokka to shūkyō [„Staat und Religion im japanischen Mittelalter"]. Tōkyō: Iwanami shoten

Laumeyer, Hans Dieter (1974): Begriff und Strukturen der „Kinsei-Jōkamachi" als repräsentativer Typus der vorindustriellen Städte Japans. Dargestellt am Beispiel Sendai, Bonn: Rheinische Friedrich-Wilhelms-Universität (Diss.)

Leinss, Gerhard (1995): Japanische Anthropologie. Die Natur des Menschen in der konfuzianischen Neoklassik am Anfang des 18. Jahrhunderts. Jinsai und Sorai. Wiesbaden: O. Harrassowitz

Leupp, Gary P. (1992): Servants, Shophands, and Laborers in the Cities of Tokugawa Japan. Princeton, N.J.: Princeton UP

Linhart, Sepp (1995): Kawaraban. Die ersten japanischen Zeitungen. In: Buch und Bild als gesellschaftliches Kommunikationsmittel in Japan einst und jetzt, Hg. Susanne Formanek/Sepp Linhart. Wien: Literas: 139-166

Maekawa Kaname (1991): Toshi kōkogaku no kenkyū [„Stadt-archäologische Forschungen"]. Tōkyō: Hanawa shobō

Matsumoto Shirō (1976): Kinsei kōki no toshi to minshū ["Stadt und Volk im späten Mittelalter"]. In: Iwanami kōza Nihon rekishi ["Vorlesungen zur japanischen Geschichte im Verlagshaus Iwanami"] Bd. 12 (kinsei 4). Tōkyō: Iwanami shoten: 89-146

Matsumoto Shirō (1983): Nihon kinsei toshiron ["Diskurse um die Stadt der japanischen Neuzeit"]. Tōkyō: Tōkyō daigaku shuppankai

Matsuo Kenji (1998): Chūsei no toshi to hinin ["Stadt und ‚Nicht-Menschen' in der Neuzeit"]. Tōkyō: Hōzōkan

May, Ekkehard (1974): Autoren, Leser und Verbreitung der Kanazōshi. In: Ostasienwissenschaftliche Beiträge zur Sprache, Literatur, Geschichte, Geistesgeschichte, Wirtschaft, Politik und Geographie: 104-121

May, Ekkehard (1978): Bedingungen und Aspekte eines neuzeitlichen Literaturbetriebes im Japan des 17. Jahrhunderts. In: Bochumer Jahrbuch zur Ostasienforschung 1: 272-284

May, Ekkehard (1983): Die Kommerzialisierung der japanischen Literatur in der späten Edo-Zeit (1750–1868). Rahmenbedingungen und Entwicklungstendenzen der erzählenden Prosa im Zeitalter ihrer ersten Vermarktung. Wiesbaden: O. Harrassowitz

May, Ekkehard (1992a): Saiken. Die Führer zum Yoshiwara-Viertel in Edo. Geschichte und Gestalt. In: Nenrin – Jahresringe. Festgabe für Hans A. Dettmer, Hg. Klaus Müller u.a. Wiesbaden: O. Harrassowitz: 106-126

May, Ekkehard (1992b): Bestseller und Longseller in der Edo-Zeit. In: Nachrichten der Gesellschaft für Natur- und Völkerkunde Ostasiens/Hamburg 151: 17-26

McClain, James L. (1980): Castle Towns and Daimyo Authority. Kanazawa in the Years 1583–1630. In: The Journal of Japanese Studies 6/2 (Summer): 267-299

McClain, James L. (1982): Kanazawa. A Seventeenth-Century Japanese Castle Town. New Haven/London: Yale UP

McClain, James L. u.a., Hg. (1994): Edo and Paris. Urban Life and the State in the Early Modern Era. Ithaca/London: Cornell UP

McClain, James L./Wakita, Osamu, Hg. (1999): Osaka. The Merchants' Capital of Early Modern Japan. Ithaca/London: Cornell UP

McCullough, William H. (1999): The Capital and Its Society. In: Hg. Shively/McCullough 1999: 97-182

Minami Kazuo (1999): Bakumatsu toshi shakai no kenkyū ["Forschungen über die Gesellschaft der Stadt zur Zeit des Niedergangs der Kriegerregierung"]. Tōkyō: Hanawa shobō

Morris, Dixon (1977): Sakai: From Shōen to Port City. In: Toyoda Takeshi: Japan in the Muromachi Age, Hg. John W. Hall. Berkeley u.a.: 145-158

Muraoka Tsunetsugu (1968): Motoori Norinaga. Tōkyō: Iwanami shoten

Nagashima Fukutarō (1963): Nara, Nihon rekishi sōsho ["Reihe Japanische Geschichte"] Bd. 3. Tōkyō: Yoshikawa kōbunkan

Najita, Tetsuo/Scheiner, Irwin (1978): Japanese Thought in the Tokugawa Period. Chicago: University of Chicago Press

Nakai Nobuhiko (1975): Chōnin ["Städter"], Nihon no rekishi ["Geschichte Japans"] Bd. 21. Tōkyō: Shōgakukan

Niki Hiroshi (1994): Ōsaka Ishiyama jinaichō no fukugenteki kōsatsu ["Rekonstruktionen der Tempeldistriktstadt Ōsaka Ishiyama"]. In: Ōsaka to shūhen shotoshi no kenkyū ["Forschungen zu Ōsaka und den Städten seiner Peripherie"], Hg. Nakabe Yoshiko. Tōkyō: Seibundō

Niki Hiroshi (1997): Kūkan, ōyake, kyōdōtai [„Raum", „Öffentlichkeit", „Gemeinschaften"]. Tōkyō: Aoki shoten
Nishikawa Kōji (1972): Nihon toshishi kenkyū [„Forschungen zur Geschichte der japanischen Stadt"]. Tōkyō: Nihon hōsō shuppan kyōkai
Nosco, Peter (1990): Remembering Paradise: Nativism and Nostalgia in Eighteenth-Century Japan, Harvard-Yenching Institute Monograph Series Bd. 31. Cambridge: Harvard University Press
Ortolani, Benito (1964): Das Kabukitheater – Kulturgeschichte der Anfänge. Tōkyō: OAG
Ōyama Kyōhei (1978): Nihon chūsei nōsonshi no kenkyū [„Forschungen zur Agrardorfgeschichte des japanischen Mittelalters"]. Tōkyō: Iwanami shoten
Pauly, Karl Ulrich Wolfgang (1985): Ikkō Ikki (1465–1585). Die Ikkō-Aufstände und ihre Entwicklung aus den Aufständen der bündischen Bauern und Provinzialen des japanischen Mittelalters. Bonn: Rheinische Friedrich-Wilhelms-Universität (Diss.)
Rozman, Gilbert (1973): Urban Networks in Ch'ing China and Tokugawa Japan. Princeton, N.J.: Princeton UP
Rozman, Gilbert (1974): Edo's Importance in Changing Tokugawa Society. In: The Journal of Japanese Studies 1/1 (Winter): 91-112
Rozman, Gilbert (1989): Social Change. In: Hg. Marius B. Jansen (1989): 499-568
Rubinger, Richard (1982): Private Academies of Tokugawa Japan. Princeton, N.J.: Princeton UP
Rüttermann, Markus (1996): Das Dorf Suganoura und seine historischen Quellen. Untersuchungen zur Genese einer zentraljapanischen Dorfgemeinde im späten Mittelalter, Mitteilungen der Gesellschaft für Natur- und Völkerkunde Ostasiens Bd. 126, Hamburg: OAG
Rüttermann, Markus (1997): Das Prinzip der Majorität (tabun) im japanischen Mittelalter. In: Saeculum. Jahrbuch für Universalgeschichte 48/1: 21-71
Rüttermann, Markus (1999): Pflege und Kritik der „Tradierungen" (denju). Zum Verhältnis zwischen Tradition und Strukturwandel der Öffentlichkeit im Japan der frühen Neuzeit. In: Nachrichten der Gesellschaft für Natur- und Völkerkunde Ostasiens/Hamburg 165-166: 45-144
Ruiz-de-Medina, Juan, Hg. (1995): Documentos del Japón 1558–1562, Monumenta Historica Societatis Iesu Bd. 148. Rom: Instituto Histórico de la Compañía de Jesús
Sakuma Takashi (1994): Hakkutsu sareta chūsei no mura to machi [„Ausgegrabene Dörfer und städtische Bezirke"]. In: Iwanami kōza Nihon tsūshi [„Vorlesungen zur Gesamtgeschichte Japans im Verlagshaus Iwanami"] Bd. 9 (chūsei 3). Tōkyō: Iwanami shoten
Schneider, Roland (1990): Der Osaka-Dialekt. In: Hg. Institut für Asienkunde/Seminar für Sprache und Kultur Japans, Universität Hamburg 1990: 118-121
Schneider, Roland (1993): Gesellschaftsspiele – Gesellschaft als Spiel? Das Shichijūichiban-shokunin-utaawase. In: Nachrichten der Gesellschaft für Natur- und Völkerkunde Ostasiens/Hamburg 151: 7-16
Schneider, Roland/Vollmer, Klaus/Christine Mitomi, Hg. (1995): Gedichtwettstreit der Berufe. Eine japanische Bildrolle aus der Sieboldiana-Sammlung der Ruhr-Universität Bochum. Edition, Übersetzung und Kommentar, Acta Sieboldiana Bd. 5. Wiesbaden: O. Harrassowitz
Seidensticker, Edward (1983): Low City. High City. Tokyo from Edo to the Earthquake: How the Shogun's Ancient Capital Became a Great Modern City, 1867–1923. New York: A.A. Knopf

Sheldon, Charles David (1958): The Rise of the Merchant Class in Tokugawa Japan, 1600–1868. Locust Valley, N.Y.: Association for Asian Studies

Shively, Donald H./McCullough, William H., Hg. (1999): The Cambridge History of Japan Bd. 2, Heian Japan. Cambridge: Cambridge UP

Smith, Henry D. II (1978): Tokyo as an Idea: An Exploration of Japanese Urban Thought Until 1945. In: The Journal of Japanese Studies 4/1 (Winter): 45-80

Stein, Michael (1997): Japans Kurtisanen. Eine Kulturgeschichte der japanischen Meisterinnen der Unterhaltungskunst und der Erotik aus zwölf Jahrhunderten. Tōkyō: OAG/München: iudicium

Takahashi Yasuo/Yoshida Nobuyuki, Hg. (1989–1990): Nihon toshishi nyūmon [„Einführung in die japanische Stadtgeschichte"] 3 Bde. Tōkyō: Tōkyō daigaku shuppankai

Thonak, Otto (1944): Über den Ideengehalt der japanischen Herzenslehre und die Organisation der auf sie gegründeten Volkserziehungsbewegung. Berlin: Philosophische Fakultät der Friedrich-Wilhelms-Universität zu Berlin (Diss.)

Toda Yoshimi (1991): Shoki chūsei shakaishi no kenkyū [„Forschungen zur frühmittelalterlichen Sozialgeschichte"]. Tōkyō: Tōkyō daigaku shuppankai (Darin Kap. Ōchō toshiron no mondaiten [„Die Aufgaben der Diskurse über die Stadt im Hofstaat"]: 175-185; Ōchō toshi to shōen taisei [„Stadt und Grundherrschaftssystem im Hofstaat"]: 187-218)

Tokuda Jitsuichi (1966): Chūsei ni okeru suiun no hattatsu [„Die Entwicklung des Handels-Schiffsverkehrs im Mittelalter"]. Tōkyō: Gannandō shoten

Toyoda Takeshi (1952a): Nihon hōken toshi [„Die feudale Stadt Japans"]. Tōkyō: Iwanami shoten

Toyoda Takeshi (1952b, rev. Neuaufl., 1. Aufl. 1944): Chūsei Nihon shōgyōshi no kenkyū [„Forschungen über die Handelsgeschichte des mittelalterlichen Japan"]. Tōkyō: Iwanami shoten

Toyoda Takeshi (1982): Za no kenkyū [„Forschungen zu den Sitzungen"], Toyoda Takeshi chosakushū [„Gesammelte Werke des Toyoda Takeshi"] Bd. 1. Tōkyō: Yoshikawa kōbunkan

Tsukada Takashi (1996): Kinsei no toshi shakaishi. Ōsaka o chūshin ni [„Sozialgeschichte der neuzeitlichen Stadt. Mit Schwerpunkt Ōsaka"]. Tōkyō: Aoki shoten

Tucker, John Allen (1989): Itō Jinsai's Gomō jigi and the Philosophical Definition of Early Modern Japan, Brill's Japanese Studies Library Bd. 7. Leiden u.a.: Brill

Vollmer, Klaus (1994): Die Begriffswelt des Marginalen im mittelalterlichen Japan. Zum Problem der Klassifizierung gesellschaftlicher Randgruppen und ihrer Bezeichnungen. In: Oriens Extremus 37/1: 5-44

Vollmer, Klaus (1995): Professionen und ihre „Wege" im mittelalterlichen Japan. Eine Einführung in ihre Sozialgeschichte und literarische Repräsentation am Beispiel des Tōhoku'in-shokunin-utaawase, MOAG Bd. 120. Hamburg: OAG

Wakita, Haruko (1975): Towards a Wider Perspective on Medieval Commerce. In: The Journal of Japanese Studies 1/2 (Spring): 321-345

Wakita, Haruko (1981): Nihon chūsei toshiron [„Diskurse über die mittelalterliche japanische Stadt"]. Tōkyō: Tōkyō daigaku shuppankai

Wakita, Haruko/Hanley, Susan B. (1981): Dimensions of Development: Cities in Fifteenth- and Sixteenth-Century Japan. In: Hg. Hall u.a. 1981: 295-326

Wakita, Osamu (1975): Kinsei toshi no kensetsu to gōshō [„Der Großhandel und die Errichtung der neuzeitlichen Städte"]. In: Iwanami kōza Nihon rekishi [„Vorlesungen zur japanischen Geschichte im Verlagshaus Iwanami"] Bd. 9 (kinsei 1): 155-194

Wakita, Osamu (1994): Nihon kinsei toshishi no kenkyū [„Forschungen zu den Städten der japanischen Neuzeit"]. Tōkyō: Tōkyō daigaku shuppankai

Wakita, Osamu/McClain, James L. (1981): The Commercial and Urban Policies of Oda Nobunaga and Toyotomi Hideyoshi. In: Hg. Hall u.a. 1981: 224-247
Weber, Max (1972): Nichtlegitime Herrschaft (Typologie der Städte). In: Wirtschaft und Gesellschaft. Grundriß der verstehenden Soziologie, Hg. Max Weber. Tübingen: J.C.B. Mohr (Paul Siebeck): 727-814
Wheatley, Paul/See, Thomas (1978): From Court to Capital. A Tentative Analysis of the Japanese Urban Tradition. Chicago: University of Chicago Press
White, James W. (1995): Ikki. Social Conflict and Political Protest in Early Modern Japan. Ithaca/London: Cornell UP
Wintersteen, Prescott B., Jr.: The Early Muromachi Bakufu in Kyoto. In: Hg. Hall/Mass 1988: 201-209
Worm, Herbert (1990): Osakas Stellung als Handelsmetropole der Tokugawa-Zeit. In: Hg. Institut für Asienkunde/Seminar für Sprache und Kultur Japans, Universität Hamburg 1990: 35-54
Yamamura, Kozo (1973): The Development of the Za in Medieval Japan. In: Business History Review 47 (Winter): 438-465
Yamamura, Kozo (1990): The Growth of Commerce in Medieval Japan. In: Hg. ders. 1990: 344-395
Yamamura, Kozo, Hg. (1990): The Cambridge History of Japan Bd. 3, Medieval Japan. Cambridge: Cambridge University Press
Yanagita Kunio (1969a): Jidai to nōson [„Epoche und Agrardörfer"]. In: Teihon Yanagita Kunio shū [„Standardausgabe der Yanagita-Kunio-Sammlung"] Bd. 16, Tōkyō: Chikuma shobō: 1-160 (erstmalig 1910, Tōkyō: Shūseidō)
Yanagita Kunio (1969b): Toshi to nōson [„Städte und Agrardörfer"]. In: Teihon Yanagita Kunio shū [„Standardausgabe der Yanagita-Kunio-Sammlung"] Bd. 16, Tōkyō: Chikuma shobō: 237-391 (erstmalig 1929, Tōkyō: Asahi shinbunsha)
Yazaki, Takeo (1968): Social Change and the City in Japan. Tōkyō: Japan Publications
Yoshida, Ichirō (1953): Ōyamazakishi sōkō [„Entwurf einer Geschichte von Ōyamazaki"]. Ōsaka: Sōgensha
Yoshida Nobuyuki (1991): Kinsei kyodai toshi no shakai kōzō [„Sozialstruktur neuzeitlicher Großstädte"]. Tōkyō: Tōkyō daigaku shuppankai
Yoshida Nobuyuki (1998): Kinsei toshi shakai no mibun kōzō [„Standesstruktur der neuzeitlichen Stadtgesellschaft"]. Tōkyō: Tōkyō daigaku shuppankai
Yoshie Akio (1984): Chūsei zenki no toshi to bunka [„Stadt und Kultur im frühen Mittelalter"]. In: Kōza Nihon rekishi [„Vorlesungen zur japanischen Geschichte"] Bd. 3 (chūsei 1), Hg. Rekishigaku kenkyūkai/Nihonshi kenkyūkai. Tōkyō: Tōkyō daigaku shuppankai: 207-252
Yoshie Akio (1988): Kokufu kara shukusho e. Ichi no tani iseki o tegakari ni miru chūsei toshi Mitsuke no kōsei to tenkai [„Vom Provinzgouvernement bis zum Herbergs-Ort. Struktur und Entwicklung der mittelalterlichen Stadt Mitsuke, untersucht anhand der Ausgrabungsstätte Ichi no tani"]. In: Rekishi to bunka [„Geschichte und Kultur"] 16 (Jinbun kagaku kiyō 87/Rekishi gaku kenkyū hōkoku 20): 117-246
Zöllner, Reinhard (1997): Die Ējanaika-Bewegung von 1867/68. In: Rituale und ihre Urheber. Invented Traditions in der japanischen Religionsgeschichte, Hg. Klaus Antoni. Hamburg: Lit 1997: 105-126
Zöllner, Reinhard (2000): Ējanaika. Visionen und Visualisierungen. In: Hg. Kohsaka/Laube 2000: 121-145

STADTLUFT MACHT NICHT FREI!
Die russische Stadt in der Vormoderne

―――

ANDREAS KAPPELER

EINLEITUNG

Das russische Wort Stadt *gorod/grad* heißt eigentlich „Festung", „Burg", und entspricht dem deutschen Begriff „Burg". Der Begriff *gorod* weist hin auf die Entstehung der Städte als Burgsiedlungen, als Sitze der Fürsten und seiner Beauftragten, auf die herrschaftlichen und militärischen Funktionen des zentralen Ortes. Auch im Deutschen bezeichnete der Begriff „Burg" die städtische Siedlung (erhalten in Städtenamen wie Regensburg), doch schon seit dem Hochmittelalter setzte sich der Begriff Stadt, der von Stätte, Stelle (lat. *locus*) abgeleitet werden kann, durch.

Die gleiche Entwicklung vollzog sich im Polnischen, Tschechischen und Ukrainischen: Die heutigen Begriffe für Stadt (*miasto/mesto/misto*) bedeuten ebenfalls *locus*, Stätte, Stelle. Der Historiker Herbert Ludat hat vor fast drei Jahrzehnten darauf aufmerksam gemacht, daß man offensichtlich dort, wo das deutsche Recht eingeführt wurde, wo eine Lokation stattfand, den alten Burgbegriff durch den neuen Stadt-Begriff ersetzt habe (Ludat 1973). Die Wortgeschichte spiegelt also ein wichtiges Phänomen der Stadtgeschichte Europas wider: die Ausdehnung des *ius theutonicum*, des deutschen Stadtrechts, über ganz Ostmitteleuropa im Gefolge der deutschen Ostsiedlung. Es erreichte nicht nur Böhmen, Ungarn und Polen, sondern auch das Großfürstentum Litauen und damit auch die ukrainischen und weißrussischen Städte. Lemberg erhielt 1356, Brest 1390, Kiev Ende des 15. und Charkiv sogar erst im 17. Jahrhundert das *ius theutonicum*. Rußland kannte dagegen kein Stadtrecht, und hier blieb auch die alte Bezeichnung *gorod* (Festung, Burg) bis heute erhalten. Die Zweiteilung Osteuropas, die man aufgrund des Kriteriums des deutschen Stadtrechts vollziehen kann, zeigt sich also in den Bezeichnungen der Stadt.

Allerdings gibt es auch im Russischen seit alters einen Begriff für die Vorstadt außerhalb der Burg, das *suburbium*: Posad meint eigentlich das Setzen, die Pflanzung, entspricht also dem Begriff Stadt. Mindestens in nordrussischen Dialekten wurde *posad* bis in jüngste Zeit an Stelle von *gorod* als Bezeichnung für Stadt verwendet. Dies könnte auf alternative Stadttraditionen in Nord-Rußland verweisen, wie sie vor allem die Stadtrepublik Groß-Novgorod verkörperte, worauf ich noch zurückkommen werde. Im Standard-Russischen konnte sich *posad* jedoch nicht gegen *gorod* durchsetzen.

Die Wortgeschichte stützt die These von der großen Bedeutung des deutschen Stadtrechts für die unterschiedliche sozio-ökonomische Entwicklung in Osteuropa und in Mittel- und Westeuropa. Diese Auffassung ist vor allem von deutschsprachigen Historikern vertreten worden, die teilweise soweit gingen, Siedlungen ohne eigenes Recht den städtischen Charakter überhaupt abzusprechen. Erst die Ostsiedlung habe ein organisiertes Städtewesen nach Polen oder Böhmen gebracht. Daraus ergaben sich lange heftige Diskussionen zwischen deutschen und polnischen bzw. tschechischen Historikern (Schlesinger 1975). Die letzteren betonten die autochthone Entwicklung ihres Städtewesens, die der Ausbreitung des deutschen Stadtrechts vorangegangen sei. Ich will darauf hier nicht näher eingehen und nur festhalten, daß das deutsche Stadtrecht natürlich kein notwendiges Kriterium für eine Stadt darstellt. Sonst hätte es außerhalb Europas überhaupt nie Städte gegeben.

Dennoch ist das *ius theutonicum* ein wichtiger Faktor für die Entwicklung des europäischen Städtewesens. Daß es aber nur *ein* Faktor unter mehreren ist, zeigt ein Blick auf die Entwicklung der Städte in Polen-Litauen. Formal besaßen alle das Stadtrecht, doch brachten die meisten von ihnen dennoch kein Bürgertum und keinen städtischen Kapitalismus westlicher Prägung hervor. Dem wirkten u.a. die Reagrarisierung der Ökonomie und die soziale und politische Dominanz des Adels entgegen. Nicht das Stadtrecht allein, sondern nur ein komplexes Geflecht ökonomischer, sozialer, politischer und kulturell-religiöser Ursachen kann die relative Schwäche von Städtewesen, Bürgertum und Kapitalismus im östlichen Europa erklären. Das gilt auch für Rußland.

Ich will zunächst die Entwicklung des russischen Städtewesens bis ins 17. Jahrhundert umreißen. Dabei wird sich zeigen, daß die Geschichte der russischen Stadt nicht linear, sondern eher wellenförmig verlief und daß man Alternativen aufzeigen kann. Es folgen ein systematischer Überblick über Stadt und Stadtbevölkerung im Moskauer Rußland der frühen Neuzeit und eine kurze Darstellung der Stadtreformen des 18. Jahrhunderts, die dem westlichen Vorbild folgten. Zum Schluß frage ich zusammenfassend nach den Besonderheiten der russischen Stadt und ihrer Bedeutung für die Geschichte Rußlands.

DIE ENTWICKLUNG DES RUSSISCHEN STÄDTEWESENS BIS INS 17. JAHRHUNDERT

Kiever Rus'

Das erste ostslawische Herrschaftsgebilde, die Kiever Rus', entstand im 8. bis 10. Jahrhundert an der Achse Ostsee–Schwarzes Meer, am „Weg von den Warägern zu den Griechen", wie es in der ersten Chronik heißt (zum folgenden Mühle 1991; Franklin/Shepard 1996). Nordgermanische Waräger, die Krieger, Räuber und Kaufleute in einem waren, brachten die Ostslawen unter ihre Tributherrschaft und begründeten zentrale Orte. Die beiden wichtigsten waren Novgorod am Ilmensee, das über den Ladogasee mit der Ostsee verbunden war, und Kiev/Kyïv am mittleren Dnjepr, am Wasserweg zum Schwarzen Meer und nach Konstantinopel. In skandinavischen Quellen erscheint die Rus' als *gardaríki*, als Burgenland.

Die befestigten Burgstädte (*goroda* oder *grady*) der Kiever Rus' waren Zentren des Fernhandels, der Herrschaft (oft als Sitze von Fürsten), der militärischen Abwehr, besonders gegen Einfälle der Steppennomaden, und (seit der Christianisierung) der Kirche. Schon im 10. Jahrhundert sind die meisten später wichtigen Städte in den Quellen nachgewiesen. Die Einwohnerzahl der Städte der Rus' kann höchstens annähernd mit Hilfe der Archäologie und anhand von Rückschlüssen bestimmt werden. Carsten Goehrke schätzt die Einwohnerzahl Kievs um 1200 auf 30–40.000, womit Kiev zu den größten europäischen Städten der Zeit gehören würde (Goehrke 1973). Novgorod und Pskov sollen zwischen 10.000 und 20.000 Einwohner gezählt haben; die meisten übrigen Städte blieben erheblich kleiner. Treffen diese Schätzungen zu, so hatte das Kiever Reich zwar einige auch im Vergleich mit dem übrigen Europa sehr große Städte, doch war die Zahl der Städte relativ klein. Der Verstädterungsgrad des Kiever Reiches dürfte um 1200 bei 3-5 Prozent gelegen sein, womit es erheblich hinter Mitteleuropa zurückläge. Dennoch zeigte das Städtewesen der jungen Rus' im ganzen einen beachtlichen Entwicklungsstand, vor allem wenn man ihn an den folgenden Jahrhunderten mißt.

In den Städten der mittelalterlichen Rus' lebten folgende Bevölkerungsgruppen:
1. Die Oberschicht lebte meist in der Burgsiedlung, d.h. der Fürst, sein Gefolge, seine Diener und Verwaltungsleute, die Bojaren und die höhere Geistlichkeit. Teile der Oberschicht waren auch am Fernhandel beteiligt.
2. Die eigentliche Stadtbevölkerung von Kaufleuten, Handwerkern und Gewerbetreibenden wohnte in der Regel in der Vorstadt, im *Posad*, in Kiev *Podol* genannt. Sie war geteilt in Freie und Unfreie, meist Gesinde. Die freie Stadtbevölkerung besaß eine relativ große Bewegungsfreiheit, unterstand aber der fürstlichen Verwaltung und bezahlte dem Fürsten Abgaben.

Die Stadtbevölkerung der Kiever Rus' hatte über die Volksversammlung (*Wetsche/veče*) Anteil an politischen Entscheidungen. Das Wetsche, an dem die gesamte freie Stadtbevölkerung vertreten war, wurde nicht regelmäßig, sondern sporadisch einberufen, wenn wichtige Entscheidungen zu fällen waren. Oft berief der Fürst ein Wetsche ein, um sich Rat zu holen, d.h. um Entscheidungen abzusichern und zusätzlich zu legitimieren. Nicht selten trat die Stadtbevölkerung auch aus eigenem Antrieb zum Wetsche zusammen, etwa wenn sie mit ihrem Fürsten oder dessen Verwaltung unzufrieden war. Zuweilen führte das sogar zur Absetzung eines Fürsten. Die Stadtbevölkerung, zum Teil auch breitere Schichten, stellte also ein gewisses Korrektiv zur Fürstenmacht dar. Ihr Einfluß machte sich besonders unter schwachen Fürsten bemerkbar (Zernack 1967).

Infolge der steigenden Unsicherheit in der von den Kumanen/Polowzern beherrschten Steppe und des Niedergangs des Byzantinischen Reiches verlor der Handelsweg von der Ostsee zum Schwarzen Meer sukzessive an Bedeutung, was sich auf die Städte der südlichen Rus' negativ auswirkte. Der Mongolensturm des 13. Jahrhunderts verstärkte den Trend der Verlagerung des politischen und ökonomischen Schwerpunkts nach Westen und Norden, und die Eroberung und Brandschatzung zahlreicher Städte durch die Mongolen und der ihnen auferlegte Tribut trugen generell zum Niedergang des Städtewesens der Rus' bei. Ausnahmen waren nur die vom Mongolensturm verschonten Städte im Westen wie Novgorod, Pskov, Polock und Lemberg/L'viv. Von der folgenden Pax Mongolica profitierten nur die Städte im Südwesten wie Lemberg, während das eigentliche Rußland ein peripheres Randgebiet des Imperiums der Goldenen Horde blieb. In der Folge beschränke ich mich auf die vorwiegend von Großrußen besiedelten Städte, klammere also die weißrussischen Gebiete mit Polock und die ukrainischen mit Kiev und Lemberg aus.

Die Stadtrepubliken Novgorod und Pskov als Alternativen

Die größten und wichtigsten russischen Städte des Mittelalters waren Novgorod und Pskov. Während in den Städten im Nordosten der Rus', unter ihnen das im 12. Jahrhundert begründete Moskau, der Stadtherr die politische Mitwirkung der Stadtbevölkerung in der Volksversammlung eliminierte, wurde die Institution des Wetsche in Novgorod und Pskov zum politischen Fundament von Stadtrepubliken. Ich will ihre politische und soziale Ordnung am Beispiel Novgorods erörtern (Goehrke in: Handbuch 1:432-483; Leuschner 1980; Pickhan 1992).

Die Bewohner Novgorods befreiten sich schon im 12. Jahrhundert von der Herrschaft der Fürsten, und diese sanken in der Folge zu Repräsentationsfiguren herab. Der Fürst wurde vom Wetsche gewählt und konnte von diesem auch wieder abgesetzt werden. Seit 1264 mußte er sich verpflichten, die Privilegien Novgorods zu achten. Seit dem Ende des 13. Jahrhunderts wurde in der Regel der jeweilige Großfürst von Vladimir und der ganzen Rus' als Fürst von Novgorod gewählt, das hieß seit dem 14. Jahrhundert meistens der Moskauer Fürst. Doch blieb Novgorod bis in die zweite Hälfte des 15. Jahrhunderts de facto unabhängig.

Theoretisch war in der Stadtrepublik Novgorod die Volksversammlung aller freien Stadtbewohner die höchste Instanz.
Die Befugnisse des Wetsche waren weitgehend:
– Wahl und Absetzung des Fürsten, der Amtsträger und des Erzbischofs,
– Entscheidung über Krieg und Frieden,
– Verhandlungen und Verträge mit dem Ausland,
– Ausstellung von Urkunden und gesetzgeberische Rechte.
Die Rechtsprechung war zwar an den *Posadnik*, den jeweils auf ein Jahr gewählten Bürgermeister, delegiert, aber nicht selten gab es Fälle spontaner Wetsche-Justiz, indem zu Bestrafende von der Brücke in den Fluß Volchov gestürzt wurden. Entscheidungen fielen durch Akklamation. Wer lauter schrie, hatte gewonnen.

Nachdem man Novgorod lange als ideale Protodemokratie betrachtet hatte, hat die Forschung in den letzten Jahrzehnten ihr Augenmerk vermehrt auf die fortschreitende Oligarchisierung der Novgoroder Verfassung gerichtet. Eine kleine Gruppe reicher grundbesitzender Adelsfamilien manipulierte die Volksversammlung und teilte die Ämter unter sich auf. Diese Bojaren schufen sich im 14. Jahrhundert ein eigenes, vom Wetsche unabhängiges, Organ, „den heren rad", wie deutsche Quellen ihn nennen. Dieser Rat wurde vom Erzbischof geleitet, dem höchsten Würdenträger der Stadt, der in einzelnen Perioden als eigentlicher Stadtherr erscheint. Dennoch blieb das Wetsche als Arena politischer Machtkämpfe und als Vehikel sozialen Protestes wichtig. Obwohl Novgorod keine geschriebene Verfassung und kein Stadtrecht kannte, war seine politische Organisation durch eine Balance der Kräfte Wetsche, Bojaren und Erzbischof gekennzeichnet.

Die Stadtrepubliken Novgorod und Pskov waren ein eigener Typ der mittelalterlichen europäischen Stadt. Obwohl Novgorod schon seit dem späten 12. Jahrhundert in Verbindung mit der Hanse stand und in der Folge als eines der vier Hanse-Kontore diente, folgte es nicht dem Vorbild der deutschrechtlichen Stadt. Übereinstimmungen zeigen sich am ehesten mit den mediterranen Stadtrepubliken wie Venedig oder Ragusa/Dubrovnik. Das Novgoroder Land bestand nämlich nicht nur aus der Stadt Novgorod und ihrem Umland, sondern gebot über ein riesiges Territorium bis zum Nördlichen Eismeer und dem Ural. Das machte ihre Oberschicht zu reichen Grundbesitzern und versorgte ihre Kaufleute mit Rohstoffen, vor allem mit Pelzen, die über die Hanse und Livland in Mittel- und Westeuropa abgesetzt wurden. Novgorod war während Jahrhunderten eine Drehscheibe des Handels in Nordosteuropa; neben den Pelzen waren Wachs (für Kerzen) und später die für den Schiffbau unentbehrlichen Produkte Hanf und Flachs die wichtigsten Exportartikel. Importiert wurden vor allem Textilien und Silber.

Die Städte Novgorod und Pskov wichen in ihrem Herrschaftssystem und ihrer sozialen Struktur vom Muster der vom Fürsten dominierten Stadt ab, das sich in der nordöstlichen Rus' und darauf in ganz Rußland durchsetzte. Gerade heute wird in Rußland wieder darüber diskutiert, ob die Verfassung der beiden Stadtrepubliken ein alternatives Modell der Geschichte Rußlands darstelle. Der Moskauer Großfürst, der die Hegemonie über die nordöstliche Rus' errungen hatte, betrachtete jedenfalls die politische Ordnung Novgorods mit Argwohn. Nachdem Ivan III. den Druck auf die Stadtrepublik ständig verstärkt hatte, eroberte er im Jahre 1478 die Stadt und verleibte sie mit ihrem großen Territorium dem Moskauer Staat ein. Das Wetsche und die übrigen Institutionen wurden abgeschafft und die gesamte Elite der Stadt in das Innere des Moskauer Staates deportiert. Einige Jahre später wurde auch das Hansekontor geschlossen. Damit war die Gefahr einer Novgoroder Alternative beseitigt.

Die Entwicklung der Stadt im Moskauer Reich

Das neuzeitliche Rußland folgte nicht dem Novgoroder und auch nicht dem Kiever Modell, sondern nahm im Kolonisationsgebiet des Nordostens eine eigenständige Entwicklung. Schon in der zweiten Hälfte des 12. Jahrhunderts setzte sich hier im Fürstentum Vladimir-Suzdal' die Fürstenmacht gegen Bojaren und Stadtbevölkerung durch. Von einem Wetsche berichten die Quellen im Gegensatz zu den meisten übrigen Gebieten der Rus' nicht. Das Großfürstentum Moskau, das im 14. Jahrhundert (immer noch unter der Oberherrschaft der Goldenen Horde) das Erbe des Fürstentums Vladimir antrat und sich gegen seine Konkurrenten durchsetzte, folgte diesem Muster. Der Fürst betrachtete das ständig wachsende, von ihm beherrschte Territorium als sein patrimonium (russ. votčina), über dessen Bevölkerung er beliebig verfügen konnte. Weder für den Adel noch die Stadtbevölkerung waren besondere Rechte und Privilegien vorgesehen. Sie hatten dem Fürsten zu dienen bzw. ihm Abgaben zu leisten und wurden von seinen Verwaltungsleuten kontrolliert.

Nach der Katastrophe des Mongolensturms nahm das Städtewesen in der nordöstlichen Rus' seit der Mitte des 14. Jahrhunderts und besonders von der Mitte des 15. bis zur Mitte des 16. Jahrhunderts einen Wiederaufschwung. Es wurden neue Städte gegründet und alte ausgebaut, doch litt die Stadtbevölkerung zunächst unter den sich wiederholenden Pestepidemien und Tatareneinfällen. Seit der Mitte des 15. Jahrhunderts nahm die Stadtbevölkerung des Moskauer Reiches aber deutlich zu (Goehrke 1973). Im immer stärker zentralisierten Moskauer Staat kam diese Entwicklung vor allem der Hauptstadt zugute (Knackstedt 1975). Moskau war Residenz des Großfürsten und (seit 1328) des Metropoliten von Kiev und der ganzen Rus', also Zentrum der Herrschaft, der Kirche und seit dem 15. Jahrhundert der Wirtschaft. Kaufleute und Handwerker aus anderen Städten wie Novgorod, Pskov oder Tver' wurden systematisch nach Moskau umgesiedelt. Der Großfürst bemühte sich, den Fernhandel zu kontrollieren und Gewinne abzuschöpfen. Die reichen Kaufleute konnten in der Hauptstadt vom Großfürsten und Zaren besser kontrolliert und wirtschaftlich ausgebeutet werden. Dies führte zu einem allmählichen Niedergang der anderen Städte und damit des russischen Städtenetzes. Moskau wurde zu einem Wasserkopf, zur einzigen großen Stadt des Reiches, mit um 1550 wohl gegen 100.000 Einwohnern, das heißt etwa einem Drittel der gesamten Stadtbevölkerung. Damit war Moskau erheblich größer als alle deutschen Städte der Epoche.

Die übrigen Städte blieben klein, mit Ausnahme lediglich von Novgorod und Pskov, die um 1550 zwischen 20.000 und 30.000 Einwohner gezählt haben sollen, die sich aber in ständigem Niedergang befanden (Goehrke 1973). Alle anderen Städte hatten weniger als 10.000 Einwohner. Der Anteil der Stadtbevölkerung an der Gesamtbevölkerung kann nur annähernd bestimmt werden. Die Schätzungen gehen von 5 bis 7 Prozent, d.h. er lag nur wenig über dem für die Kiever Rus' des 12. Jahrhunderts geschätzten Wert. Der Urbanisierungsgrad des Moskauer Reiches lag damit erheblich unter dem des gleichzeitigen Mittel- und vor allem Süd- und Westeuropas. Da die Definition der Stadt im Moskauer Reich umstritten ist, kann man über die Städtedichte keine klaren Aussagen machen. Sie war jedenfalls viel geringer als in Mittel- und Westeuropa und regional sehr unterschiedlich mit einem deutlichen Süd-Nord-Gefälle.

Nachdem die städtische Wirtschaft im 13. und frühen 14. Jahrhundert einen starken Rückgang erlebt hatte, erholte sie sich seit dem Ende des 14. Jahrhunderts zusehends und erlebte in der ersten Hälfte des 16. Jahrhunderts eine Blüte. Das städtische Handwerk entwickelte sich besonders in den Branchen der Lederbearbeitung und der Metallverarbeitung, während Textilien vorwiegend auf dem Lande hergestellt wurden. In den größeren Städten waren die Handwerker in zahlreiche Branchen differenziert. Auch eine gewisse regionale Arbeitsteilung läßt sich zeigen. Dennoch herrschte noch immer die Kleinproduktion vor, die markt- oder gar exportorientierte Großproduktion blieb demgegenüber sekundär. Technologisch blieb das russische Handwerk gegenüber demjenigen westlicher Länder zurück.

Die große wirtschaftliche, soziale, demographische und politische Krise, die Rußland zwischen 1560 und 1620 erlebte, wirkte sich auch auf die Städte aus. Die Stadtbevölkerung nahm erheblich ab. Zahlreiche Bewohner der Städte im Westen und im Zentrum des Moskauer Staates flohen vor den ständigen Kriegen und dem zunehmenden Steuerdruck in den Südosten des Reiches. Andere unterstellten sich freiwillig einem Adeligen oder einem Kloster und übersiedelten in steuerfreie Bezirke der Stadt, sogenannte *slobody* (Freiheiten), die Adeligen oder Klöstern gehörten. Da die Bevölkerung dieser Freibezirke steuerfrei war, bedeutete diese Entwicklung nicht nur eine wirtschaftliche Konkurrenz für die übrigen Städter, sondern erhöhte auch ihre Steuerbelastung. In den neu erschlossenen Gebieten im Osten und Südosten dagegen hatte die Krise kaum Auswirkungen, und Städte wie Nižnij Novgorod oder Kazan' erlebten einen Aufschwung, auch infolge des wichtigen Orienthandels. Gerade von der Stadtbevölkerung dieser Regionen kamen im zweiten Jahrzehnt des 17. Jahrhunderts Impulse zur Überwindung der schwersten Krise, die Rußland vor den Revolutionen des 20. Jahrhunderts erlebte.

Im Verlauf des 17. Jahrhunderts erholten sich die Städte Rußlands allmählich wieder. Nach dem gewaltigen Aderlaß der Jahre 1560–1620 stieg ihre Bevölkerung wieder an, doch dauerte es bis gegen Ende des

Jahrhunderts, bis der Stand von 1550 überschritten wurde. Die mit Abstand größte Stadt blieb Moskau mit jetzt etwa 200.000 Einwohnern. Den Zentralisierungsgrad des Moskauer Reiches dokumentiert die Tatsache, daß die zweitgrößte Stadt, Jaroslavl', nur etwa 15.000 Einwohner zählte. Es folgten drei weitere Städte mit über 10.000 und neun weitere mit über 5000 Einwohnern.

Der städtische Handel belebte sich erneut, und die Gruppe der reichen Kaufleute verstärkte ihren Einfluß. Allerdings befand sich der Außenhandel Rußlands über die Ostsee und in die islamischen Länder im Süden und Osten fast ausschließlich in der Hand von Ausländern. Damit entgingen den russischen Kaufleuten die Gewinne, die der Außenhandel ihren Standesgenossen in anderen Ländern brachte. Dazu kam, daß das Moskauer Reich vom Zufluß fremden Silbers abhängig blieb. Eine Kapitalakkumulation größeren Umfanges wie im zeitgenössischen Mittel- und Westeuropa fand deshalb im 16. und 17. Jahrhundert nicht statt. In Rußland gab es weder Banken noch ein entwickeltes Kreditwesen. Die Organisation der städtischen Wirtschaft blieb traditionell vormodern.

Der Zusammenbruch des Zentrums in der Zeit der „Wirren" bewirkte, daß die Stadtbevölkerung erstmals an politischen Entscheidungen mitwirken konnte. In den Reichsversammlungen (*sobory*) des späten 16. und der ersten Hälfte des 17. Jahrhunderts war sie neben dem Dienstadel die bestimmende Kraft. Die bedeutendsten *sobory* waren derjenige von 1612/1613, der den ersten Romanov-Zaren wählte, und diejenigen von 1648, die von Aufständen der Moskauer erzwungen wurden (Torke 1974). Trotz dieser in einzelnen Situationen wichtigen politischen Partizipation wurde der *Zemskij Sobor* nicht zu einer ständischen Institution mit einem garantierten Mitbestimmungsrecht in den in anderen Ländern so wichtigen Fragen der Steuerbewilligung oder der Herrscherwahl.

Die Stadtbevölkerung Rußlands reagierte auf Krisen mit sozialem Protest. Schon 1547 hatte sich die Moskauer Bevölkerung im Anschluß an eine Brandkatastrophe gewaltsam erhoben und dem jungen Zaren Ivan IV. einige Zugeständnisse abgetrotzt. Ein Jahrhundert später waren es erneut die Lastenpflichtigen der Hauptstadt, die sich zusammen mit den bewaffneten Strelitzen gegen einen verhaßten Regenten erhoben. Der junge Zar Aleksej mußte Vertraute opfern und auf einige Forderungen der Aufständischen eingehen. So wurden die *slobody*, die steuerfreien Bezirke in der Stadt, abgeschafft. Es folgten Aufstände in Novgorod und Pskov, und im Jahre 1662 ein neuer Aufstand in Moskau als Reaktion der Unterschichten auf die fortschreitende Inflation. Diesmal konnte die Zarenregierung nicht zu Konzessionen gezwungen werden, sondern sie griff energisch mit 50 Todesurteilen durch. Auch im großen Volksaufstand unter der Führung des Kosaken Stepan Razin in den Jahren 1670/71 spielte die russische und nichtrussische Stadtbevölkerung, diesmal der südöstlichen Peripherie des Staates, eine wichtige Rolle.

Diese Äußerungen sozialen Protestes brachten einige Konzessionen, doch änderten sie grundsätzlich nichts an der Situation der Stadtbevölkerung, die auch in der zweiten Hälfte des 17. Jahrhunderts durch hohe Abgaben und beschwerliche Dienstleistungen, ein fast vollständiges Fehlen von Selbstverwaltung und Privilegien und die Konkurrenz durch andere Bevölkerungsgruppen gekennzeichnet war. Nachdem die Zarenherrschaft in der Mitte des 17. Jahrhunderts wieder stabilisiert war und ihre autokratischen Befugnisse sogar ausbaute, wurde der politische und soziale Handlungsspielraum der russischen Stadtbevölkerung wieder erheblich reduziert.

DIE STADTBEVÖLKERUNG IM MOSKAUER REICH

Die soziale Schichtung der Stadtbevölkerung

An der Spitze der Stadtbevölkerung stand wie schon im Kiever Reich die in der Regel in der Stadt ansässige Oberschicht (zum folgenden Heller 1987; Bushkovich 1980; Hittle 1979; Leitsch 1973). Das gilt besonders für Moskau, wo der Großfürst, ab 1547 Zar, die meisten hohen Adeligen, das Personal der Zentralverwaltung und der Metropolit, ab 1589 Patriarch, das Oberhaupt der russisch-orthodoxen Kirche, lebten. In den Provinzstädten bildeten die Spitzen der Regionalverwaltung, der Geistlichkeit und der militärischen Besatzung die Oberschicht. Besonders in den Grenzstädten war das militärische Element wichtig. All diese Bevölkerungskategorien standen im Dienste des Herrschers, doch waren sie im Gegensatz zur Mehrheit der städtischen Bevölkerung dem Großfürsten gegenüber nicht lastenpflichtig.

Die Masse der Stadtbevölkerung dagegen war lastenpflichtig, bezahlte Abgaben und wurde zu Dienstleistungen wie Fuhrpflicht, Wegebau und Festungsbau herangezogen. Die lastenpflichtigen Stadtbewohner bezeichnete man seit dem 15. Jahrhundert als Posadleute (*posadskie ljudi*). Der Name leitet sich ab vom *Posad*, der Vorstadt mit vorwiegend wirtschaftlichen Funktionen, die seit jeher der Burg, die vorwiegend militärische und administrative Funktionen hatte, gegenüberstand. Im Laufe der frühen Neuzeit wuchsen Burg (jetzt meist mit dem Begriff *Kreml'* bezeichnet) und Suburbium (*posad*) zur Stadt zusammen, die jetzt mit dem Begriff *gorod* bezeichnet wurde.

An der Spitze der Posadleute standen die Kaufleute. Sie konzentrierten sich nun vor allem auf Moskau, nachdem die Novgoroder, Pskover, Smolensker und andere Kaufleute nach Moskau umgesiedelt worden waren. Eine kleine Gruppe von Großkaufleuten, die *gosti* (Gäste) genannt wurden, waren aus der Gruppe der steuerpflichtigen Städter ausgenommen, was deren Finanzkraft schwächte. Die *gosti* standen direkt im Dienst des Zaren, wurden von ihm kontrolliert und übernahmen staatliche Ämter in der Wirtschaftsverwaltung. Die im 17. Jahrhundert weniger als hundert Personen umfassende Kategorie der *gosti* betrieb nicht nur Außenhandel, sondern engagierte sich in Gewerben wie der Salzproduktion. Sie war in zwei Hundertschaften und später in drei Vermögenskategorien gegliedert. Eigentliche Korporationen oder Gilden mit eigenem Recht gab es jedoch im Moskauer Reich nicht. Wichtig waren familiäre Beziehungen der wenigen Kaufmannsdynastien, vor allem aber das Verhältnis zum Herrscher, von dem die *gosti* abhängig blieben.

Die freie lastenpflichtige Mittelschicht der Gewerbetreibenden und Kleinhändler war in der Posadgemeinde organisiert, die dem Staat gegenüber kollektiv für Abgaben und Dienstleistungen haftete. Die Posadgemeinde war also fiskalisch definiert, ohne daß sie eine weitergehende administrative oder gerichtliche Autonomie genossen hätte. An ihrer Spitze standen gewählte Älteste. Außerdem gab es Vereinigungen von Handwerkern oder von Straßengemeinschaften, jedoch keine Zünfte. Im Vergleich zu Mittel- und Westeuropa fehlte eine korporative Selbstverwaltung mit eigenem Recht. Der Zar blieb der Stadtherr, eine Beteiligung der städtischen Bevölkerung am Stadtregiment war nicht vorgesehen. Stadtluft machte in Rußland nicht frei.

Die Posadleute stellten am Ende des 17. Jahrhunderts nur etwa die Hälfte der Stadtbevölkerung Rußlands. Neben den in einer Gemeinde zusammengefaßten lastenpflichtigen Posadleuten gab es in den russischen Städten der frühen Neuzeit verschiedene Kategorien einer Unterschicht. Zum einen lebten zahlreiche Bauern in den Städten; vor allem die kleineren unter ihnen hatten einen stark agrarischen Charakter. Auch leibeigene Bauern lebten in Städten, oft in den steuerfreien *Slobody*, die bis 1649 die Posadgemeinden konkurrenzierten. Dazu kamen zahlreiche unfreie *Cholopen* (Sklaven) und Schuldknechte im Dienste von Adeligen, Klöstern und reichen Kaufleuten. Auch von Randgruppen wie Spielleuten, fahrendem Volk, Prostituierten und Kriminellen ist in den Quellen gelegentlich die Rede (Schmidt 1996).

Stadtbevölkerung und Landbevölkerung

Die rechtliche und soziale Lage der Stadtbevölkerung Rußlands in der frühen Neuzeit unterschied sich nur wenig von derjenigen der Landbevölkerung. Im Gegensatz zu den vom Stadtrecht erfaßten Regionen Mittel- und Westeuropas gab es keine klare Grenze zwischen Stadt und Land. Das zeigte sich auch im Fehlen von Stadtmauern. Befestigt war meist nicht die Stadt als ganzes, sondern nur der Kreml', die Burg.

Die rechtliche und soziale Stellung der lastenpflichtigen Posadleute entsprach im wesentlichen derjenigen der persönlich freien Bauern, die ebenfalls in Steuerhaftungsgemeinden organisiert waren. Ja, die Abgaben und Dienstleistungen der Stadtbevölkerung und ihre Kontrolle durch die staatliche Verwaltung waren drückender als die der sogenannten „schwarzen Bauern", die oft in unzugänglicheren, weniger kontrollierten Gebieten lebten. Auch in Nahrung, Behausung und Kleidung unterschieden sich die Posadleute im Prinzip nicht von der bäuerlichen Bevölkerung. Das Gleiche gilt, soweit wir das überhaupt wissen, für Werthaltungen und Mentalitäten, die in Stadt und Land weiter von Volksfrömmigkeit und Orthodoxie, Zarentreue und Traditionalismus bestimmt waren. Ein wichtiger Unterschied zur Landbevölkerung war, daß die Posadleute im 16. und 17. Jahrhundert nicht wie die Mehrheit der Bauern in die Erbuntertänigkeit und Leibeigenschaft absanken. Allerdings verloren sie in der Mitte des 17. Jahrhunderts ihr Abzugsrecht. Auch wirtschaftlich war die Grenze zwischen Stadt und Land nicht klar festgelegt. Der Grad der Arbeitsteilung war relativ gering. Ein beträchtlicher Teil der Stadtbevölkerung betrieb Landwirtschaft, und zahlreiche auf dem Lande lebende Bauern, militärische Dienstleute und Klosterleute waren mit Handel, Handwerk und Gewerbe beschäftigt. Die wirtschaftlichen Rahmenbedingungen waren für die schwarzen Bauerngemeinden im Norden oft besser als für die stärker vom Staat kontrollierten Posadleute. Das Fehlen wirtschaftlicher Privilegien brachte es mit sich, daß die Posadleute generell unter der wirtschaftlichen Konkurrenz der Landbevölkerung litten. Handwerk, Gewerbe und Handel auf dem Land waren ein hemmender Faktor für die Entwicklung einer städtischen Wirtschaft in Rußland.

Besonders deutlich zeigte sich die Konkurrenz der Landbevölkerung in den ersten industriellen Aktivitäten des 17. Jahrhunderts. Die Initiativen für Manufakturen gingen in der Regel nicht von der Stadtbevölkerung, den russischen *gosti* oder Posadleuten, aus, sondern vom Staat, der die Versorgung der Armee mit Waffen, Pulver und Uniformen sicherzustellen suchte. Der Staat arbeitete zum Teil mit ausländischen Unternehmern und Kapitalgebern zusammen. Spezialisten wie der Holländer Andreas Winius und der Däne Peter Marselis bereiteten die Grundlage für eine Metallurgie, die zunehmend auch westliche Technologien übernahm. In anderen Bereichen waren es adelige Gutsbesitzer, die mit ihren Leibeigenen große Unternehmen auf dem Lande, etwa Schnapsbrennereien oder Pottaschefabrikation, betrieben.

DIE VERWESTLICHENDEN REFORMEN DES 18. JAHRHUNDERTS

Seit Peter dem Großen versuchte die Zarenregierung, Rußland durch Reformen zu verwestlichen, um es zu modernisieren und zu einer europäischen Großmacht zu machen. Im Bereich des Städtewesens lagen die Unterschiede zum Westen besonders offen zutage, und deshalb wurde versucht, die mitteleuropäische Stadtverfassung nachträglich in Rußland einzuführen (zum folgenden Handbuch Band 2; Hittle 1979; Anisimov 1993; Mironov 2000). Ein von oben geschaffenes Bürgertum sollte wie im Westen der Entwicklung Rußlands Impulse verleihen.

Es ist deshalb kein Zufall, daß die erste der Reformen Peters des Großen der Stadt galt. Im Jahre 1699 wurde eine städtische Selbstverwaltung mit *ratuša* (Rathaus) und *burmistr* (Bürgermeister) geschaffen, die die staatliche Verwaltung ablösen sollte. Die Reform verfolgte vor allem fiskalische Ziele, d.h. sie sollte einen regulären Eingang der Steuergelder gewährleisten. Sie zeitigte keine tieferen Wirkungen.

Wichtiger waren die Reformen von 1718-1721, die sich die Selbstverwaltung der seit kurzem zum Rußländischen Reich gehörenden Städte Riga und Reval zum Vorbild nahmen. Die Selbstverwaltung erhielt den Namen Magistrat, doch blieben ihre Kompetenzen auf Rechtspflege und wiederum auf das Eintreiben von Steuern beschränkt. Gleichzeitig wurden die Kaufleute in Gilden organisiert, doch blieben diese innerhalb der alten Posadgemeinde. Die petrinischen Stadtreformen hatten weitgehend formalen Charakter, veränderten lediglich die Fassade. Dahinter blieb die traditionelle Posadgemeinde, die durch hohe Steuern belastete Dienststadt, erhalten. Die Stadtbewohner blieben traditionalistische lastenpflichtige Untertanen, wurden nicht zu einem unternehmerischen, innovativen Bürgertum.

Unter Katharina II. wurde deshalb ein neuer Versuch unternommen, eine städtische Gesellschaft und ein prosperierendes Bürgertum von oben ins Leben zu rufen. Der Staat hatte dabei vor allem seine eigenen Interessen im Auge: Die vom zu kreierenden Bürgertum ausgehenden Impulse sollten in erster Linie dem Staat zugute kommen. Allerdings sah man nun ein, daß vor allem die Kaufleute die ihnen zugedachte Aufgabe nur erfüllen konnten, wenn sie mehr Freiheiten und Privilegien erhielten, wenn sich ihre rechtliche Lage verbesserte, wenn sie zu einem von der Landbevölkerung klar geschiedenen Stand würden.

Im Zuge der Verwaltungsreform von 1775 und endgültig in der Gnadenurkunde für die Städte von 1785 erhielt die Stadtbevölkerung Rußlands erstmals rechtliche und wirtschaftliche Privilegien und eine korporative Selbstverwaltung garantiert. Die städtische Gesellschaft wurde neu gegliedert. An deren Spitze traten die Kaufleute (*kupcy*), nun als eigener Stand der vermögenden Stadtbewohner. Die Kaufleute wurden aus der Posadgemeinde herausgelöst und hatten keine Kopfsteuer mehr zu bezahlen, sondern eine Abgabe von einem Prozent ihres Kapitals, das sie auf Treu und Glauben deklarierten. Die Kaufleute wurden gegen eine Ablösesumme auch von der Rekrutenstellung sowie von Körperstrafen befreit. Es wurden ihnen erstmals wirtschaftliche Privilegien garantiert, wie das Recht auf Handel, der Besitz von Fabriken und die Garantie des Eigentums. Diese bürgerlichen Rechte und Privilegien befreiten die Kaufleute vom Stigma der Unfreiheit und ordneten sie rechtlich als neuen eigenen Stand zwischen der lastenpflichtigen Bevölkerung, die Kopfsteuer bezahlte, und dem Adel ein.

Die Abgrenzung nach unten war offen, sie richtete sich nach dem deklarierten Vermögen: Wenn ein Stadtbewohner mehr als 500, später 1000, Rubel Vermögen angab, wurde er *kupec*, gehörte also dem Stand der reichen Stadtbewohner an. Innerhalb des Kaufmannsstandes wurden ebenfalls nach dem Vermögen drei Gilden geschaffen, bzw. die schon bestehenden Gilden neu definiert. Den Kaufleuten der ersten und zweiten Gilde war der Außenhandel vorbehalten, denjenigen der ersten Gilde auch das Privileg, mit einer zweispännigen Kutsche zu fahren. Zwischen den Kaufleuten der ersten und denen der dritten Gilde bestand eine große Kluft. Die wenigen reichen Kaufleute hatten eine starke Stellung in den Städten. Sie verfolgten, einmal reich geworden, allerdings oft seltener das Ziel, erfolgreiche Unternehmer zu werden, als in den Adel aufzusteigen, was manchen auch gelang. Durchschnittlich stellten die Kaufleute etwas über zehn Prozent der Bevölkerung der Stadtgemeinden; in den wenigen großen Städten war der Prozentsatz höher, ebenso in frühindustriellen Zentren wie Tula.

Die Masse der Stadtbevölkerung, die Grundschicht der Handwerker, kleinen Händler und Gewerbetreibenden mit weniger als 500 Rubel Kapital, wurden 1775 als ständische Kategorie der *meščan* zusammengefaßt. Der neue Name, der zuweilen mit Kleinbürger übersetzt wird, veränderte nicht viel an der Stellung der Posadleute. Im Gegenteil, dadurch daß die reicheren Posadleute, die *kupcy*, nun keine Kopfsteuern mehr zu bezahlen hatten, erhöhte sich der Steuerdruck auf die *meščane*. Sie befanden sich somit auch nach 1775 und nach dem Gnadenbrief für die Städte von 1785 in der Kontinuität der Posadgemeinde und hatten Kopfsteuer, Dienstleistungen für den Staat und Gemeindeabgaben zu entrichten, wobei die fiskalische Belastung kontinuierlich anstieg. Sie waren an die Stadtgemeinde gebunden, und ohne Paß durften sie wie die Bauern nicht mehr als 33 Verst von ihrem Wohnort wegreisen. Die *meščane* waren in ihrer Stellung den Staatsbauern verwandt, wobei ihre bürgerlichen und wirtschaftlichen Möglichkeiten etwas größer waren. So konnten sie, falls sie zu Geld kamen, in den Stand der Kaufleute aufsteigen, was für Angehörige anderer Stände schwieriger war.

Der Gnadenbrief für die Städte von 1785 schuf mit der sogenannten Stadt-Duma eine städtische Selbstverwaltung, die die verschiedenen Stände und Gruppierungen in einer Korporation verklammern sollte. Auch die schon 1721 geschaffene Zunftordnung der Handwerker, als *cech*, ihre Angehörigen als *cechovye* bezeichnet, wurde 1785 für Teile der *meščane* ausgebaut. Die Stadt erhielt erstmals das Privileg des stationären Handels. Formal wurden also am Ende des 18. Jahrhunderts zahlreiche Elemente der städtischen Selbstverwaltung, wie sie Mittel- und Westeuropa seit dem Mittelalter kannten, zum Teil mit ihren westlichen Namen die in Rußland eingeführt. Dies ermöglichte die allmähliche Entwicklung eines städtischen Lebens mit städtischen Spitälern, sozialer Wohlfahrt, Schulen und anderen infrastrukturellen Einrichtungen.

Die Frage, ob die Stadtreformen von 1775 und 1785 eine entscheidende Belebung der städtischen Gesellschaft in Rußland brachten, ist bis heute umstritten. Mit der Einführung westlicher Institutionen wie Gilden, Zechen, Räten und Magistraten durch den Staat konnte sich dennoch nicht ohne weiteres ein Bürgertum westlichen Zuschnittes entwickeln. Immerhin wurde nun die Stadtbevölkerung rechtlich klar von der Landbevölkerung getrennt, sie erhielt wirtschaftliche Privilegien und eine gewisse Selbstverwaltung. Andererseits erwiesen sich die traditionellen Mentalitäten der russischen Stadtbevölkerung als zählebig, so daß die gewährten Freiräume nur zögernd genutzt wurden. Die Abhängigkeit der Stadt vom Staat und ihre Funktion eines durch Abgaben und Dienste für den Staat bestimmten Sozialverbandes blieben prägend. Auf der anderen Seite wurden mit den Reformen des 18. Jahrhunderts Grundlagen für die Entstehung eines städtischen

Mittelstandes geschaffen. Die jahrhundertelange Entwicklung des mittel- und westeuropäischen Bürgertums konnte indessen nicht in wenigen Jahrzehnten nachgeholt werden.

Gegen Ende des 18. Jahrhunderts hatte sich der Anteil der städtischen Stände der Kaufleute und *meščane* von drei auf gut vier Prozent der Gesamtbevölkerung erhöht. Dazu kamen Stadtbewohner anderer Stände, Adelige, Verwaltungsleute, Bauern, Dienstboten, Tagelöhner und Bettler. Der damalige Anteil der Stadtbevölkerung an der Gesamtbevölkerung Rußlands wird auf acht bis zehn Prozent geschätzt (Rozman 1976), was eine deutliche Zunahme gegenüber dem Ende des 17. Jahrhunderts (etwa sechs Prozent) bedeutete. Der Urbanisierungsgrad Rußlands lag indessen nach wie vor weit unter dem Mitteleuropas, auch unter dem des Nachbarn Polen-Litauen (ca. 15 Prozent). Die Reformen Katharinas II., die die Stadt über ihre administrativen Funktionen definierten, ließen die Zahl der russischen Städte stark anschwellen. Dabei handelte es sich aber teilweise um kleine Ortschaften, die zu Kreishauptstädten gemacht wurden, ohne daß sie wirtschaftliche oder kulturelle Zentrumsfunktionen besaßen.

Im Zuge der Westexpansion Rußlands kamen seit der Mitte des 17. Jahrhunderts Städte unter rußländische Herrschaft, in denen das *ius theutonicum* und städtische Korporationen zum Teil schon seit Jahrhunderten bestanden. Das gilt für Kiev und andere Städte des Hetmanats der Dnjepr-Kosaken, die unter polnisch-litauischer Herrschaft mit dem Magdeburger Recht ausgestattet worden waren. Das gilt vor allem für die Städte der seit 1721 zu Rußland gehörenden Ostseeprovinzen. Deren deutschsprachige Bevölkerung war seit dem Mittelalter in autonomen Korporationen mit weitgehender Selbstverwaltung organisiert und wies die Merkmale des mitteleuropäischen Bürgertums auf. Die Zarenregierung garantierte hier den Status quo und erklärte ihn sogar zum Vorbild der zu verwestlichenden russischen Stadt. Sie nutzte die Wirtschaftskraft der Ostsee-Städte für ihre Zwecke, und Riga wurde zum wichtigsten Exporthafen des Reiches.

Dennoch blieben auch im 18. Jahrhundert die alte und die neue Hauptstadt dominant. Petersburg hatte gegen 300.000, Moskau über 200.000 Einwohner. Die nächstgrößten Städte folgten mit gewaltigem Abstand: Riga mit 35.000, Saratov mit 31.000, Kiev und Astrachan' mit je 30.000 Einwohnern. Moskau hatte damit seine führende Stellung eingebüßt, doch es behielt seine zentrale Rolle als Handelsplatz, in der Weiterentwicklung handwerklicher Traditionen und als wichtigstes Zentrum der Textilmanufakturen. Moskau wurde auch zu einem Zentrum der Bildung, seit 1755 mit der ersten russischen Universität.

Die Führung hatte aber nun ganz eindeutig Petersburg übernommen. Die junge Hauptstadt, 1703 auf bis dahin schwedischem Gebiet begründet, wurde zu einem Symbol des verwestlichten Rußland. Schon ihre Lage an der äußersten nordwestlichen Peripherie, an der Ostseeküste, weist auf die Zielrichtung der petrinischen Politik hin. Die von westeuropäischen Architekten errichteten Prachtbauten markierten die radikale Abwendung von der Moskauer Tradition. Die andere Seite petrinischer Politik zeigte sich im Aufbau Petersburgs, der nur durch ein Riesenheer von Zwangsarbeitern ermöglich wurde, von denen viele im ungesunden Petersburger Klima ums Leben kamen. Auch der finanzielle Aufwand für den Bau der Stadt war sehr groß und mußte durch Steuererhöhungen gesichert werden. Schließlich mußte die Stadt anfangs auch durch Zwangsumsiedlungen großer Bevölkerungsgruppen besiedelt werden. In St. Petersburg spiegeln sich also der Wille zur Verwestlichung Rußlands ebenso wider wie der Zwangscharakter, womit diese Transformation zumindest unter Peter dem Großen durchgeführt werden sollte. In der zweiten Hälfte des 18. Jahrhunderts rückte Petersburg in den exklusiven Kreis der großen europäischen Residenzstädte auf, mit dem glänzenden Hofleben als Kern, mit einer florierenden Wirtschaft als Hafenstadt, mit einer kosmopolitischen Gesellschaft, darunter viele Ausländer (besonders viele Deutsche), und als Zentrum der Kultur mit der noch von Peter begründeten Akademie der Wissenschaften.

ZUSAMMENFASSUNG

Die Entwicklung des Städtewesens in Rußland verlief nicht geradlinig, sondern in Wellen. Hatte die Kiever Rus' in kurzer Zeit eine frühe Blüte der Städte gebracht, führten die Verlagerung der Handelswege und der Mongolensturm zu einem Niedergang des Städtewesens. Lediglich in den westlichen Randgebieten, besonders in der Stadtrepublik Novgorod, bildete sich eine bemerkenswerte Variante der Stadtverfassung und einer mit Mitteleuropa in regem Austausch stehenden Stadt heraus. Dieser Sonderweg wurde durch die Expansion Moskaus in der zweiten Hälfte des 15. Jahrhunderts abgebrochen.

Im Moskauer Reich des 15. und ersten Hälfte des 16. Jahrhunderts nahmen die Städte einen neuen Aufschwung, doch konzentrierte er sich stark auf die Hauptstadt, so daß das Städtenetz weitmaschig blieb. Die wirtschaftlich aktive Stadtbevölkerung blieb unter der engen Kontrolle des Staates und erhielt keine eigenen Rechte und Privilegien, sondern wurde vor allem durch ihre Abgaben und Dienstleistungen definiert.

Die Grenzen zwischen Stadt und Land waren fließend, eine klare Arbeitsteilung fehlte, und Staat, Adlige und Bauern konkurrenzierten die Städter wirtschaftlich. Die Luft der russischen Dienststadt machte nicht frei. Unter den Bedingungen einer engen Bindung an den Staat konnte sich in Rußland kein Bürgertum westlicher Prägung entwickeln, das als Motor für eine kapitalistische und demokratische Entwicklung hätte wirken können. Im Gegenteil wurde die wirtschaftliche und demographische Entwicklung der Städte durch die tiefgreifende Krise der Jahre 1560 bis 1620 weit zurückgeworfen und erreichte erst am Ende des 17. Jahrhunderts wieder den Stand um 1550.

Im Zuge der Reformen des 18. Jahrhunderts, die Rußland verwestlichen sollten, versuchte der Staat von oben eine städtische Selbstverwaltung und ein Bürgertum zu schaffen. Dies konnte kurzfristig wenig Wirkungen zeitigen, schuf aber ein Fundament für die allmähliche Herausbildung eines russischen Stadtbürgertums im 19. Jahrhundert. Dennoch blieb die relative Schwäche der städtischen Wirtschaft und der bürgerlichen Gesellschaft mit einer civil society bis zur Gegenwart ein Kennzeichen Rußlands.

Die vormoderne russische Stadt stellt so einen Sondertyp der europäischen Stadt dar, der durch die Unterordnung unter Fürst, Staat und Adel, das weitgehende Fehlen von Selbstverwaltungsrechten und wirtschaftlichen Privilegien und eine Stadtbevölkerung gekennzeichnet war, von der in der Regel nur schwache gesellschaftliche und wirtschaftliche Impulse ausgingen. Die Beispiele der mittelalterlichen Städte der Rus' und besonders Novgorods zeigen allerdings ebenso wie das rasche Aufblühen der städtischen Gesellschaft im letzten halben Jahrhundert des Zarenreiches, daß dieser Sondertyp ein Entwicklungspotential besaß, das sich infolge der politischen Verhältnisse lange nicht entfalten konnte. Vielleicht sollte überhaupt nicht nur immer mit dem Städtewesen im Westen Europas verglichen werden, was meist in eine Aufzählung von Defiziten der russischen Stadt mündet, sondern die russische Stadt mit außereuropäischen Stadttypen, etwa im islamischen oder ostasiatischen Raum, verglichen werden. Vielleicht kann die Lektüre des vorliegenden Bandes einen solchen Vergleich anregen.

LITERATUR

Anisimov, Evgenii V. (1993): The Reforms of Peter the Great. Progress through Coercion in Russia. New York/London
Bushkovich, Paul (1980): The Merchants of Moscow, 1580–1650. Cambridge
Franklin, Simon/Shepard, Jonathan (1996): The Emergence of Rus 750–1200. London/New York

Goehrke, Carsten (1973): Einwohnerzahl und Bevölkerungsdichte altrussischer Städte – Methodische Möglichkeiten und vorläufige Ergebnisse. In: Forschungen zur osteuropäischen Geschichte 18 (1973): 25-53

Handbuch der Geschichte Rußlands. Bd. 1: Von der Kiever Reichsbildung zum Moskauer Zartum (Anfänge bis 1613). Hg. von M. Hellmann. Stuttgart 1976–1988; Bd. 2: Vom Randstaat zur Hegemonialmacht (1613–1856), Hg. von Klaus Zernack. Stuttgart 1981–

Heller, Klaus (1987): Russische Wirtschafts- und Sozialgeschichte. Bd. 1: Die Kiever und die Moskauer Periode (9.–17. Jahrhundert). Darmstadt

Hittle, J. Michael (1979): The Service City. State and Townsmen in Russia, 1600–1800. Cambridge, Mass./London

Knackstedt, Wolfgang (1975): Moskau. Studien zur Geschichte einer mittelalterlichen Stadt. Wiesbaden

Leitsch, Walter (1973): Die Stadtbevölkerung im Moskauer Staat in der zweiten Hälfte des 17. Jahrhunderts. In: Forschungen zur osteuropäischen Geschichte 18 (1973): 221-248

Leuschner, Jörg (1980): Novgorod. Untersuchungen zu einigen Fragen seiner Verfassungs- und Bevölkerungsstruktur. Berlin

Ludat, Herbert (1973): Zum Stadtbegriff im osteuropäischen Bereich. In: Vor- und Frühformen der europäischen Stadt im Mittelalter, Teil 1, Hg. von H. Jankuhn. Göttingen 1973: 77-91

Mironov, Boris (with Ben Eklof) (2000): The Social History of Imperial Russia 1700–1917. Bde. 1-2. Boulder, Col.

Mühle, Eduard (1991): Die städtischen Handelszentren der nordwestlichen Rus'. Anfänge und frühe Entwicklung altrussischer Städte bis gegen Ende des 12. Jahrhunderts). Stuttgart

Pickhan, Gertrud (1992): Gospodin Pskov. Entstehung und Entwicklung eines städtischen Herrschaftszentrums in Altrußland. (= Forschungen zur osteuropäischen Geschichte 47). Berlin

Rozman, Gilbert (1976): Urban Networks in Russia, 1750–1800, and Premodern Periodization. Princeton

Schlesinger, Walter, Hg. (1975): Die deutsche Ostsiedlung des Mittelalters als Problem der europäischen Geschichte. Sigmaringen

Schmidt, Christoph (1996): Sozialkontrolle in Moskau. Justiz, Kriminalität und Leibeigenschaft 1649–1785. Stuttgart

Torke, Hans-Joachim (1974): Die staatsbedingte Gesellschaft im Moskauer Reich. Zar und zemlja in der altrussischen Herrschaftsverfassung 1613–1689. Leiden

Zernack, Klaus (1967): Die burgstädtischen Volksversammlungen bei den Ost- und Westslaven. Studien zur verfassungsgeschichtlichen Bedeutung des Veče. Wiesbaden

DER AUFSTIEG DER EUROPÄISCHEN
METROPOLEN IN DER FRÜHEN NEUZEIT

HERBERT KNITTLER

„Urban supernovas" (Hohenberg/Lees 1995:229) oder „the great urban success stories of the early modern period" (P. Clark in Aerts/ Clark 1990:5) – Begriffe und Formeln für ein Phänomen, das nicht nur die Urbanisierungsforschung des 20. Jahrhunderts, sondern auch manchen Zeitgenossen, der über frühneuzeitliche Metropolen berichtete, faszinierte. Das Wachstum europäischer zentraler Großstädte und deren optische und funktionale Wirkkraft, die sie aus der Menge städtischer Individualitäten heraushob, wurden in einer Vielzahl von Berichten und Beschreibungen gewürdigt. Wenn für Alexandre le Maitre bereits 1682 drei Rollenelemente für Metropolen als charakteristisch erscheinen – als Thron des Herrschers, als Angelpunkt der Tauschmechanismen und als jener Platz, an dem sich die Glorie, „la valeur et la force d'un pays" konzentrierten (Reed 1996:51) –, so werden damit Merkmale genannt, die auch für den Metropolenbegriff des 21. Jahrhunderts als essentiell gelten können.

Freilich darf der hier angedeutete Gleichklang historischer und gegenwartswissenschaftlicher Einsichten nicht über die Tatsache hinwegtäuschen, daß sich der Metropolenbegriff als mehrschichtig darstellt und seine Handhabung nicht immer mit der nötigen Präzision und Differenzierung erfolgt ist (Engel/Lambrecht 1995:31). Daß Bezeichnungen wie Hauptstadt und Residenz, Metropole, Zentraler Ort oder auch nur „große Stadt" – in Übereinstimmung mit den seit dem Spätmittelalter überlieferten Quellentermini ‚houptstat', ‚caput' und ‚metropolis' – oftmals synonym verwendet wurden, erklärt sich zum Teil aus der wechselseitigen Überlagerung der einzelnen Begriffsmerkmale. In der Regel wird man von einem multifunktionalen Metropolenbegriff ausgehen dürfen, in dem sich Elemente von Politik und Administration, Wirtschaft, Gesellschaft und Kultur verbinden, wobei unterschiedliche Mischungsverhältnisse möglich sind. Eine Kongruenz mit dem Hauptstadtbegriff wird in der Frühneuzeit zumeist vorliegen (vgl. Rozman 1978:70), wogegen noch im Spätmittelalter Hafen- und Handelsstädte vordere Plätze einer Rangordnung besetzten (Clark/Lepetit 1996:1). Unabhängig von der Hauptstadtfunktion können Metropolen als hierarchisch höchstrangige Zentrale Orte (Christaller 1933) aber auch mit den größten Städten eines Raumes korrespondieren, wenn sie aufgrund ihres Bedeutungs- und Funktionsüberschusses eine überregionale Raumfunktion ausüben. Etwa im Sinne der Bündelung von Kapital- und Informationsströmen, des technischen und wirtschaftlichen Fortschritts oder der Leitung ökonomischer Prozesse (Zimm 1993:5). Eine vereinfachende Gleichsetzung von Metropole und Großstadt, wie sie E.A. Wrigley als heuristische Variante für ein komparatives Vorgehen zur Diskussion gestellt hat (Wrigley 1990b:12), erscheint hingegen darüber hinaus nur bedingt zielführend.

Ungeachtet dieser Anmerkungen soll den folgenden Überlegungen ein reduzierter Metropolenbegriff unterlegt werden, bei dem sich vorwiegend die Rolle als administrativ-politisches und nur in Ausnahmefällen auch als eminent ökonomisches Zentrum (z.B. Antwerpen, Amsterdam, Genua oder Venedig) (vgl. dazu Van der Wee 1963; Burke 1993; Limberger 2000; Wilczek/Van Waterschot 1993; Heers 1971; Lane 1973) mit dem Tatbestand Größe als Ergebnis eines akzelerierten Bevölkerungswachstums verband. Letzteres wird nicht nur im Sinne absoluter Werte, sondern gleichermaßen als relative Distanzierung der anderen Wettbewerber zu verstehen sein.

Diese im wesentlichen auf die Hauptstädte frühmoderner Staaten unterschiedlicher Größenordnung hinauslaufende Selektion umfaßt freilich entwicklungsgeschichtlich heterogene Typen: Nationale Kapitalen, die ihre Funktion ungebrochen seit dem Mittelalter besaßen wie Paris (Frankreich), London (England), Edinburgh (Schottland), Kopenhagen (Dänemark), Stockholm (Schweden) oder Lissabon (Portugal). Weiters solche, die in ihre Hauptstadtfunktion allmählich hineinwuchsen oder diese erst erhielten: Brüssel (südliche Niederlande), Den Haag (nördliche Niederlande), Madrid (Spanien), Warschau (Polen) oder Dublin (Irland). Hier konnte der Aufstieg zeitweilig durch die Konkurrenz seitens älterer Zentralorte behindert werden, wie im Falle Madrids durch Toledo und Valladolid, Brüssels durch Antwerpen oder Den Haags durch Amsterdam und andere Einheiten der Randstad-Agglomeration (Diederiks 1990). Letztlich entwickelten sich einige Städte aus fürstlichen Residenzen zu Kapitalen eines Territorienbündels wie Wien (Habsburg-Österreich) oder Berlin (Brandenburg-Preußen), im beschränkten Maße auch Prag und erst im 19. Jahrhundert Budapest (Clark/Lepetit 1996:6; Ledvinka/Pesek 2000; Bácskai 1996). Das Heilige Römische Reich war hingegen durch die Multizentralität der Hauptstadtfunktionen gekennzeichnet (Aretin 1983; Baumunk/Brunn 1989; Ennen 1983; Schieder/Brunn 1983; Schultz 1993; Wendehorst 1974).

Es erscheint für die Bewertung der Vitalität frühneuzeitlicher Metropolen nicht unerheblich, daß es seit dem ausgehenden Mittelalter möglich wird, den urbanen demographischen Wachstumsprozeß mit zunehmend besser abgesicherten Daten zu verfolgen (Bairoch/Batou/Chèvre 1980; La demografia storica 1982; Chandler 1987; De Vries 1984; Malanima 1998; Mols 1954-56). Welchen Stellenwert darin dem Metropolenwachstum zukam, beweist eine Berechnung P. Bairochs, derzufolge die Bevölkerungszunahme von vier europäischen Metropolen im 17. Jahrhundert 41-44 Prozent des Wachstums der Stadtbevölkerung in Europa im genannten Zeitraum entsprochen hat (Bairoch/Goertz 1990:49). Eine noch deutlichere Aussage vermitteln jene Zahlen, welche die demographische Explosion einzelner Hauptstädte zwischen 1500 und 1800 dimensionieren. So wuchs London im genannten Zeitraum von ca. 50.000 auf 948.000, das entspricht ebenso wie das Beispiel Berlin, von 9000 auf 172.000, etwa einer Verzwanzigfachung; Madrid konnte seine Einwohnerzahl von 13.000 auf zumindest 169.000 verdreizehnfachen, Wien von 20-25.000 auf 232.000 verzehnfachen (zuletzt Knittler 2000:28f). Erhebliche Wachstumsraten verzeichneten auch die kleineren Metropolen Stockholm (Soederberg/Jonsson/Persson 1991), Kopenhagen, Dublin (Craig 1992; Gillespie 1996) oder Warschau, wogegen die Verdreifachung im Falle von Paris, von 200.000 auf 581.000, oder Neapel, von 150.000 auf 430.000, zufolge des hohen Ausgangsniveaus weniger spektakulär erscheint.

Tabelle I läßt nun erkennen, daß das frühneuzeitliche Metropolenwachstum – selbst bei einem zwischenzeitliche Schwankungen nivellierenden Vorgehen in Schritten von 100 Jahren – durchaus unterschiedlichen Mustern folgt:

Tabelle I: Einwohnerzahlen europäischer Metropolen 1500–1800
(vorwiegend nach Bairoch/Batou/Chèvre 1988; De Vries 1984; Bardet/
Dupâquier 1997; Knittler 2000)

	1500	1600	1700	1800	Index 1500=100
Amsterdam	14	65	200	217	1550
Berlin	9	10	30	172	1911
Brüssel	35	50	80	74	211
Den Haag	7	10	33	39	557
Dublin	8	26	80	165	2062
Kopenhagen	10	40	65	101	1010
Lissabon	65	100	180	195	300
London	50	200	575	948	1896
Madrid	13	49	110	169	1300
Neapel	150	280	220	430	287
Paris	200	250	510	581	291
Rom	55	100	135	163	296
Stockholm	7	10	45	75	1071
Turin	6	22	42	82	1367
Wien	20	50	114	232	1160
Warschau	5	25	15	75	1500

Städten mit kontinuierlich ansteigenden Ziffern und Werten wie etwa London oder Dublin stehen solche gegenüber, die Retardierung oder Rückschritt verzeichneten. Dieser läßt sich sowohl auf exogene Faktoren wie im Falle der Pest von 1656 in Neapel (Petraccone 1974) als auch auf wirtschaftlich-endogene wie in Brüssel im frühen und in Amsterdam im ausgehenden 18. Jahrhundert zurückführen (Diederiks 1983; Schmal 1988). Erheblicher erscheint freilich ein Vergleich der metropolitanen Wachstumsraten mit jenen der jeweiligen Region. Letztere lagen für Nordeuropa bei 313 Prozent, für Nordwesteuropa (Britische Inseln, Niederlande) bei 337 Prozent, für Westeuropa bei 164 Prozent, für Südeuropa bei 191 Prozent und für Mitteleuropa bei 181 Prozent (Kriedte 1980:12) und machten damit oftmals nur einen Bruchteil der Quote der Hauptstädte aus (vgl. auch Epstein 2001:10).

P. Hohenberg und L.H. Lees haben festgestellt, daß trotz individueller Entwicklungsmuster der einzelnen Metropolen deren Wachstum im allgemeinen während des 17. Jahrhunderts und auch nach 1800 dynamischer war als im 18. In Zeiten niedrigster demographischer Wachstumsraten im nördlichen Europa, d.h. in den Jahren zwischen 1650 und 1700, muß der Zug in die Metropolen erhebliche Dimensionen erreicht haben, wogegen er sich nach 1700 gegenläufig zum Bevölkerungswachstum in den kleineren Städten und auf dem Lande verlangsamte (Hohenberg/Lees 1996:29). Dies gilt sowohl für London,

Paris und Amsterdam als auch für Brüssel, Madrid und Lissabon und signalisiert eine gesteigerte Attraktivität des großen Zentrums in Zeiten gesamtwirtschaftlicher Schwierigkeiten. Eine Schlüsselstellung für den Erklärungswert unterschiedlichen Wanderungsverhaltens kommt dabei sowohl den Reallöhnen zu (Wrigley 1990a:40) als auch der Tatsache, daß die Stadt in Zeiten der Nahrungsmittelverknappung eher über Mechanismen verfügte, deren unheilvolle Folgen für die breitere Masse in Grenzen zu halten, als der ländliche Raum (Hohenberg/Lees 1995:87).

Ein starkes Metropolenwachstum bei gleichzeitig exorbitanten Sterberaten, auf die schon die politischen Arithmetiker im England des späteren 17. Jahrhunderts verwiesen haben (*graveyard*-Effekt), muß erhebliche Auswirkungen auf das städtische Um- und Hinterland mit sich gebracht haben (Finlay 1981; Landers 1993). Vorauszuschicken ist hier allerdings, daß Großstädte – mit wenigen Ausnahmen – die Entwicklung städtischer Mitbewerber schon von Anfang an weitgehend zu verhindern vermochten. So war London bereits um 1700 zwanzigmal so groß wie die größte Provinzstadt, Norwich; ähnliches gilt für Neapel – im Verhältnis zu Bari bzw. Lecce – hinsichtlich des Festlandanteils des Königreiches. Wien übertraf die nächstgrößte Stadt des österreichischen Länderkomplexes, Graz, um das Siebenfache, und selbst in Frankreich mit seinen zahlreichen großen Provinzhauptstädten lag die Relation zwischen Paris und der nächstgrößten Stadt, Lyon, bei sieben zu eins (Benedict 1989:24). Hier konnten sich größere Städte vor dem Sonderfall Versailles im späteren 17. Jahrhundert erst jenseits eines Radius von 80 bis 100 km ausbilden. Lediglich die Niederlande – die südlichen stärker als die nördlichen – wiesen ein multikephales System großer Städte auf, und auch in Spanien mußte sich das 1561 zur Hauptstadt gekürte Madrid zunächst gegenüber mächtigen Konkurrenten wie Toledo und Valladolid behaupten (Ringrose 1983:286; Bennassar 1967). Hier hat die vorübergehende Rückkehr des Hofes nach Valladolid 1601 die Einwohnerzahl Madrids kurzfristig halbiert (López García/Madrazo Madrazo 1996:121). Vereinfacht kann für Europa zwischen 1500 und 1800 allerdings gelten, daß „the presence of a large city puts a cap to possible growth" (Bairoch/Goertz 1990:52).

Frühneuzeitliches Metropolenwachstum war ohne eine demographische Auszehrung der Umlandsbezirke nicht möglich. Für die nahezu explosionsartige Bevölkerungszunahme Londons im späten 17. und frühen 18. Jahrhundert als Extremfall wurde eine Abschöpfung nahezu der Hälfte des Geburtenüberschusses von England und Wales in Anspruch genommen (Wrigley 1987:134-137). Bei kleineren Städten war der Radius der Rekrutierung entsprechend geringer, beispielsweise in Dänemark, wo das Wachstum Kopenhagens zwischen 1650 und 1769 etwa ein Viertel des Surplus des Staates aufbrauchte (P. Clark in Aerts/Clark 1990:6). London bezog im späten 17. Jahrhundert jährlich ca. 12.000 Immigranten aus dem näheren und weiteren Hinterland (Beier/Finlay 1986) und Paris zwischen 7000 und 14.000 im späten 18. aus Regionen Nord- und Ostfrankreichs (Roche 1987; P. Clark in Aerts/Clark 1990:6). Nach dem Zensus von 1790 waren 69,7 Prozent der Erwachsenen des Pariser Bezirks Popincourt außerhalb der Hauptstadt geboren (Lees/Hohenberg 1990:40). In Fällen, wo die dünne Besiedlung des Umlandes die Bevölkerungsnachfrage der Metropole in keiner Weise befriedigen konnte, erfaßte die Immigration auch Massen von Zuwanderern aus weiter entfernten Territorien. So waren zu Beginn des 18. Jahrhunderts etwa ein Siebentel der Berliner Stadtbewohner Hugenotten (Schultz 1996:176f), und in Wien, dessen Geburtendefizit im Zeitraum 1707–1800 etwa 150.000 Personen betrug, dürfte der Anteil bayerischer Zuwanderer bei den Handwerkern und Unterschichten im 18. Jahrhundert bei 25-30 Prozent der Gesamtzuwanderung gelegen haben (Weigl 2000:57f, 132). Berlin rekrutierte seine Handwerker im 18. Jahrhundert neben einem 34prozentigen Anteil aus Brandenburg immerhin zu 24,8 Prozent aus Sachsen und 13,4 Prozent aus westdeutschen Territorien (Schultz 1996:178).

Daß der Migrationsfluß im 18. Jahrhundert im starken Maße von weiblichen Personen bestimmt wurde, die in städtische Dienstleistungsgewerbe, in einfache Handelsgeschäfte und in die Prostitution drängten, war mit wenigen Ausnahmen (Rom, St. Petersburg) ein allgemeines Phänomen und dürfte auch einen Grund für die häufig auftretende Störung der demographischen Balance im Hinterland dargestellt haben (P. Clark in Aerts/Clark:6). Nicht selten werden gegenläufige Prozesse im Sinne einer Abnahme handwerklicher Berufe und einer Zunahme der Gesindetätigkeit erkennbar. Für London gingen diese einher mit einer Zunahme der Immigration aus der näheren Umgebung, und auch für Amsterdam wurden ähnliche Beobachtungen gemacht (Lees/Hohenberg 1990:43; Diederiks 1983:341).

Wenn der Aufstieg der Metropolen neuen Typs im frühneuzeitlichen Europa gleichsam als Element der aufstrebenden europäischen National- und Fürstenstaaten gesehen werden kann, so verbindet sich mit dieser Feststellung unmittelbar die Frage nach den zentralörtlichen Funktionen des neuen Stadttyps. P. Clark und B. Lepetit verweisen in diesem Zusammenhang auf die Seßhaftwerdung der (königlichen und fürstlichen) Höfe sowie die Verdichtung und Ausweitung bürokratischer und zentralstaatlicher Prozesse als Voraussetzung des Take-offs (vgl. Clark/Lepetit 1996:3). Die Hauptstädte reflektieren somit die Evolution der zentralen politischen Autorität und mit der geographischen Konzentration von Eliten auch eine solche von Reichtum und Konsum, abgelöst von ökonomisch-konjunkturellen Mustern und Verläufen (Ringrose 1990:22f). Während für die Entwicklung des mittelalterlichen Städtewesens wirtschaftliche neben herrschaftlich-strukturellen Faktoren eine eminente Rolle spielten, so erhielt in den Jahrhunderten vor der Industrialisierung das politische Kräftegeflecht eine deutliche Aufwertung.

Der wichtige städtebauliche Niederschlag dieser Entwicklung, die W. Braunfels zu der Aussage veranlaßt hat, „Die einzigen erfolgreichen ‚Idealstädte' sind die Residenzstädte des Absolutismus gewesen" (Braunfels 1976:153), muß allerdings aus den folgenden Überlegungen weitgehend ausgeklammert bleiben. Es genügt hier darauf zu verweisen, daß sich sowohl die Residenz- als auch die Hauptstadtfunktion in architektonischen Produkten äußerten, die zunehmend das Erscheinungsbild der Metropolen zu prägen begannen und nicht selten die „Bürgerstadt" auch substantiell reduzierten. Neben Schloß und Hofkirche, Hofkloster und fallweise Universität, Opernhäusern und Theatern, Zucht- und Korrektionshäusern, Zeughäusern und Kasernen waren dies neue Straßenverbindungen, Boulevards und Plätze, Uferverbauungen und Brücken sowie zunehmend Verwaltungsgebäude und Bauten der Fürsorge und Krankenpflege (u.a. Benevolo 1983; Girouard 1985; Le Roy Ladurie 1981; Lavedan 1993).

Freilich interessiert hier in stärkerem Maße die mit der funktionalen Anreicherung einhergehende soziale Diversifikation, überwiegend bestimmt durch die Ergänzung der traditionellen städtischen Gruppen und Schichten durch Landadel, Höflinge, Beamte und Soldaten. Mit der Vervielfachung administrativer Prozesse in der Hauptstadt, die nicht zuletzt eine gegenläufige Entwicklung des Funktionsradius staatlich-nationaler und signorial-provinzieller Behörden signalisiert (z.B. London), nahm die Zahl der von den Regierungen besoldeten Beamten zu. So läßt sich die Zahl der um 1725 in London tätigen „career officials" mit etwa 2700 beziffern, das ist relativ wenig im Vergleich zu den 2000 im Jahre 1625 bzw. 5000 im Jahre 1755 zur königlichen Hofhaltung in der wesentlich kleineren Metropole Madrid zählenden Personen (Clark/Lepetit 1996:3) Hier hatte die Junta de Aposento, eine Art Wohnraumbeschaffungskommission, bereits im 16. Jahrhundert die Hälfte der Stadthäuser beansprucht (López García/

Madrazo Madrazo 1996:124). Für Paris wurde zufolge der Konzentration öffentlicher Einrichtungen: des Parlements (Gerichts), der Chambre des Comptes (Rechnungskammer), des Grand Conseil (Großer Rat), der Chancellerie (Staatskanzlei) u.a. die Anzahl der Amtsträger und nachgeordneten Beamten bereits um 1515 mit etwa 5000 (und weiteren 8000 für die ‚administrative technostructure' des Königreichs) angenommen. Im späteren 17. Jahrhundert, zur Zeit Colberts, beherbergte die Metropole von über 46.000 Amtsträgern der Monarchie etwa 11 Prozent, mit einem Kaufwert der Ämter von 38 Prozent (Jacquart 1996:107). Nach den aufgrund der Hofquartiersbücher für Wien geschätzten Zahlen zu 1730 hatten die „hof- und staatszugewandten Sozialgruppen", die um die Mitte des 16. Jahrhunderts etwa ein Drittel der Wohnparteien stellten, nahezu die Zweidrittelmehrheit erreicht (35,5 zu 60 Prozent). Rund ein Viertel der Gesamtbevölkerung innerhalb des Mauerbereichs war ökonomisch von der Residenz- und Hauptstadtfunktion abhängig (Lichtenberger 1973:304-313; Lichtenberger 1977:98-110).

Neben der Behördenkonzentration war ein weiteres Phänomen, das insbesondere Haupt- und Residenzstädte kennzeichnete, eine neue Form der „inurbamento" des Adels. Im Gegensatz zum überwiegenden Zuzug aus dem Stadtumland (*contado*) im Falle der hochmittelalterlichen italienischen Stadtstaaten korrespondierte dessen Einzugsbereich parallel zur Bildung überregionaler Aristokratien nunmehr nicht selten mit dem Raum der Gesamtmonarchie. Wenn London zur Regierungszeit Georgs II. (1727–60) mehr als 2000 größere und kleinere Landbesitzer beherbergte, sich für Paris um 1750 450 (1780–630) residierende Adelsfamilien nachweisen lassen (Clark/ Lepetit 1996:4) und für Madrid im späteren 18. Jahrhundert ein 21prozentiger Anteil der Adeligen am Hausbesitz errechnet wurde (López García/Madrazo Madrazo 1996:126), so wird aus diesen Zahlen auch der hohe Stellenwert aristokratischer Eliten für den Wandel metropolitaner Strukturen, insbesondere im Hinblick auf Baugestalt, Muster des Konsums und damit in Zusammenhang als Stimulus für Fragen des Handels und der lokalen Produktion, des Dienstleistungssektors sowie der infrastrukturellen Einrichtungen deutlich.

Für Wien hat W. Pircher in Verbindung mit Überlegungen zur quantitativen Dimension des adeligen Palastbaus festgestellt, daß von 123 Gebäuden mit eindeutigem Baudatum (dazu 17 weitere) vor 1914 nur etwa 8 Prozent vor 1683, dem Zeitpunkt der Zweiten Türkenbelagerung, aber 41 Prozent bis zum Ende des 18. Jahrhunderts errichtet worden sind. Das Phänomen einer Schwerpunktverschiebung der

Der Aufstieg der europäischen Metropolen in der frühen Neuzeit

Adelsbauten aus der räumlich beschränkten Innenstadt in die weiträumigen Vorstädte (Pircher 1984:70f), die damit mit einer hohen sozialen Wertigkeit ausgestattet wurden, läßt sich auch in anderen Metropolen verfolgen. So zeichnet sich im 18. Jahrhundert in Paris ein Bedeutungsverlust des alten zentralen Adelsviertels im Marais ab, das gegenüber neuen Quartieren, im Faubourg St.-Germain, später in den Vorstädten Rule, Chaussée d'Antin und Porchrons, schon aufgrund der Orientierung der letzteren auf eine semi-rustikale Umgebung ins Hintertreffen geriet (Clark/Lepetit 1996:4). Einen Wien vergleichbaren aristokratischen Baumboom erlebte auch die neue polnische Hauptstadt Warschau seit den siebziger Jahren des 17. Jahrhunderts (Bogucka 1995:82f; Bogucka 1996:207). Im Konzert mit dem Adel schuf sich zumeist auch der Herrscher neue Sekundärresidenzen im städtischen Umfeld, wie beispielsweise die Habsburger mit Schönbrunn, Hetzendorf und Laxenburg, die Hohenzollern mit Oranienburg und Charlottenburg bei Berlin, die Savoyer mit Stupinigi und Venaria Reale bei Turin (Braunfels 1976:192, 177) oder die spanischen Könige mit den Sitios Reales, dem Pardo-Palast oder Aranjuez, letzteres allerdings bereits 47 km von Madrid entfernt.

Der Zug aufs Land war letztlich keineswegs ein Phänomen der obersten Spitze der Gesellschaftspyramide. Seit dem späten 17. Jahrhundert verstärkte sich um London ein Ring dörflicher Siedlungen, in denen Vertreter der Oberschicht das Wochenende oder die Ferien verbrachten, und auch für Wien wurde festgestellt, daß man um 1740 neben 400 adeligen Landsitzen auch 1000 bürgerliche zählte. „Was sich in Paris nur der König und einige Prinzen von Geblüt leisten konnten, den Palast in der Stadt und das Gartenpalais vor ihr, haben hier alle angestrebt" (Braunfels 1976:257, 263). Städtischer und ländlicher Raum traten damit zueinander in ein neues, kommunikativ verdichtetes Verhältnis.

In zahlreichen Arbeiten wurde der große Einfluß des Metropolenwachstums auf ökonomische Schlüsselbereiche wie Landwirtschaft, Industrie und Verkehrswesen betont, wobei sich unterschiedliche Muster einstellen konnten. So bewirkte das dynamische Wachstum Londons, vor allem seit dem späteren 17. Jahrhundert, agrarische Spezialisierung und damit im Zusammenhang einen Anstieg der Produktivität, zunächst in den Lowlands und folgend auch im weiteren Hinterland, wobei die Nachfragesteigerung einherging mit einem Ausbau der Verkehrsverbindungen, sowohl zu Wasser als auch zu Lande (Wrigley 1987; Wrigley 1990a). Und auch für Lissabon, das wohl zum Typ von Metropolen mit einem hohen Stellenwert des merkantil bestimmten Erbes zählte, wurden eine Agrarkonjunktur des Hinterlandes und ein Anwachsen des Getreide-Outputs gerade in einem Zeitraum festgestellt, als die nationale Wirtschaft stagnierte (Clark/Lepetit 1996:13).

Auf der anderen Seite finden sich Hauptstädte wie Rom (Delumeau 1957–59; Delumeau 1975) und Neapel, die sich auf dem Weg der Plünderung des Hinterlandes versorgten, was zum Teil katastrophale Folgen für dessen agrarische Gesellschaft mit sich brachte. Speziell in Neapel – erst seit 1734 wieder Residenz eines autonomen Monarchen – war die Getreideversorgung der Metropole in einer Form (*leggi annonarie*) organisiert, die einen billigen Preis ermöglichen sollte, indem dieser gleich nach der Ernte bestimmt wurde, wodurch eine kleine Gruppe privilegierter Kaufleute große Profite auf Kosten der agrarischen Produzenten machte (Marin 1996:153-156). Eine Zwischenposition nahm das Hinterland von Paris ein, wo sich der Kauf von Grund und Boden durch Pariser Bürger mit einer nur geringen Steigerung des Outputs verband, wohl weil sich die Kornpreise in Teilen Nordfrankreichs in weitgehender Übereinstimmung mit der Nachfrage der Metropole bewegten (P. Clark in Aerts/Clark 1990:7; Jacquart 1996: 113). Immerhin dürfte die Nähe der Hauptstadt einigen gut organisierten Landwirten die Möglichkeit eröffnet haben, ein innovatives und profitables System der Agrarproduktion zu entwickeln (Th. Brennan in Epstein 2001:260).

Eine am Beispiel mehrerer Hauptstädte nachweisbare Tatsache ist das normative Eingreifen der nationalen Regierungen, um Beschränkungen der Produktion von Nahrungsmitteln sowie des Handels mit denselben zugunsten der Metropole zu verhindern (vgl. López García/ Madrazo Madrazo 1996:136). Im Zusammenhang mit dem Verruf von Hortungspraktiken ausgesprochene Strafbestimmungen waren zum Teil sogar gegen Adel und Kirche gerichtet, welche auf dem Wege der Getreidespeicherung die Preise hochzuhalten versuchten.

Mit dem zunehmenden Flächenwachstum der Metropolen vervielfachte sich die Zahl der Marktplätze in den Städten. So gab es in Paris im 17. und 18. Jahrhundert drei Märkte für Getreide und Fleisch: oberhalb der Port de Grève, wo Boote aus der Brie anlandeten, und unterhalb der Porte de l'École, wo Kornschiffe aus dem Soissonais und der Picardie vor Anker gingen, weiters Les Halles, den »Zentralmarkt«, wo alle Produkte innerhalb eines Umkreises von 40 km um Paris zusammenflossen und kein Detailverkauf stattfand (Clark/Lepetit 1996: 14). Von deutlich größerer Dimension muß das Marktgeschehen in London schon zu Beginn des 18. Jahrhunderts gewesen sein. Daniel

Defoe bezeichnet den Viehmarkt von Smithfield als größten der Welt und nennt insgesamt 30 Marktplätze, die sich hinsichtlich der angebotenen Waren auf zehn bis zwölf Sektoren verteilten: neben dem Lebendvieh waren dies Fleisch, Fische, Gemüse, Obst, Zerealien, Mehl, Heu, Häute und Felle, Kohle, Baien und Textilien (Poussou 1983:108). Mitunter schon im 16./17. Jahrhundert wurden die Wochen- und Spezialmärkte aus dem Altkern vor die Tore der Stadt verlegt, wie in Wien beispielsweise Getreidemarkt, Heumarkt oder Roßmarkt (Lichtenberger 1977:133).

Auf der Basis einer bei 580–605.000 Personen liegenden Einwohnerschaft von Paris wurde für die Zeit um 1765 von Expilly folgender Verbrauch an Lebensmitteln (und sonstigen Rohstoffen) angeführt: 1,8 Millionen Sester (ca. 1,56 hl) Getreide, 900 Sester Salz, 77.000 Rinder, 120.000 Kälber, 420.000 Schafe, 144.000 Schweine, 34.000 Stockfische, 32.600 Fass Heringe, 3250 Fass gesalzenen Lachses, 1340 Fass Makrelen, 450.000 Muids (?, ca. 2,8 hl) Wein, ohne Bier und Branntwein usw. (Meyer 1983:93; vgl. auch Jacquart 1996:110f; R. Chartier/H. Neveux in Le Roy Ladurie 1981:57). Um den Eindruck der riesigen Dimensionen zu komplettieren: zum selben Zeitpunkt gab es in Paris etwa 580 Bäcker und zusätzlich 1.534 in der Umgebung, die ihr Brot an den beiden Wochenmarkttagen am Mittwoch und Samstag anzubieten hatten. Nach einer Berechnung von Lavoisier um 1790 betrug der jährliche Aufwand allein für Brot 20,6, für Fleisch 40,5 und für Wein 32,5 Millionen Livres (Meyer 1983:96).

Neben der Bevölkerungsexplosion, die grundsätzlich die Ausweitung und Diversifizierung der gewerblichen und industriellen Produktion begünstigte, wurde die Metropolensässigkeit einer breiten und reichen Oberschicht auch als Stimulus für die Entstehung bzw. Ansiedlung von Luxusgüterindustrien in Anspruch genommen. Freilich greifen hier monokausale Erklärungen vielfach zu kurz. Abgestützt durch neue Konsummuster der Eliten bildeten Luxusgüter zunächst eine wachsende Komponente innerhalb des nationalen und internationalen Handels. Inwieweit nun die Hauptstädte selbst zum Produktionsstandort wurden, hing von der Qualität ab, die ihre Handwerker garantieren konnten, was wiederum die Entstehung hierarchischer Netzwerke mit London und Paris an der Spitze begünstigte. So besaß London das Monopol für hochqualifizierte Arbeiten im Bereich der Musikinstrumentenmacher, Juweliere sowie Goldschmiede und Paris war Standort von Geschäften, welche die europäischen Höfe mit Möbeln, Gemälden, Harnischen und Sätteln versorgten (Clark/Lepetit 1996:5). In der Regel bot aber jede Metropole gehobene Güter für einen regionalen oberschichtlichen Käuferkreis an, die in gleicher Qualität in kleineren Städten nicht produziert wurden.

Über die Entwicklung spezieller Luxusgewerbe hinaus ist auch auf gewerbliche Transformationsprozesse zu verweisen, die sich einfach auf das Flächen- und Bevölkerungswachstum der Metropolen zurückführen lassen. Wie das Beispiel der Residenzstadt Versailles zeigt, wo 1680 35,5 Prozent der Neuvermählten aus dem Baugewerbe stammten, muß die Zunahme der Bautätigkeit in den Metropolen stimulierend auf eine Reihe von Gewerbezweigen wie Maurer, Zimmerleute, Dachdecker, Stukkateure etc. gewirkt haben. Dabei sollte der Blick nicht vorwiegend auf den adeligen Palastbau oder geistlichen Klosterbau (im Zusammenhang mit der Gegenreformation) gerichtet werden, sondern auf die viel zahlreicheren Bauten der städtischen Ober- und Mittelschichten, wie sie etwa als Stereotyp die dreimalige Stadterweiterung von Turin bestimmten (Braunfels 1976:171) und später zu den verschiedenen Formen des Miethauses hinüberführten. Umbautätigkeit im alten Zentrum – so wurden in Wien zwischen 1660 und 1730 allein rund 400 Wohnhäuser umgebaut (Lichtenberger 1977:113) – trat neben die Errichtung von Hunderten von Häusern in den neu angelegten Vorstädten.

Neue Segregationsmuster sowie Gliederungsprinzipien in der Aufteilung der Gewerbe – sowohl innerhalb der Städte, zwischen Stadt und Vorstadt sowie zwischen städtischer Agglomeration und Umland – haben ebenfalls im Zusammenhang mit dem Metropolenwachstum ihre Ausformung erfahren. Hierher zählt etwa in Wien der Aussiedlungsprozeß des Gewerbes in Verbindung mit einem „vom Zufall gesteuerten dispersen Standortmuster" (Lichtenberger 1977:128) ebenso wie die Ansiedlung neuer Industrien im Nahebereich zu den Kapitalen, so um Berlin, wo sich nach der Mitte des 18. Jahrhunderts ein Kreis von Spinner- und Weberdörfern bildete (Schultz 1996:175), um Lissabon oder Prag (Clark/Lepetit 1996:14).

Im Falle von London oder Paris steht die Verstärkung der Nachfrage nach Manufakturgütern Pate für die zunehmende Prosperität einer Reihe kleinerer oder mittlerer Städte im nahen Hinterland, wie letztlich auch die Verlagerung ganzer Produktionszweige aus der Hauptstadt ins Umland und damit eine Vergewerblichung desselben festzustellen ist. Führte hier das Metropolenwachstum zu positiven Schüben für die gewerbliche Wirtschaft in der Hierarchie nachgeordneter Plätze, so soll der in der spanischen Metropole eingetretene Preisanstieg einen solchen auch in den nachgereihten Städten bewirkt haben, die nun nicht mehr in der Lage waren, ihre Waren auf den internationalen Märkten unterzubringen (Ringrose 1983:17; Gutmann 1986:41). Von J.E. Gelabert wird der damit verbundene Deindustrialisierungsprozeß allerdings eher auf zunehmende Fiskalforderungen des Staates zurückgeführt, die verstärkte Wanderungen aus den königlichen in die signorialen Gebiete hervorgerufen hätten – eine These, der ebenfalls widersprochen worden ist (López García/Madrazo Madrazo 1996:135f).

Abgesehen von der allgemeinen Katalysatorfunktion der Metropolen für die Gewerbelandschaft, sowohl der Luxusgüter als auch der einfache Verbrauchsgüter produzierenden Sektoren, hat vor allem seit dem 18. Jahrhundert eine Entwicklung verschiedener Berufe eingesetzt, die entweder als Zwischenglieder zwischen Regierung, Landbesitzern und merkantilen Gruppierungen fungierten oder zufolge der besonderen Qualifikation ihre Dienste vorwiegend einem kleinen, ökonomisch starken Bevölkerungssegment angeboten haben. So konzentrierte London um 1779 ein Viertel und bereits zwanzig Jahre später ein Drittel der englischen Anwälte („Attorneys, Petty-foggers, Understrappers of the Law"), und in Madrid verdreifachte sich die Zahl der Rechtsberater bei gleichzeitiger Verdoppelung der Zahl der Ärzte (Clark/Lepetit 1996:5; Clark/Slack 1976:68; Corfield 1982:75).

Spezifische, auf Funktion und Klientel gleichermaßen zurückzuführende Verteilungsmuster lassen sich in diesem Zusammenhang für Wien festmachen: Nach dem Kommerzialschema von 1789 finden sich Doctores iuris, d.h. vor allem Rechtsanwälte und Notare (64), ausschließlich in der Altstadt als dem unmittelbaren Kontaktbereich mit den Behörden und dem Großhandel, Ärzte immerhin zu einem Konzentrationsgrad von nahezu 90 Prozent (87:11) und selbst die Apotheker noch zu 77 Prozent (20:6). Hingegen entsprach die Konzentration von Chirurgen (Wundärzte, 24:44) und Hebammen (50:99) annähernd der Bevölkerungsverteilung zwischen Stadt und Vorstädten (Lichtenberger 1977:133).

Sowohl Vertreter der Zentralortetheorie als auch solche, die vorwiegend mit dem Modell der „networks" im Sinne überwiegend kommerzieller, hierarchisch aufgebauter Städtenetzwerke operierten, haben auf den hohen Stellenwert der Verkehrssysteme für die Entwicklung von Metropolen wie auch umgekehrt, der Metropolen für den Ausbau einer verkehrstechnischen Infrastruktur, verwiesen. Zweifellos begünstigte die Lage am Meer oder in nicht zu großer Entfernung einer schiffbaren Flußmündung die Einbindung in Handels- und Transportsysteme mit unterschiedlichem Radius: London mit seinem Geflecht von Fluß-, Küsten-, überregionalem oder Überseehandel besaß hier gegenüber anderen Metropolen zweifellos einen erheblichen Vorteil. Überseehandelsplätze waren aber auch Amsterdam, Dublin, Lissabon, Stockholm und – mit Abstand – Neapel.

Hingegen liegt Paris, das auch nie eine Spitzenrolle innerhalb der Weltökonomie spielte (Jacquart 1996:106), als größte frühneuzeitliche Bevölkerungsagglomeration des Kontinents etwa 200 km seineaufwärts, so daß das Königreich zum Anschluß an die Weltwirtschaft hier eines besonderen Hafens (Le Havre) bedurfte. Binnenländische Metropolen waren zweifellos noch deutlicher im Nachteil, mitunter lagen sie wohl an schiffbaren Flüssen wie Berlin, Warschau, Wien oder Prag, fallweise entbehrten sie aber auch solcher Verkehrsträger wie Madrid, Turin oder Brüssel. E.W. Fox hat in diesem Zusammenhang sogar von zwei überlappenden städtischen Subkulturen gesprochen, definiert durch die Präsenz oder Absenz von Transportmöglichkeiten zu Wasser (nach Ringrose 1990:24).

Daß die Einbindung in ein funktionierendes Verkehrsnetz die Bewegung von Menschen, Produkten und Informationen wesentlich erleichtern konnte, war schon den politischen Entscheidungsträgern des 18. Jahrhunderts bewußt. Fehlten natürliche Wasserstraßen, so versuchte man, dieses Defizit durch die Anlage von Kanälen, insbesondere in den Niederungsgebieten Westeuropas, oder zumindest eines leistungsfähigen Straßensystems auszugleichen (Van der Woude 1983:346-351; Reed 1996:61-65). Fallweise konnte dadurch eine Verkürzung der Transportzeiten bis auf ein Drittel erreicht werden, so daß es wohl berechtigt ist, von einer ersten Revolution des Verkehrs im 17./18. Jahrhundert zu sprechen. Mitunter standen allerdings außerökonomische Bestimmungsgründe für Straßenverbesserungen in Form von Hofreisen, Ausflugs- und Wallfahrten sowie Inspektionsreisen am Anfang, wie etwa die Reparation der Straßen und Wege zu den bei Wien gelegenen Lustschlössern beweist, die dem Ausbau eines in der Fortsetzung zu denkenden Kommerzial- und Poststraßensystems klar vorausging.

Metropolen sind häufig als Parasiten bezeichnet worden, die als Sitz der staatlichen Zentralbehörden, der Beamten und Rentiers den Reichtum eines ganzen Landes abschöpften und die lukrierten Gelder unproduktiv einsetzten. In diesem Sinne versteht sich etwa eine Äußerung des Londoner *Craftsman* zu Beginn des 18. Jahrhunderts, der beklagte, daß die Armut auf dem Lande zunehme, wogegen Adel und Gentry in der Stadt in Saus und Braus von den den Bauern abgepreßten Geldern lebten (Clark/Lepetit 1996:10). In ähnlicher Weise wandte sich 1742 der oberösterreichische Freiherr von Hoheneck gegen das Wohnen des Adels in der Stadt, wo er die Zeit mit Spiel, Banketten, Faulenzen und »Depensieren« verbringe. Insgesamt erzeugten die Hauptstädte somit den Eindruck der Verschwendung von Ressourcen, im Gegensatz zur positiven Denkvariante, den Reichtum in Investitionen fließen zu lassen, die eine Steigerung von Wirtschaftsvolumen und Produktivität hätten einleiten können (Braudel 1985/86/1:592; Ringrose 1990:21-38).

Der Widerspruch zwischen „generativen" und „parasitären" Städten (Hoselitz 1954–55) wurde allerdings mehrfach in Frage gestellt, u.a. auch mit dem Hinweis auf die Tatsache, daß das Wachstum der Metropolen durch Luxuskonsum, öffentliche Arbeiten und umfangreiche Bauleistungen gesteigerte Einkommenschancen für qualifizierte Gewerbe, aber auch für halb- und ungelernte Arbeitskräfte geschaffen habe (Hohenberg/Lees 1995:117; Hohenberg/Lees 1996:28). Nicht zuletzt könnte auf die Entwicklung der Metropolen zu kulturellen Kommandozentralen verwiesen werden, mit Einrichtungen, die anfangs wohl nur den Eliten zugute gekommen sind und von diesen genutzt werden konnten, in der Folge aber zu einem Bestimmungselement bürgerlicher Lebensformen des 19. Jahrhunderts auf breiterer sozialer Ebene wurden.

LITERATUR

Aerts, Erik/Clark, Peter, Hg. (1990): Metropolitan cities and their hinterlands in early modern Europe, Session B-6: proceedings tenth International Economic History Congress. Löwen

Aretin, Karl O. Frh. von (1983): Das Reich ohne Hauptstadt? Die Multizentralität der Hauptstadtfunktionen im Reich bis 1806. In: Hauptstädte in europäischen Nationalstaaten, Hg. Schieder/Brunn: 5-13

Bácskai, Vera (1996): Budapest and its hinterland: the development of twin cities 1720–1850. In: Capital cities and their hinterlands, Hg. Clark/Lepetit: 183-197

Bairoch, Paul/Batou, Jean/Chèvre, Pierre (1988): La population des villes européennes de 800 à 1850. The population of european cities from 800 to 1850. Genf

Bairoch, Paul/Goertz, Gary (1990): Note on the impact of large cities on the surrounding cities: Europe 1500 to 1800. In: Metropolitan cities, Hg. Aerts/Clark: 48-57

Bardet, Jean-Pierre/Dupâquier, Jacques, Hg. (1997): Histoire des populations de l'Europe, 1. Paris

Baumunk, Bodo-Michael/Brunn, Gerhard, Hg. (1989): Hauptstadt. Zentren, Residenzen, Metropolen in der deutschen Geschichte. Köln

Beier, A. L./Finlay, Roger, Hg. (1986): London 1500–1700: the making of the metropolis. London

Benedict, Philip (1989): French cities from the sixteenth century to the Revolution: an overview. In: Cities and social change in early modern France, Hg. Philip Benedict. London/New York: 7-68

Bennassar, Bartolom (1967): Valladolid au siècle d'or: une ville de Castille et sa campagne au XVIe siècle. Paris, span.: Valladolid en el siglo de oro: una ciudad de Castilla y su entorno agrario en el siglo XVI. Valladolid 1989
Benevolo, Leonardo (1983, Reprint Cambridge, Mass. 1975): History of the city (dt.: Geschichte der Stadt). Frankfurt a. M./New York
Bogucka, Maria (1995): Krakau – Warschau – Danzig. Funktionen und Wandel von Metropolen 1450–1650. In: Metropolen im Wandel, Hg. Engel/Lambrecht/Nogossek: 71-92
Bogucka, Maria (1996): Between capital, residential town and metropolis: the development of Warsaw in the sixteenth to eighteenth centuries. In: Capital cities and their hinterlands, Hg. Clark/Lepetit: 198-216
Braudel, Fernand (1985–86): Sozialgeschichte des 15.-18. Jahrhunderts. 3 Bde. München (franz.: Civilisation matérielle, économie et capitalisme, XVe-XVIIe siècles. Paris 1979)
Braunfels, Wolfgang (1976): Abendländische Stadtbaukunst. Herrschaftsform und Baugestalt. Köln (engl.: Urban design in Western Europe: regime and architecture, 900–1900. Chicago 1988)
Burke, Peter (1993): Antwerp: a metropolis in comparative perspective. Antwerpen
Chandler, Tertius (1987): Four thousand years of urban growth: an historical census. Lewiston, N.Y.
Christaller, Walter (1932, Nachdr. 1968): Die zentralen Orte in Süddeutschland. Eine ökonomisch-geographische Untersuchung über die Gesetzmäßigkeit der Verbreitung und Entwicklung der Siedlungen mit städtischen Funktionen. Jena/Darmstadt
Clark, Peter/Lepetit, Bernard, Hg. (1996): Capital cities and their hinterlands in early modern Europe. Aldershot
Clark, Peter/Slack, Paul (1976): English towns in transition 1500–1700. London/Oxford/New York
Corfield, Penelope J. (1982): The impact of english towns 1700–1800. Oxford/New York u.a.
Cowan, Alexander (1998): Urban Europe, 1500–1700. London/New York
Craig, Maurice J. (1992): Dublin, 1660–1860. London/New York
Delumeau, Jean (1957-59): Vie économique et sociale de Rome dans la seconde moiti, du XVIième siècle. Paris, 2 Bde.
Delumeau, Jean (1975): Rome au XVIe siècle. Paris
La demografia storica (1982): delle città italiane. Relazioni e comunicazioni presentate al Convegno tenuta ad Assisi nei giorni 27-29 ottobre 1980. Bologna
De Vries, Jan (1984): European urbanization, 1500–1800. London
Diederiks, Herman (1983): Amsterdam 1600–1800. Demographische Entwicklung und Migration. In: Niederlande und Nordwestdeutschland, Hg. Wilfried Ehbrecht/Heinz Schilling: 328-346
Diederiks, Herman (1990): The Netherlands, the case of a decentralized metropolis (14th–19th centuries). In: Metropolitan cities, Hg. Aerts/Clark: 86-99
Engel, Evamaria/Lambrecht, Karen (1995): Hauptstadt – Residenz – Residenzstadt – Metropole – Zentraler Ort. Probleme ihrer Definition und Charakterisierung. In: Metropolen im Wandel. Hg. Engel/Lambrecht/Nogossek. Berlin
Engel, Evamaria/Lambrecht, Karen/Nogossek, Hanna, Hg. (1995): Metropolen im Wandel. Zentralität in Ostmitteleuropa an der Wende vom Mittelalter zur Neuzeit. Berlin

Ennen, Edith (1983): Funktions- und Bedeutungswandel der „Hauptstadt" vom Mittelalter zur Moderne. In: Hauptstädte in europäischen Nationalstaaten, Hg. Schieder/Brunn: 153-163

Epstein, Stephan R., Hg. (2001): Town and country in Europe, 1300-1800. Cambridge

Finlay, Roger (1981): Population and metropolis: the demography of London, 1580-1650. Cambridge

Friedrichs, Christopher R. (1995): The early modern city, 1450-1750. London/New York

Gillespie, Raymond (1996): Dublin 1600-1700: a city and its hinterlands. In: Capital cities and their hinterlands, Hg. Clark/Lepetit: 84-104

Girouard, Mark (1985): Die Stadt. Menschen, Häuser, Plätze. Eine Kulturgeschichte. Frankfurt a. M./New York (engl.: Cities & people. New Haven/London)

Gutmann, Myron P. (1986): The dynamics of urban decline in the late middle ages and early modern times: economic response and social effects. In: Ninth International Economic History Congress Bern 1986. Zürich: 21-56

Heers, Jacques (1971): Génes au XVe siècles: civilisation méditerranéenne, grand capitalisme, et capitalisme populaire. Paris

Hohenberg, Paul M./Lees, Lynn Hollen (1995, 2. Aufl.): The making of urban Europe, 1000-1994. Cambridge, Mass./London

Hohenberg, Paul M./Lees, Lynn Hollen (1996): Urban systems and economic growth: town populations in metropolitan hinterlands, 1600-1850. In: Capital cities and their hinterlands, Hg. Clark/Lepetit: 26-50

Hoselitz, Bert F. (1954/55): Generative and parasitic cities. In: Economic development and cultural change, 3: 278-294

Jacquart, Jean (1996): Paris: first metropolis of the early modern period. In: Capital cities and their hinterlands, Hg. Clark/Lepetit: 105-118

Knittler, Herbert (2000): Die europäische Stadt in der frühen Neuzeit. Institutionen, Strukturen, Entwicklungen. Wien/München

Kriedte, Peter (1980). Spätfeudalismus und Handelskapital. Göttingen

Landers, John (1993): Death and the metropolis: studies in the demographic history of London, 1670-1830. Cambridge

Lane, Francis C. (1973): Venice: a maritime republic. Baltimore/London

Lavedan, Pierre (1993, 2. Aufl.): Histoire de l'urbanisme ... Paris. Paris

Ledvinka, Václav/Pesek, Jirí (2000): Prag. Prag

Lees, Lynn Hollen/Hohenberg, Paul M. (1990): Population flows in european metropolitan regions (1600-1850). In: Metropolitan cities, Hg. Aerts/Clark: 39-47

Le Roy Ladurie, Emmanuel, Hg. (1981): La ville classique de la Renaissance aux Révolutions (= Histoire de la France urbaine 3). Paris

Lichtenberger, Elisabeth (1973): Von der mittelalterlichen Bürgerstadt zur City. Sozialstatistische Querschnittanalysen am Wiener Beispiel. In: Beiträge zur Bevölkerungs- und Sozialgeschichte Österreichs, Hg. Heimold Helczmanovszki. München: 297-331

Lichtenberger, Elisabeth (1977): Die Wiener Altstadt. Von der mittelalterlichen Bürgerstadt zur City. Wien, 2 Bde.

Limberger, Michael (2000): Sixteenth-century Antwerp and its rural surroundings: social and economic changes in the hinterland of a commercial metropolis (ca. 1450-ca. 1570). Diss. Antwerpen

López García, Jos, Miguel/Madrazo Madrazo, Santos (1996): Capital city in the feudal order: Madrid from the sixteenth to the eighteenth century. In: Capital cities and their hinterlands, Hg. Clark/Lepetit: 119-142

Lottin, Alain/Soly, Hugo (1983): Aspects de l'histoire des villes des Pays-Bas meridionaux et de la principaut, dé Liege. In: Études sur les villes en Europe Occidentale: milieu de XVIIe siècle à la veille de la Révolution française. Paris: 213-306

Malanima, Paolo (1998): Italian cities 1300–1800: a quantitative approach. In: Rivista di storia economica 14/2: 91-126

Marin, Brigitte (1996): Naples: capital of the Enlightenment. In: Capital cities and their hinterlands, Hg. Clark/Lepetit: 143-167

Meyer, Jean (1983): Études sur les villes en Europe Occidentale: milieu du XVIIe siècle à la veille de la Révolution française), 1: Généralités – France. Paris

Mols, Roger (1954-56): Introduction a la démographie historique des villes d'Europe du XIVe au XVIIIe siècle. Löwen, 3 Bde.

Mumford, Lewis (1979, 1984 = 3. Aufl.): The city in history. New York 1961; dt.: Die Stadt. Geschichte und Ausblick, TB München

Petraccone, Claudia (1974): Napoli del Cinquecento all'Ottocento: problemi di storia demografica e sociale. Neapel

Pircher, Wolfgang (1984): Verwüstung und Verschwendung. Adeliges Bauen nach der Zweiten Türkenbelagerung. Wien

Poussou, Jean-Pierre (1983): Les villes anglaises, du milieu du XVIIe siècle à la fin du XVIIIe siècle. In: Études sur les villes en Europe Occidentale: milieu du XVIIe siècle à la veille de la Révolution française. Paris: 7-212

Reed, Michael (1996): London and its hinterland 1600–1800: the view from the provinces. In: Capital cities and their hinterlands, Hg. Clark/Lepetit: 51-83

Ringrose, David R. (1983): Madrid and the spanish economy, 1560–1850. Berkeley/Los Angeles/London

Ringrose, David R. (1990): Metropolitan cities as parasites. In: Metropolitan cities, Hg. Aerts/Clark: 21-38

Roche, Daniel (1987): The people of Paris: an essay in popular culture in the 18th century. Leamington

Rozman, Gilbert (1978): Urban networks and historical stages. In: The Journal of Interdisciplinary History 9: 65-91

Schieder, Theodor/Brunn, Gerhard, Hg. (1983): Hauptstädte in europäischen Nationalstaaten. München/Wien

Schmal, Henk (1988): Patterns of de-urbanization in the Netherlands between 1650 and 1850. In: The rise and decline of urban industries, Hg. Van der Wee: 287-306

Schultz, Helga (1992, 2. Aufl.): Berlin 1650–1800. Sozialgeschichte einer Residenz. Mit einem Beitrag von Jürgen Wilke. Berlin

Schultz, Helga (1996): The metropolis in the sand-pit – Berlin und Brandenburg. In: Capital cities and their hinterlands, Hg. Clark/Lepetit: 168-182

Schultz, Uwe, Hg. (1993): Die Hauptstädte der Deutschen. Von der Kaiserpfalz in Aachen zum Regierungssitz Berlin. München.

Soederberg, Johan/Jonsson, Ulf/Persson, Christer (1991): A stagnating metropolis: the economy and demography of Stockholm, 1750–1850. Cambridge/New York

Spielman, John P. (1993): The city & the crown: Vienna and the imperial court, 1600–1740. West Lafayette/Ind.

Van der Wee, Herman (1963): The growth of the Antwerp market and the european economy. Löwen, 3 Bde.

Van der Wee, Herman (1988): The rise and decline of urban industries in Italy and the Low Countries. Löwen

Van der Woude, Ad (1983): La ville néderlandaise. In: Études sur les villes en Europe Occidentale: milieu de XVIIe siècle à la veille de la Révolution française. Paris: 307-385

Weigl, Andreas (2000): Demographischer Wandel und Modernisierung in Wien. Wien

Wendehorst, Alfred (1974): Das Hauptstadtproblem in der deutschen Geschichte. In: Hauptstädte. Entstehung, Struktur und Funktion, Hg. Alfred Wendehorst/ Jürgen Schneider. Neustadt a. d. Aisch: 83-90

Wilczek, Bernd/Van Waterschot, Jos, Hg. (1993): Amsterdam 1585–1672. Morgenröte des bürgerlichen Kapitalismus. Bühl/Moos

Wrigley, E. Anthony (1987): A simple model of London's importance in changing english society and economy, 1650–1750. In: Past and Present 37 (1967): 44-70 (Zuletzt in: Wrigley, E. Anthony, 1987: People, cities and wealth: the transformation of traditional society. Oxford/New York: 133-156)

Wrigley, E. Anthony (1990a): Urban growth and agricultural change: England and the continent in the early modern period. In: Journal of Interdisciplinary History 15 (1985). Zuletzt in: The eighteenth century town, Hg. Peter Borsay: 39-82

Wrigley, E. Anthony (1990b): Metropolitan cities and their hinterlands: stimulus and constraints to growth. In: Metropolitan cities, Hg. Aerts/Clark: 12-20

Zimm, Alfred (1993): Berlin als Metropole – Anspruch, Wirklichkeit, Tendenzen. In: Beiträge zur Geschichte der Arbeiterbewegung 35/3: 3-15

DIE MITTELEUROPÄISCHE STADT ALS FRÜHNEUZEITLICHER ARBEITSMARKT

JOSEF EHMER – REINHOLD REITH

ARBEITSMARKT UND ARBEITSMIGRATION IN DER HISTORISCHEN FORSCHUNG

Der folgende Beitrag geht der Frage nach, ob – und inwieweit – die vorindustrielle Stadt Mitteleuropas als Arbeitsmarkt betrachtet werden kann. Der Arbeitsmarkt läßt sich auf allgemeine Weise als „der ökonomische Ort des Austauschs zwischen dem Angebot der Arbeitskraft und der Nachfrage nach Arbeitskraft" definieren (Pierenkemper 1982:11). Er bildet jenen realen oder gedachten Ort, an dem die Nachfrage nach Arbeitskräften mit arbeitssuchenden Menschen zusammentrifft. Stießen nun in den vorindustriellen Städten Mitteleuropas Menschen auf der Suche nach Arbeit mit einer Nachfrage nach Arbeitskräften zusammen? Die bisherige Geschichtsschreibung hat diese Frage überwiegend verneint. „Für die vorindustriellen Zeiten wird Wirtschaftsgeschichte als Marktgeschichte nur begrenzte Bedeutung haben", schrieb etwa Otto Brunner (1968:123f). Solche Positionen waren und sind dafür ausschlaggebend, daß die frühe Neuzeit kaum in das Feld der historischen Arbeitsmarktforschung einbezogen worden ist. Diese konzentriert sich auf ‚moderne' Arbeitsmärkte und bevorzugt dabei neoklassische Definitionen von Arbeitsverhältnissen und Arbeitsmärkten (vgl. den Überblick bei Pierenkemper 1982).

Dementsprechend wurde auch die Frage nach dem Verhältnis von Migration und Arbeitsmarkt im vormodernen Europa von der historischen Forschung weitgehend ausgeblendet. In der Historischen Schule der deutschen Nationalökonomie etwa setzte sich die von Otto von Zwiedineck-Südenhorst vertretene Meinung durch, daß Verschiebungen des „herkömmlichen" Lohnes auch in der vorindustriellen Ökonomie durch Veränderungen von Angebot und Nachfrage hätten erfolgen können. Allerdings verliere das „Herkommen" als die – seiner Meinung nach – zentrale Determinante des Lohnes erst bei großer Fluktuation, „zumal in großen Industriecentren an Bedeutung" (Zwiedineck-Südenhorst 1900:8). Der Mobilität der Arbeitskräfte räumte er daher historisch gesehen keinen systematischen Stellenwert für den Arbeitsmarkt ein. Karl Bücher war einer der Nestoren der Stadtgeschichtsforschung, der – im Unterschied zu vielen seiner Kollegen und Nachfolger – das Ausmaß der Migration in vorindustriellen Gesellschaften nicht unterschätzte. Er vertrat die These: „daß die Menschheit im Laufe ihrer Geschichte immer seßhafter geworden ist" (Bücher 1922:431). Bis „auf den heutigen Tag (habe) ein Prozeß allmählichen Seßhaftwerdens und eines immer engeren Anschlusses an das Fleckchen Erde (stattgefunden), an dem der Mensch in das Leben tritt". Trotz des Mangels an Kunststraßen und bequemen Verkehrsmitteln erscheine „noch im Mittelalter der einzelne viel beweglicher als in der späteren Zeit" (Bücher 1922:430). Die hohe Mobilität vorindustrieller Gesellschaften brachte Bücher aber nicht in einen konzeptionellen Zusammenhang mit Märkten und Arbeitsmärkten. Vielmehr stellte er die Wanderungen des Mittelalters den „modernen Wanderungen" diametral gegenüber. Erst die „modernen Wanderungen" seien Ortsveränderungen von „Individuen ... welche günstigere Lebensbedingungen aufsuchen" (Bücher 1922:433).

Die Mobilität von Arbeitskräften im vorindustriellen Europa wurde also von der Geschichtswissenschaft lange Zeit systematisch unterschätzt. Dies beruhte auf der allgemeinen Annahme, daß die Menschen vor der Industrialisierung und der Urbanisierung des 19. Jahrhunderts immobil und ortsgebunden gewesen wären. In der neueren Forschung haben, wie Gerhard Jaritz und Albert Müller betonten, insbesondere „modernisierungstheoretisch inspirierte sozialgeschichtliche Darstellungen" die Entwicklung der vormodernen zur modernen Gesellschaft immer wieder als radikale Zunahme der Mobilität beschrieben. „Für diese Hypothese wird häufig die Folie einer räumlich ‚stabilen', ‚immobilen' vormodernen Gesellschaft ins Treffen geführt" (Jaritz/Müller 1988:12). In bezug auf die deutsche Forschung der 1970er Jahre zog – beispielhaft – Hartmut Kaelble den Schluß: „Dabei herrscht weitgehende Einmütigkeit darüber, daß die Industrialisierung zumindest in Europa zu einer außergewöhnlichen, räumlichen und beruflichen Mobilisierung der Angehörigen damaliger Gesellschaften und damit zu einem entscheidenden Bruch mit der immobileren vorindustriellen Gesellschaft führte" (Kaelble 1979:19). Gerade von der Historischen Demographie wurde das Thema der Migration vernachlässigt und in der Folge ein statisches Bild tradiert. Arthur Imhof zum Beispiel kam in seinem Buch über „Die gewonnenen Jahre" zur Einschätzung, in der frühen Neuzeit hätten sich unsere Vorfahren selten außer Sichtweite ihres Kirchturms begeben (Imhof 1981:35f).

Noch 1983 mußte Steve Hochstadt die hartnäckige Persistenz des Bildes einer immobilen vorindustriellen Gesellschaft konstatieren: „General works on economic history, family life, and social structure still describe preindustrial society as rooted. ... Premodern Germans are still described as immobile in most general demographic studies. Even city populations are considered exceptionally stable. ... Only with industrialization did German society become mobile" (Hochstadt 1983:197f). Erst im Laufe der 1980er Jahre begann sich in der internationalen Forschung die Meinung durchzusetzen, daß Migrationen als „normal and structural element of human societies throughout history" betrachtet werden müssen (Lucassen/Lucassen 1997:9). In bezug auf das vorindustrielle Europa rückte dabei die Vielfalt der Migrationsformen in den Blick: die alltäglichen Ortswechsel im Zusammenhang mit dem Lebenslauf, mit Ausbildung, Heirat oder Beruf; die zyklischen Arbeitswanderungen von Knechten, Mägden oder Handwerksgesellen; die saisonalen Wanderungen in den großen wirtschaftlichen Migrationssystemen Europas; oder dauerhafte Auswanderung. Auch Fernwanderungen und transatlantische Wanderungen erschienen nunmehr als keineswegs außergewöhnliche Erweiterungen einer mehr oder minder permanenten lokalen und regionalen Mobilität (vgl. Lucassen 1987; Moch 1992; Canny 1994; Lucassen/Lucassen 1997; Fertig 2000)

Diese neuen Ansätze der Migrationsforschung können, wie wir meinen, auch für die historische Arbeitsmarktforschung genützt werden. Wir sehen in der Zuwanderung in mitteleuropäische Städte die Möglichkeit einer ersten Annäherung an das vernachlässigte Thema der vorindustriellen Arbeitsmärkte. Der ständige Zustrom von Migranten kann als Zustrom von Arbeitskräften der verschiedensten Kategorien verstanden werden kann, die in größerem oder kleinerem Maß, mehr oder weniger dauerhaft, in die städtischen Wirtschafts- und Sozialstrukturen eingebunden wurden. Dabei ist zu beachten, daß sich die Nachfrage nach Arbeitskräften in den einzelnen Städtetypen unterschied. Residenzstädte z.B. hatten einen hohen Bedarf an Bediensteten der verschiedensten Kategorien, unter anderem an weiblichen Dienstboten; in Montanstädten und Gewerbestädten herrschte dagegen die Nachfrage nach entsprechend qualifizierten männlichen Arbeitskräften vor. Das Ausmaß und die Struktur der Zuwanderung können deshalb als Indikator für die Entwicklung städtischer Arbeitsmärkte dienen.

FORMEN DER MOBILITÄT IM SPÄTMITTELALTER
UND IN DER FRÜHEN NEUZEIT

Was die Städte betrifft, so war Zuwanderung schon eine demographische Notwendigkeit. Vor allem die mittleren und großen Städte wiesen eine hohe Sterblichkeit auf. Das hohe Heiratsalter und die große Zahl unverheirateter Personen setzte umgekehrt der Fertilität enge Grenzen. Groß- und Mittelstädte konnten ihre Einwohnerschaft nie aus sich selbst heraus reproduzieren. Sie waren von der Zuwanderung aus kleineren Städten oder vom Land abhängig, um Bevölkerungsverluste aufgrund hoher Sterbe- und geringer Geburtenziffern auszugleichen (Imhof 1975:226) Auch Hungersnöte, Kriege und die großen Pestepidemien, die Europa vom 16. bis ins erste Drittel des 18. Jahrhunderts mehrmals heimsuchten, dezimierten die Bevölkerung periodisch (Knittler 2000:47), so z.B. der Pestausbruch in den habsburgischen Ländern 1713/14, der in Prag mehr als 10.000 Opfer forderte, auch wenn er bereits das Abklingen der Pest markierte. Die negative Bevölkerungsbilanz der Städte konnte durch Katastrophen verschärft werden, so daß sich die Zuwanderung als zentraler Faktor des demographischen Überlebens erweist. Trotzdem war das Migrationsgeschehen keine Einbahnstraße vom Land in die Stadt. Auch Stadt-Land-Migration und zwischenstädtische Migration spielten eine große Rolle (Knittler 2000:50ff).

Konsens besteht darüber, daß auch nach den großen Wanderungsbewegungen des Mittelalters zahlreiche Gruppen und Einzelpersonen unterwegs waren: Kaufleute, Pilger, Handwerker, Künstler, Scholaren, Studenten, Kleriker, Söldner, Juden, Bettler und andere Randständige (Jaritz/Müller 1988; Gilomen 2000). Gerade bei Randgruppen verwische sich sogar der Gegensatz von Seßhaftigkeit und Wanderung als Lebensform: Unterwegssein als Überlebenschance (Gilomen/Head-König/Radeff 2000:11). In der frühen Neuzeit löste religiöse Verfolgung Wanderungsbewegungen aus: die Migration der Refugianten, der Glaubensflüchtlinge, Vertreibung religiöser Minderheiten wie Niederländer im 16. Jahrhundert, die Hugenotten im ausgehenden 17. Jahrhundert, Salzburger Exulanten der 1730er Jahre – bis hin zur Gründung von „Exulantenstädten". Schilling sieht die Konfessionsmigration als spezifischen Migrationstypus – als große „transeuropäische Migration" (Schilling 1992:68).

Einen Zusammenhang zwischen Migration und Siedlungsbildung bzw. Siedlungserweiterung (oder Verfall) zeigen auch die Bergstädte und Bergmärkte, die im Zuge der großen Montankonjunktur im Übergang vom Spätmittelalter in die frühe Neuzeit aufgrund des „Bergsegens" anwuchsen oder auch (wie im Erzgebirge) erst aus dem Boden schossen: Auffallend ist hier der starke Bevölkerungsaustausch, besonders der starke Zuzug in die Edelerzreviere mit weitem Einzugsbereich. Die große Fluktuation der Bevölkerung gilt als Charakteristikum österreichischer Montanstädte und Bergmärkte besonders in den Edelmetallrevieren, die sich in „Einzwecksiedlungen" in Zeiten der „Würde" (Ergiebigkeit) oder der „Unwürde" (Versiegen der Lagerstätten) im Bergbau in der Bevölkerungszahl niederschlug. Zeitweilig wiesen die Bergorte einen äußerst hohen Arbeitskräftebedarf auf: man denke an das Dorf (bzw. den späteren Markt) Schwaz in Tirol, das im 16. Jahrhundert mit ca. 20.000 Einwohnern nach Wien die meisten Einwohner im habsburgischen Herrschaftsbereich hatte (Ebner 1989).

ZUR MOBILITÄT DER „BÜRGER"

Die Untersuchung der räumlichen Herkunft der städtischen Bevölkerung ermöglicht eine erste Einschätzung des Ausmaßes und der Struktur der Zuwanderung in die Städte. Dabei sind die sozialen und rechtlichen Unterschiede der städtischen Bevölkerung zu beachten. Die Position der Bürger hob sich von den übrigen Einwohnern ab, den Beisassen, Taglöhnern, Häuslileuten bzw. den Minderberechtigten.

Fragen wir zunächst danach, woher die Bürger – oder besser die Neubürger und Neubürgerinnen der frühneuzeitlichen Städte kamen. Bürgerbücher dokumentieren die Einbürgerung von Männern oder Frauen über einen längeren Zeitraum. Zum Aspekt der Migration bieten sie zwar ein „uneinheitliches Datenangebot", das der Quellenkritik bedarf und „das dornige Problem der Analyse räumlicher Herkunft" stellt, dennoch die Konturen der Bürgermigration klar erkennen läßt (Schwinges 2000:25). Daten für 24 Kommunen, sowohl Großstädte wie Berlin, Frankfurt, Köln als auch für unbedeutendere Städte (überwiegend 17./18. Jahrhundert) zeigen, daß die „typische" Bürgerschaft sich nahezu zu gleichen Teilen aus Zugewanderten und Einheimischen zusammensetzte. Trotz Behinderung der Freizügigkeit zeigten diese Stadtbewohner hohe Mobilität. Der höchste Anteil an Fremden bzw. Zugewanderten an den Neubürgern wurde in Prag im Zeitraum von 1618–1653 mit 87 Prozent verzeichnet (Hochstadt 1983:199).

Als eigentliche Migrationsgrenzen der Neubürger zeichnen sich die Sprachgrenzen ab, d.h. die Sprachaußengrenzen (Schwinges 2000:29). Die Bürgermigration vom 14. bis ins 16. Jahrhundert läßt drei verschiedene Raumsegmente erkennen: Die Einbürgerung diente als Mittel zur Herrschaftssicherung und -erweiterung und forcierte den Zuzug aus kleinen Landstädten und Dörfern des näheren Umlands. Ein wirtschaftlich geprägter Migrationsraum – als zweites Raumsegment – deckt sich mit Handelsinteressen und ist durch die damit verbundene Handwerkermigration geprägt. Die Neubürger aus diesem Raum entstammen meist größeren Städten. Als drittes Raumsegment erscheint ein fernerer Migrationsraum: Neubürger aus diesem Raum sind meist berufliche Spezialisten, wobei es sich überwiegend um Migration von einer Stadt in die andere handelt (Schwinges 2000:33).

Die Aufnahme von Frauen als Bürgerinnen war davon abhängig, ob im Stadtrecht die generelle Geschlechtsvormundschaft für alle Frauen festgelegt war. Im Süden des Reiches war die Fraueneinbürgerung am weitesten verbreitet (Studer 2000:40). Neubürgerinnen zogen im Schnitt aus weniger weit entfernten Gebieten in ihre Einwanderungsstadt als Männer. Sie stammten meistens aus der näheren Umgebung und es ergaben sich offenbar keine berufsbedingten erhöhten Migrationsdistanzen wie bei den Männern (Studer 2000:52). Hinsichtlich der Bürgermigration können wir festhalten: Es ist zwar hinreichend bekannt, dass die spätmittelalterliche Gesellschaft keine statische Gesellschaft war, doch daß sie sogar außerordentlich mobil war, ist noch keinesfalls *communis opinio* (Schwinges 2000:17). Für die frühe Neuzeit können wir dasselbe annehmen.

BÜRGER ZWEITER KLASSE

„Bürger" – das zeigt auch die unterschiedliche Praxis bezüglich der Einbürgerung von Frauen – stellten in der frühen Neuzeit in der Regel eine Minderheit der Stadtbevölkerung. Hochstadt schätzt den Anteil der Bürger auf 10 bis 15 Prozent; mit ihren Familien stellten sie allerdings 40 bis 60 Prozent der Einwohner. Den Anteil der Bürger zweiter Klasse, die als Beisassen, Beisitzer, Inwohner oder Einlieger das „kleine Bürgerrecht" erworben hatten, wird auf 20 bis 40 Prozent (mit Familien) an der Stadtbevölkerung veranschlagt (Hochstadt 1983). Im Lauf der frühen Neuzeit stieg der Anteil der Inwohner aber stark an. In den sächsischen Städten z.B. standen zur Mitte des 16. Jahrhunderts 116.000 Bürgern 22.000 Inwohner gegenüber. Im späten 18. Jahrhundert hatte die Zahl der Nicht-Bürger jene der Bürger erreicht, im frühen 19. Jahrhundert übertroffen. 1834 entfielen auf rund 300.000 Bürger 326.000 Inwohner (Blaschke 1967).

Die Gruppe der Nicht-Bürger war offenbar mobiler, der Anteil an Zugewanderten lag höher: In Würzburg waren 1675 74 Prozent der Beisassen zugewandert, bei den Bürgern dagegen nur 57 Prozent. In Frankfurt am Main kamen 1700 zwei Drittel der Beisassen von außerhalb der Stadt, doch nur die Hälfte der Bürger (Hochstadt 1983:203). Das quantitative Verhältnis der Gruppe der Bürger zur Gruppe der Bürger „zweiter Klasse" war durchaus ein Ergebnis der „Fremdenpolitik" und unterlag Schwankungen. In Oberdeutschland war der Erwerb des Bürgerrechts offenbar schwieriger als in Niederdeutschland. Einzelne Städte – wie Hamburg – verfolgten z.B. eine relativ offene fremdenfreundliche Politik (Schaser 1995:149).

Hochstadt hat die These vertreten, je weiter man die soziale Stufenleiter nach unten gehe, „mobility reached extraordinary proportions" und fokussierte damit die Gruppe der Dienstboten beiderlei Geschlechts, deren Anteil an der Stadtbevölkerung er auf 10 bis 15 Prozent schätzte – sowie die Gruppe der Lehrlinge und Gesellen, deren Anteil er auf 5 Prozent veranschlagte. Dienstboten, Gesellen und Lehrlinge waren jung, unverheiratet, und sie lebten ganz überwiegend im Haushalt ihrer Arbeitgeber (Hochstadt 1983:202f). Allerdings stellt sich das Gesinde eher als eine Altersgruppe dar, denn der weitaus größte Teil gehörte zur Altersgruppe der 15 bis 29jährigen. Der „Dienst im fremden Haus" war eine transitorische Phase, und lebenslänglicher Gesindedienst blieb die Ausnahme (Mitterauer 1985:183).

Man wird die von Hochstadt veranschlagten Anteile als Minimalwerte ansehen können: Nürnberg zählte 1449 ca. 20.000 Einwohner, darunter 1450 Gesellen (7 Prozent) und 1824 Mägde (9 Prozent). Im Jahr 1444 zählte Straßburg (17–18.000 Einwohner) 1150 Gesellen; ihr Anteil an der Gesamtbevölkerung lag bei 6,5 Prozent, während 1497 in Freiburg im Breisgau (6.300 Einwohner) der Anteil der Knechte bei 6,5 Prozent und der des Dienstpersonals bei 12 Prozent lag (Daten nach Schulz 1984:37ff). Im Augsburger Musterungsbuch von 1619 ist die Zahl von 2161 Gesellen (bes. die des Baugewerbes) zu niedrig veranschlagt, dementsprechend ist der Anteil an der Stadtbevölkerung mit 5 Prozent noch zu tief angesetzt (Roeck 1989:I, 326).

Der Anteil der Dienstboten und Gesellen am Arbeitskräftepotential der Stadt liegt höher. Das war auch den Zeitgenossen bewußt: In Augsburg teilte man 1509 – nach venezianischem Vorbild – die Bevölkerung in die Kategorien „nützliche" und „unnütze" Personen auf, wobei die 15- bis 60jährigen als nützlich galten (Roeck 1989:I, 319). In Nürnberg rechnete man im Jahr 1449 mit 3753 Erwerbstätigen insgesamt, wobei die Gesellen einen Anteil von 28 Prozent stellten; in Straßburg (1444) kamen die Gesellen auf einen Anteil von 25 Prozent an der erwerbstätigen Bevölkerung, während er 1497 in Freiburg nur bei 12,5 Prozent lag (Schulz 1984:42).

Vergleiche über Raum und Zeit gestalten sich aufgrund unterschiedlicher Erhebungsgrundlagen schwierig. Drei Erhebungen für österreichische Städte auf der Basis von Steuerlisten aus dem 17. Jahrhundert (1647) zeigen geringere Werte, allerdings handelt es sich um kleinere Städte und es bleibt offen, wieweit Bevölkerungsrückgang und Kriegsereignisse sich auf Nachfrage und Beschäftigung auswirkten. In Hall in Tirol mit 2500 bis 3000 Einwohnern wurden 163 Gehilfen in Handel und Gewerbe (Gesellen, Lehrlinge, Söhne) und 170 Dienstboten beschäftigt; ihr Anteil an der Stadtbevölkerung lag jeweils bei ca. 6 Prozent. In Innsbruck mit 5200 bis 5800 Einwohnern stellten 257 Gehilfen und 201 Dienstboten Anteile von knapp 5 Prozent und knapp 4 Prozent. Salzburg mit 9100 bis 10.000 Einwohnern zählte 640 Gehilfen (gegenüber 593 Selbständigen) und 614 Dienstboten; Ihre Anteile lagen jeweils bei 6 bis 7 Prozent (Mathis 1977).

Selbst wenn im Verlauf der frühen Neuzeit eine Verschiebung der Gewichte zwischen Stadt und Land eintrat, so konzentrierte sich dennoch im gewerblichen Bereich die Beschäftigung in den Städten. Im Laufe des Spätmittelalters hatte sich aufgrund der ökonomischen Dynamik eine zunehmende Dominanz der Stadt über das (Um- und Hinter-)Land ausgebildet, und die Dörfer waren in dieses Gravitationsfeld integriert und damit in ihrer Entwicklung wesentlich geprägt worden. Dann wurden „Tendenzen der Abflachung" des hierarchischen Gefüges spürbar: Nach dem Höhepunkt der städtischen Dominanz im 16. Jahrhundert vollzog sich im 17. Jahrhundert eine Trendwende: Der Abstand zwischen Stadt und Dorf wurde geringer (Kießling 2001). Für die Beschäftigung im Gewerbe um 1800 läßt sich beobachten, daß das städtische Gewerbe gegenüber dem ländlichen Gewerbe im Durchschnitt größere Betriebe aufwies, zudem zeichnet sich eine fallende Linie von der Groß- über die Mittel- zur Kleinstadt ab. Ausbildung und Beschäftigung waren nach wie vor in den Städten konzentriert, wenngleich sich die Gewichte zwischen Städten und Regionen verschoben hatten (Schilling 1993; Knittler 2000).

Halten wir fest, daß die Dienstboten (männlich und weiblich) und Gehilfen (Gesellen, Lehrlinge) einen festen Anteil an der Stadtbevölkerung hatten und einen bedeutenden Anteil am Arbeitskräftepotential bzw. an den „Erwerbstätigen" der Stadt stellten. – Doch woher kamen die Dienstboten und Gesellen? Rekrutierten sie sich aus der Stadt selbst, oder waren sie zugewandert – und wie lange blieben sie?

DIENSTBOTEN

Rudolf Engelsing vermutete hinsichtlich der Herkunft der Dienstboten, in den kleinen und mittleren Städten sei das häusliche Personal bis 1800/50 fast ausschließlich aus Einheimischen rekrutiert worden; die Hausväterliteratur habe ein entsprechendes Mißtrauen gegen Fremde nahegelegt. Doch in den Großstädten sei man schon frühzeitig auf auswärtiges Gesinde angewiesen gewesen. In Nürnberg waren bereits 1421 drei Vermittler für weibliches Hauspersonal tätig, und 1521/25 wurde das Vermittlungswesen obrigkeitlich festgelegt. Leipzig und Breslau folgten 1616 bzw. 1640 mit entsprechenden Regulativen; in Breslau wurden zwölf vom Rat konzessionierte „Mägdeschickerinnen" bestellt, und in Berlin durch eine neue Gesindeordnung 1718 „geschworene" Gesindemakler zugelassen (Engelsing 1974:171, 204). Ende des 18. Jahrhunderts kamen in Nürnberg die meisten Dienstboten aus dem Gebiet der Stadt, aus Thüringen, aus Ansbach, aus der Oberpfalz, aus Würzburg und Bamberg (Kaman 1901:89). In Bremen kamen 1823 62,5 Prozent der Dienstboten von auswärts, dabei waren 82,3 Prozent der Männer und 55,7 Prozent der Frauen Auswärtige (Engelsing 1974:205).

Doch selbst in kleinen und mittleren Städten wurden die Dienstboten keineswegs nur aus der Stadt selbst rekrutiert: In Schwäbisch-Hall kam im 17. Jahrhundert der Großteil der Mägde vom Dorf; die Entfernung entsprach etwa einem eintägigen Fußmarsch. Darüber hinaus stammte ein Fünftel des weiblichen Gesindes aus nahegelegenen Städten. Insgesamt zeigt sich eine Verwurzelung mit der Heimatregion (Dürr 1995/2001).

1794 kamen in der Residenzstadt Salzburg 29 Prozent des weiblichen Gesindes aus der Stadt selbst; das Gros stammte aus den umliegenden Landesteilen, aus dem Flach-, Tennen- und Pongau, dann auch aus Bayern, Oberösterreich, Berchtesgaden und Tirol, wobei auch weiter entfernte Herkunftsregionen genannt sind (Eder 1990:216). Ein ähnliches Muster läßt sich für die Universitätsstadt Göttingen im 18./19. Jahrhundert beobachten: Von den Dozentenmägden und Dozentendienern, deren Herkunftsorte sich ermitteln ließen, kam nur ein geringer Teil aus Göttingen selbst, die meisten waren zugewandert. Die Dienstbotenwanderung weist „überwiegend die Merkmale der Nahwanderung auf", wobei die meisten Männer aus Orten, die höchstens 30 km entfernt waren, stammten, die meisten Frauen aus Orten, die höchstens 20 km entfernt waren. Auch diese Orte waren in einem Tagesmarsch erreichbar – et vice versa! Dennoch kamen auch Dienstboten aus Gegenden mit mehr als 100 km Entfernung nach Göttingen

(Wagener 1996:120-127). Qualifiziertes Personal – so Engelsing – wurde in der Regel auch aus entfernteren Gegenden angeworben.

Halten wir fest, daß nicht nur größere Städte auf den Zuzug des Gesindes angewiesen waren, und daß das Umland als Reservoir eine bedeutende Rolle spielte.

GESELLEN UND LEHRLINGE

Zunächst einige statistische Befunde: In der Messestadt Frankfurt am Main dürften 1762 ca. 2000 Handwerksgesellen gearbeitet haben, von denen insgesamt 1873 (90 Prozent) durch den „Feuereid" erfaßt wurden. Für 1799 Gesellen ist die Herkunft angegeben, also immerhin von 95 Prozent der 1873 Gesellen: „Nur 15% davon sind Frankfurter, wozu wir auch die damals zu Frankfurt gehörigen Dörfer gerechnet haben, 85% sind Fremde, die nach Frankfurt zugewandert sind". Die Zahl der Einheimischen war also vergleichsweise gering, die Zahl der Meistersöhne noch geringer. Die nähere Umgebung fiel mit einem Drittel ins Gewicht, doch die übrigen Gesellen kamen aus weiter entfernten Orten. Die Berufsverteilung war eine sehr unterschiedliche. In keinem Beruf arbeiteten nur einheimische Gesellen, doch in mehreren Berufen – wie bei den Färbern, Hutmachern, Kürschnern u.a. – arbeiteten ausschließlich zugewanderte Gesellen (Lerner 1929). Ein Blick ins benachbarte Mainz (1770) zeigt ebenfalls ein hohes Ausmaß an Zuwanderung: insgesamt wurden 1162 Gesellen und 257 Lehrjungen gezählt. Die 694 fremden Gesellen (58 Prozent) dominierten eindeutig gegenüber den 468 Landeskindern (40 Prozent), wobei ein Teil der Landeskinder aus den weit verstreuten Gebieten des Kurfürstentums kam. Dagegen wurden bei den Lehrlingen nur 25 Fremde (10 Prozent) und 232 Landeskinder (90 Prozent) gezählt. Hier ist anzunehmen, daß das Umland – wie in anderen Fällen – eine große Rolle spielte (Reith 1999:79, 400ff).

DIE RÄUMLICHE DIMENSION DES ARBEITSMARKTES

Bereits Georg Schanz, der die Eidesleistungen der Gesellen in Konstanz am Bodensee für den Zeitraum 1489 bis 1579 ausgewertet hatte, bemerkte „ein buntes Durcheinander hinsichtlich der Provinzbürtigkeit" (Schanz 1877:335). Richtung und Ausdehnung – so sein Fazit – seien nach Gewerben verschieden gewesen und erstreckten sich nach 1540 „nach allen Himmelgegenden über das ganze deutsche Reich". Die Größe des Zu- und Abflusses bilde ein „Merkmal für den wirthschaftlichen Zustand einer Stadt" und gebe zuverlässige Anhaltspunkte für die Beurteilung, „welche gewerbliche Bedeutung eine Stadt für eine bestimmte Gegend besaß" (Schanz 1877:343). Schanz wies auch schon auf die berufsspezifischen Differenzierungen bzw. den Beruf als Konstituens von Teilarbeitsmärkten hin, denn die einzelnen Gewerbe hätten „ihren Arbeiterbedarf aus sehr verschiedenen Provinzen erhalten". Aus den Daten lasse sich ableiten, „daß St. Gallen, Donaukreis und Schwaben die meisten Weber schickte, die entfernteren Provinzen besonders an der Zusendung der Kürschner betheiligt waren, ein etwas kleineres Wanderungsgebiet bei den Schuhmachern, Schneidern und Schmieden bestand" (Schanz 1877:341).

Mit der Verbreitung der Gesellenwanderung Ende des 14. Jahrhunderts und der weitgehenden Durchsetzung der Wanderpflicht seit der zweiten Hälfte des 16. Jahrhunderts bis zum Beginn des 17. Jahrhunderts hatte sich eine räumliche Ausdehnung der Gesellenwanderung und damit des Arbeitsmarktes ergeben. Damit stieg der Anteil der zugewanderten Arbeitskräfte; das städtische Gewerbe konnte sich nur zu einem gewissen Teil aus sich selbst rekrutieren: Wenn man versucht, aus den vielfältigen Daten mit der gebotenen Vorsicht allgemeine Aussagen abzuleiten, dann zeichnet sich für die Periode von der frühen Neuzeit bis in das 18. Jahrhundert ab, daß oft die Mehrheit der Lehrlinge und der Meister und in aller Regel mehr als drei Viertel der Gesellen des städtischen Handwerks aus Zuwanderern bestanden. In Mitteleuropa zeigt das Wandern der Handwerksgesellen vom 14. und besonders vom 16. bis zum 18. Jahrhundert in seinen Grundzügen eine erstaunliche Kontinuität (Ehmer 1988, 1994).

Die Persistenz der Migrationsformen bis ins 19. Jahrhundert zeigen Erhebungen für Zürich (1836), Wien (1827/57/80) und Zagreb (1857), alle Zentren politischer, wirtschaftlicher und überregionaler

Anteil der Zuwanderer an den Handwerkern mitteleuropäischer Städte, 1827–1880 (Ehmer 1994:110)

	Anteil der Zuwanderer* an den		
	Lehrlingen	Gesellen	Meistern
Wien/Gumpendorf 1827	–	75,0	57,2
Zürich 1839	80,2	97,3	56,6
Wien-Schottenfeld 1857	87,3	73,9	67,4
Zagreb 1857	66,0	76,8	39,1
Wien-Hernals 1880	74,6	76,0	75,7

* Nicht in der jeweiligen Stadt (einschließlich der Vororte) geboren.
Quellen: Volkszählungslisten (Wiener Datenbank)

Bedeutung: Sie zeigen die ungebrochene Bedeutung der Zuwanderung für das städtische Handwerk. In allen drei untersuchten Städten bestand vom Vormärz bis 1880 die große Mehrheit der Handwerker aus Zuwanderern (Ehmer 1994).

In allen drei Städten bildeten einheimische Lehrlinge eine kleine Minderheit: In Zürich und Wien waren zwischen 75 und 87 Prozent der Lehrlinge Zuwanderer, in Zagreb immerhin mehr als die Hälfte. Während in Wien die böhmischen Länder ein scheinbar unerschöpfliches Reservoir bildeten, überwogen in Zürich und Zagreb Lehrlinge aus der näheren Umgebung: In Zürich kamen sie aus dem Kanton Zürich, in Zagreb aus dem angrenzenden Komitat Varaždin. Die massenhafte Zuwanderung der Lehrlinge in Wien stellt in dieser quantitativen Dimension jedoch ein neues Phänomen dar, während die Rekrutierung in Zürich und Zagreb eher noch das traditionelle Migrationsmuster zeigt.

Die Gesellen stellten in allen drei Städten die Mehrheit der Arbeitskräfte, und die Rekrutierung erfolgte ganz überwiegend durch Zuwanderung: In Zürich stammte kaum einer der Gesellen aus der Stadt selbst, in Wien und Zagreb stellten die einheimischen Gesellen gerade ein Viertel. Bei den Gesellen, die nicht aus Stadt und Umland stammten, zeichnen sich zwei Migrationsmuster ab: – zum einen die Fernwanderung (meist zwischen städtischen Zentren), die im Verlauf des 19. Jahrhunderts quantitativ an Bedeutung verlor, – zum anderen die Zuwanderung aus überwiegend ländlichen Herkunftsgebieten in meist mittlerer Entfernung, die besonders für die Nahrungsmittelgewerbe kennzeichnend war.

Die Herkunft aus Stadt und Umland bekam Ende des 19. Jahrhunderts stärkeres Gewicht und schwächte die traditionellen gewerblichen Migrationsmuster ab. Seßhafte, verheiratete und ältere Arbeitskräfte, die in der frühen Neuzeit meist nur in wenigen gewerblichen Bereichen – wie im Baugewerbe, im Textilgewerbe oder im Buchdruck – beschäftigt wurden, bekamen allmählich auch im Kleingewerbe stärkere Bedeutung (Ehmer 1994).

TEILARBEITSMÄRKTE IN DER GEWERBLICHEN PRODUKTION

Bei allen Erhebungen wird zum einen die Bedeutung und Funktion der Stadt selbst deutlich, zum anderen zeigt im Vergleich der Städte die Verteilung von Fremden und Einheimischen auf die Berufe eine große Ähnlichkeit: Die spezifischen „patterns", die bereits Georg Schanz bemerkte, hatte Kramer erstmals für die Residenzstadt München kartographisch erfaßt (Kramer 1958). Konstituens dieser Teilarbeitsmärkte war der Beruf: Diese Arbeitsmärkte überschnitten sich kaum, denn die ausgebildeten Arbeitskräfte arbeiteten in der Regel nur in ihrem Beruf und konkurrierten somit auch nur mit den Arbeitskräften derselben Berufsgruppe (Pierenkemper 1982). Unter dem Aspekt der Migration bzw. der Zuwanderung in die Stadt läßt sich der Arbeitsmarkt als Summe der Teilarbeitsmärkte verstehen: In räumlicher Dimension ergeben sich von Beruf zu Beruf deutlich divergierende „patterns" (Reith 1988, 1989a).

Die Berufe des Baugewerbes, insbesondere die Maurer und Zimmerer mit meist großen Betrieben, hatten einen hohen Bedarf an Arbeitskräften. In diesen Handwerken wohnten die Arbeitskräfte in der Regel nicht im Meisterhaushalt. Verheiratete Gesellen bildeten hier ein beständiges Arbeitskräftepotential, das durch zuwandernde Gesellen, Pendler aus den Vororten und umliegenden Dörfern sowie Saisonarbeiter ergänzt wurde. In Zürich (1836) arbeitete z.B. kein Maurergeselle aus der Stadt selbst; nur wenige kamen aus dem Umland, zahlreiche Gesellen kamen zur Saison aus Vorarlberg, Tirol und Liechtenstein (Ehmer 1994). Der Arbeitsmarkt im Baugewerbe hatte ansonsten einen lokalen bis regionalen Zuschnitt, der jedoch durch die Saisonarbeiter eine räumliche Erweiterung erfuhr. Bereits seit dem ausgehenden 16. Jahrhundert, doch verstärkt nach dem Dreißigjährigen Krieg, wanderten Tiroler Bauhandwerker nach Norden. Da bis ins 18. Jahrhundert in Tirol selbst kaum Aufträge vergeben wurden, bildete sich – auf dem Hintergrund der durch den Dreißigjährigen Krieg verursachten Zerstörungen und der barocken Prachtentfaltung in den süddeutschen Territorien – in Tirol in der zweiten Hälfte des 17. Jahrhunderts das Bauhandwerk als Wanderhandwerk aus, und alljährlich zogen Hunderte von Bauhandwerkern (Maurer, Steinmetzen, Stukkatorer, Steinhauer und Zimmerleute) nach Deutschland bis hinauf nach Hessen und Luxemburg und gelegentlich auch nach Frankreich und kehrten im Herbst wieder heim. An der Saisonwanderung nahmen bereits Lehrjungen im Alten von 14 Jahren wie auch alte Handwerker (mit 70 Jahren) teil, so daß in den ärmeren Gegenden Tirols während der Saison meist jeder arbeitsfähige männliche Bewohner unterwegs war (Pieper-Lippe/Aschauer 1967). Auch dieses Muster wies eine gewisse Persistenz bis ins späte 19. Jahrhundert auf: In den 1890er Jahren kamen z.B. in Breslau die meisten Bauarbeiter zur Saison aus Oberschlesien, in Chemnitz waren es böhmische Gesellen, in Leipzig österreichische und schlesische Gesellen. Frankfurt am Main rekrutierte Arbeitskräfte für die Bausaison aus den nördlichen Taunusdörfern (Reith 1989a).

Bei den Nahrungsmittelhandwerken (Bäcker, Metzger, Müller, Brauer) blieb der Einzugsbereich regional eingegrenzt. Meist dominierten Gesellen ländlicher Herkunft. Besonders ausgeprägt war dies bei den Brauern, wo Arbeitskräfte zur Brausaison im Winter in die Stadt kamen.

In der Textilherstellung zeichnen sich verschiedene Muster ab: In der Seidenweberei, die auf wenige Standorte beschränkt war, ermöglichte die starke Nachfrage die Beschäftigung eines beständigen Arbeitskräftepotentials sowie die Zuarbeit von Frauen und Kindern. Die Berliner Seidenwebergesellen waren im 18./19. Jahrhundert meist verheiratet; ebenso die Krefelder und Wiener Seidenwebergesellen (Reith 1989a).

Die Textilherstellung konzentrierte sich in der Regel in Gewerbelandschaften mit einem städtischen Zentrum oder mehreren Zentren. Exportzentren – wie die Reichsstadt Augsburg – hätten ihren Bedarf an Arbeitskräften nie aus der Stadt selbst decken können. Augsburg war um 1600 das bedeutendste Zentrum der Textilproduktion in Mitteleuropa: Neben den Lehrjungen und Knappen (Gesellen) wurden auch sogenannte Hausknappen (verheiratete Gesellen) beschäftigt, deren Ehefrauen meist ebenfalls für die Weber als Spulerinnen, Spinnerinnen und Streicherinnen arbeiteten. Die Musterungsregister von 1615 verzeichnen insgesamt 1152 Webergesellen. Sie belegen einen weitgehend regionalen Einzugsbereich, wobei fast die Hälfte der Gesellen vom Land stammte (Clasen 1981:111).

Die Veränderung des Arbeitsmarktes hin zu einer Einengung des Einzugsbereiches ist das Resultat einer längeren Entwicklung im oberschwäbischen Textilrevier: In der zweiten Hälfte des 17. Jahrhunderts hatte sich die Textilproduktion zwar erholt, doch nun gewann das Land, bisher in der Rolle des Zulieferers, in der Produktion das Übergewicht über die bis dahin dominierenden Reichsstädte (Kießling 2001). Um 1800 zeigte sich ein völlig verändertes Bild, drei Viertel der Weber saßen auf dem flachen Land außerhalb der Kleinstädte und Märkte. Die Textilherstellung stellt sich als vorwiegend ländliches Gewerbe dar; auch hinsichtlich der Gewebesorten spaltete sich das oberschwäbische Textilrevier in Teilreviere auf.

Seit dem beginnenden 17. Jahrhundert waren ländliche Weberzünfte in den verschiedensten Herrschaften entstanden. Die zunehmende Verlagerung der Produktion auf das Land schloß zwar die Beziehung zwischen den Städten des Textilreviers und zwischen den Teilregionen nicht aus, doch die Zentren verfügten nicht mehr über ein Beschäftigungsmonopol. Der Radius des Arbeitsmarktes war enger geworden, der Arbeitsmarkt hatte sich verdichtet. Dennoch übten zentrale Orte wie Augsburg nach wie vor aus verschiedenen Gründen (z.B. Produktion höchster Qualitäten) eine gewisse Anziehungskraft aus.

Während wir im Bereich der Textilproduktion eine Einengung des regionalen Arbeitsmarktes feststellen können, so zeigt sich im Bereich der Textilveredelung ein ausgesprochen weites Einzugsgebiet: Viele Färbergesellen kamen aus den schwäbischen Reichsstädten und aus Nürnberg, aber auch aus Sachsen, Thüringen, Schlesien und Böhmen. Im späten 17. und im 18. Jahrhundert wanderten Gesellen aus dem gesamten deutschsprachigen Bereich – mit bestimmten Schwerpunkten in den Textilregionen – zu. So koexistierten in der Textilproduktion und der Textilveredelung offenbar verschiedene „patterns": ein regionaler Arbeitsmarkt im Bereich der Weberei und ein explizit überregionaler Arbeitsmarkt in der Färberei (Reith 2001).

Durchaus ähnlich stellen sich die Patterns der Teilarbeitsmärkte der großen Massen- bzw. Versorgungshandwerke dar: der Schneider, Schuhmacher, Schlosser und Schreiner. Sie zeigen insgesamt einen überregionalen Einzugsbereich, wenngleich die meisten Gesellen aus den umliegenden Territorien kamen. Da sie den täglichen Bedarf befriedigten, waren sie weit verbreitet, und die Gesellen bewegten sich daher in einem dichten Netz. In den größeren Städten arbeiteten in aller Regel mehr Gesellen als Meister. Nahwanderung und Wanderung über mittlere Distanzen bestimmen das Bild, doch auch weitgewanderte Gesellen waren präsent, insbesondere bei den Schlossern und Tischlern. In den süddeutschen, österreichischen und schweizerischen Städten wurden in diesen Berufen bis in 19. Jahrhundert hinein kaum verheiratete Gesellen beschäftigt, während sie sich in den Küstenstädten wie Bremen und Hamburg früher und stärker etablieren konnten. Die Meister sahen in den verheirateten Gesellen eine unliebsame Konkurrenz: Noch 1827 erklärten die Berliner Schuhmacher, die meisten verheirateten Gesellen würden in eigener Wohnung arbeiten und seien fast als Selbständige zu betrachten.

Ähnliche Teilarbeitsmärkte zeichnen sich auch für die kleinen Handwerke ab, die nur in wenigen Städten zu finden waren und ausgesprochen kleinbetrieblich produzierten. Diese Handwerke umfaßten nur wenige Meister und meist noch weniger Gesellen; die Aufnahme von Lehrjungen war durch „Stillstandsregelungen" begrenzt. Die Beschäftigung ortsgebundener Gesellen war in diesen Handwerken kaum der Fall, die Zuwanderung aus dem Umland unbedeutend, der Anteil fremder Gesellen städtischer Herkunft dagegen hoch. In diesen Berufen hatte der Arbeitsmarkt in räumlicher Hinsicht eine ausgesprochen überregionale Dimension. Regulierte Arbeitsvermittlung konnte durch das „Verschreiben" umgangen werden. Benötigte ein Meister dringend einen Gesellen, so konnte er einen Gesellen („Frachtgesellen") anfordern, für den er in der Regel Reisekosten und Geschenk übernahm; oft wurden solche Arbeitsverhältnisse – ähnlich wie bei den Buchdruckern – auf den Messen vereinbart. Vor allem hochqualifizierte Gesellen – wie auch Dienstboten – wurden auf diese Weise angeworben.

Die Teilarbeitsmärkte zeigen hinsichtlich der Rekrutierung bzw. der räumlichen Dimension unterschiedliche Muster, doch insgesamt beruhte der Arbeitsmarkt in ganz erheblichem Ausmaß auf Zuwanderung.

ZUR FLUKTUATION GEWERBLICHER ARBEITSPLÄTZE

Der Anteil der Zuwanderer ist ein Wert, der das Ausmaß des tatsächlichen Wandergeschehens nur zu einem kleinen Teil erfaßt. Die städtischen Zählungen registrierten nur jene Gesellen, die zum Zeitpunkt der Datenaufnahme gerade in Arbeit standen. Zunftquellen zeigen dagegen sehr deutlich, daß vor allem in den mittleren und größeren Städten die Zahl der zuwandernden Gesellen um einiges größer war als die Zahl der verfügbaren Arbeitsplätze und der erforderlichen Arbeitskräfte, und daß die handwerklichen Arbeitsmärkte eine enorme Fluktuation aufweisen. In Frankfurt am Main wurden zwischen 1712 und 1810 6101 zuwandernde Buchbindergesellen gezählt, im Durchschnitt also 62 pro Jahr, von denen 2953 (48 Prozent) Arbeit fanden, die Mehrheit von 3148 (52 Prozent) aber weiter wanderte, ohne in Arbeit getreten zu sein. Im Durchschnitt wurden in Frankfurt im 18. Jahrhundert 16 bis 20 Buchbindergesellen beschäftigt. Auf einen Arbeitsplatz kamen also drei bis vier Zuwanderer, von denen etwa die Hälfte tatsächlich eingestellt wurde (Bücher 1922:415ff).

In Wien wurden in den 1760er Jahren im Durchschnitt rund 200 Tischlergesellen beschäftigt. In derselben Periode wurden jährlich etwa 600 Zuwanderer neu eingestellt. Etwa drei zuwandernde Gesellen teilten sich also jedes Jahr einen ständigen Arbeitsplatz. Das Wiener Schlossergewerbe verzeichnete zwischen 1798 und 1803 2814 Gesellen, die zugewandert und „in Arbeit gebracht" worden waren, im Durchschnitt also 469 pro Jahr. Zu dieser Zeit umfaßte die Schlosserzunft 228 Meister, die – entsprechend dem saisonalen Arbeitsanfall – zwischen 200 und 350 Gesellen beschäftigten. In den sechs Jahren von 1798 bis 1803 wurden zugleich 12.018 Arbeitsaufnahmen von Gesellen registriert. Diese Zahlen bedeuten, daß die Zahl der zuwandernden und tatsächlich eingestellten Gesellen jene der verfügbaren

Buchbindergesellen in Frankfurt am Main 1712–1810

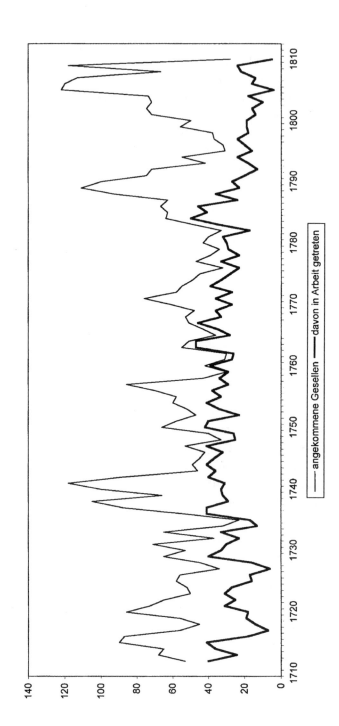

Quelle: Lenhardt, Heinz: 150 Jahre Gesellenwandern nach Frankfurt a. M. Frankfurt 1936: 7f.

Arbeitsplätze um das 1,3 bis 2,3fache überstieg, und daß die Gesellen, die Arbeit gefunden hatten, den Arbeitsplatz sechs bis zehn Mal pro Jahr wechselten (Schembor o.J.).

Im Laufe des 19. Jahrhunderts stieg die Zahl der wandernden Gesellen und das Ausmaß der Fluktuation auf den handwerklichen Arbeitsmärkten weiter an. Das Vormerkbuch der Wiener Schneiderinnung registrierte vom Oktober 1836 bis zum Mai 1850 knapp 140.000 zuwandernde Schneidergesellen, im Durchschnitt also rund 11.000 pro Jahr (Steidl 1999:240) Die Zahl der beschäftigten Schneidergesellen lag in dieser Periode etwa bei 1500, sodaß auf einen Arbeitsplatz rund sieben bis acht Zuwanderer entfielen. Gerade das Schneidergewerbe wies aber enorme saisonale Schwankungen im Arbeitsbedarf und in der Zuwanderung auf. 1842 kamen zwei Drittel aller zuwandernden Schneidergesellen in den vier Monaten April, Mai, Oktober und November nach Wien (Ehmer 2000:167f). In deutschen Städten des frühen 19. Jahrhunderts finden sich ganz ähnliche Verhältnisse. In Leipzig wurden im Jahr 1834 im Durchschnitt 1900 Handwerksgesellen beschäftigt: Im selben Jahr wurden 1915 neu eingestellt, 1714 verließen ihren Arbeitsplatz, und 9235 wanderten zu und wieder weg, ohne Arbeit gefunden zu haben. Auf einen Arbeitsplatz kamen also fünf bis sechs Zuwanderer, von denen weniger als ein Viertel tatsächlich in Beschäftigung trat (Zwahr 1978:51). Wenngleich die Arbeitskontrakte der Dienstboten meist auf ein halbes Jahr abgeschlossen wurden, so war auch hier die Fluktuation durch Ab- und Zuwanderung beträchtlich: In den Jahren 1836/37 waren in Frankfurt am Main jeweils 6892 bzw. 6504 Personen als „Gesinde" (häusliche Dienstboten) eingeschrieben. 1836 verließen 1267 Personen und 1837 4322 Personen als „Altgesinde" die Stadt, während 3623 bzw. 1825 Personen als „neu hereinkommendes Gesinde" vermerkt wurden. Ein Teil des Gesindes wechselte den Dienstherrn innerhalb der Stadt (Koch 1985:245). In Hamburg wurden 1861 rund 45.000 zuwandernde Gesellen registriert, die Zahl der Arbeitsplätze lag knapp unter 9000 (Kocka 1991:616). In Frankfurt am Main wanderten in den 1840er Jahren jedes Jahr etwa 10.000 Handwerksgesellen zu, 1857 waren es schon 21.600. Rund 80 Prozent von ihnen zogen weiter, ohne Arbeit gefunden zu haben (Ahn 1991:81).

Diese Beispiele ließen sich leicht vermehren. Sie zeigen, daß auf den Arbeitsmärkten zumindest der mittleren und größeren Städte das Angebot an Arbeitskräften die Nachfrage weit überstieg. Dieses Überangebot an Arbeit suchenden Gesellen verlieh der kleingewerblich-handwerklichen Ökonomie eine hohe Flexibilität. Die Meister konnten auf die aus vielen Gründen stark schwankende Nachfrage nach handwerklichen Erzeugnissen und Dienstleistungen rasch reagieren. Dementsprechend war auch die Beschäftigungsdauer sehr variabel. Von den Schneidergesellen, die im Oktober 1836 in Wien in Arbeit traten, blieben 10 Prozent kürzer als eine Woche, ein Drittel kürzer als drei Wochen, zwei Drittel weniger als zwei Monate. Umgekehrt blieben acht Prozent länger als ein halbes Jahr am selben Arbeitsplatz (Ehmer 2000:175). Viele ähnliche Beispiele lassen den verallgemeinernden Schluß zu, daß etwa ein Drittel der in Arbeit getretenen Gesellen weniger als einen Monat auf derselben Stelle blieb, ein zweites Drittel zwischen einem und zwei Monaten, und das restliche Drittel länger. Der Wechsel des Arbeitsplatzes war – bei den Gesellen wie auch beim Gesinde – häufig mit der Abwanderung aus der jeweiligen Stadt verbunden, bedeutete oft aber auch den Wechsel des Arbeitsgebers in derselben Stadt.

Dennoch können wir – überblicken wir das späte Mittelalter und die frühe Neuzeit – Phasen feststellen, in denen Arbeitskräfte knapp und gesucht waren und endogene Konjunkturfaktoren wie Naturkatastrophen und Kriege (Elkar 1984:289f) ihre Wirkungen entfalteten: Reininghaus nimmt für die Zeit zwischen 1350 und 1450 als Folge der Auswirkungen der Pestwellen einen Mangel an Arbeitskräften an, den die Gesellen auf dem Arbeitsmarkt nutzten (Reininghaus 1981:34ff, 164). In Augsburg häuften sich z.B. im späten 16. Jahrhundert Klagen der Weber, sie könnten keine Mägde finden: In den 1570er Jahren lehnten es offenbar Frauen, die von auswärts kamen, ab, als Mägde zu dienen, sondern arbeiteten als Wollstreicherinnen. 1583 wurde erneut Klage geführt, daß „weibspersonen, so nit Bürgerin oder Meistertöchter sein, mit arbeit allhie in mercklicher anzahl sich befinden". Der Rat untersagte den Frauen, „eigenen Rauch" zu haben oder „zugehauß" bei Bürgern zu wohnen. Dennoch war es auch nach 1597 schwierig, Mägde zu finden: Die Frauen – so die Klage der Weber – hätten „ihren freien lauff, auß und ein zugehen, nider und aufzusteen"; diese Frauen würden mit den ledigen Gesellen „frei ungescheucht hin und wider spazieren". Manche nähmen bei Webern Dienste unter der Bedingung, daß sie jede Woche zwei Tage für sich selbst arbeiten dürften. Den Strafandrohungen in der Hoffnung, bald werde wieder „Furcht, Ordnung und Gehorsam unter den Ehehalten herrschen", war kaum Erfolg beschieden, denn 1606 wurden dieselben Klagen laut: Die Mägde würden sich „ganz unbefugter und sträflicher weise in den winckhlen mit streichen der wollen behelffen", – um so weniger Frauen seien bereit, als Mägde zu dienen. Auch einheimische „ledige Töchter" würden auswärtige Frauen als ihre Mägde anstellen (Clasen 1981:133f). Um die Mitte des 17. Jahrhunderts bestand offenbar in Frankfurt am Main starker Arbeitskräftemangel: Der Mainzische Rezeß von 1654 stellte einen Versuch dar, mit Preis- und Lohntaxordnungen den Forderungen des Gesindes und der „lohntreibenden Abwerbepraxis der Zubringer" entgegenzuwirken (Koch 1985:236; Bräuer 1912). In Schwäbisch Hall war im 17. Jahrhundert das Gesinde offenbar durchgängig knapp. Den Herrschaften war die Möglichkeit der Dienstboten, einen Dienst auszuwählen und wieder zu quittieren, ein Dorn im Auge: Nur aus einer solchen Arbeitsmarktlage erklären sich moralisierende Vorwürfe – wie die des Esslinger Superintendenten Tobias Wagner von 1651 – an die „ehehalten", man bedürfe der Mägde zur Fortsetzung des häuslichen Standes, „daher sie stolz, steiff und höhnisch sich erzeigen", oder die des Hamburger Pastors Johann Balthasar Schupp von 1659: „stolz und hoffärtig" wolle die Magd niemandem untertan sein (Dürr 2001:120f).

In der Logik der modernen Ökonomie würde ein Mißverhältnis zwischen Angebot und Nachfrage nach Arbeitskräften, wie es in den Zunftquellen des 18. und 19. Jahrhunderts sichtbar wird, zu einer überaus schwachen Position der unselbständig Beschäftigten auf dem Arbeitsmarkt führen. Wie weit dies auch für das städtische Handwerk der frühen Neuzeit zutrifft, kann beim gegenwärtigen Forschungsstand nur schwer beurteilt werden. Auch wenn über das Jahr hinweg ein Überangebot an Arbeitskräften bestand, bedeutet dies nicht notwendigerweise, daß auch bei kurzfristigen Bedarfsspitzen – etwa vor einer Messe – eine ausreichende Zahl von Gesellen zur Verfügung stand. So erklärten z.B. die Frankfurter Schneider, daß es Gesellenmangel nur in der Pfingstwoche oder während der Messen gebe, „in den anderen Zeiten aber wäre das Zureisen in die hiesige Stadt so groß, dass wol niemalen ein Mangel entstehe". Messeaufträge, große Bauvorhaben, Heeresaufträge, jahreszeitliche Konjunktur oder alternative Beschäftigungsmöglichkeiten konnten zu Disparitäten führen, die die Nachfrage und Marktmacht der Arbeitskräfte stärkten – oder eben auch schwächten. Die Braunschweiger Kunstmesserschmiede und Instrumentenmacher brachten dies auf den Punkt: Bei der Frage nach der Höhe des Lohnes der Gesellen entgegneten sie: Es käme viel darauf an, „darnach die Gesellen zu haben wären oder nicht". Bei den Schwertfegergesellen käme es bei der Bezahlung „viel darauf an, ob sie gesuchet oder nicht gesuchet würden" (Reith 1999:176, 423, 426).

Immer wieder finden sich Ängste und Warnungen vor einem möglichen – oder tatsächlichen – Abzug der Gesellen, wie sie das Ulmer

Handwerksamt 1789 formulierte, „denn es seyen die Leute ietziger Zeit überaus rar, und in der Nachbarschaft würde man die hier abgehende Pursche mit Freuden aufnehmen". In Aachen waren im März 1759 „bey jetzo am mehristen dringender Arbeit" – die Frankfurter Ostermesse stand bevor – Tuchscherergesellen ins benachbarte Burtscheid abgezogen (Reith/Grießinger/Eggers 1992:236f, 160f).

Gerade die Aufspaltung des handwerklichen Arbeitsmarkts in berufs- und gewerbespezifische Teilarbeitsmärkte konnte auch bei einem allgemeinen Überangebot an Arbeitskräften zu einem zeitweiligen Mangel in einzelnen Branchen führen. Aufgrund spezifischer Ausbildung und Qualifikation waren die Arbeitskräfte nicht beliebig gegeneinander austauschbar. Eine Nachfrage nach hochqualifizierten Gesellen – das belegen die vielfältigen Abspann- und Abwerbeverbote – dürfte durchweg bestanden haben: So vermerkten z.B. in Braunschweig 1765 die Strumpfweber: Der jetzige Arbeitslohn könne wegen der anhaltenden Teuerung aller Viktualien nicht geringer gesetzt werden, da sonst die „ohnedem so raren und besonders die guten Gesellen" sofort weggehen würden (Reith 1999:427).

Die Transparenz der Teilarbeitsmärkte dürfte gerade durch die Migration der Gesellen begünstigt worden sein, so daß man z.B. über Nachfrage und Lohnniveau informiert war: 1762 waren einige Braunschweiger Maurergesellen nach Ostern in das Hannoversche gezogen, „um von dem stärckeren Lohn, welchen sie daselbst erhalten könnten ... zu profitiren", – und 1765 mußten in Hannover 1765 die Zimmerer feststellen, „daß die mehresten frembden Gesellen von hier gereiset, und nur die sich hier verheyrathete Gesellen hier geblieben seyen, und also zu besorgen, daß bei durchgängiger Einführung des alten Gesellenlohnes die Gesellen der übrigen Handwerckern, so mehrentheils Frembde, von hie reisen mögten". In Mainz erklärten 1770 die Bauhandwerker: Der Lohn stehe mit anderen Orten gleich, deshalb kämen auch fremde Gesellen. Doch die Transparenz ging auch über die Region hinaus: Die Mainzer Uhr- und Büchsenmacher wußten darüber Bescheid, daß die Gesellen in andern Ländern „besseren Lohn als dahier" hätten, und wenn „nur hier eine Abänderung gemacht werde, so würden die Gesellen gewiß ihre Stadt verabscheuen" (Reith 1999:67f, 404f). Doch die Lohnhöhe war sicherlich nur ein Faktor, der die Zuwanderung beeinflußte.

Bei der Beurteilung der realgeschichtlichen Verhältnisse ist weiter zu bedenken, dass die Wanderschaft der Handwerksgesellen in ein Netz von institutionellen Regelungen und Sicherungen eingebunden war, das ihre Handlungschancen beträchtlich erhöhte. Wer keine Arbeit fand, oder wer einen ungeliebten Arbeitsplatz verlassen wollte, konnte mit finanzieller Unterstützung durch Gesellenbruderschaften oder Zünfte, mit einem „Geschenk" oder mit der Aufnahme in eine „Herberge" rechnen. Das Überangebot an Arbeitskräften und die extremen Fluktuationen der kleingewerblichen Arbeitsmärkte wurden durch ein soziales Netz abgefedert, das den wandernden Gesellen nicht nur das Überleben ermöglichte, sondern ihnen auch Marktmacht verlieh. Dazu kommt, daß in der Selbstwahrnehmung der Gesellen, die sich über die ganze frühe Neuzeit hinweg aus Autobiographien rekonstruieren läßt, Arbeitssuche nur ein Motiv ihrer Wanderschaft bildete, und häufig nicht einmal als das wichtigste erschien. Touristische Sehenswürdigkeiten zu besuchen oder Abenteuer zu erleben, gehörte durchaus zu den Motiven der Wanderschaft, die es leicht machten, sich von einem Arbeitsplatz auch wieder zu verabschieden (Wadauer 2001). Nicht vergessen werden darf allerdings, daß handwerkliche Wanderschaft nicht als lebenslange Existenzweise konzipiert war, sondern sich auf eine Lebensphase von mehr oder weniger Jahren nach dem Abschluß der Lehre beschränkte. Sie setzte Jugend und Unabhängigkeit voraus und war mit Ehe und Kindern nicht zu vereinen. Der handwerkliche Arbeitsmarkt war in hohem Maß altersspezifisch geprägt. Spätere Lebensphasen führten in der Regel zur Heirat und zur Niederlassung an einem Ort, bis in das späte 19. Jahrhundert bevorzugt als selbständiger Meister, immer mehr aber auch als lebenslang unselbständig Beschäftigter. Dies bedeutete die Herausbildung und den Übertritt in ganz anders strukturierte Arbeitsmärkte.

Beobachtern von außen schien die Tradition des handwerklichen Wanderns gerade in einer sich modernisierenden Ökonomie vorteilhaft zu sein. Der Engländer J.C. Symons etwa wurde in den 1830er Jahren von der Parlamentarischen Kommission seines Landes, die das Elend der Handweber untersuchte, zu einer Studienreise auf den Kontinent entsandt. In Vorarlberg führte er Gespräche mit dem – ursprünglich aus Manchester stammenden – Textilfabrikanten Peter Kennedy, der ihm das Phänomen der Wanderschaft erläuterte: „Over almost every part of Germany, the trades of tailors, shoemakers, furriers &c. &c. are carried on by masters who employ journeymen on the *Wanderschaft*, as it is called; that is to say, workmen who go from town to town, stay a winter at one place, a summer at another, and receive generally, besides board and lodging, a certain sum weekly". Symons präsentierte der Parlamentarischen Kommission einen ausführlichen Bericht über diese merkwürdigen Gewohnheiten, die er wirtschaftlich für sehr sinnvoll hielt: „Ich neige zur Ansicht, daß ein großer Nutzen aus diesem System hervorgeht, da es die Arbeit viel besser dem Bedarf entsprechend verteilt; denn diese Männer reisen oft durch mehrere Städte, bis sie Beschäftigung finden, und es kommt zu keiner Anhäufung von Arbeit, die die Löhne unter den allgemeinen Durchschnitt absenken könnte." (Ehmer 2000:173)

Das Erstaunen des Engländers J. C. Symons über den „deutschen" Brauch der Wanderschaft deutet darauf hin, daß im Verhältnis von Migration und städtischen Arbeitsmärkten reale Unterschiede zwischen Mitteleuropa und England bestanden. Die englische Arbeiterschaft des 18. und frühen 19. Jahrhunderts war sehr viel stärker durch Familienbindung und Seßhaftigkeit charakterisiert als die mitteleuropäische Arbeiterschaft, die umgekehrt stärker und länger von ledigen und mobilen Arbeitskräften geprägt worden ist. Das Mitwohnen von gewerblichen Gehilfen im Haus des Arbeitgebers war in England äußerst selten, in Mitteleuropa bis in die zweite Hälfte des 19. Jahrhunderts in vielen Branchen die Regel. „Tramping" bedeutete in England, daß ein verheirateter Handwerker kurzfristig seine Familie verließ, um einer zeitweiligen Flaute am lokalen Arbeitsmarkt zu entkommen, und so schnell wie möglich zurückkehrte, wenn sich die Konjunktur gebessert hatte. Die „Wanderschaft" in Mitteleuropa war dagegen ein lebenszyklisches Phänomen, das relativ unabhängig von den Konjunkturzyklen in den sozialen Strukturen verankert war. Sie war auch in keiner Weise auf Großstädte beschränkt. Vielleicht ist es gerade ein spezifisches Merkmal der vorindustriellen mitteleuropäischen gewerblichen Arbeitsmigration, daß sie auch die hier für sie wichtigen Klein- und Mittelstädte einbezog.

ABSCHLIESSENDE ÜBERLEGUNGEN

Vielleicht machte gerade die Mischung von ökonomischer Rationalität und Flexibilität, traditionellen Strukturen des Lebenslaufs, spezifischen Formen sozialer Sicherung, und kulturellen Gewohnheiten und Bedürfnissen den Erfolg und die viele Jahrhunderte lange Dauerhaftigkeit der handwerklichen Wanderschaft aus. Die städtischen Arbeitsmärkte waren jedenfalls noch im 19. Jahrhundert in hohem Ausmaß von den sozialen Traditionen des Handwerks geprägt. Die hier diskutierten Beispiele, seien sie aus der Welt des Handwerks, der häuslichen Dienstboten, oder aus anderen Arbeitswelten, lassen jedenfalls die unter Historikern weit verbreitete Meinung, daß erst mit der Industrialisierung ein freier Arbeitsmarkt entstanden sei, oder daß erst

„mit der Dynamisierung der westeuropäischen Wirtschaft im 18. Jahrhundert (...) im Bereich der Arbeitsverhältnisse der ‚Markt' eine immer größere Rolle zu spielen" begann, als fragwürdig erscheinen (Pierenkemper 2000:149). Auch die Annahme, daß vormoderne Arbeitsmärkte vor allem durch den Einfluß von Normen und Regulativen und damit durch prinzipielle Einschränkungen der Kontraktfreiheit gekennzeichnet wären (Elkar 1999), ist nicht so leicht mit der beobachtbaren Vielfalt und Variabilität realer Marktbeziehungen in Übereinstimmung zu bringen. Derartige Annahmen scheinen weniger auf realgeschichtlichen Analysen zu beruhen, als vielmehr auf der Konstruktion eines idealtypischen Gegensatzes zwischen vormodernen und modernen Arbeitsbeziehungen. Jan de Vries hat angemerkt, daß vielen Historikern die Vorstellung fremd sei, daß man mit ökonomischen Begriffen das Verhalten von Arbeitskräften in vorindustriellen Gesellschaften adäquat beschreiben könne. Für viele seien „culture and custom" einflußreicher als der Markt; andere würden die Marktmacht der Arbeitskräfte – mit Löhnen nahe dem Subsistenzminimum – unterschätzen und damit den Arbeitsmarkt einseitig interpretieren. In beiden Fällen gelte: „Economics is not the discipline of choice to approach the issue of labour conditions in the pre-industrial society" (De Vries 1994:39). Auch wenn vorindustrielle Arbeitsmärkte noch kaum zum Gegenstand der Forschung geworden sind, so scheint doch jene Perspektive Erfolg zu versprechen, die ihre Existenz prinzipiell anerkennt und ihre ökonomische Logik ernst nimmt, ohne sie aber von den sozialen Strukturen und den kulturellen Kontexten der vormodernen Gesellschaften zu isolieren.

LITERATUR

Ahn, B.J. (1991): Handwerkstradition und Klassenbildung: eine sozialgeschichtliche Studie zum Verhältnis von Handwerksmeistern und -gesellen in Frankfurt am Main 1815–1866. Bielefeld (phil.Diss.)

Blaschke, Karlheinz (1967): Bevölkerungsgeschichte von Sachsen bis zur industriellen Revolution. Weimar

Bräuer, Karl (1912): Das Gesindewesen im alten Frankfurt. In: Alt-Frankfurt IV: 97-104

Brunner, Otto (1968, 2. erw. Aufl.): Das „Ganze Haus" und die alteuropäische „Ökonomik". In: Neue Wege der Verfassungs- und Sozialgeschichte, Hg. Otto Brunner. Göttingen: 103-127

Bücher, Karl (1922, 16. Aufl.): Die inneren Wanderungen und das Städtewesen in ihrer entwicklungsgeschichtlichen Bedeutung. In: Die Entstehung der Volkswirtschaft. Erste Sammlung, Karl Bücher. Tübingen: 427-465

Canny, Nicholas, Hg. (1994): Europeans on the Move. Studies in European Migration, 1500–1800. Oxford

Clasen, Claus Peter (1981): Die Augsburger Weber. Leistungen und Krisen des Textilgewerbes um 1600. Augsburg
Dürr, Renate (1995): Mägde in der Stadt. Das Beispiel Schwäbisch Hall in der Frühen Neuzeit. Frankfurt a.M.
Dürr, Renate (2001): Die Migration von Mägden in der Frühen Neuzeit. In: Frauen und Migration, Hg. Marita Krauss/Holger Sonnabend. Stuttgart: 117-132
Ebner, Herwig (1989): Österreichische Bergbaustädte und Bergmärkte im Mittelalter und in der frühen Neuzeit. In: Jahrbuch für Regionalgeschichte 16, I.: 57-72
Eder, Franz (1990): Geschlechterproportion und Arbeitsorganisation im Land Salzburg. München
Ehmer, Josef (1988): Gesellenmigration und handwerkliche Produktionsweise. In: Migration in der Feudalgesellschaft, Hg. G. Jaritz/A. Müller. Frankfurt a. M.: 232-237
Ehmer, Josef (1994): Räumliche Mobilität im mitteleuropäischen Handwerk. In: Soziale Traditionen in Zeiten des Wandels. Arbeiter und Handwerker im 19. Jahrhundert. Frankfurt a. M./New York: 101-129
Ehmer, Josef (2000): Tramping Artisans in Nineteenth-Century Vienna. In: Migration, Mobility and Modernization, Hg. David J. Siddle. Liverpool: 164-185
Elkar, Rainer S. (1984): Wandernde Gesellen in und aus Oberdeutschland. Quantitative Studien zur Sozialgeschichte des Handwerks vom 17. bis zum 19. Jahrhundert. In: Handwerker in der Industrialisierung. Lage, Kultur und Politik vom späten 18. bis ins frühe 20. Jahrhundert, Hg. Ulrich Engelhardt. Stuttgart: 262-293
Elkar, Rainer S. (1999): Lernen durch Wandern? Einige kritische Anmerkungen zum Thema „Wissenstransfer durch Migration". In: Handwerk in Europa, Hg. Knut Schulz. München: 214-232
Engelsing, Rudolf (1974): Der Arbeitsmarkt der Dienstboten im 17., 18. u. 19. Jh. In: Wirtschaftspolitik und Arbeitsmarkt, Hg. Hermann Kellenbenz. München: 159-237
Fertig, Georg (2000): Lokales Leben, atlantische Welt. Die Entscheidung zur Auswanderung vom Rhein nach Nordamerika im 18. Jahrhundert. Osnabrück
Gilomen, Hans-Jörg/Head-König, Anne-Lise/Radeff, Anne (2000): Migration in die Städte. Anschluß – Assimilierung – Integration – Multikulturalität. Zürich
Hochstadt, Steve (1983): Migration in Preindustrial Germany. In: Central European History 16: 195-224
Imhof, Arthur E. (1981): Die gewonnenen Jahre. München
Imhof, Arthur E. (1975): Demographische Stadtstrukturen der frühen Neuzeit. Gießen und seine Umgebung im 17. und 18. Jahrhundert als Fallstudie. In: Zeitschrift für Stadtgeschichte 2: 190-227
Jaritz, Gerhard/Müller, Albert (1988): Migration in der Feudalgesellschaft. Frankfurt a. M./New York
Kaelble, Hartmut (1979): Einführung und Auswertung. In: Arbeiter im Industrialisierungsprozess. Herkunft, Lage und Verhalten, Hg. Werner Conze/Engelhardt Ulrich. Stuttgart:18-30
Kaman, J. (1901): Altnürnberger Gesindewesen. Kultur- und Wirtschaftsgeschichtliches aus vier Jahrhunderten. In: Mitteilungen des Vereins für Geschichte Nürnbergs 14: 65-157
Kießling, Rolf (2001): Der Wandel ökonomischer und politischer Beziehungen zwischen Dörfern und Städten vom Spätmittelalter bis zur Frühen Neuzeit. In: Dorf und Stadt. Ihre Beziehungen vom Mittelalter bis zur Gegenwart, Hg. Clemens Zimmermann. Frankfurt a. M.: 67-84

Knittler, Herbert (2000): Die europäische Stadt in der frühen Neuzeit. Wien
Koch, Rainer (1985): Zum Gesindewesen in Frankfurt am Main (17.-19. Jahrhundert). In: Archiv für Frankfurts Geschichte und Kunst 59: 231-250
Kocka, Jürgen (1991): Arbeitsverhältnisse und Arbeiterexistenzen. Grundlagen der Klassenbildung im 19. Jahrhundert. Bonn
Kramer, Karl-S. (1958): Altmünchner Handwerk. Bräuche, Lebensformen, Wanderwege. In: Bayerisches Jahrbuch für Volkskunde 111-137
Lerner, Franz (1929): Eine Statistik der Handwerksgesellen zu Frankfurt am Main vom Jahre 1762. In: Vierteljahrschrift für Sozial- und Wirtschaftsgeschichte 22: 174-193
Lucassen, Jan (1987): Migrant Labour in Europe 1600-1900. The Drift to the North Sea. London
Lucassen, Jan/Lucassen, Leo, Hg. (1997): Migration, Migration History, History. Old Paradigms and New Perspectives. Bern
Mathis, Franz (1977): Zur Bevölkerungsstruktur österreichischer Städte im 17. Jahrhundert. Wien
Mitterauer, Michael (1974): Produktionsweise, Siedlungsstruktur und Sozialformen im österreichischen Montanwesen des Mittelalters und der frühen Neuzeit. In: Österreichisches Montanwesen. Produktion, Verteilung, Sozialformen, Hg. Michael Mitterauer. München 1974: 234-315
Mitterauer, Michael (1985): Gesindedienst und Jugendphase im europäischen Vergleich. In: Geschichte und Gesellschaft 11:177-204
Moch, Leslie Page (1992): Moving Europeans. Migration in Western Europe since 1650. Bloomington
Pieper-Lippe, Maria/Aschauer, Othmar (1967): Oberdeutsche Bauhandwerker in Westfalen. Untersuchungen zur gewerblichen Wanderbewegung, besonders vom 17. bis zum 19. Jahrhundert, unter Einbeziehung des Wanderhandels. In: Westfälische Forschungen 20: 119-193
Pierenkemper, Toni (1982): Historische Arbeitsmarktforschung. Vorüberlegungen zu einem Forschungsprogramm. In: Historische Arbeitsmarktforschung, Hg. Toni Pierenkemper/Richard Tilly. Göttingen: 9-36
Pierenkemper, Toni (2000): Unternehmensgeschichte. Eine Einführung in ihre Methoden und Ergebnisse. Stuttgart
Reininghaus, Wilfried (1981): Die Entstehung der Gesellengilden im Spätmittelalter. Wiesbaden
Reith, Reinhold (1988): Arbeits- und Lebensweise im städtischen Handwerk. Zur Sozialgeschichte der Augsburger Handwerksgesellen im 18. Jahrhundert (1700-1806). Göttingen
Reith, Reinhold (1989a): Arbeitsmigration und Gruppenkultur deutscher Handwerksgesellen vom 18. bis ins frühe 19. Jahrhundert. In: Scripta Mercaturae. Zeitschrift für Wirtschafts- und Sozialgeschichte 23: 1-35
Reith, Reinhold (1999): Lohn und Leistung. Lohnformen im Gewerbe, 1450-1900. Stuttgart
Reith, Reinhold (2001): Kommunikation und Migration: Der Arbeitsmarkt des Augsburger Handwerks im 17./18. Jahrhundert in räumlicher Dimension. In: Kommunikation und Region, Hg. Carl A. Hoffmann/Rolf Kiessling. Konstanz: 237-358
Reith, Reinhold/Griessinger, Andreas/Eggers, Petra (1992): Streikbewegungen deutscher Handwerksgesellen im 18. Jahrhundert. Materialien zur Sozial- und Wirtschaftsgeschichte des städtischen Handwerks 1700-1806. Göttingen

Roeck, Bernd (1989): Eine Stadt in Krieg und Frieden. Studien zur Geschichte der Reichsstadt Augsburg zwischen Kalenderstreit und Parität Bd. 2. Göttingen

Schanz, Georg (1877): Zur Geschichte der Gesellenwanderungen im Mittelalter. In: Jahrbücher für Nationalökonomie und Statistik 28: 313-343

Schaser, Angelika (1995): Städtische Fremdenpolitik im Deutschland der Frühen Neuzeit. In: Mit Fremden leben. Eine Kulturgeschichte von der Antike bis zur Gegenwart, Hg. Alexander Demandt. München

Schembor, Friedrich (o.J.): Geschichte des Wiener Schlosserhandwerks von 1683–1830. Wien (unpubl.Ms.)

Schilling, Heinz (1992): Die niederländischen Exulanten des 16. Jahrhunderts. In: Geschichte in Wissenschaft und Unterricht (GWU) 43: 67-78

Schilling, Heinz (1993): Die Stadt in der frühen Neuzeit. München

Schulz, Knut (1985): Handwerksgesellen und Lohnarbeiter. Untersuchungen zur oberrheinischen u. oberdeutschen Stadtgeschichte des 14. bis 17. Jahrhunderts. Sigmaringen

Schulz, Knut (1984): Die Handwerksgesellen. In: Unterwegssein im Spätmittelalter. In: Zeitschrift für historische Forschung Beiheft 1, Hg. P. Moraw. Berlin: 71-92

Schwinges, Rainer Christoph (2000): Bürgermigration im Alten Reich des 14. bis 16. Jahrhunderts. In: Migration in die Städte, Hg. Hans-Jörg Gilomen u.a. Zürich: 17-37

Steidl, Annemarie (1999): Regionale Mobilität der städtischen Handwerker. Die Herkunft Wiener Lehrlinge/Lehrmädchen, Gesellen und Meister im 18. und 19. Jahrhundert. Wien (Diss. phil.)

Steidl, Annemarie (2001): Regionale Zuwanderungsräume Wiener Handwerker im 18. und 19. Jahrhundert. In: IMIS-Beiträge 18: 107-122

Studer, Barbara (2000): Adelige Damen, Kauffrauen und Mägde. Zur Herkunft von Neubürgerinnen in spätmittelalterlichen Städten Süddeutschlands und der Schweiz. In: Migration in die Städte, Hg. Hans-Jörg Gilomen u.a. Zürich: 39-55

De Vries, Jan (1994): How Did the Pre-Industrial Labour Markets Function? In: Labour Market Evolution. The Economic History of Market Integration, Wage Flexibility and the Employment Relation, Hg. George Grantham/Mary MacKinnon. London/New York: 39–63

Wadauer, Sigrid (2001): Die Tour des Autobiographen. Der Raum der Gesellenmobilität im 18. und 19. Jahrhundert. Wien (Diss.phil.)

Wagener, Silke (1996): Pedelle, Mägde und Lakaien. Das Dienstpersonal an der Georg-August-Universität Göttingen 1737–1866. Göttingen

Zwahr, Hartmut (1978): Die Konstituierung des Proletariats als Klasse. Strukturuntersuchungen über das Leipziger Proletariat während der industriellen Revolution. Berlin

Zwiedineck-Südenhorst, Otto von (1900): Lohnpolitik und Lohntheorie mit besonderer Berücksichtigung des Minimallohnes. Leipzig

DIE „VORMODERNE" STADT IN EUROPA UND ASIEN
Überlegungen zu
einem strukturgeschichtlichen Vergleich

WOLFGANG SCHWENTKER

Der Vergleich von Zivilisationen und Kulturen über nationale, religiöse oder ethnische Grenzen hinweg ist beileibe kein Phänomen der neueren historischen Sozialwissenschaft. Schon die Gelehrten der frühen Neuzeit übten sich in kontrastierenden Beobachtungen von Ländern und Völkern in allen Teilen der Welt. Das Augenmerk von Forschungsreisenden, Händlern oder Diplomaten richtete sich seit Beginn der Entdeckungen und der Kolonisation auf die Städte, in denen sie auf der Durchreise für kurze Zeit Halt machten oder aus beruflichen Gründen gar einen längeren Teil ihres Lebens verbrachten. So ist uns beispielsweise von Alexander Russell, der von 1734 bis 1740 das Osmanische Reich bereiste, bevor er sich für mehr als zehn Jahre als Arzt in der britischen Faktorei des syrischen Aleppo niederließ, eine eindrucksvolle und facettenreiche Beschreibung dieser Stadt überliefert, die sein Halbbruder und Nachfolger Patrick 1794 in erweiterter Auflage herausbrachte; sie ist jüngst aus der Vergessenheit geholt und zurecht als Gründungsdokument der vergleichenden Kultursoziologie gewürdigt worden (Osterhammel 1998:312ff). Die beiden Bände sind aus zwei Gründen bemerkenswert: Im Gegensatz zu den pauschalisierenden, nicht selten dünkelhaften Reiseimpressionen der meisten anderen Zeitgenossen zeichnen sich die Beobachtungen der Gebrüder Russell durch ihre positive, die soziale Vielfalt und kulturelle Reichhaltigkeit Aleppos betonende Wahrnehmung aus. Darüber hinaus schreckten die Russells aufgrund ihrer reichhaltigen Erfahrungen im Vorderen Orient vor kollektiven Stereotypen zurück (Russell 1756/94). Das abfällige Diktum des Pariser Jesuiten Jean-

Baptiste du Halde über die Städte Asiens – „Kennt man eine Stadt, kennt man sie alle!" – hätten die Russells nicht unterschrieben (Du Halde 1735:Bd.1,109). Vielmehr machte die sozialanalytische Beschreibung Aleppos deutlich, daß eine „die asiatische Stadt" mit „der europäischen Stadt" vergleichende Untersuchung an ihrem Gegenstand zwangsläufig vorbeigehen muß: Unterschiedliche Erscheinungsformen in Stadtanlage und -planung, in sozialen und politischen Ordnungen oder in Rechtssystemen könnten selbst innerhalb eines wie auch immer gefaßten „Kulturkreises" sehr wohl differieren. Deshalb sei den singulären Erscheinungs- und Ausdrucksformen einer Stadt: ihren Straßen, Plätzen und Bauwerken, der Sozialstruktur und dem Lebensstil ihrer Bewohner, Nahrung, Klima, Umland und anderem mehr eine eigene Würdigung angemessener als die verallgemeinernde Synthese des Unvergleichbaren.

Wenn gleichwohl hier der Versuch eines strukturgeschichtlichen Vergleichs „der Stadt" in Europa und Asien gemacht wird, dann operieren die folgenden Ausführungen mit Begrifflichkeiten, in denen historische Prozesse oder strukturelle Eigenarten so verdichtet werden, wie sie in der Wirklichkeit gar nicht existieren; man kann aber auf solche idealtypischen Konstrukte wie beispielsweise „die islamische Stadt" aus systematischen Gründen nicht immer verzichten, doch sollte man sich der Problematik solcher Vereinfachungen und ihres Zwecks als heuristischer Instrumente für Vergleich und Synthese bewußt bleiben.

THEORIEN UND METHODISCHE ZUGANGSWEISEN

Hinsichtlich des intra- und interkulturellen Vergleichs von Genese und Struktur der Städte operiert die Forschung heute mit einem Bündel theoretisch-methodischer Verfahren, die in der Regel für sich allein genommen, gelegentlich auch in kombinierter Form zur Anwendung kommen. Aus dem reichhaltigen Angebot theoretischer Grundlagenforschung mit Blick auf das Phänomen „Stadt" seien hier vier Konzepte genannt, die in besonderer Weise die sozial- und wirtschaftsgeschichtlichen Arbeiten der vergangenen Jahre inspiriert und beeinflußt haben:

1. In der ca. 1911–14 entstandenen, erst 1921 posthum erschienenen Abhandlung „Die Stadt" entwickelte der Soziologe Max Weber Begriff und typologische Kategorien urbaner Siedlungsformen im okzidental-orientalischen Zivilisationsvergleich (MWG I/22-5:1999). Die ihn leitende Fragestellung war, warum es nur im Okzident zur

Entstehung eines politisch autonomen Bürgertums gekommen ist, das später Träger der Entwicklung hin zum modernen Kapitalismus wurde, wo die Stadt als solche doch ein überall auf der Welt vorkommendes Phänomen menschlicher Siedlungsformen sei (Nippel 2000:16). Anhand der Stadtentwicklung im Okzident arbeitete Weber einen Katalog von Merkmalen heraus, die nach seiner Auffassung eine Siedlung mit gewerblich-kaufmännischem Gepräge zur Stadt machte; in diesem Zusammenhang führte Weber an: „1. die Befestigung, – 2. der Markt, – 3. eigenes Gericht und mindestens teilweise ein eigenes Recht, – 4. Verbandscharakter, – 5. teilweise Autonomie und Autokephalie, also auch Verwaltung durch Behörden, an deren Bestellung die Bürger als solche irgendwie beteiligt waren" (MWG I/22-5: 84). Wie sein Zeitgenosse Werner Sombart betonte Weber die ökonomischen Funktionen einer Stadt; deutlicher aber noch verwies er auf den politischen Sondercharakter der europäischen Stadt. Zwar sei die Stadt als Kombination von Markt und Festung ein durchaus ubiquitäres Phänomen, im Okzident aber, wo sie als Gemeinde über ein eigenes Gericht verfüge und in gewissen Grenzen Sonderrechte für sich beanspruchen könne und die Bürgerschaft Träger dieser ständischen Privilegien sei, habe sie einen spezifischen Charakter entwickelt, der sich von demjenigen der Städte des Orients deutlich unterscheide. Um diese den europäischen Sonderfall unterstreichende These zu illustrieren, zeichnet Weber Entstehung und Entwicklung der Städte vor dem Hintergrund eines auch heute noch eindrucksvollen universalgeschichtlichen Vergleichs nach: für die Geschichte der Stadt im Okzident behandelt er die Antike (die autonomen Stadtstaaten Athen, Sparta und Rom auf dem Höhepunkt ihrer Entwicklung) und das europäische Mittelalter (insbesondere die italienischen See- und Binnenstädte, die Städte nördlich der Alpen und in England); für den Orient wird der Bogen vom ägyptischen und vorderasiatischen Altertum über Mekka bis hin nach Indien, China und Japan gespannt. In diesem Sinne bietet der Ansatz Max Webers zwar einen eurozentrischen und als solchen heute nicht mehr unumstrittenen, aber in seiner Breite immer noch einzigartigen universalhistorischen Entwurf.

2. Ein anderer Ansatz folgt den Ausführungen des großen Antipoden von Max Weber, nämlich Karl Marx, und stellt die Stadtgeschichte in den Kontext einer Teleologie des historischen Materialismus. Nachdem sich dieser Zugang in den 1960er und 1970er Jahren eines lebhaften Interesses unter Historikern erfreute (Lefèbvre 1975),

ist es in den vergangenen Jahren seit dem Niedergang des real existierenden Sozialismus auch um die marxistisch geprägten Deutungen stadtgeschichtlicher Entwicklungen ruhiger geworden. Jüngst hat aber der englische Historiker Aidan Southall eine ambitionierte Universalgeschichte der Stadt vorgelegt, die sich in den Bahnen eines marxistischen Modells bewegt (Southall 1998:14ff). Er kombiniert dabei die historische Abfolge von vier verschiedenen Produktionsweisen, die er in Anlehnung an Marx als asiatische, antike, feudale und bürgerlich-kapitalistische klassifiziert, mit der für Stadthistoriker aller Couleurs wichtigen Stadt-Land-Dichotomie. Auf der Grundlage dieses Konzepts konstatiert er für die frühen Stadtstaaten des alten Orients eine Einheit von Stadt und Land, die dadurch gegeben sei, daß es in den altorientalischen Städten seit dem 4./3. Jahrtausend v. Chr. keine politisch-administrative, religiöse oder ökonomische Trennung von Stadt und Land gegeben habe. In der Antike sei es dann zu einer „ruralization of the city" gekommen: die hellenischen Stadtstaaten seien von Stadtbürgern regiert worden, deren Ansehen auf Besitz von Grund und Boden beruhte. Die feudalen Produktionsweisen des Mittelalters hätten dieser Einheit ein Ende bereitet und die Herausbildung einer dualen Gesellschaft begünstigt, in der König und Adel zwar die politische Kontrolle ausübten, sich aber in Burgen auf dem Lande verschanzten und die Städte den Kaufleuten und Händlern überließen. In der Phase des entstehenden kapitalistischen Systems, das für Southall durch eine Urbanisierung des Landes gekennzeichnet ist, seien die prosperierenden Städte die Orte gewesen, in denen die Interessen von Welthandel und Landwirtschaft aufeinandertrafen.

3. Die historische Stadtforschung hat sich, lange bevor sie Max Webers klassische Untersuchung über „Die Stadt" wiederentdeckte, an Kategorien der Rechts- und Verfassungsgeschichte orientiert und hat mit ihrer Hilfe den politisch-administrativen Sondercharakter der europäischen Stadt zu bestimmen versucht. Gegenüber dem Stadtbegriff, der sich in der Regel an den heute gültigen rechtlichen Zuschreibungen ausrichtete, zeichnet sich das Konzept der „zentralen Orte" durch ein weiter gefaßtes Erkenntnisinteresse aus. Der Begriff wurde im Jahre 1932 von dem Geographen Walter Christaller in die wissenschaftliche Diskussion eingebracht und hat sich weit über den deutschsprachigen Raum hinaus als ein fruchtbares Konzept für die historische Stadtforschung erwiesen (Christaller 1968; für die Rezeption und die Bedeutung des Konzepts für die historische Forschung vgl. Mitterauer 1971; mit Blick beispielswei-

se auf die englischen Städte vgl. Hohenberg/Lees 1985, für Rußland Rozman 1976, für China Skinner 1977). Charakteristisch für diesen neutralen Begriff ist seine funktionalistische Ausrichtung, die es erlaubt, sowohl eine Stadt als auch umliegende Marktflecken oder Dörfer mit jeweils ähnlichen Funktionen in ein hierarchisch gegliedertes, interdependentes System zu integrieren. Städtische Siedlungen mußten nun nicht mehr isoliert betrachtet, sondern konnten mithilfe der Kategorie der Zentralität in ihren Beziehungen zueinander dargestellt werden, wobei insbesondere auf der unteren Ebene dem Verhältnis einer „Stadt" als eines zentralen Ortes zu seinem Umland eine herausragende Bedeutung zufiel: „Städtische Siedlungen wurden eingebettet in den Gesamtzusammenhang einer Kulturlandschaft gesehen. Das ganze soziale Kommunikationssystem von regionalen Siedeleinheiten wurde zum Gegenstand der Untersuchung gemacht" (Mitterauer 1971:435f).

Dieser Ansatz ist in den vergangenen Jahren in den verschiedenen Kulturräumen und Weltregionen in unterschiedliche Richtungen weiterentwickelt worden, wobei punktuell auch kritische Einwände gegenüber dem Konzept der zentralen Orte geltend gemacht wurden. So hat beispielsweise J.C. Russell 1972 eine Untersuchung über urbane Räume im europäischen Mittelalter vorgelegt und dabei Europa um 1350 in 18 unterschiedlich große urbane Regionen unterteilt. Aus seinen Befunden ergeben sich mehrere Fragen an die Vertreter der Theorie der „zentralen Orte". 1) Russell zufolge sind die gering urbanisierten Regionen größer als die dicht urbanisierten. Es stellt sich aber dann die Frage, ob die gering urbanisierten Regionen angesichts ihrer ökonomischen Unterentwicklung überhaupt in der Lage waren, zentrale Orte auszubilden. 2) Nach dem Konzept der zentralen Orte ordnen sich die städtischen Siedlungen gleichsam spiralförmig um einen zentralen Ort an. Die Karte Russells zeigt aber, daß sich die zentralen Orte häufig nicht im Zentrum einer Region, sondern, wie Köln oder Toledo, an ihrem Rand befinden. Offensichtlich fungieren auch Häfen häufig als Tore einer Region und dienen der Überwindung von Distanz besser, als dies die zentralen Orte tun (Russell 1972). 3) Die Theorie zentraler Orte versteht Urbanisierung als Ergebnis agrarischer Entwicklung: Die ökonomischen Tätigkeiten entwickeln sich entlang einer gedachten Linie von lokalem Austausch über die Produktion für lokale Märkte hin zur Ebene des Fernhandels und der Arbeitsteilung. Demgegenüber ist von Hohenberg/Lees und anderen immer wieder die Bedeutung des Fernhandels für die Ausbildung lokaler Märkte und die agrarische Entwicklung angeführt worden. Die Theorie des „kapitalistischen Weltsystems" (Immanuel Wallerstein) steht dem Konzept der „zentralen Orte" gleichsam diametral gegenüber, weil es das lokale Marktgeschehen ab etwa 1600 als abhängig von größeren ökonomischen Makrostrukturen versteht.

4. Die kritischen Vorbehalte gegenüber dem Konzept der zentralen Orte haben Anlaß dazu gegeben, dieses selbst in ein umfassenderes Modell der städtischen Netzwerke zu integrieren. In diesem Netzwerk fungieren Städte als Zentren und Verbindungspunkte eines größeren Verbunds. Im Gegensatz zum Konzept der zentralen Orte, das die agrarische Produktionsentwicklung als Motor von Urbanisierung versteht, betont die Netzwerk-Theorie die Rolle des Handels, im späten Mittelalter und in der frühen Neuzeit insbesondere die des Fernhandels. Während eine städtische Siedlung in einem zentralörtlichen System sowohl mit den Orten des Umlands als auch mit einem größeren Ort in einem hierarchischen System verbunden ist, fungieren die Städte innerhalb eines Netzes als Umschlagplätze für Waren und Güter aller Art und sind sowohl mit ihrer Umgebung (Hinterland) als auch mit den urbanen Zentren außerhalb der Region über den Handel und die dafür vorhandene (Flüsse) oder geschaffene (Wege und Straßen) Infrastruktur verknüpft.

Man muß die beiden Konzepte zum Verständnis der Interdependenz von Siedlungen nicht zwangsläufig antinomisch gegenüberstellen. Es gibt in der Forschung seit einigen Jahren ernstzunehmende Überlegungen, das Konzept der zentralen Orte in eine Theorie städtischer Netzwerke einzubinden. Als ein Beispiel dafür sei der amerikanische Soziologe und Historiker Gilbert Rozman zitiert: „An urban network is a hierarchy of settlements differentiated according to population or commercial and administrative functions. Those settlements included in the urban network are called central places and can be distinguished from ordinary villages by the presence of an administrative seat or a periodic market." (Rozman 1976:33)

Der folgende Versuch, die Ergebnisse der verschiedenen Beiträge des Bandes nach systematischen Kriterien zu bündeln, folgt pragmatischen Gesichtspunkten und einer funktionalistischen Zugangsweise eher, als daß er einem der beiden zuerst genannten Modelle allein den Vorzug geben möchte. Dies geschieht nicht zuletzt in der Überzeugung, daß eine eurozentrische Verengung der Untersuchungsperspektive oder die Inanspruchnahme eines globalgeschichtlichen, der Interaktion und Transkulturalität verpflichteten Modells für die vormoderne Stadtgeschichte unangemessen wäre. Statt „Ost" und „West"

Karte: Städte in urbanen Systemen: Zentrale Orte und Netzwerke
(nach Hohenberg/Lees 1985:63)

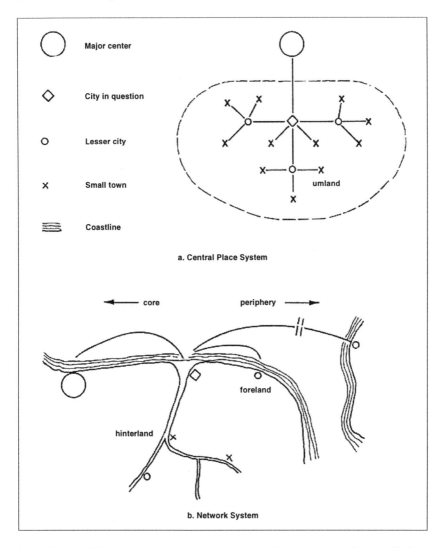

hier als geschlossene Entitäten gegeneinander auszuspielen, soll eher im Sinne eines genetisch-strukturanalytischen Verfahrens nach den verschiedenen Funktionszusammenhängen der europäischen und asiatischen Städte gefragt werden. Dabei werden im Folgenden zunächst die Entstehungsbedingungen und Entwicklungsverläufe der Städte behandelt, dann die Strukturen und Funktionen (Formen politischer und militärischer Herrschaft sowie sozio-ökonomische Ordnungskonstellationen). Abgeschlossen wird der Beitrag mit einigen noch ganz vorläufigen Überlegungen über die Vergleichbarkeit bzw. Unvergleichbarkeit städtischer Gebilde zu einer Zeit, in der die Bewohner der Städte und ihre Besucher aus anderen Teilen der Welt erst wenig oder gar nichts voneinander wußten.

ENTSTEHUNG UND ENTWICKLUNG DER STÄDTE

Wie problematisch die einfache Gegenüberstellung *der* europäischen und *der* asiatischen Stadt ist, läßt sich kaum besser illustrieren als mit einem kursorischen Überblick über ihre Entstehungsgeschichten. Denn dort, wo die beiden „Kulturkreise" aufeinandertrafen, oder besser: miteinander verschmolzen, also im Vorderen Orient, entstanden die ersten städtischen Hochkulturen. In der großen Ebene zwischen Mittelmeer und Persischem Golf, zwischen den Wüsten Afrikas und Arabiens und den Gebirgen im Norden entwickelten sich die frühen Städte als Folge von landwirtschaftlicher Überproduktion (Benevolo 1983: 19ff). Überall in Mesopotamien und Kleinasien, in Griechenland und in Ägypten entlang des Nils kam es seit dem 7./6. Jahrtausend v. Chr. zu ersten Siedlungen und im 5. Jahrtausend v. Chr. zu einer „städtischen Revolution" (Benevolo 1983), die zur Ausbildung eines eigenständigen sozialen Kosmos führte. Die frühen Bewohner der Städte betätigten sich auf vielfältige Weise: Sie verwalteten den Reichtum der politischen Führer, die als Repräsentanten lokaler Gottheiten auch über das Land herrschten, stellten Werkzeuge und Kleidung her, richteten Kanäle zur Wasserversorgung ein, betreuten Lagerhäuser, dienten in Tempeln oder beteiligten sich an der Errichtung von Mauern zum Schutz gegen nomadische Eindringlinge von außen. Die jüngsten Ausgrabungen der Archäologen im irakischen Uruk etwa (früher Warka) bestätigen, daß die Siedlung um 4500 v. Chr. bereits über eine beträchtliche Ausdehnung verfügte (Salje 2001). Bis zum Beginn des 3. Jahrtausends hatten die frühen Städte schon einen bemerkenswerten Entwicklungsstand erreicht; so wohnten in den sumerischen Städten, z.B. in Ur, bereits 10.000 Menschen auf einer Fläche von 100 Hektar. Diese Städte waren zwar durch Mauern und Gräben aus Sicherheitsgründen von ihrem Umland getrennt, blieben aber über Kanäle mit diesem verbunden. Bei diesen frühen Städten handelte es sich in den meisten Fällen um Stadtstaaten, aus denen bis zur Mitte des 3. Jahrtausends die ersten Regionalreiche hervorgingen. Ihre Herrscher benutzten die größte und wichtigste Stadt als Residenz, in der baulich nicht mehr die Tempel, sondern der Palast des Herrschers im Zentrum stand. Nicht selten tauchten diese Herrscher (neben Göttern und Helden) in den Gründungsmythen der altorientalischen Städte auf; ihrer wird noch heute an besonderen Erinnerungsorten in Form von Inschriften oder Opferaltären gedacht. Die Wirkung der städtischen Tradition des Vorderen Orients reicht weit in die mittelmeerische Welt hinein und verleiht dieser bis heute eine urbane Struktur und Grundstimmung, während nördlich der Alpen das Land als solches über Jahrhunderte hinweg mit einer politischen und kulturellen Eigenbedeutung ausgestattet bleibt. Für den Reisenden ist dies heute noch an den einsam gelegenen Adelsburgen und ländlichen Klöstern sichtbar und „erfahrbar".

Gegenüber der Entstehung der frühen Städte und der Urbanisierung in den altorientalischen Reichen kam es im Fernen Osten sehr viel später zu einer Herausbildung städtischer Siedlungen (Benevolo 1983:59ff). Der Prozeß sozialer Differenzierung zwischen landbebauenden und handwerklich-gewerblichen Gruppen der Bevölkerung läßt sich dort erst für das 2. Jahrtausend ausmachen. Die Ursprungsgeschichte städtischer Siedlungen in China ist in der Forschung bis heute umstritten. Während Paul Wheatley die chinesische Stadt aus zeremoniellen Zentren heraus entstehen sieht, heben andere die militärische Schutzfunktion der Stadt hervor oder betonen mit unanfechtbarer Eleganz, daß sowohl religiöse als auch militärische Elemente bei der Herausbildung der Städte in der Shang- (ca. 16.–11. Jahrhundert. v. Chr.) und Zhou-Zeit (ca. 11. Jh. – 256 v. Chr.) eine Rolle gespielt haben könnten (Wheatley 1971; Schmidt-Glintzer 2000). Unstritig ist, daß die städtische Entwicklung der ost- und südasiatischen Städte stärker als ihre Vorläufer im Vorderen Orient an die topographischen und klimatischen Besonderheiten gebunden blieb: Während der kalte Norden des Himalaya sozial und politisch von den Nomaden und Steppenvölkern beherrscht wurde, kam es im tropischen Süden als Folge des Zwangs zur Steuerung der Bewässerung für den Reisanbau zur sozialen Organisation und ersten Siedlungen. Soziale Differenzierung und ökonomische Organisation zwangen in diesen Regionen zu urbanen Strukturplanungen, die dazu führten, daß es etwa schon im China der Zhou-Dynastie zu nachweisbaren Versuchen planerischer Tätigkeit kam. Baupläne für die ideale Stadt wurden bereits vor der Reichseinigung durch den Gelehrten Meng-Zi (372-289 v. Chr.) schriftlich fixiert. So existierten in China Städte mit einer zweifachen Ummauerung: Der innere städtische Raum wurde ganzjährig bewohnt und bildete das Zentrum für die handwerkliche Produktion, der äußere Ring mit seinen Gärten diente als Zufluchtsort für die Bauern der Umgebung im Falle der Bedrohung. Spezifische Regeln gab es hingegen nicht nur für die Anlage von Städten, sondern zumindest seit der Han-Dynastie (206 v. Chr. – 220 n. Chr.)

auch für den Bau der Häuser, die nach außen verschlossen und auf den Innenhof ausgerichtet waren. Diese Entwicklungen im alten China wurden auch für Japan beispielgebend, wo sich infolge innerer politischer Machtkämpfe die Herausbildung von Städten gegenüber den Entwicklungen auf dem asiatischen Kontinent verzögerte. Auffallend ist dort der bis heute spannungsreiche Gegensatz zwischen der strengen, rasterförmigen Anlage der Städte und Gebäude und den verspielt-kultivierten Gärten, in denen geplante Stadt und geformte Natur eine innige Verbindung eingehen.

In ihrem jüngsten Buch „Die Stadt. Von der Polis zur Metropolis" hat die Wiener Geographin und Stadthistorikerin Elisabeth Lichtenberger die Entwicklung von Städten plausibel mit politischem Systemwandel in Verbindung gebracht: „Mit der Abfolge von politischen Systemen ändern sich die Konzeptionen von Stadt und städtischer Gesellschaft grundlegend. Jedes politische System schafft neue Stadttypen und bewirkt eine tiefgreifende Veränderung der bereits bestehenden Städte. Mit den Existenzgrundlagen ändern sich die soziale Wertigkeit und die Funktion der Stadtmitte, mit der sozialen Organisation werden die tragenden Sozialschichten ausgewechselt. Die Stadt-Land-Beziehungen unterliegen einem Wandel." (Lichtenberger 2002:9) Mit dieser These sind nicht nur wichtige Dimensionen für eine vergleichende Betrachtung europäischer und asiatischer Städte benannt, sondern darüber hinaus auch Kriterien für eine Periodisierung der Geschichte der Stadt bereitgestellt. Für den europäischen Fall ergeben sich daraus drei größere Perioden: die Zeit der antiken Kulturen der griechischen *polis* und der römischen Stadt, eine Phase der Entstädterung in Spätantike und frühem Mittelalter und eine Epoche der europäischen Stadt; letztere ließe sich wiederum in vier Typen untergliedern, die sich aus der Abfolge von vier politischen Systemen entwickelt haben: die mittelalterliche Bürgerstadt des Territorialstaats mit dem Markt in ihrem sozialen und wirtschaftlichen Zentrum, die absolutistische Residenzstadt mit dem Palast in ihrer Mitte, die industrie-kapitalistische Stadt in der Ära des Liberalismus und die Stadt des sozialen Wohlfahrtsstaats, die in ihrer Mitte durch einen sozio-ökonomischen Interessenausgleich charakterisiert ist; (die beiden letztgenannten Typen gehören zur modernen, nicht zur vormodernen Stadt und können für die folgenden Ausführungen ausgeklammert werden).

Die asiatischen Städte sowohl des Vorderen Orients als auch Süd- und Ostasiens lassen sich, gerade wenn man politischen Systemwandel als Periodisierungskriterium benutzt, in diesen eurozentrischen Epochenrahmen nur unvollkommen, zum Teil auch gar nicht integrieren.

So läßt sich beispielsweise für die Phase der Entstädterung Westeuropas als Folge der Völkerwanderung in Asien kaum ein vergleichbarer Vorgang ausmachen, allenfalls die mongolische Expansion im 13. Jahrhundert. Ansonsten kam es nur in regional begrenzten Räumen zu urbanen Reduktionen und zwar als Folge verheerender Naturkatastrophen (Überschwemmungen oder Dürren). Demgegenüber beobachten wir, mit einer leichten Zeitversetzung im Zuge der arabisch-islamischen Expansion in Westasien und Nordafrika seit dem 7. Jahrhundert, eine gegenteilige Entwicklung, nämlich zahlreiche Neugründungen und einen Aufschwung des städtischen Lebens. Parallel dazu vollzog sich auch in China um ca. 800 eine städtische Revolution, die sogar zur Herausbildung freier Märkte führte. Folgen wir aber zunächst dem an Europa ausgerichteten Periodisierungsschema: griechische *polis* und römisches *oppidum* – Entstädterung – mittelalterliche Bürger- und Marktstadt.

In Griechenland sind *polis* und *civitas* nach einem Wort Edith Ennens „d a s Organisationsprinzip des öffentlichen Lebens und der ständige Sitz der Priester und Magistrate" (Ennen 1972:11). Als Stadtstaat ist die freie Stadt in Griechenland rituell zunächst um die Feuerstelle, dann um den Tempel als symbolischen Ort, sozial und politisch um den Rat der Adeligen und die Versammlung der Bürger (*agora*) organisiert. Die Einwohnerzahlen der Städte blieben nach vollendeter Entwicklung weitgehend konstant: Athen verfügte zur Zeit des Perikles über 40.000 Einwohner. Synoikismus, die freiwillige oder zwangsweise Zusammenlegung von Siedlungen, stabilisierte die Bevölkerung der Städte in ihrer Zahl nach unten, Auslagerung und Kolonisation nach oben. Die ideale Stadt mußte groß genug sein, um sich angemessen verteidigen zu können, und durfte nicht zu groß werden, um die Mitwirkung der Bürger am politischen Leben gewährleisten zu können. Insofern präsentierte sich die griechische Stadt als eine Einheit. Sie war nach außen hin durch eine Mauer gesichert; dabei handelte es sich in der Regel um aufwendige Bauten, die die Autonomie der Stadt unterstreichen sollten. Die äußere Grenze wurde dabei den natürlichen Gegebenheiten angepaßt; die Wohnhäuser berührten nur in seltenen Fällen die Stadtmauern. Im Inneren gab es keine soziale Segregation der verschiedenen Bevölkerungsgruppen in bestimmte Viertel, wie sie sich in der mittelalterlichen Bürgerstadt herausbilden sollte. Das Stadtgebiet selbst war in drei Bereiche (für Tempel, für Wohnhäuser und für öffentliche Gebäude wie Theater oder Wettkampfstätten) unterteilt. Dieses Prinzip der Raumordnung wurde von Hippodamos von Milet als „Erfinder" der gleichmäßigen Aufteilung der

Stadt vollendet und von Aristoteles in seiner „Politik" idealisiert. Die Agora war der zentrale Platz und stand prinzipiell jedem Bürger offen. Mit Blick auf diese soziale und politische Offenheit ist die griechische Stadt als „physischer Ausdruck einer bestimmten Gesellschaftsform" verstanden worden (Benevolo 1983:164).

Für die Entwicklung der Städte im Einflußbereich des Römischen Weltreiches sind dann andere Faktoren wichtig geworden. Zum einen wurden die etruskischen Traditionen des 7./6. Jahrhunderts v. Chr. aufgenommen. Viel entschiedener als im klassischen Griechenland nahm die Stadt der römischen Zeit Eingriffe in die Natur vor: Mit dem Bau von Straßen, Brücken, Wasserleitungen und Verteidigungswellen wurde die Infrastruktur verbessert, und in der Folge der Agrarkolonisation kam es zu weiteren Städtegründungen. Diese waren „Elemente der Reichsbildung" (Lichtenberger 2002:16); die Ausdehnung des Weltreichs ging mit einem Prozeß der Urbanisierung einher. Als neues Merkmal dieses Vorgangs trat in spätrömischer Zeit dann noch eine Dezentralisierung der politischen Funktionen hinzu, womit auf die Städtegründungen im Reich von Rom aus reagiert wurde. Für die innere Struktur der Städte selbst sind hingegen zwei Elemente im Unterschied zur freien Stadt Griechenlands maßgebend: die hierarchische Raumordnung, die, etwa beim Kaiserkult auf dem Forum, politischen Kriterien folgte, und die Gliederung der Nachbarschaft nach sozialer Disposition. Diese fand ihren Niederschlag auch in den Bauweisen der Häuser (d.h. im mehrgeschossigen Mietwohnungsbau) und einer verbesserten Infrastruktur mit Kanälen und Straßen, die sich aus den Bedürfnissen einer relativ großen Bevölkerung vor allem in der Hauptstadt des Reichs (Ende des 3. Jahrhunderts n. Chr. ca. eine Million) ergab. Die baulichen Überreste dieser städtischen Modernisierung und Differenzierung sind noch heute in Europa an vielen Orten deutlich sichtbar.

Der Untergang der Pax Romana in der Krise des 3. Jahrhunderts ging im Westen mit einem Prozeß städtischer Rückbildung einher. Die wirtschaftliche Krise, verbunden mit Preisschwankungen infolge von Inflation und Deflation, führte zu einem Bevölkerungs- und Produktionsrückgang. Die landbesitzende Oberschicht gab ihre Stadthäuser auf und zog sich auf die Patrozinien (kleine, ökonomisch autarke Herrschaften auf dem Lande) zurück. Das Ergebnis war eine Schrumpfung der Städte, in die zu allem Unglück seit dem 3. Jahrhundert auch noch ein verstärkter staatlicher Dirigismus hineinwirkte. Die Bewohner, die aufgrund der erblichen Bindung an ihre Berufe an die Stadt gebunden blieben, litten unter den steigenden Steuerlasten und an der politischen Knechtung durch die staatlichen Kommissare, denen das politische Gegengewicht fehlte; denn zu Beginn des 5. Jahrhunderts waren viele Städte ohne Senat. Von großem Gewicht für die Entstädterung seit dem 3. Jahrhundert war darüber hinaus die Völkerwanderung. Der Einbruch der Goten in Kleinasien im Jahre 252, die Eroberung der Kastelle des germanischen Limes durch die Germanen 256, der Zug der Alemannen bis in die Auvergne und der Franken nach Spanien hinterließen verwüstete oder vollkommen zerstörte Städte. Es kam de facto zu einer Trennung von Stadt und Land, äußerlich sichtbar durch verstärkte Mauerbildung und die Übersiedlung der Oberschicht von der Stadt aufs Land. „Die klassische Einheit von Stadt und Land in der civitas, der Charakter der Stadt als Wohnsitz der Großgrundbesitzer ging verloren." (Ennen 1972:25) In das politische Vakuum, das durch den Zusammenbruch der Zentralgewalt, die ökonomische Rustikalisierung und das Versagen der städtischen Verwaltungen entstanden war, trat partiell seit dem 5. Jahrhundert die christliche Kirche ein, wodurch die bischöfliche Stadtherrschaft des Mittelalters vorgezeichnet wurde.

Die mittelalterliche Feudalgesellschaft ist im großen und ganzen durch die „Siedlungsdreiheit" von Burg, Stadt und Land charakterisiert (Lichtenberger 2002:22). Den drei Siedlungstypen können idealtypisch drei soziale Gruppen (Adelige, Bürger und Bauern) zugeordnet werden; Ausnahmen, wie die italienischen Stadtrepubliken, in denen auch der Adel seinen Sitz hatte, oder die Regionen Südfrankreichs, in denen das Land im Besitz städtischer Schichten verblieb, bestätigen auch hier die Regel. Die territoriale Zersplitterung infolge der feudalen Rechts- und Herrschaftsverhältnisse und die besitzmäßige Trennung von Stadt und Land führte über Jahrhunderte hinweg zur Ausprägung einer privilegierten Stellung der Stadt, die in Form der Stadtstaaten Italiens oder der freien Reichs- oder Hansestädte ansatzweise all jene Herrschaftsfunktionen innehatte, die später der absolutistische Flächenstaat übernehmen sollte. Entsprechend der ökonomischen Funktion der Stadt, d.h. der Organisation von Handwerk und Handel, bestimmten die Bürger, Gewerbetreibende und Kaufleute, das politische und wirtschaftliche Leben in der Stadt.

Was die Bevölkerungszahlen anbelangt, sind die mittelalterlichen Städte wesentlich kleiner als die Städte der Antike und umfaßten nur wenige Tausend Menschen; das arabische Córdoba dagegen kam im „Mittelalter" bereits auf eine Zahl von 500.000 Einwohnern. Wo es zu städtischem Wachstum kam, ging man nicht den Weg der Kolonisierung, sondern legte entweder neue Stadtgürtel und Mauern an (wie in

Wien) oder gründete Nebenstädte (wie in Prag). Darüber hinaus können die mittelalterlichen Städte durch eine Reihe von Merkmalen von ihren antiken Vorläufern abgegrenzt werden (Lichtenberger 2002:23f). Äußerlich stechen die Kirchenbauten als „Wolkenkratzer Gottes" (Le Corbusier) hervor. Neben diesen besaß die mittelalterliche Stadt mit Schloß, Rathaus und Markt mehrere Subzentren, die oft in einer sozialen Mitte zusammenfielen und nicht selten eine räumliche Einheit von religiösem Ritual, staatlicher Verwaltung und bürgerlichem Handel bildeten; noch heute können wir dies an Ortsbezeichnungen wie dem „Rathausmarkt" ablesen. Der sich über Handel und Gewerbe entwickelnde bürgerliche Wohlstand äußerte sich in einem bis in die Moderne fortreichenden „Fassadenkult", den weder die Antike noch die asiatischen Städte in dieser Form gekannt haben.

Es ist nicht einfach, ja eigentlich inopportun, der Genese europäischer Städte von der antiken *polis* bis zur mittelalterlichen Bürgerstadt eine ähnliche Entwicklung der Städte in Asien gegenüberzustellen. Dies gilt vor allem dann, wenn man die Entstehung und Entwicklung von Städten an politischen Wandel bindet und, wie im Vergleich Europas zu den sehr viel heterogeneren Gesellschaften und Kulturen Asiens, auch noch eine religiöse und ethnische Disparität in Rechnung stellen muß. Deshalb sei im Rahmen dieses historisch-genetischen Abschnitts nur auf einen „kleinen Ausschnitt" verwiesen, so wie ihn die Entwicklung der Städte im Einflußbereich des Islam markiert, – ungeachtet der Tatsache, daß einige Autoren sich jüngst vehement gegen jede normative Typologisierung der „arabischen" oder „islamischen Stadt" gewandt haben (Masters 1999:2). Seit dem 7. Jahrhundert kam es in den islamischen Gesellschaften Westasiens und Nordafrikas zu einem bemerkenswerten Aufschwung des städtischen Lebens. Im Verlauf dieses Prozesses haben sich die Städte zu Zentren des religiösen, kulturellen und wirtschaftlichen Lebens entwickelt, obgleich die nomadische Tradition dem Siedlungsbestreben eigentlich entgegenstand. Die Phase der arabischen Expansion war dabei zwangsläufig von Kontakten zu den antiken Städten geprägt, die im Verlauf eines langwierigen Transformationsprozesses umgestaltet und islamisch-arabischen Bedürfnissen der Lebensführung angepaßt wurden. Der Besetzung von Alexandria und Damaskus folgten bald eine Reihe von städtischen Neugründungen, wie Bagdad im Jahre 762, Fez in Marokko 808 oder Kairo in Ägypten 969. Dieser städtische Aufschwung hielt bis ins 15. Jahrhundert an. Gleichwohl hat sich im Zuge dieses Prozesses nicht wie in Europa ein auf Selbstverwaltung drängendes, politisch autonomes Bürgertum und damit ein sozial-ökonomisches

Modernisierungspotential entwickeln können, was die Thesen Max Webers im nachhinein bestätigen mag. Als Grund dafür werden in der Forschung heute die den Lebensalltag der Menschen bestimmenden Regeln des Islam und Besonderheiten der politischen und Militärverfassung geltend gemacht. Dabei muß man sich wohl vergegenwärtigen, daß der Kulturkontakt zwischen der islamisch dominierten Welt des Vorderen Orients und dem Süden Europas in eine Zeit fiel, in der die städtische Autonomie durch die Völkerwanderung und die spätrömischen und byzantinischen Zentralregierungen bereits zerstört war. Das „Vorbild" der islamischen Stadt war deshalb nicht mehr die freie *civitas*, sondern der ökonomisch und militärisch labile Zentralstaat. Gemeinsamkeiten mit der antiken Stadt bestanden zunächst nur in der Bauweise der Häuser, die um einen Innenhof angelegt waren, ihre Vorderseite also nach innen ausrichteten; darüber hinaus kannte auch die islamische Stadt Orte des zentralen Marktgeschehens, wie den Bazar. Im wesentlichen aber treten gegenüber der antiken Stadt und der mittelalterlichen Bürgerstadt die Unterschiede hervor, die – ungeachtet der kulturellen Vielfalt der islamischen Welt – durch vier konstitutive Merkmale charakterisiert werden können (Benevolo 1983:291ff): 1. Der Koran führte im städtischen Leben zu kulturellen Beschränkungen und zu einer Reduktion von Öffentlichkeit. Es gab keine Theater oder sportlichen Wettkampfstätten, sondern nur zwei Arten öffentlicher Gebäude: die Moscheen und die Bäder. 2. Die Regelmäßigkeit der hellenistischen und römischen Städte, zurückzuführen auf städtische Verwaltung und staatliche Aufsicht, wurde zugunsten der Verwirklichung privater Initiativen in Haus- und Straßenbau aufgegeben. Die Straßen durften nach den Vorgaben Mohammeds nur sieben Fuß breit sein, die Häuser nur über ein Geschoß verfügen. 3. Neben die äußere Ummauerung, auch hier zum Schutz gegen feindliche Bedrohung, traten Mauern im Innern der Städte, durch die ethnische und religiöse Gruppen separiert wurden. 4. Da der Koran Nachbildungen menschlicher Gestalten verbot, setzte sich in den Bauten die abstrakt-ornamentale Dekoration durch, die in der gesamten islamischen Welt eine einheitliche Ästhetik schuf.

Einige Beobachtungen über die Verstädterung und die Bevölkerungsentwicklung mögen diesen Abschnitt über die Verlaufsformen städtischer Entwicklung beschließen. Historiker, die sich mit der vergleichenden Stadtgeschichte Europas und Asiens beschäftigen, haben angesichts der Bevölkerungszahlen in Asien der schlichten numerischen Größenordnung der Städte Rechnung zu tragen. Es ist heute unstrittig, daß schon das vormoderne Asien über eine bemerkenste urbane Tradition verfügte. Zwischen dem 8. und 12. Jahrhundert gehörten die arabischen Städte zweifellos zu den größten und reichsten der Welt. Bagdad, die Hauptstadt des abbasidischen Kalifats, war mit etwa einer Million Einwohner bis zur Zerstörung durch die Mongolen 1258 ein Zentrum von Kultur und Handel; die Einwohnerzahlen für Basra schwanken zwischen 200.000 und 600.000. Das Wachstum der Städte wurde in frühislamischer Zeit von der Stabilisierung der arabischen Eroberung begünstigt, und zwar zunächst von Persien im Osten bis zu Marokko und Spanien im Westen. Metropolen wie Isfahan oder Samarkand haben sich im Zuge dieses Prozesses der Verstädterung zulasten der kleinen Landstädte schneller und besser entwickelt. Ähnlich eindrucksvoll verlief der Prozeß der Urbanisierung in Süd- und Ostasien. In Indien bildeten sich ab dem 10. Jahrhundert Tausende von Marktplätzen heraus, bevor die Ankunft der iranischen Ghuriden-Herrscher am Ende des 12. Jahrhunderts den Prozeß der Urbanisierung auf dem indischen Subkontinent weiter vorantrieb. Im Mogulreich wuchsen sich viele Siedlungen zu Zentralorten aus und erreichten, wie Agra, Delhi, Lahore und andere, mit mehreren hunderttausend Einwohnern eine beträchtliche Größe. Noch eindrucksvoller gestalteten sich Verstädterung und Bevölkerungszahlen in China. Der amerikanische Historiker Mark Elvin schätzt, daß um 1100 bereits 6-7 Prozent der Bevölkerung in Städten mit mehr als 100.000 Einwohnern lebten. China müsse demzufolge zu den am meisten urbanisierten Gesellschaften der Welt gezählt werden (Elvin 1978). Damit korrespondieren die ausgesprochen hohen Zahlen für einige Metropolen: Für Hangzhou, die Hauptstadt der Südlichen Song-Dynastie, nimmt man eine Bevölkerungsgröße von ca. 650.000 Menschen an; Kaifeng beherbergte als Hauptstadt der Chin-Herrscher zwischen 1115 und 1234 ca. eine Million Menschen. Und das frühneuzeitliche Edo (heute Tōkyō) galt unter der Herrschaft des Tokugawa-Shōgunats um 1800 mit etwa einer Million Einwohner als größte Stadt der Welt. Demgegenüber war die Zahl der Städte und der in ihnen lebenden Bewohner in Europa wesentlich kleiner; das „Schlußlicht" einer nur quantifizierenden Übersicht stellen wohl die Städte Rußlands dar, wo um 1200 Kiev und Novgorod als größte Städte nicht über 30-40.000 bzw. 10-20.000 Einwohner hinauskamen.

STRUKTUREN UND FUNKTIONEN DER STADT

Nach diesen eher rudimentären Beobachtungen zur Entstehung und Entwicklung der Städte sollen nun die spezifischen Funktionszusammenhänge städtischen Lebens in Europa und Asien in den Blick genommen werden. Dabei steht nicht die politische Sonderrolle des okzidentalen Bürgertums, so wie noch bei Max Weber, im Vordergrund, auch wenn mit den Aspekten politischer, administrativer und militärischer Herrschaft begonnen wird. Vielmehr sollen daneben die unterschiedlichen, sich zum Teil überlappenden Dimensionen der Stadt hinsichtlich ihrer sozio-ökonomischen Funktion behandelt werden. Dabei wird deutlich, daß sich die Städte Europas und Asiens, wenn die Fortführung dieser Vereinfachung aus heuristischen Gründen erlaubt ist, durchaus vergleichen lassen, wenngleich sich die Unterschiede eben nicht immer aus einer kulturellen Differenz ergeben, sondern sich im Gegenteil auch Gemeinsamkeiten über räumliche Distanzen hinweg und unterschiedliche Merkmale innerhalb der „Kulturkreise" oder „Zivilisationsräume" beobachten lassen. Vor diesem Hintergrund verbietet es sich auch, die Geschichte der Stadt allein als Begriffsgeschichte zu schreiben: „Stadt" bedeutete zu unterschiedlichen Zeiten und in verschiedenen Kulturräumen jeweils etwas anderes. Der deutsche Begriff der Stadt, früher „stat", setzte sich erst spät, d.h. im 11./12. Jahrhundert durch und bezeichnete im Sinne der kommunalen Rechtsstadt die politische Organisation der sozial differenzierten Bürgergemeinde; in Asien waren mit den unterschiedlichen Begriffen der Stadt aber keineswegs spezielle Privilegien verbunden. Daß gleichwohl die Wortgeschichte einige Bedeutung haben kann, zeigt das Beispiel Rußlands, wo der Begriff *gorod/grad* auf die Entstehung der Städte aus Burgsiedlungen verweist, d.h. auf die politische und militärische Funktion eines zentralen Ortes. Dort aber, wo sich das deutsche Recht durchsetzte, wie in großen Teilen Ostmitteleuropas, aber eben nicht in Rußland, wurde der alte Begriff der „Burg" durch den der „Stadt" ersetzt: Die stadtgeschichtliche Zweiteilung Osteuropas drückt sich deshalb in der Verwendung zweier Begriffe als Folge einer selektiven Rechtsadaption aus. Das Recht und die sich daraus ableitende Begrifflichkeit können aber nur ein Merkmal eines komplizierteren Funktionszusammenhangs sein, der sich aus der Eigenschaft von Siedlungen als zentralen Orten ergibt, die sich durch einen Bedeutungsüberschuß gegenüber den Siedlungen ihres Umlands auszeichnen. Wie am Beispiel Indiens gezeigt wurde, kann sich diese Sonderrolle einer Siedlung aus unterschiedlichen Quellen speisen: aus der politischen Funktion eines Ortes als Hauptstadt des Reiches oder einer Region bzw. als zeitweiliger Sitz eines Hofes und den damit verbundenen Verwaltungsbehörden; aus der Bedeutung von Handwerk und Handel, Banken, Märkten und den sie verbindenden Infrastrukturen; aus der Stellung eines Ortes als sakrales

Zentrum, wie es die Pilgerstädte Varanasi und Mathura in Indien und Anuradhapura im heutigen Sri Lanka waren; und schließlich aus der Sonderrolle eines Ortes als Stätte der exklusiven Produktion von Gütern, wie es die Stadt Bayana für die Indigoherstellung war. Ähnliche Beispiele kennen wir auch aus anderen Teilen Asiens; man denke etwa an Jingdezhen als Zentrum der Porzellanherstellung während der Ming- und Qing-Dynastie. Die Funktionszuschreibungen, aus denen heraus eine Siedlung zentralörtliche Eigenschaften entwickelte, können also durchaus vielfältiger Natur gewesen sein.

Politische Verfassung und militärische Herrschaft

Die politische oder herrschaftliche Funktion eines zentralen Ortes ergab sich in der Antike daraus, daß dieser Sitz einer Gebietskörperschaft (*civitas*) war und als solcher über eine bestimmte Bevölkerungsgröße verfügte. Darüber hinaus befand sich die Stadt als zentraler Ort oft im Schnittpunkt eines Netzes von Straßen und Wegen. Im Römischen Reich fand dieses System in abgestufter Form in den Provinzen seine Fortsetzung: dort entwickelten sich Siedlungen als Sitze der Statthalter (*capita provinciarum*), als Hauptorte von Gerichtsdistrikten (*conventus*) und als Mittelpunkte der Civitates. Diese übten allgemeine politische, administrative und rechtliche Aufgaben aus; genannt seien beispielsweise Jahres-Magistrate, die städtische Ratsversammlung (*curia*), Volksversammlungen, Gericht, Steuereinziehung, Verwaltung von Grund und Vermögen sowie die Organisation von Festen und Wettkämpfen und die Beaufsichtigung von Bauten und öffentlichen Diensten. Auch die mittelalterliche Stadtgeschichte vollzog sich in der Folge am Leitfaden von Herrschaftsfunktionen, wobei es hier zu einem weltgeschichtlich einmaligen Phänomen kam: einem Dualismus von Adelsburg und Bürgerstadt. Zwar war diese Zweiteilung, die sich auch terminologisch niederschlug, keineswegs überall in Europa verbreitet. Sie formte sich zunächst nur in den Nachfolgereichen der Karolinger aus. In den asiatischen Zivilisationen hingegen tauchte sie nicht auf; in Japan beispielsweise entstanden keine Burgen und Städte, sondern die „Burgstadt", in der feudale Herrschaft und die Trägerschichten des sozio-ökonomischen Wandels zusammenfanden. Im islamischen Raum und im byzantinischen Reich kam es zwar auch zu burgähnlichen Ansiedlungen und zur Anlage von Kastellen; sie waren aber nicht Rückzugspunkte eines stadtflüchtigen Adels, sondern dienten als Wehrsiedlungen unter der Hoheit von amtlichen Würdenträgern. Einen Höhepunkt fand die herrschaftliche Funktion zentraler Orte in den Metropolen des absolutistischen

Staates, deren Herrscher ihre Macht im Bau repräsentativer Residenzen zur Schau stellten, ein Phänomen, das auch den Großreichen der asiatischen Despoten nicht fremd war und sich auf niedrigerem Niveau in den Provinzen bei den Statthaltern fortsetzte: Überall war die von der politischen Führung in Auftrag gegebene, repräsentative Architektur Ausdruck von Herrschaft und ein ästhetisches Mittel politischer und sozialer Disziplinierung. Für Europa wurde dabei entscheidend, daß es infolge der mittelalterlichen „Reisekönigtümer" zu einer Vielzahl von Palaststädten, den sogenannten „Pfalzen" kam. Der mit den Regierungsgeschäften verbundene Ortwechsel führte zu einer stetigen Zunahme dieser „Palaststädte". Sie waren nicht allesamt städtischen Typs; auch gab es zwischen ihnen keine festgelegte Hierarchie. Vielmehr waren sie der physische Ausdruck einer polyzentrischen Herrschaftsstruktur, mit der Westeuropa in einem deutlichen Gegensatz zum oströmischen Reich stand, wo mit Byzanz die Hauptstadt sämtliche zentralörtlichen Funktionen auf sich vereinigen konnte.

Vor diesem Hintergrund verdient die Beziehung der Städte zum Staat besondere Aufmerksamkeit. Die ersten Städte der Frühgeschichte und Antike sind uns als Stadtstaaten bekannt. Die großen *poleis* Griechenlands bildeten selbständige Einheiten. In den hellenistischen und römischen Großreichen entwickelten sich sodann aus den Stadtstaaten die Bürgergemeinden. Ihre enge Bindung an den Staat war in der römischen Kaiserzeit eine Grundbedingung für den Zusammenhalt des Reichs. Darüber hinaus vermittelten die Städte zentrale Herrschaft, trugen sie in die Provinzen, nicht nur im römischen Weltreich, sondern auch in China. Dort waren sie aber mediatisiert; jedes Eigenleben im politischen Sinne war ihnen von der Zentralgewalt genommen. In Europa kam es erst im Zeichen der Reichskrise des 3. und 4. Jahrhunderts unter Diocletian und Constantin zu einem Bedeutungsverlust der Städte; sie wurden zu Anhängseln der Reichsverwaltung gemacht, was auch eine Auflösung ihrer zentralörtlichen Funktionen mit sich brachte. Erst nach der Entstädterung infolge der Völkerwanderung und Reichskrise des 3. Jahrhunderts konnten sich die Städte auf dem Wege sozialer, ökonomischer und rechtlicher Sonderentwicklungen ihre alte Stellung wieder zurückerkämpfen. In Indien gelang dies nicht, denn dort waren den Städten keine rechtlichen Privilegien zugestanden worden. Ihre Aufgaben beschränkten sich auf die Steuererhebung, die innere Sicherheit und die Überwachung der Marktordnung, teilweise auch auf die Sicherstellung der Wasserversorgung. Aufwendige Bauvorhaben und Infrastrukturmaßnahmen wurden von den Herrschern in Auftrag gegeben und dementsprechend finanziert. Ganz unentschieden scheint beim jetzigen Stand der Forschung die Frage nach dem Verhältnis von Stadt und Staat für das vormoderne China zu sein: Während einige Historiker wie William T. Rowe (gegen Max Weber gewandt) die These einer relativ frühen und weitreichenden städtischen Autonomie vertreten, fragen andere danach, ob der Einfluß der Zentralregierung nicht doch größer war, als man bislang annehmen konnte (Rowe 1993:4f). Unstrittig hingegen ist die starke Rolle der Fürsten gegenüber der Stadtbevölkerung im Moskauer Rus'.

Unmittelbar mit dem Herrschaftsrecht verbunden waren Stadtplanung und Mauerbau. Die Antike kannte sowohl gewachsene wie geplante Städte. Erste Planungen sind bereits aus dem 8. und 7. vorchristlichen Jahrhundert bekannt. In der römischen Kaiserzeit bildete sich ein Grundtypus heraus, nach dem die Straßen in einem rechtwinkligen Gittermuster angelegt wurden; ein Achsenkreuz mit einem zentralen Platz war der Schnittpunkt, um den herum die wichtigsten Gebäude (Tempel, Verwaltungsgebäude, Basiliken) angelegt wurden. Nach außen hin mündeten die größeren Straßen bei ummauerten Städten, die die Regel waren, in die Stadttore. Wichtig war im Unterschied zu den islamischen Städten wenige Jahrhunderte später, daß das römische Recht keine privaten Bauten auf öffentlichem Grund duldete. Für das europäische Mittelalter ist man lange Zeit vom Bild der gewachsenen Stadt ausgegangen; erst jüngst haben Forschungen nachgewiesen, daß auch mittelalterliche Neugründungen Planungen mit einer exakt ausgemessenen Geometrie folgten (Humpert/Schenk 2001). Demgegenüber hat es von städtischer oder staatlicher Seite in den islamischen Städten keine reglementierenden Eingriffe gegeben. Der private Wohnungsbau auf öffentlichem Grund hat vielmehr dazu geführt, daß die „geordneten" Straßenverhältnisse der antiken Städte allmählich im 9. und 10. Jahrhundert von einem Gewirr neuer Bauten und Straßen überzogen und durchkreuzt wurden. Als Ersatz für die Agora diente hier die Moschee, die wie der Bazar einen prominenten Platz in der Stadt einnahm. Außerhalb der Stadt oder an ihrem Rande waren die Karawansereien und Warenhäuser für den Fernhandel angesiedelt; ebenso die Badehäuser, die in der antiken und ostasiatischen Welt einen zentralen Platz in der Stadt einnahmen. In den süd- und ostasiatischen Städten war und blieb der Planungsbedarf groß und wurde, wie im Falle Chinas, für die umliegenden Länder, insbesondere für das altjapanische Heian/Kyōto, beispielgebend. Aus Indien sind schon zwischen der Mitte des 3. bis zur Mitte des 2. Jahrtausends v. Chr. die Planstädte der Harappa-Kultur bekannt, die eine einheitliche räumliche Struktur aufweisen: eine Oberstadt, die von einer Mauer umgeben war, beherbergte Bad, Kornspeicher und die Wohnhäuser der höheren Schichten; die Unterstadt umschloß mehrere Wohnviertel. Diese planerische Tradition hat sich aber in vorkolonialer Zeit nicht durchgehend erhalten.

Zum Herrschaftsrecht gehörte in Altertum und Mittelalter auch der Mauerbau; denn Herrschaft übte aus, wer Schutz bieten konnte. Stadtmauern waren sowohl in Westeuropa als auch in Asien, nicht aber im Moskauer Reich, bekannt und verbreitet. Die äußere Form folgte in der Regel den natürlichen Bedingungen und den militärischen Bedürfnissen; so existierten Stein- und Ziegelmauern in den römischen Wehranlagen und den zentralchinesischen Verwaltungsstädten und Holz-Erde-Konstruktionen als Wehranlagen nördlich des Limes. In Holland entwickelten die Städte sehr viel später aus Furcht vor der spanischen Eroberung spezielle Wassergürtel als Mauerersatz. Entscheidend ist auch hier eine Sonderentwicklung, denn nur in Europa wurde das ausschließliche Recht des Herrschers zum Mauerbau durchbrochen, seitdem geistliche und weltliche Burg- und Stadtherren dieses Hoheitsrecht übernahmen, ja mehr noch, vereinzelt kamen auch die städtischen Gemeinden in den Genuß des Privilegs, Befestigungsanlagen zu errichten. Das Recht der Städte zum Mauerbau bereitete in besonderer Weise die Entwicklung hin zur kommunalen Selbstverwaltung vor. Es tauchte zuerst in Italien und in den Zentren des karolingischen Reiches auf und wurde in verschiedenen Teilen Europas über Jahrhunderte hinweg kultiviert und fortentwickelt. Luxemburg wurde mit seiner befestigten Siedlung beispielgebend für die europäische Militärarchitektur, und das schwedische Visby, seit 1280 Hansestadt, kombinierte modellhaft seine 3,5 km lange Mauer mit einer Anlage aus 44 Türmen und galt dementsprechend lange Zeit als uneinnehmbar.

Soziale Strukturen und wirtschaftliche Interessen

Daß die strikte Trennung von Stadt und Land eine relativ späte und nur europäische Entwicklung ist, zeigt bereits der Blick auf ein interessantes Merkmal der antiken Entwicklung: als Heereskontingent der Stadt standen dieser zur Verteidigung die sogenannten Hopliten zur Verfügung, berittene und gerüstete Bauern. Bis zur römischen Kaiserzeit bildeten Stadt und Umland nicht zuletzt aus Gründen der Sicherheit eine Einheit, durchsetzt allerdings mit kaiserlichen Ländereien als Enklaven, die unter der Leitung von Prokuratoren standen. Vorübergehend unterbrochen wurde die zentralörtliche Funktion der Städte erst mit dem Durchzug und der Ansiedlung der Germanen, bevor sich im Zuge der ökonomischen Reorganisation und der sozialen Stabilisierung wieder Mittelpunktsiedlungen bildeten, die sich, unter wesentlicher Beteiligung der Kirche und ihrer Amtsträger, gegenüber dem Adel und den politischen Herrschern dauerhaft behaupten konnten. Die enge Verbindung von Stadt und Umland im Kontext einer zentralörtlichen Ordnung ist allerdings kein europäischer Sonderfall gewesen. Sie läßt sich beispielsweise auch für China nachweisen. Insbesondere die Forschungen Philip C.C. Huangs über die ländlichen Entwicklungen im Yangzi-Delta haben gezeigt, daß durch die Kommerzialisierung in den Städten die bäuerliche Wirtschaft nicht unterminiert, sondern im Gegenteil gestärkt wurde. Die Kommerzialisierung habe nicht zu einer Arbeitsteilung zwischen Landwirtschaft und Gewerbe und einer Trennung von Stadt und Land geführt, sondern beide Bereiche im Grunde noch enger miteinander verknüpft (Huang 1990). Auch in Rußland existierte keine scharfe Trennung zwischen Stadt und Land; dies zeigte sich nicht nur an der sozialen und rechtlichen Stellung von Bauern und Stadtbevölkerung, sondern auch an ähnlichen Lebensstilen und Werthaltungen. Frömmigkeit, Orthodoxie, Traditionalismus und Zarentreue bestimmten sowohl das Leben der Menschen auf dem Lande als auch das der städtischen Bevölkerung. In den Städten war die steuerliche Abgabenlast sogar noch größer, weil die sogenannten Posadleute in den Städten von den staatlichen Gewalten viel besser zu kontrollieren waren als die Bauern, die im Norden oft in unwegsamem Gelände lebten und arbeiteten. Die ländlichen Gewerbe bedeuteten für die städtische Wirtschaft eine Konkurrenz, weil sich die Bewohner der Städte nicht auf Privilegien berufen konnten und deshalb stärkerem wirtschaftlichen Druck ausgesetzt blieben; dazu verloren sie noch um die Mitte des 17. Jahrhunderts das Recht, aus der Stadt abzuziehen. Etwa um die gleiche Zeit kam es im Westen Europas in Folge der Metropolenbildung zu einer starken Auszehrung des Umlandes. London war in diesem Zusammenhang sicherlich ein Extremfall, weil es fast die Hälfte des Geburtenüberschusses von England und Wales aufgesogen hat. In abgemilderter Form lassen sich ähnliche Vorgänge aber auch im Umkreis anderer europäischer Metropolen beobachten.

Wie standen nun die verschiedenen Gruppen innerhalb der städtischen Gesellschaft zueinander? Sicherlich wird man sich auch hier vor pauschalisierenden Urteilen hüten müssen; zu unterschiedlich verliefen die politischen und sozio-ökonomischen Entwicklungen selbst innerhalb eines Zivilisationsraums. Noch in der Antike galt die Stadt als Ort des sozialen Ausgleichs, symbolisiert durch den Gabentausch, der die sozial Höhergestellten mit der Masse der städtischen Bevölkerung verband. Ehre wurde gezeigt und kultiviert, indem man einen Teil seines Vermögens für die Versorgung der Allgemeinheit bereitstellte. Wer arm war, galt dennoch als Bürger. Dominiert aber wurde die Stadt von den Amtsträgern, die die wichtigen Positionen in der Verwaltung unter sich aufteilten. Demgegenüber traten die kommerziellen und handwerklichen Tätigkeiten eher an den Rand. Während sich im mittelalterlichen Europa Adel und händlerisch-gewerbliche Betriebe separierten, der Adel sich aus den Städten zurückzog und auf dem Lande niederließ, die Städte hingegen den Bürgern und Repräsentanten der katholischen Kirche überließ, und sich die innerstädtische Differenzierung nach Schichten vollzog, verlief in den islamischen Städten ab dem 7. Jahrhundert die soziale Gliederung der Stadt nicht durch Klassen oder Stände, sondern durch scharf voneinander abgesetzte Quartiere. Die Eliten dieser Quartiere gaben bei politischen Streitfragen den Ton an; sie bestimmten den politischen Alltag, weil eine autoritäre Zentralgewalt fehlte. Wenn sich dennoch in einer Stadt ein politisches Machtvakuum auftat, so übernahmen gelegentlich, wie im Maghreb, nomadische Eliten die Macht. Im Gegensatz zu ihren antiken Vorläufern wurden die islamischen Städte nicht vom Verwaltungspersonal dominiert, sondern von Gewerbetreibenden und Händlern in herausgehobenen Positionen. Mit dem Handelsaufschwung seit dem 7. Jahrhundert rekrutierten sich aus ihren Kreisen die neuen Eliten der Kadis und Aufseher. In Indien wiederum war die soziale Gliederung der Stadt durch die Kaste, den Familienverband und einen patrilinear organisierten Haushalt vorgegeben. Diese drei Einheiten stifteten die dringend benötigte Solidarität, da in Indien individuell verbriefte Eigentumsrechte fehlten; die sozialen und religiösen Grenzen konnten aber aus wirtschaftlichen Gründen, vor allem im Handel, auch durchbrochen und überwunden werden. Dies läßt sich für das frühneuzeitliche Japan nur mit Einschränkungen behaupten. Dort kam es nach den politischen Wirren und Bürgerkriegen des 15. und 16. Jahrhunderts im Zuge der Reichseinigung ab 1588 zu einer deutlichen Separierung der Stände, – ein Vorgang, der bis in die letzten Jahrzehnte des Tokugawa-Shōgunats im 19. Jahrhundert Wirkung zeigen sollte: An der Spitze der Gesellschaft standen die Krieger (*bushi*), denen ein hierarchisch gestuftes Reisdeputat zur Verfügung stand (Schwentker 2002). Ihnen folgten im Rang die Bauern, die Erntesteuer entrichten mußten, dann die Handwerker und schließlich auf der untersten Stufe die Händler, deren Tätigkeit nach konfuzianischer Vorstellung eine minderwertige war. Eine ganz wichtige Gruppe der städtischen Gesellschaft fiel aus dieser Ordnung heraus: die „Unreinen", d.h. Leute, die mit Krankheit und Tod in Berührung kamen (Henker, Schlächter oder Totengräber), aber auch die Verbrecher, die alleinstehenden Schwerkranken, fahrendes Volk und „freie" Künstler.

Keiner sozialen Schicht ist in der vergleichenden Stadtgeschichtsforschung so viel Aufmerksamkeit zuteil geworden wie den gewerblichen und händlerischen Mittelschichten oder den „Bürgern". Rechtliche Privilegien zuerst, ihre politische Sonderrolle sodann, und schließlich ihr Beitrag zur Entstehung eines kapitalistischen Systems in Europa haben im Anschluß an die Arbeiten Max Webers die Forschung in Ost und West maßgeblich beeinflußt. „Stadtluft macht frei!", – diese Formel war ein wichtiges Element in diesem Erklärungsmodell. Aber dieser Satz galt nur für Europa, und selbst dort nicht absolut (Engel 1993:262f). So ließ die Jahr und Tag-Frist den Grundherren die Möglichkeit, Bauern und Handwerker, die sich in die Städte abgesetzt hatten, zu belangen; hingegen konnte die persönliche Freiheit nach Jahr und Tag auch längere Zeiträume umfassen, in Regensburg z.B. zehn Jahre. Ein Ausweg war, sich unter die Zensualität städtischer kirchlicher Institutionen zu begeben. Dies bedeutete zwar eine Abhängigkeit im Ehe- und Erbrecht, befreite aber von Frondiensten und erlaubte eine eigene wirtschaftliche Tätigkeit. Ein Bürgeraufnahmegeld und der Nachweis von Hausstand und Handwerksausübung waren weitere Hürden, die es zu nehmen galt. Und dennoch: Die bürgerlichen Freiheiten und städtischen Privilegien, aus denen sich schließlich auch eine politische Sonderrolle ergab, waren und bleiben ein europäischer Sonderfall, für den sich in der asiatischen Welt und in Rußland keine Parallele findet.

Für die wirtschaftliche Entwicklung jener Regionen, d.h. auch für die ökonomische Autonomie der gewerblichen Mittelschichten in den islamischen oder ostasiatischen Städten, besagt dies nur wenig. In syrischen oder maghrebinischen Städten wie Aleppo oder Tripolis kam es durchaus zur Entstehung ökonomisch starker, politisch einflußreicher und kulturell führender lokaler Eliten. Die Zugehörigkeit zu diesen Schichten erlangte man durch religiöses Ansehen, Landbesitz oder kommerziellen Erfolg. Der soziale Aufstieg erfolgte in der Regel im Rahmen tribaler Traditionen oder religiöser Übereinkunft, meistens in Form von vertikaler Patronage. Daneben existierten Zünfte oder Gilden als horizontale Zusammenschlüsse zum Zweck des Ausgleichs und der Vertretung berufsständischer Interessen, aber nur auf einer informellen Basis, nicht als Verbände im Sinne rechtlicher Institutionalisierung. Ähnliche Erscheinungen, ebenfalls nur locker miteinander verbunden, lassen sich für Rußland nachweisen, und zwar als Straßengemeinschaften oder als Vereinigungen der Handwerker. Festere Zusammenschlüsse der Handwerker sind dagegen wieder aus dem mittelalterlichen Japan bekannt; dort lassen sich Gilden (z.B. für die Reisigverkäufer in Nara und die Schmiede in Kyōto) bereits für das späte 11. Jahrhundert feststellen. Grundherren warben diese und andere Handwerker mit günstigen Konditionen hinsichtlich der Abgaben an und ermutigten sie, sich in Siedlungen um Adelshäuser, Tempel, Schreine oder Burgen herum niederzulassen. Für China hat man sogar eine noch größere Selbständigkeit der mittelständischen Schichten konstatiert, die dort in Selbstverwaltung gemündet sei und sich über Gilden organisiert habe. Diese Zusammenschlüsse der Handwerker und Kaufleute hätten nicht nur den Handel reguliert, sondern zur Schaffung einer eigenen urbanen Identität der städtischen Bevölkerung beigetragen (Rowe 1984:1-14).

Schließlich dürfen die Orte, an denen die Waren in der Stadt umgeschlagen wurden, nicht unerwähnt bleiben: die Märkte Europas und Asiens und die Bazare des Vorderen und Mittleren Orients. Noch in der Antike ergab sich die ökonomische Relevanz eines zentralen Ortes nicht zuerst aus dem Markt, sondern aus der politisch-militärischen Organisation der Stadt. Dies zeitigte wirtschaftliche Folgen: es kamen aus unterschiedlichen Gründen Besucher, es gab Märkte für die Versorgung der Siedlung, und Feste wurden gefeiert. Orte der Produktion waren die antiken Städte nicht, wohl aber die Städte des mittelalterlichen Europa nördlich der Alpen. Einschränkend muß jedoch auch für den europäischen Kernraum festgehalten werden, daß sich die Zentralität eines Ortes nach den herrschaftlichen Vorgaben ausrichtete: in den politischen Zentren siedeln sich die Märkte an! Nur selten entstand eine Burg oder eine Bischofskirche an einem bereits bestehenden Handelsplatz. Gleichwohl fallen auch ökonomische Erklärungsfaktoren durchaus ins Gewicht. Die sogenannte Agrarrevolution im Kernraum des Karolingerreiches führte zur Ansiedlung kleinerer agrarischer Zentren, an die sich Gewerbe wie Mühlen oder Schmieden anschlossen. Die Weiterentwicklung der karolingischen Grundherrschaft führte dann vor allem auf dem Wege der herrschaftlichen Zersplitterung zur Entstehung zahlreicher „Ackerbürgerstädte" mit eigenen Märkten, die in Zentraleuropa vor allem handwerkliche Berufe anzogen. Nicht der Handel, sondern das Handwerk ist als „Städtefüller" des Mittelalters bezeichnet worden (Mitterauer 1971). – Dem europäischen Markt steht im islamischen Raum der Bazar gegenüber; er gibt den Städten dort ein spezifisches Gepräge, denn er fehlt im alten

Orient ebenso wie in der klassischen Antike oder im feudalen Europa. Er kann im Grunde als eine Dauermesse verstanden werden, denn überregionale Messen existierten in Nordafrika und Westasien kaum. In seiner Funktion war der Bazar nicht nur Einkaufs- und Gewerbezentrum, sondern auch Finanz- und Kreditplatz. Der Rang der Branchen gab die interne Anordnung der Gewerbe im Bazar vor, wobei die rituelle Reinheit der Waren ein wichtiger Ordnungsfaktor war: Vor der Moschee wurden häufig Bücher, Stoffe, Lederwaren, Parfums oder Schmuck gehandelt; minderwertige Waren wurden am Rande des Bazars oder sogar außerhalb der Stadt verkauft. Charakteristisch für den Bazar ist seine soziale und ökonomische Multifunktionalität, die ihn neben der Moschee ins Zentrum des öffentlichen Lebens rückte.

SCHLUSS

Es wäre dem Gegenstand unserer Überlegungen sicherlich unangemessen, wollte man nun versuchen, an dieser Stelle ein schlüssiges Resümee zu präsentieren. Alle synthetisierenden Überlegungen zum Thema mußten vielmehr unter einen heuristischen Vorbehalt gestellt werden, der erlaubte, „die vormoderne Stadt" in „Europa" und „Asien" miteinander zu vergleichen. Mit diesen Einschränkungen lassen sich aber gleichwohl einige vorläufige Beobachtungen hinsichtlich der Gemeinsamkeiten und Unterschiede europäischer und asiatischer Städte festhalten. Bei aller Kritik an der eurozentrischen Perspektive Max Webers scheint sich die politische Sonderrolle des zuerst auf Selbstverwaltung, dann auf politische Partizipation drängenden Gemeindebürgers zu bestätigen. Stadtautonomie hat es aber wohl nicht nur in Europa allein gegeben; sie wird heute auch schon für Teile Chinas behauptet, wobei wir aber immer noch nicht über gesicherte Ergebnisse verfügen. Zentren politischer Freiheit und ökonomischer Unabhängigkeit waren die vormodernen Städte Chinas wohl nicht. Entscheidend ist in diesem Zusammenhang weniger, ob man die politische Sonderrolle des okzidentalen Stadtbürgertums bestätigt oder in Frage stellt, sondern wie man sie für die Entwicklung der Stadt überhaupt gewichtet. So treten beispielsweise die Unterschiede zwischen westeuropäischer und islamischer Stadt, wenn man nicht auf den freien Zusammenschluß der Bürger in der Gemeinde blickt, zurück, vor allem wenn sich die Perspektive an den herrschaftlichen, ökonomischen oder kulturellen Grundfunktionen einer Stadt ausrichtet. Sowohl der Markt als auch der Bazar waren der wirtschaftlichen Kontrolle weitgehend entzogen. Insofern führt eine Bewertung der islamischen Stadt nach ihrer ökonomischen Funktion zu keinen prinzipiellen, sondern allenfalls zu graduellen, hier topographisch und religiös-kulturell determinierten Differenzen. Gemeinsam ist den arabisch-islamischen, den ostasiatischen und südeuropäischen Städten auch eine gewisse urbane Grundstimmung. Die Trennlinien verlaufen nicht entlang der Grenzen der Zivilisationsräume, sondern hier (wie auch anderswo) mitten durch diese hindurch. Denn im Gegensatz zum mediterranen Süden Europas hat nördlich der Alpen das Land eine politische und kulturelle Eigenbedeutung behalten. Gemeinsam war den europäischen und asiatischen Städten auch der Wunsch, ihre Entwicklung nicht dem Zufall zu überlassen, sondern diese planerisch einzuhegen und gegebenenfalls sogar zu steuern. Inwieweit die Tradition der Stadtplanung nur im Innern gewirkt hat, oder auch nach außen hin prägend war, läßt sich nicht vereinheitlichend feststellen. Die römischen und chinesischen Vorbilder haben aber jedenfalls beispielgebend gewirkt und lassen sich an den Grundrissen vieler Städte in Europa und Asien heute noch ablesen. Schließlich sei auf den Umstand verwiesen, daß sich zentralörtliche Systeme sowohl in Europa als auch in Asien sukzessive entwickelt haben. Von besonderem Einfluß waren hier im außereuropäischen Bereich die Forschungen Skinners, der für das „vormoderne" China des 19. Jahrhunderts acht zentralörtliche Makroregionen identifiziert hat, die die administrativen Grenzen der Provinzen durchkreuzten. Auf der anderen Seite stehen den nicht zu übersehenden Gemeinsamkeiten auch einige bemerkenswerte Differenzen gegenüber. In diesem Zusammenhang sind vor allem die Bevölkerungszahlen zu nennen, die für die asiatischen Städte weitaus höher lagen als für die europäischen; in einigen Gebieten, wie am Unterlauf des Yangzi-Flusses in China, kam es sogar in vormoderner Zeit schon zur Ausbildung urbaner Ballungsräume. Differenzen werden auch für die Stadt-Land-Beziehungen konstatiert, die in Ostasien im Vergleich zu Europa einseitiger waren, d.h. das Land war dort weniger Absatzmarkt für städtische Produkte, sondern eher Gegenstand der Ausbeutung. Daneben zeichnen sich die asiatischen Städte aber durch eine größere ethnische und kulturelle Vielfalt aus. Sie waren viel mehr als die europäischen Städte in der Lage, Diasporagruppen in der Stadt zu integrieren; nur im japanischen Nagasaki lebten die Ausländer seit Mitte des 17. Jahrhunderts von den Einheimischen strikt getrennt. Dem Sondermerkmal der Multikulturalität entsprach eine spezifische religiöse Toleranz: das türkische Izmir (Smyrna) verfügte in den 1670er Jahren über fünfzehn Moscheen, sieben Synagogen, drei katholische, drei griechisch-orthodoxe und eine armenische Kirche sowie je eine Kapelle in den englischen, holländischen und genuesischen Konsulaten. Diese nach außen hin offene städtische Lebensweise hat im Vergleich zu Europa soziale Verständigung und ökonomische Kooperation über die kulturellen Grenzen hinweg erleichtert und begünstigt. Dessen ungeachtet blieb die Entwicklung der Stadt – sowohl in Europa als auch in Asien – in den Gesamtrahmen herrschaftlicher Wandlungsprozesse eingebunden und wurde von diesen wesentlich mitbestimmt.

LITERATUR

Benevolo, Leonardo (1983): Die Geschichte der Stadt. Frankfurt a. M.
Bruhns, Hinnerk/Nippel, Wilfried (2000): Max Weber und die Stadt im Kulturvergleich. Göttingen
Christaller, Walter (1932, Nachdruck 1968): Die zentralen Orte Süddeutschlands, eine ökonomisch-geographische Untersuchung über die Gesetzmäßigkeit der Verteilung und Entwicklung der Siedlungen mit städtischen Funktionen. Darmstadt
Du Halde, Jean-Baptiste (1735): Description géographique, historique, chronologique et politique de l'Empire de la Chine et de la Tartarie chinoise, 4 Bde. Paris
Elvin, Mark (1978): Chinese Cities since the Sung Dynasty. In: Towns in Societies: Essays in Economic History and Historical Sociology, Hg. Philip Abrams/E. A. Wrigley. Cambridge: 79–89
Engel, Evamaria (1993): Die deutsche Stadt des Mittelalters. München
Ennen, Edith (1972): Die europäische Stadt des Mittelalters. Göttingen
Hohenberg, Paul M./Lees, Lynn H. (1985): The Making of Urban Europe, 1000–1950. Cambridge
Huang, Philip C. C. (1990): The Peasant Family and Rural Development in the Yangzi Delta, 1350–1988. Stanford
Humpert, Klaus/Schenk, Martin (2001): Entdeckung der mittelalterlichen Stadtplanung. Das Ende vom Mythos der „Gewachsenen Stadt", 1. Bd. mit CD-ROM. Darmstadt
Knittler, Herbert (2000): Die europäische Stadt in der frühen Neuzeit. Institutionen, Strukturen, Entwicklungen. Wien
Kolb, Frank (1984): Die Stadt im Altertum. München
Lefèbvre, Henri (1975): Die Stadt im marxistischen Denken. Ravensburg
Lichtenberger, Elisabeth (2002): Die Stadt. Von der Polis zur Metropolis. Darmstadt
Masters, Bruce (1999): Aleppo: The Ottoman Empire's Caravan City. In: The Ottoman City Between East and West: Aleppo, Izmir, and Istanbul, Hg. Edhem Eldem/ Daniel Goffman/Bruce Masters. Cambridge: 17-78
Mitterauer, Michael (1971): Das Problem der zentralen Orte als sozial- und wirtschaftshistorische Forschungsaufgabe. In: Vierteljahresschrift für Sozial- und Wirtschaftsgeschichte 58/4: 433-467
Mumford, Lewis (1979/80): Die Stadt. 2 Bde. München
Osterhammel, Jürgen (1998): Die Entzauberung Asiens. Europa und die asiatischen Reiche im 18. Jahrhundert. München
Rowe, William T. (1984): Hankow: Conflict and Community in a Chinese City, 1796–1889. Stanford

Rowe, William T. (1993): Introduction. City and Region in the Lower Yangzi. In: Cities of Jiangnan in Late Imperial China, Hg. Linda Cooke Johnson. Albany: 1-15

Rozman, Gilbert (1976): Urban Networks in Russia, 1750–1800, and Premodern Periodization. Princeton

Rozman, Gilbert (1988): Cities. In: Encyclopedia of Asian History, Bd. 1. New York/London: 320-322

Russell, Alexander (1756, 1794 = 2. Aufl.): The Natural History of Aleppo. Containing a Description of the City, and the Principal Natural Productions of its Neighborhood. Together with an Account of the Climate, Inhabitants, and Deseases, Particularly the Plague, 2 Bde. London

Russell, J. C. (1972): Medieval Regions and Their Cities. Bloomington

Salje, Beate, Hg. (2001): Vorderasiatische Museen. Gestern-Heute-Morgen. Berlin/Paris/London/New York. Eine Standortbestimmung. Mainz

Schmidt-Glintzer, Helwig (2000): Max Weber und die chinesische Stadt im Kulturvergleich. In: Max Weber und die Stadt im Kulturvergleich, Hg. Hinnerk Bruhns/Wilfried Nippel. Göttingen: 183-200

Schwentker, Wolfgang, Hg. (1998): Urbanisierung und städtisches Leben in Asien. Hagen (Studienbrief der FernUniversität)

Schwentker, Wolfgang (2002): Die Samurai im Zeitalter der Meiji-Restauration. Elitenwandel und Modernisierung in Japan, 1830–1890. In: Geschichte und Gesellschaft 28(2002): 33-70

Skinner, G. William, Hg. (1977): The City in Late Imperial China. Stanford

Southall, Aidan (1998): The City in Time and Space. Cambridge

Weber, Max (1999): Wirtschaft und Gesellschaft. Die Wirtschaft und die gesellschaftlichen Ordnungen und Mächte. Nachlaß, Teilband 5: Die Stadt, Hg. von Wilfried Nippel. Tübingen (=Max Weber-Gesamtausgabe I/22-5)

Wheatley, Paul (1971): The Pivot of the Four Quarters: A Preliminary Enquiry into the Origins and Character of the Ancient Chinese City. Edinburgh

Wirth, Eugen (2000): Die orientalische Stadt im islamischen Vorderasien und Nordafrika. 2 Bde. Mainz

AUTORIN UND AUTOREN

Josef Ehmer, Dr., Univ. Prof. am Institut für Geschichte der Universität Salzburg

Peter Feldbauer, Dr., Univ. Prof. am Institut für Wirtschafts- und Sozialgeschichte der Universität Wien

Tilman Frasch, Dr., wissenschaftlicher Assistent am Lehrstuhl für Geschichte Südasiens der Universität Heidelberg

Monica Juneja, Dr., Univ. Prof. für Geschichte am Department of History der Universität Delhi

Andreas Kappeler, Dr., Univ. Prof. am Institut für osteuropäische Geschichte der Universität Wien

Herbert Knittler, Dr., Univ. Prof. am Institut für Wirtschafts- und Sozialgeschichte der Universität Wien

Jochen Martin, Dr., Professor für Alte Geschichte und historische Anthropologie an der Universität Freiburg im Breisgau

Michael Mitterauer, Dr., Univ. Prof. am Institut für Wirtschafts- und Sozialgeschichte der Universität Wien

Reinhold Reith, Dr., Univ. Prof. am Institut für Geschichte der Universität Salzburg

Markus Rüttermann, Dr., wissenschaftlicher Assistent am Zentrum für Sprache und Kultur Japans an der Humboldt Universität Berlin

Wolfgang Schwentker, Dr., Privatdozent für neuere und neueste Geschichte der Universität Düsseldorf

Hans Ulrich Vogel, Dr., Professor für Sinologie an der Universität Tübingen